Dr.STONE

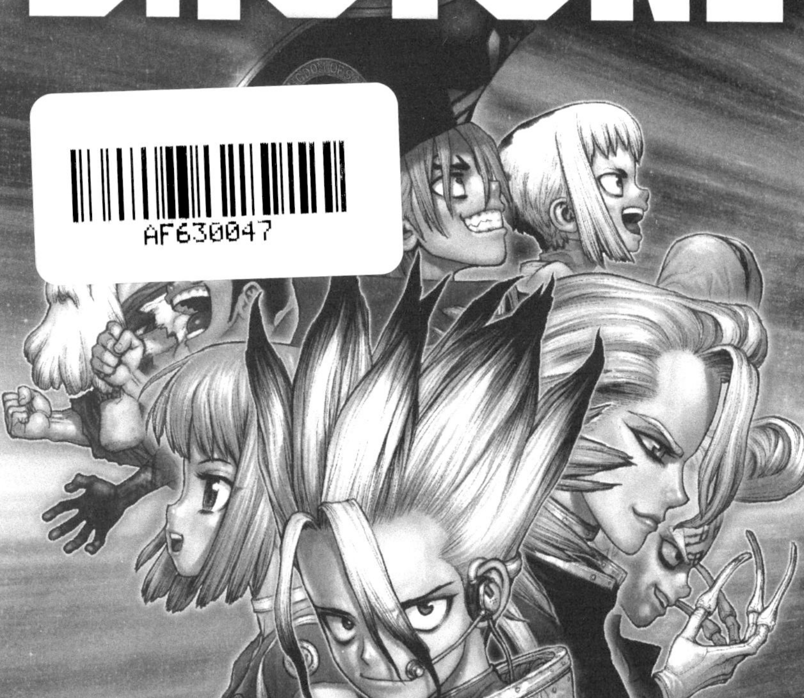

Story: Riichiro Inagaki

Art: Boichi

26

REIZ DER ZUKUNFT

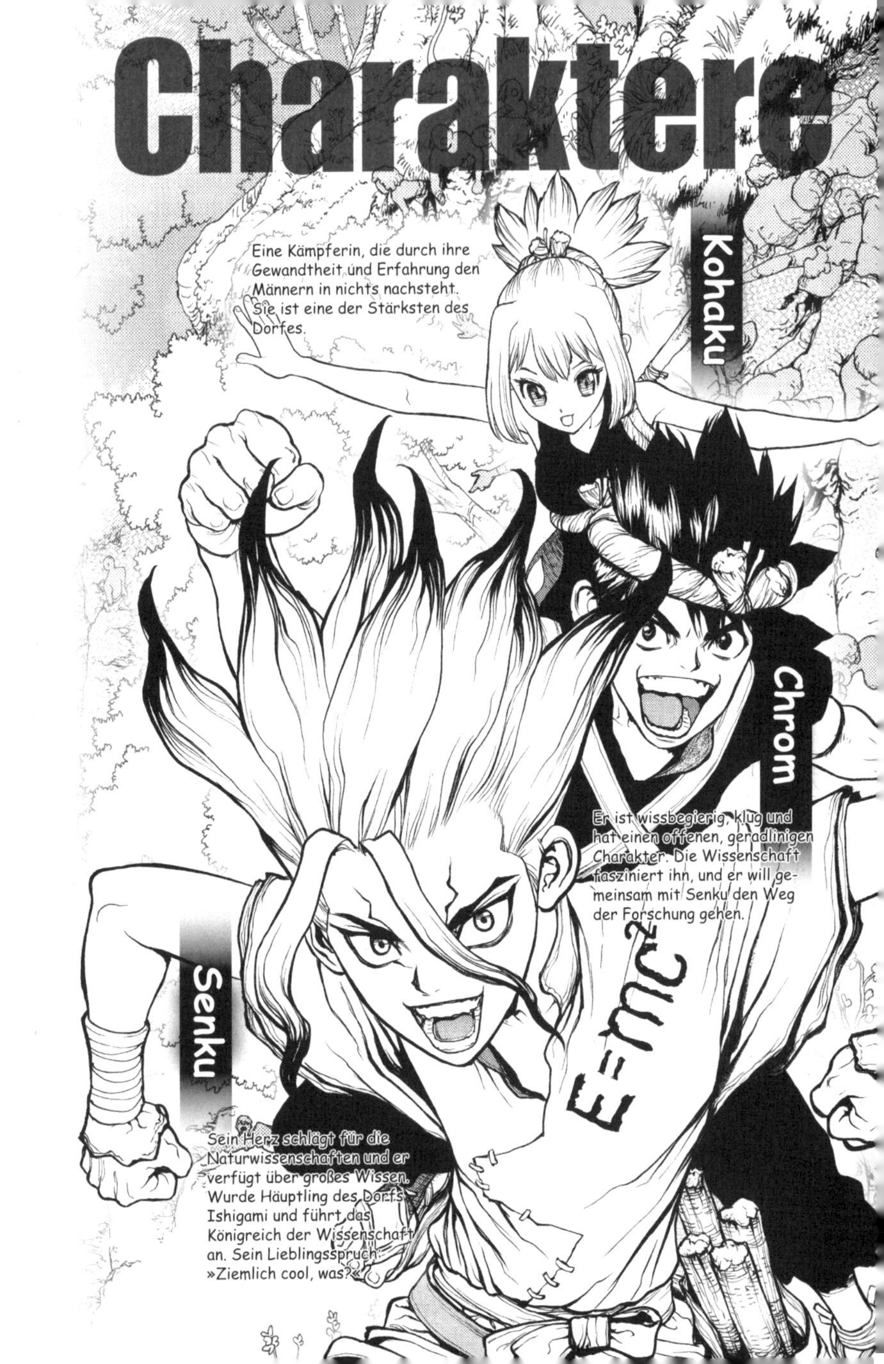
Charaktere
Kohaku
Eine Kämpferin, die durch ihre Gewandtheit und Erfahrung den Männern in nichts nachsteht. Sie ist eine der Stärksten des Dorfes.
Chrom
Er ist wissbegierig, klug und hat einen offenen, geradlinigen Charakter. Die Wissenschaft fasziniert ihn, und er will gemeinsam mit Senku den Weg der Forschung gehen.
Senku
Sein Herz schlägt für die Naturwissenschaften und er verfügt über großes Wissen. Wurde Häuptling des Dorfs Ishigami und führt das Königreich der Wissenschaft an. Sein Lieblingsspruch: »Ziemlich cool, was?«
E=mc2

Dr. STONE

STORY

Eines Tages wird die gesamte Menschheit durch ein rätselhaftes Licht versteinert. Mehrere Tausend Jahre später durchbrechen die Highschool-Schüler Senku und Taiju ihre Versteinerung und erwachen wieder zum Leben. Die beiden beschließen, Wissenschaft und Zivilisation von Grund auf neu aufzubauen und die Menschheit zu retten. Doch dann wird Senku von Tsukasa, dem stärksten Highschool-Schüler aller Zeiten, der die Wissenschaft verneint, beinahe umgebracht.

Senku überlebt im Geheimen und baut im Dorf Ishigami das Königreich der Wissenschaft auf, gerät dabei aber in einen Kampf gegen das Tsukasa-Imperium. Die beiden Lager können schließlich Frieden schließen, doch durch Hyogas Verrat wird Tsukasa schwer verletzt. Senku versetzt Tsukasa in einen Kälteschlaf, bis er eine Möglichkeit gefunden hat, ihn zu heilen, findet auf der Schatzinsel die Versteinerungsvorrichtung und schafft es, Tsukasa wiederzuerwecken.

Senku und seine Leute bauen einen Satelliten und finden heraus, wo sich Whyman auf dem Mond versteckt. Chroms Idee, die Rakete in Teilen abzuschießen, macht es möglich, ein Raumschiff zu bauen, das den Hin- und Rückflug schafft! Nach unzähligen Hürden fliegt die Rakete mit Senku, Kohaku und Stanley an Bord endlich ins Weltall los...

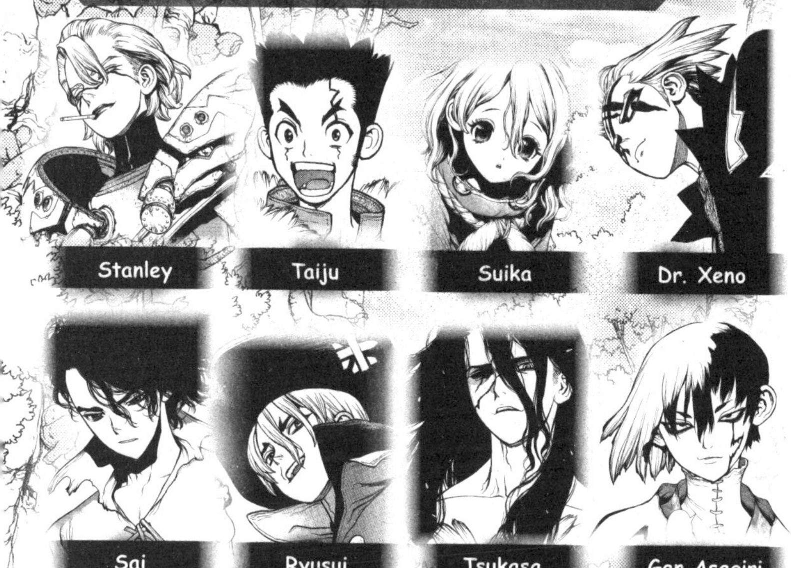

INHALT

26

REIZ DER ZUKUNFT

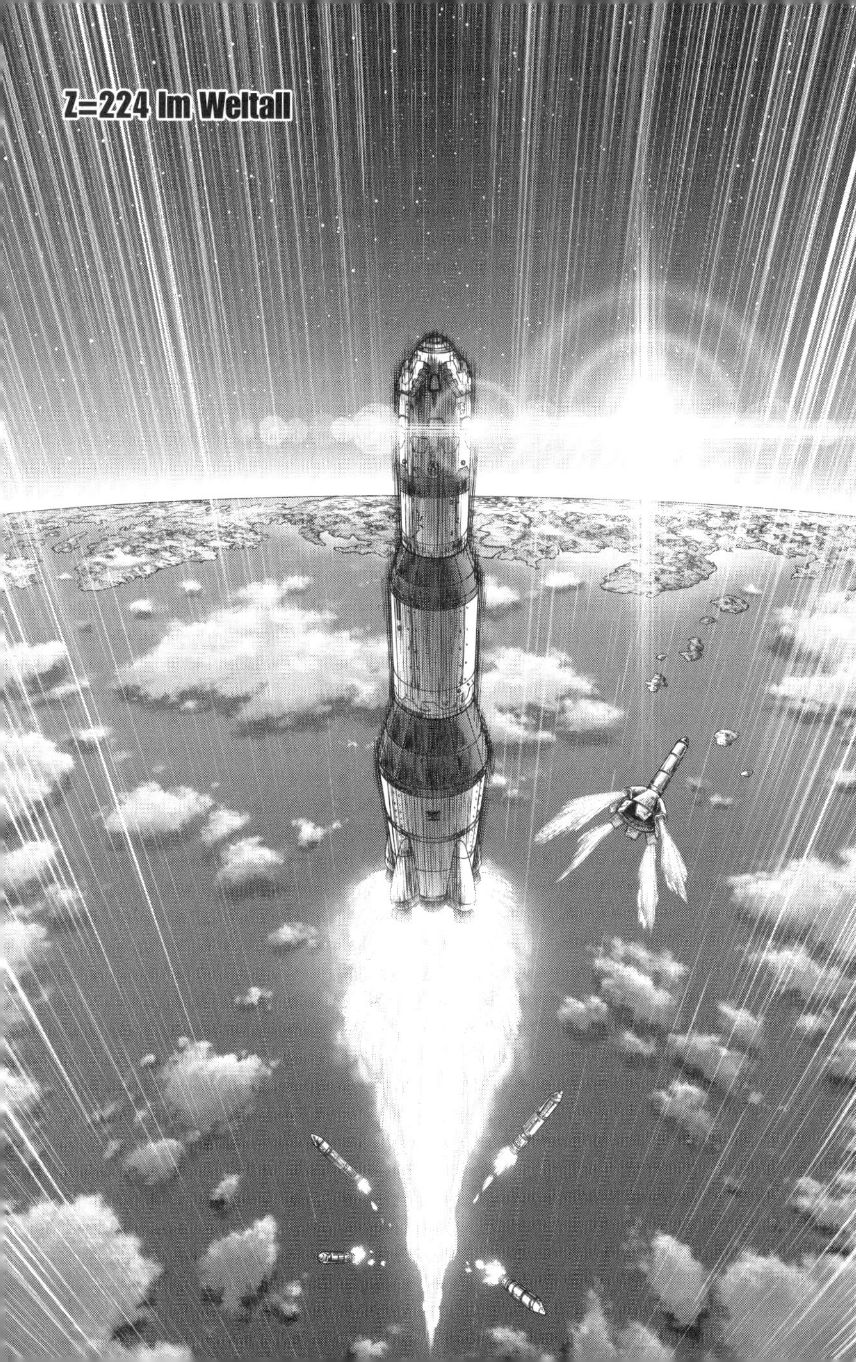
Z=224 Im Weltall

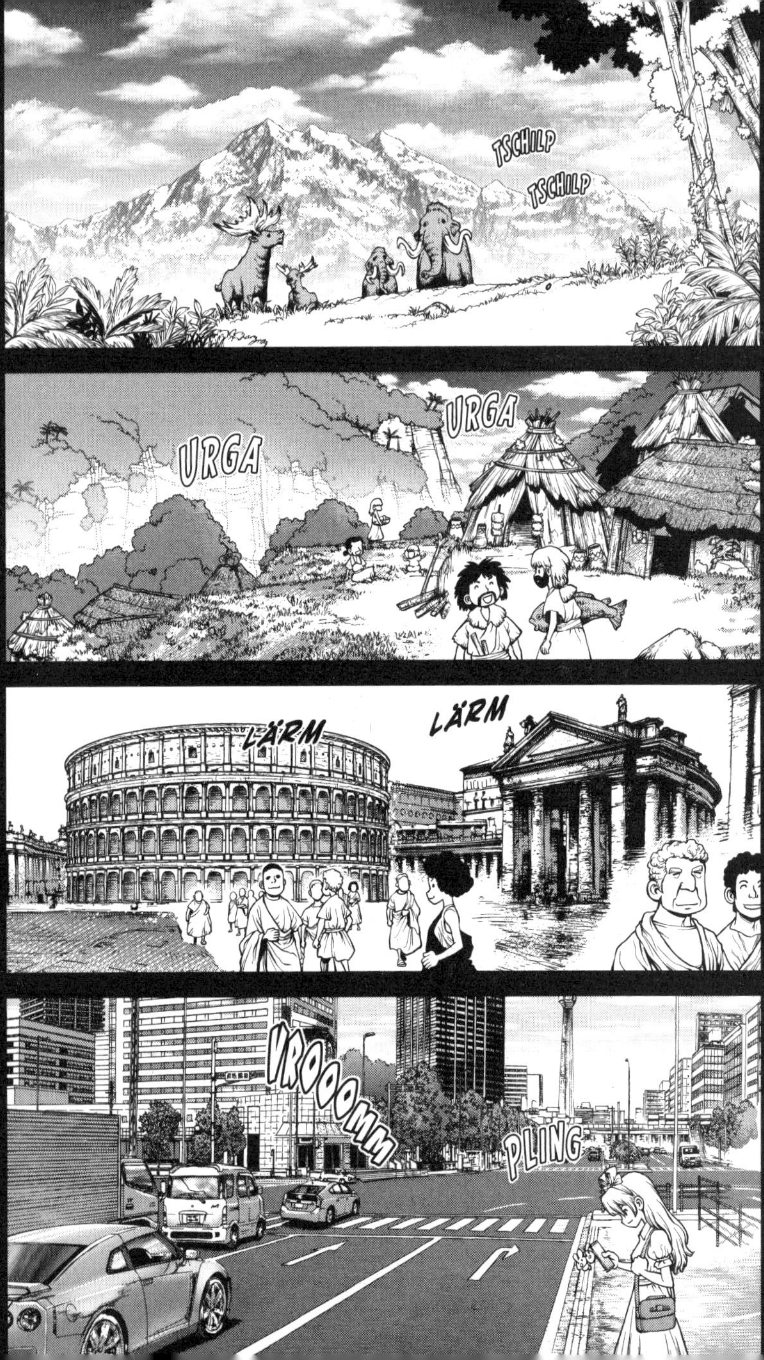
TSCHILP
TSCHILP
URGA
URGA
LÄRM
LÄRM
VROOOOMM
PLING

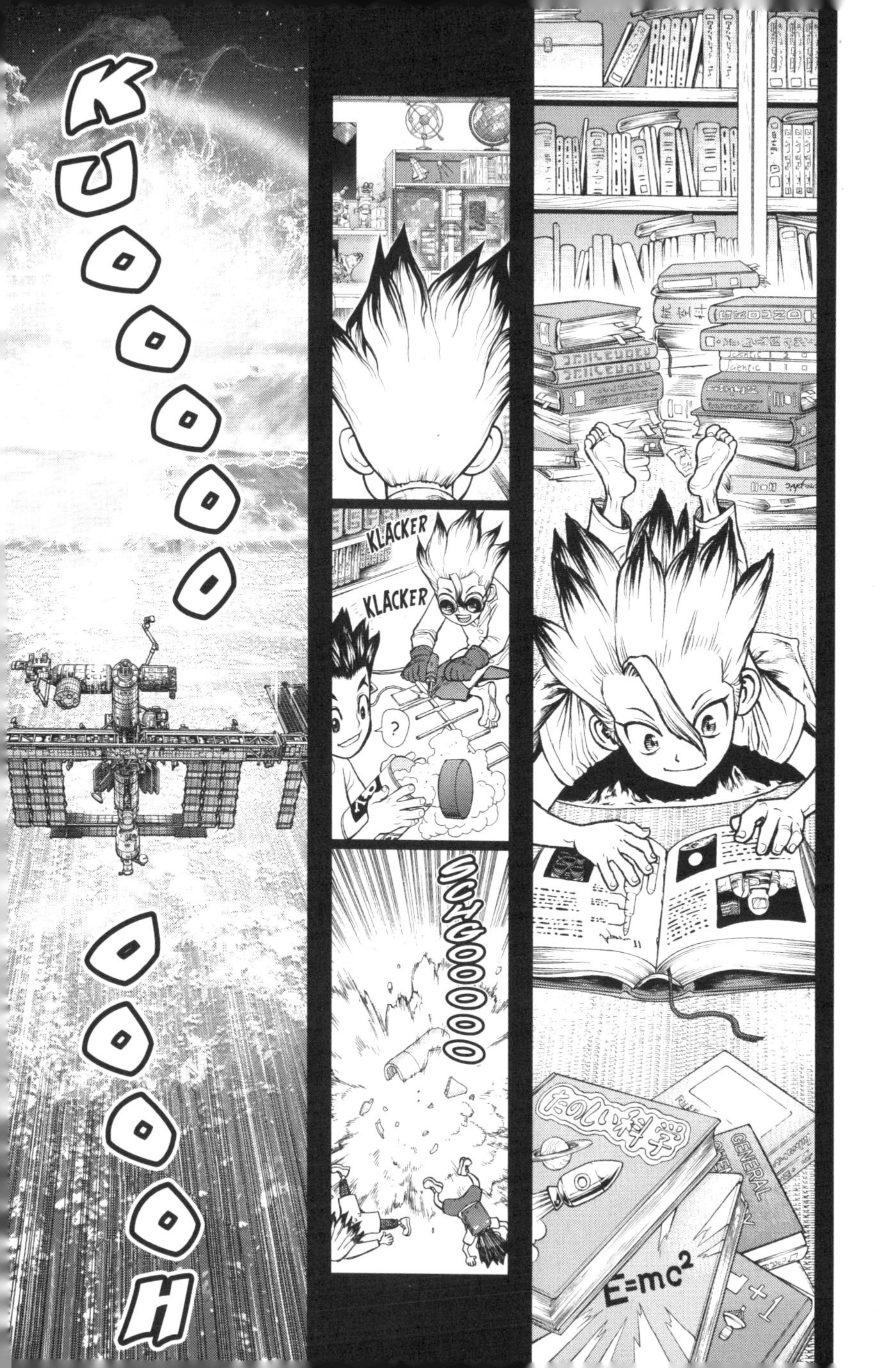

たのしい科学
GENERAL
E=mc²
KLACKER
KLACKER
SCHGOOOOOO
KUOOOOOOOOOH

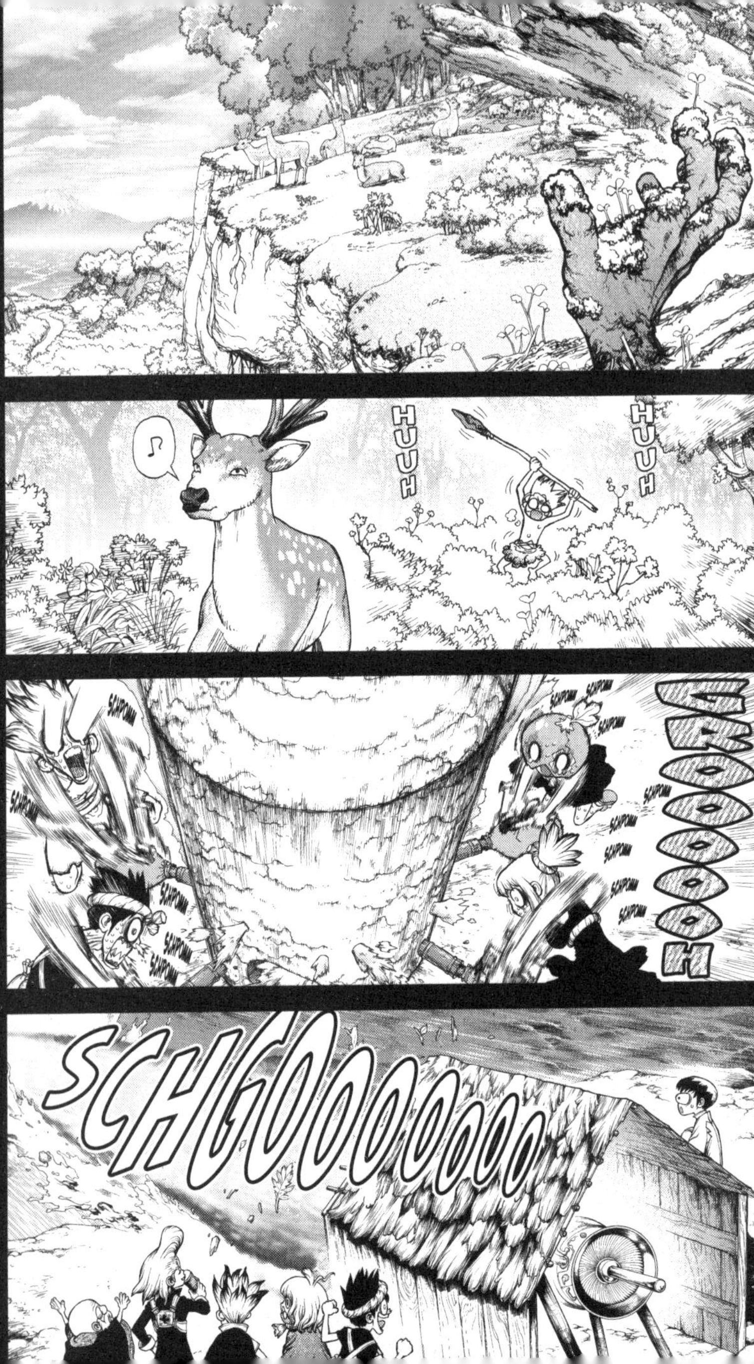

♪
HUUH
HUUH
GROOOOOOH
SCHPOMM
SCHUOOOOOOO

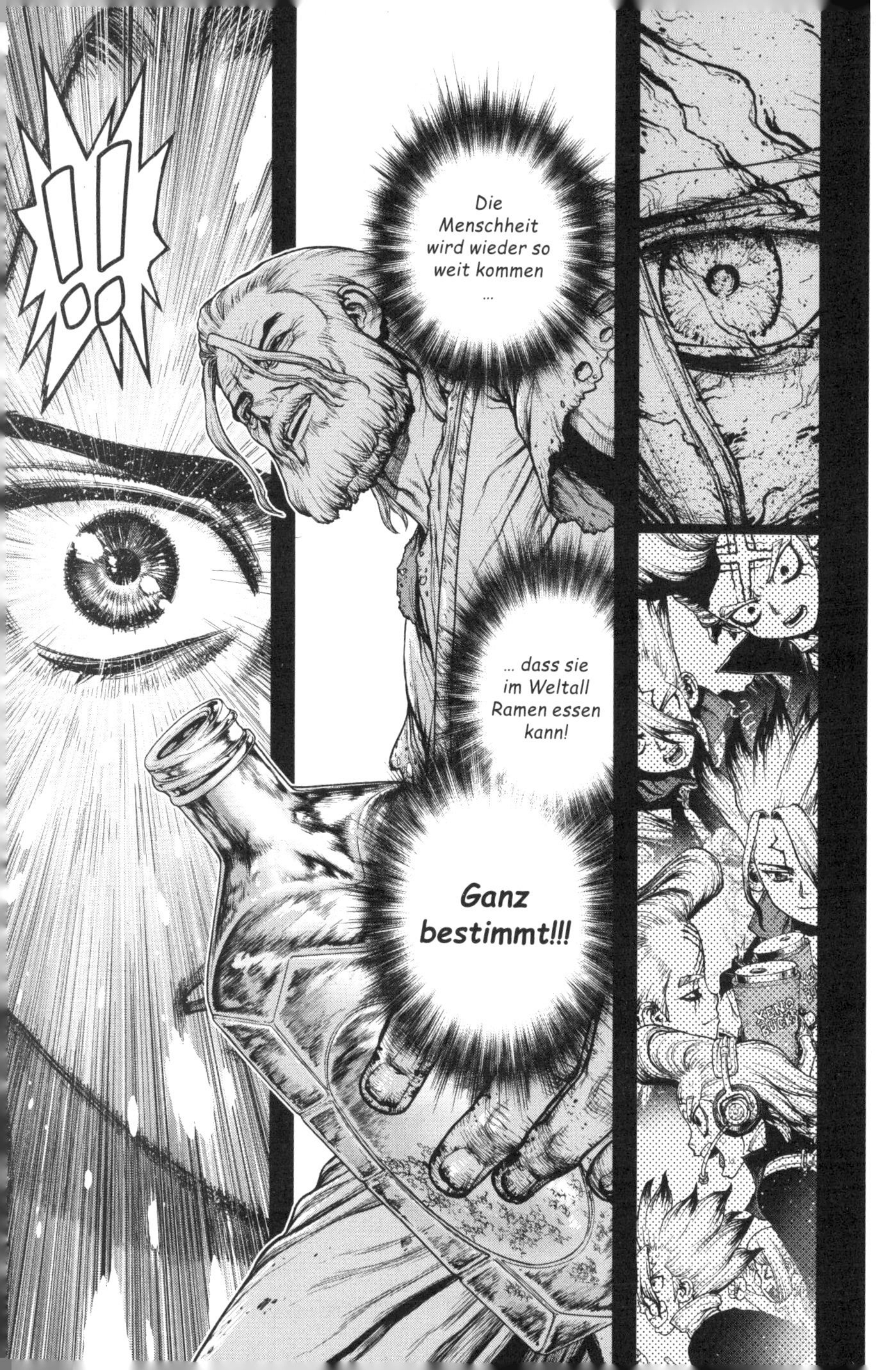
!!
Die Menschheit wird wieder so weit kommen ...
... dass sie im Weltall Ramen essen kann!
Ganz bestimmt!!!

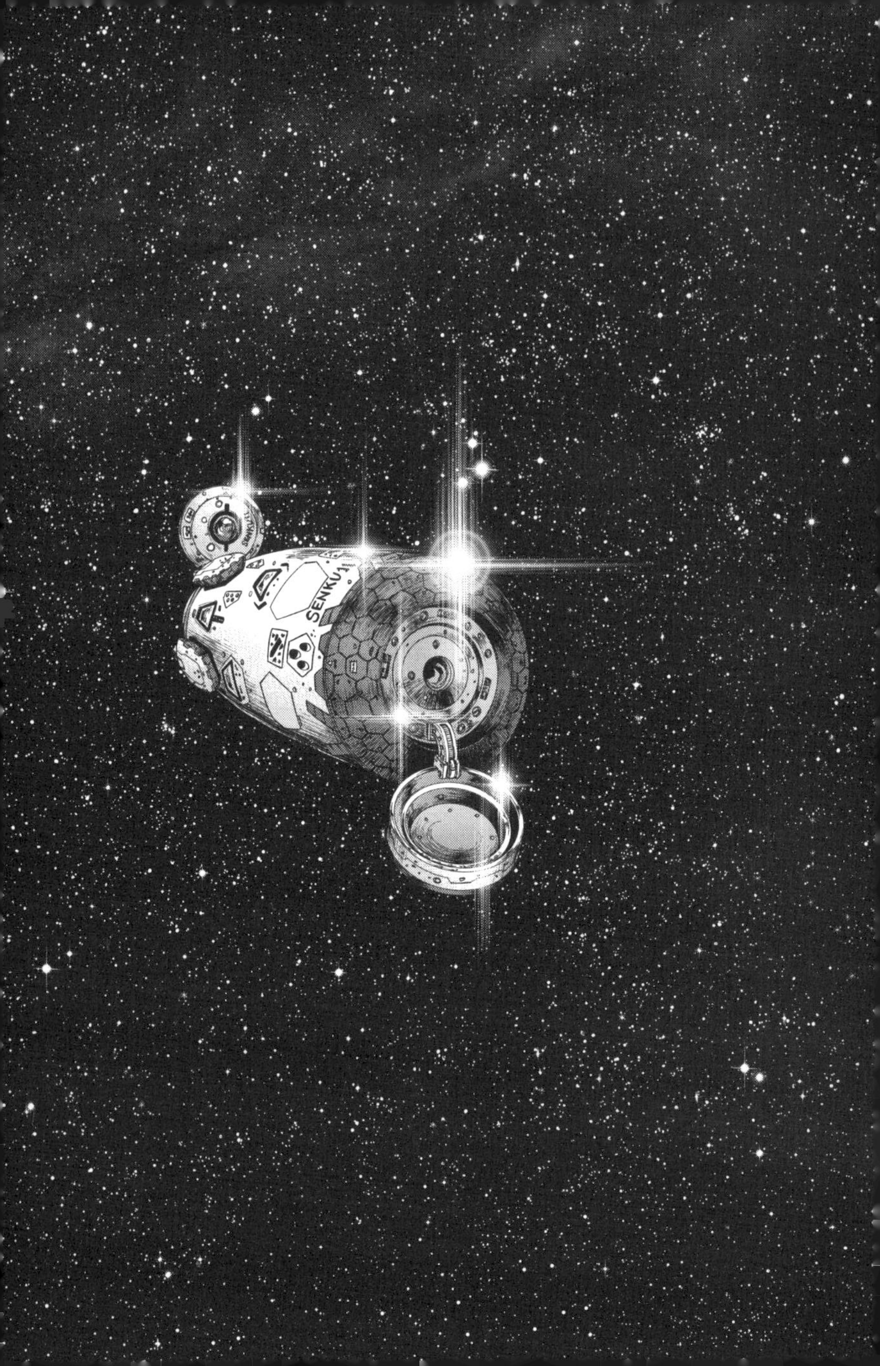
SENKU

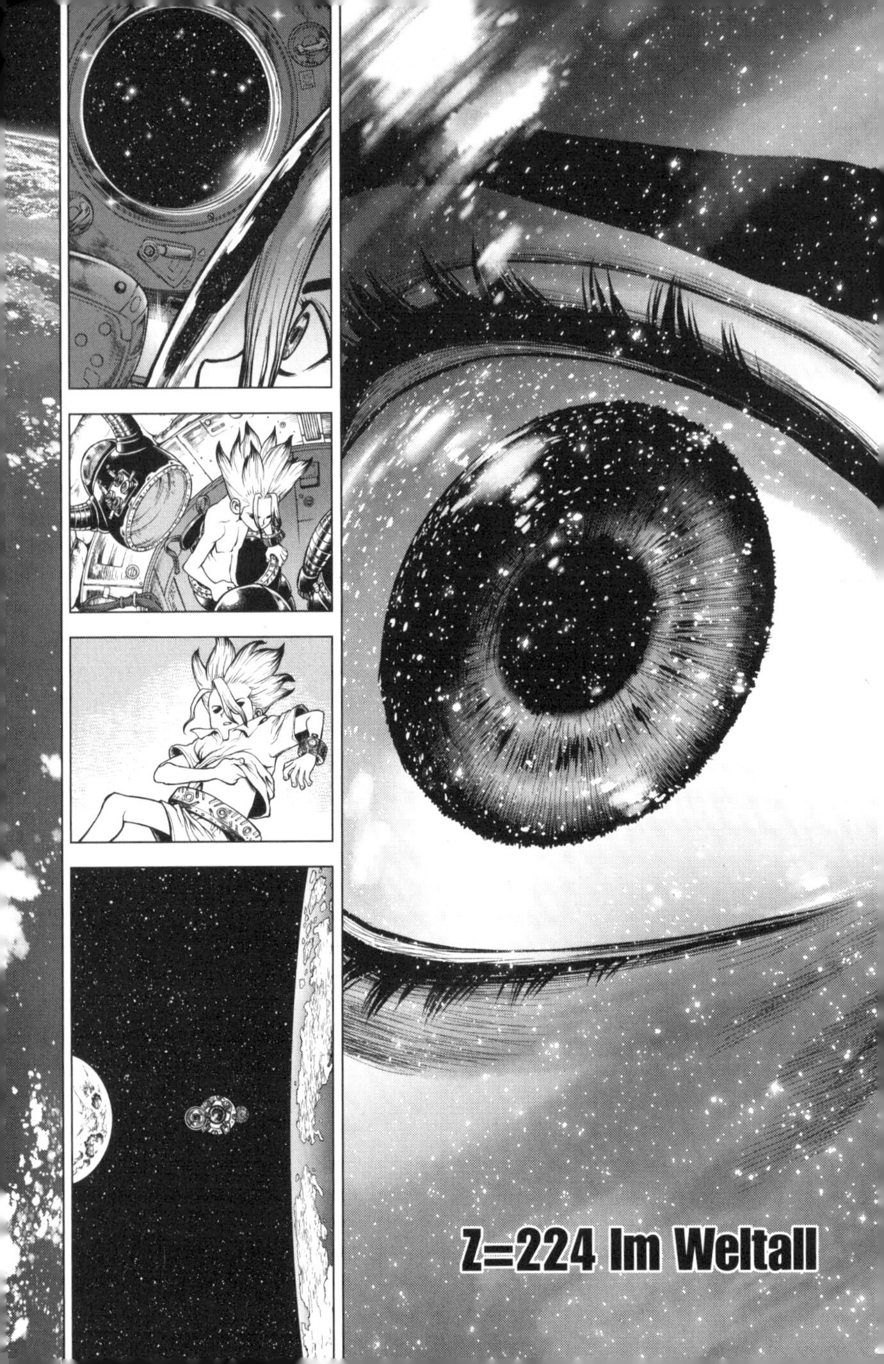
Z=224 Im Weltall

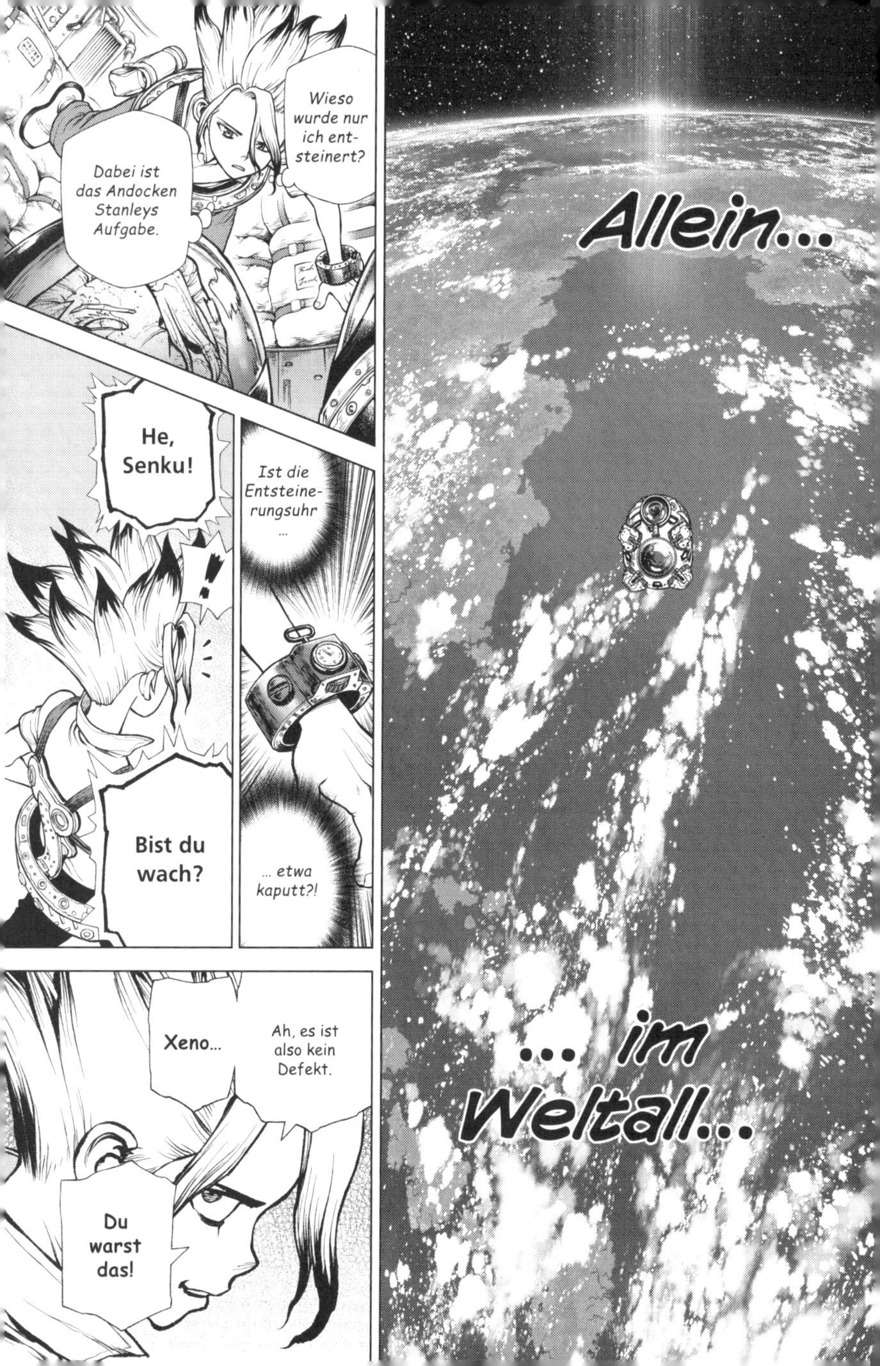

Allein...
... im Weltall...
Wieso wurde nur ich ent-steinert?
Dabei ist das Andocken Stanleys Aufgabe.
Ist die Entsteine-rungsuhr ...
... etwa kaputt?!
He, Senku!
Bist du wach?
Ah, es ist also kein Defekt.
Xeno...
Du warst das!

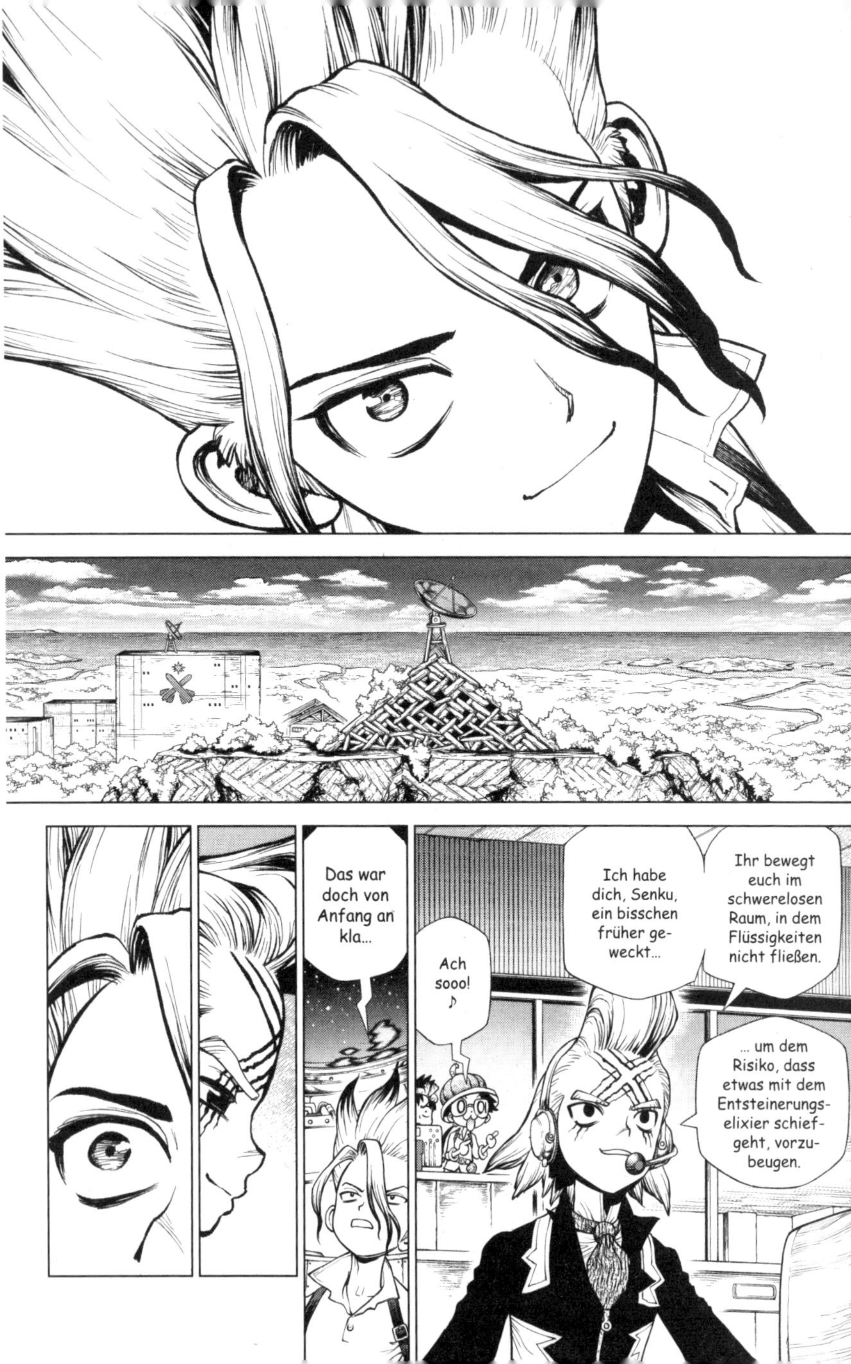
Ihr bewegt euch im schwerelosen Raum, in dem Flüssigkeiten nicht fließen.
Ich habe dich, Senku, ein bisschen früher geweckt...
... um dem Risiko, dass etwas mit dem Entsteinerungs-elixier schiefgeht, vorzubeugen.
Ach sooo! ♪
Das war doch von Anfang an kla...

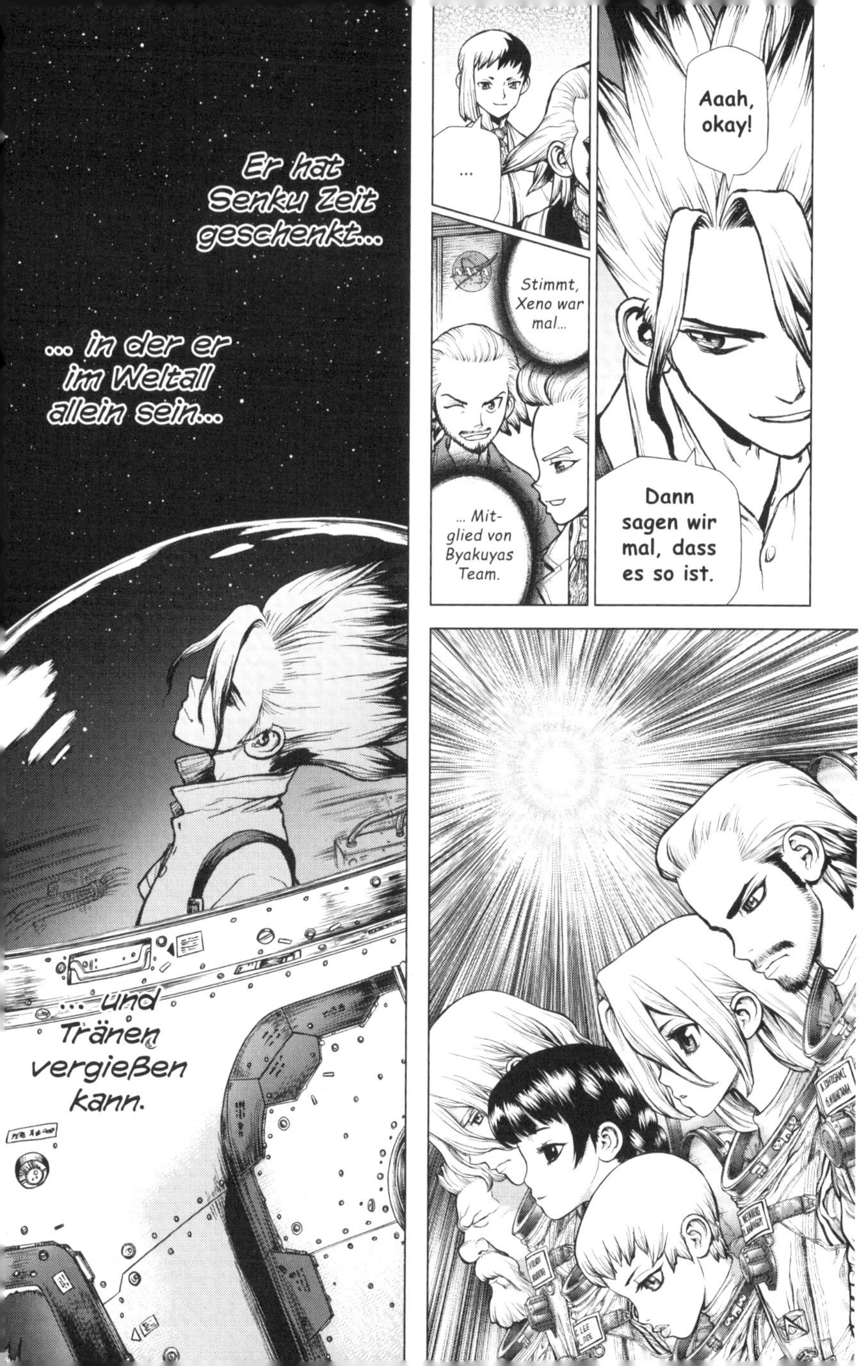
Aaah, okay!
…
Stimmt, Xeno war mal…
… Mitglied von Byakuyas Team.
Dann sagen wir mal, dass es so ist.
Er hat Senku Zeit geschenkt…
… in der er im Weltall allein sein…
… und Tränen vergießen kann.

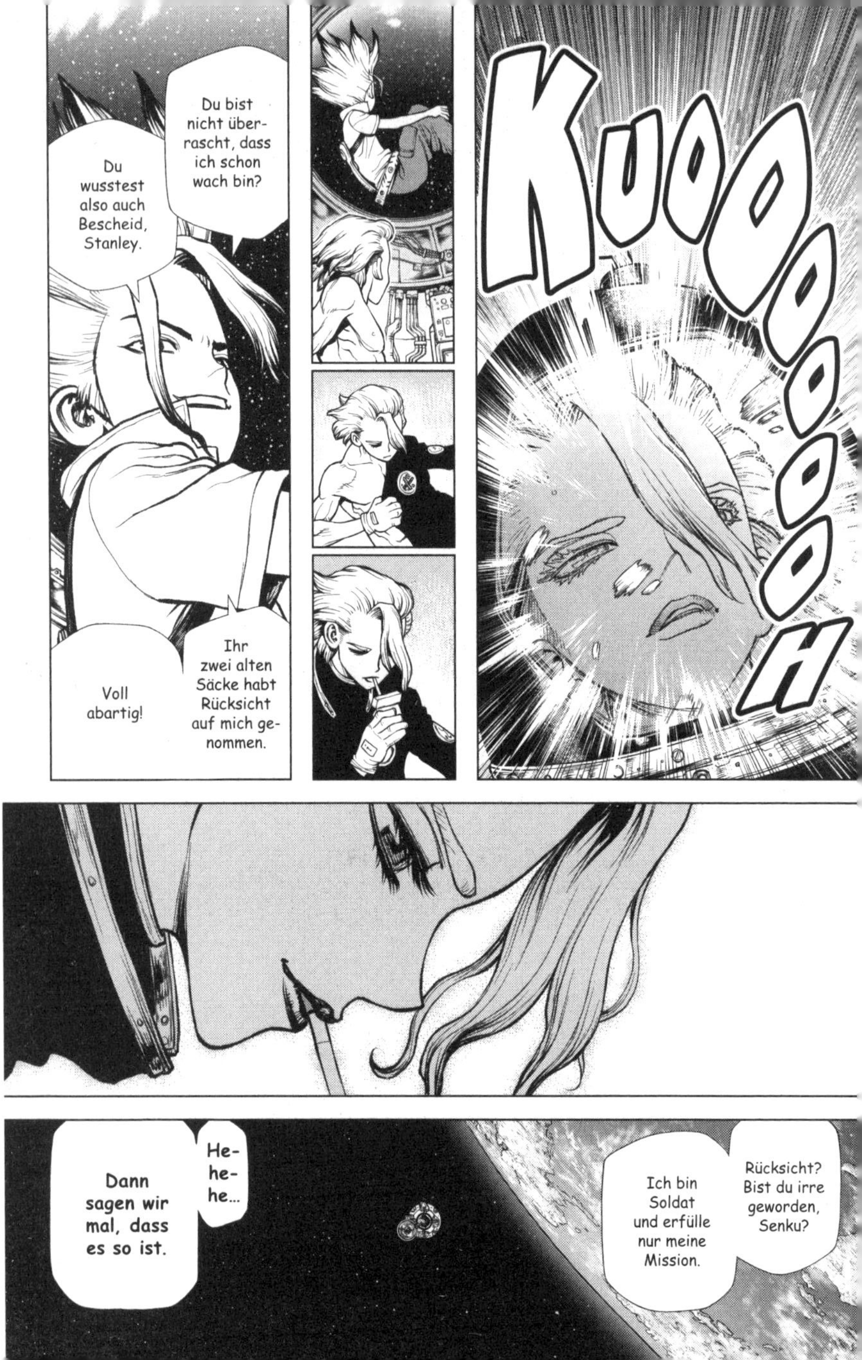
Kuoooooooooh
Du bist nicht überrascht, dass ich schon wach bin?
Du wusstest also auch Bescheid, Stanley.
Ihr zwei alten Säcke habt Rücksicht auf mich genommen.
Voll abartig!
Rücksicht? Bist du irre geworden, Senku?
Ich bin Soldat und erfülle nur meine Mission.
He-he-he…
Dann sagen wir mal, dass es so ist.

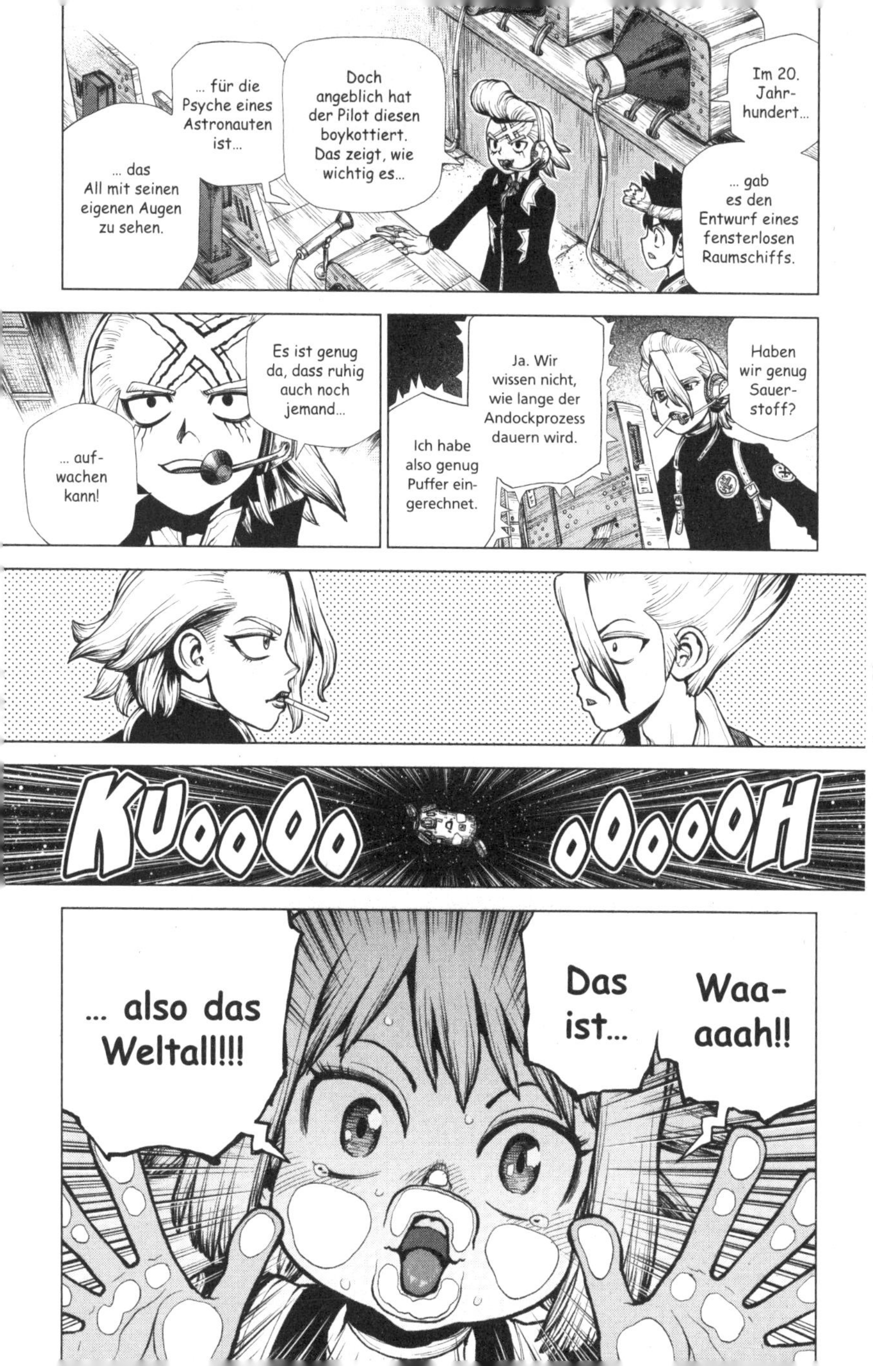
Im 20. Jahrhundert...
... gab es den Entwurf eines fensterlosen Raumschiffs.
Doch angeblich hat der Pilot diesen boykottiert. Das zeigt, wie wichtig es...
... für die Psyche eines Astronauten ist...
... das All mit seinen eigenen Augen zu sehen.
Haben wir genug Sauerstoff?
Ja. Wir wissen nicht, wie lange der Andockprozess dauern wird.
Ich habe also genug Puffer eingerechnet.
Es ist genug da, dass ruhig auch noch jemand...
... aufwachen kann!
KUOOOO OOOOOH
Waa-aaah!!
Das ist...
... also das Weltall!!!!

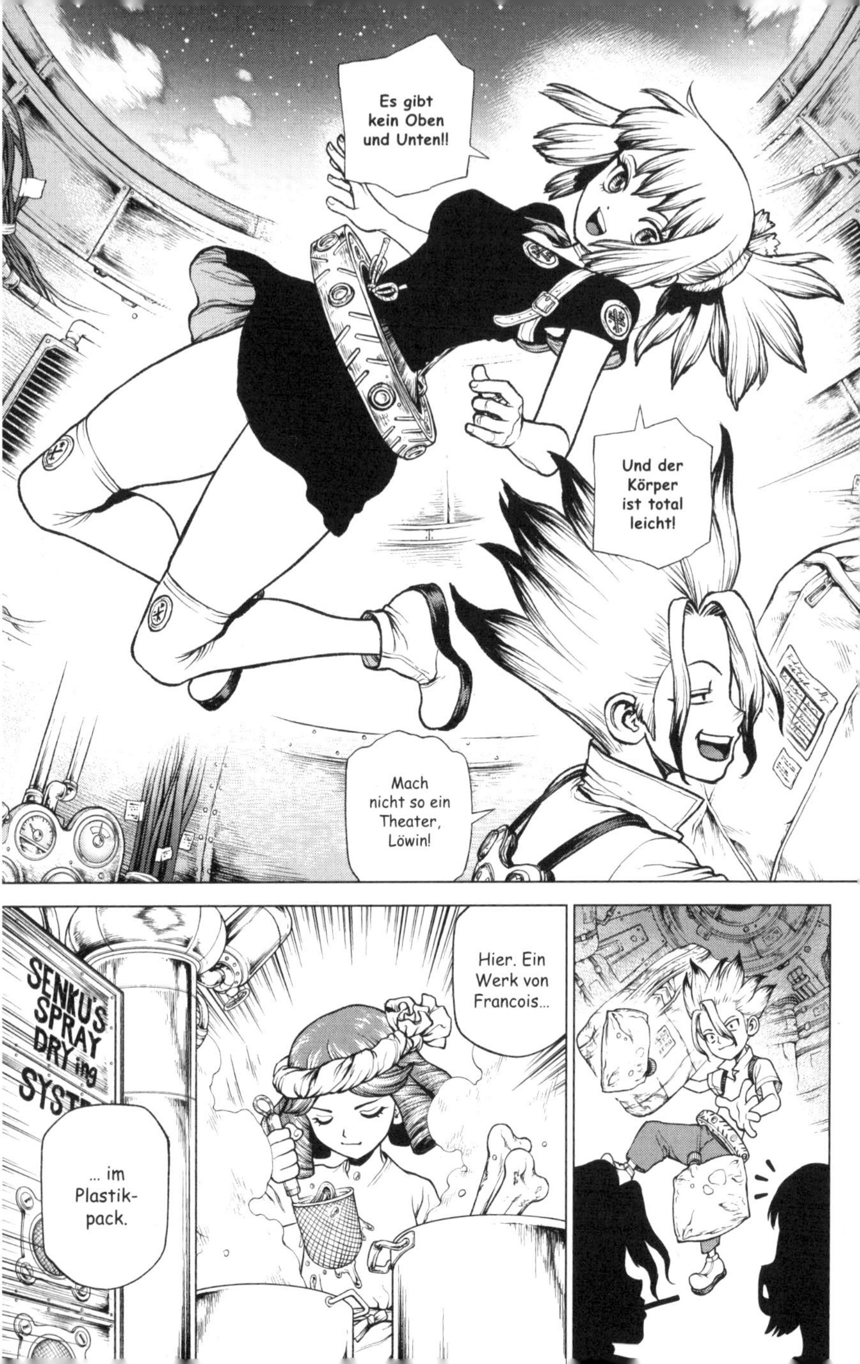
Es gibt kein Oben und Unten!!
Und der Körper ist total leicht!
Mach nicht so ein Theater, Löwin!
Hier. Ein Werk von Francois...
SENKU'S SPRAY DRY ing
... im Plastik-pack.

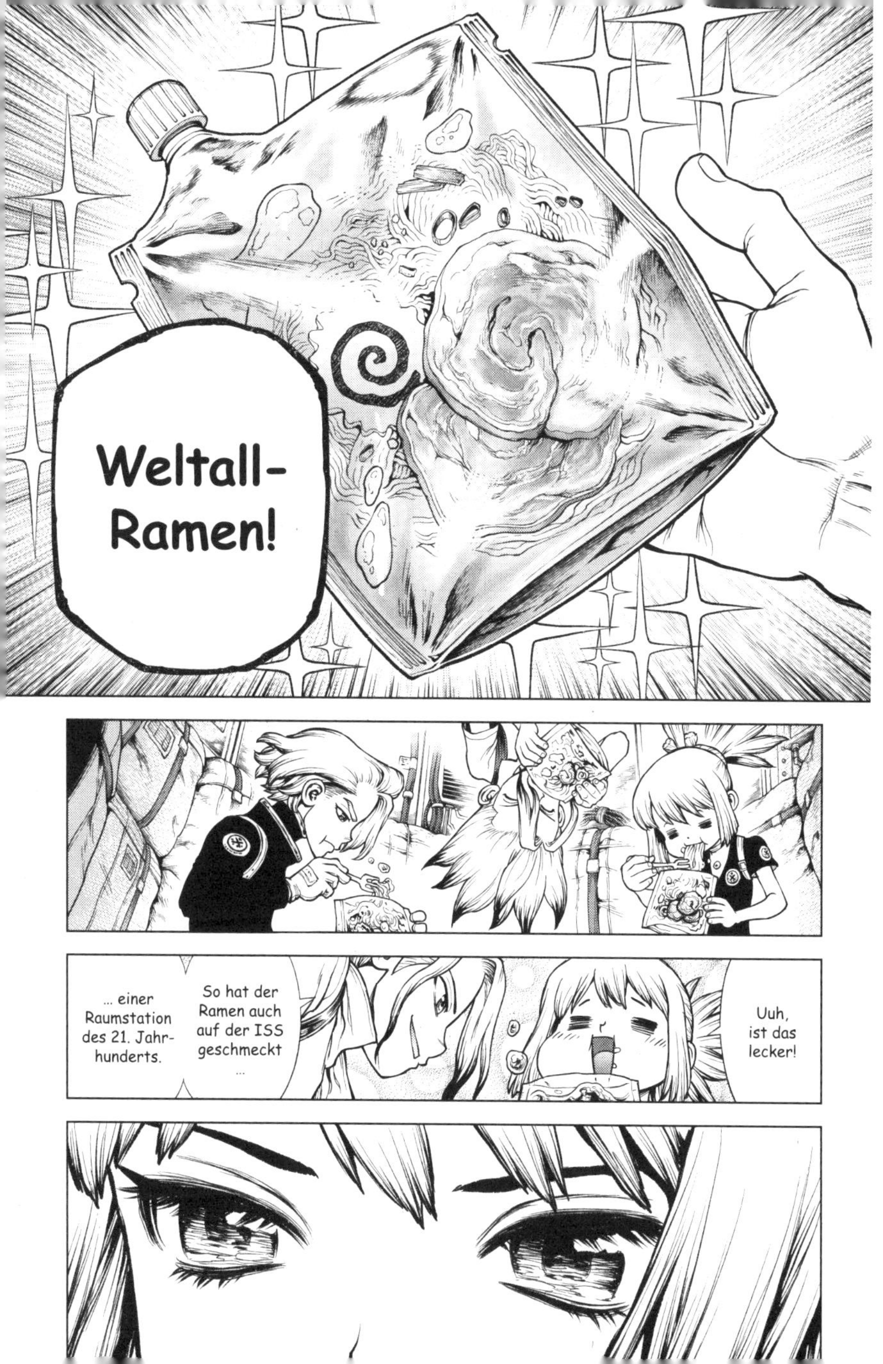
Weltall-Ramen!
Uuh, ist das lecker!
So hat der Ramen auch auf der ISS geschmeckt …
… einer Raumstation des 21. Jahrhunderts.

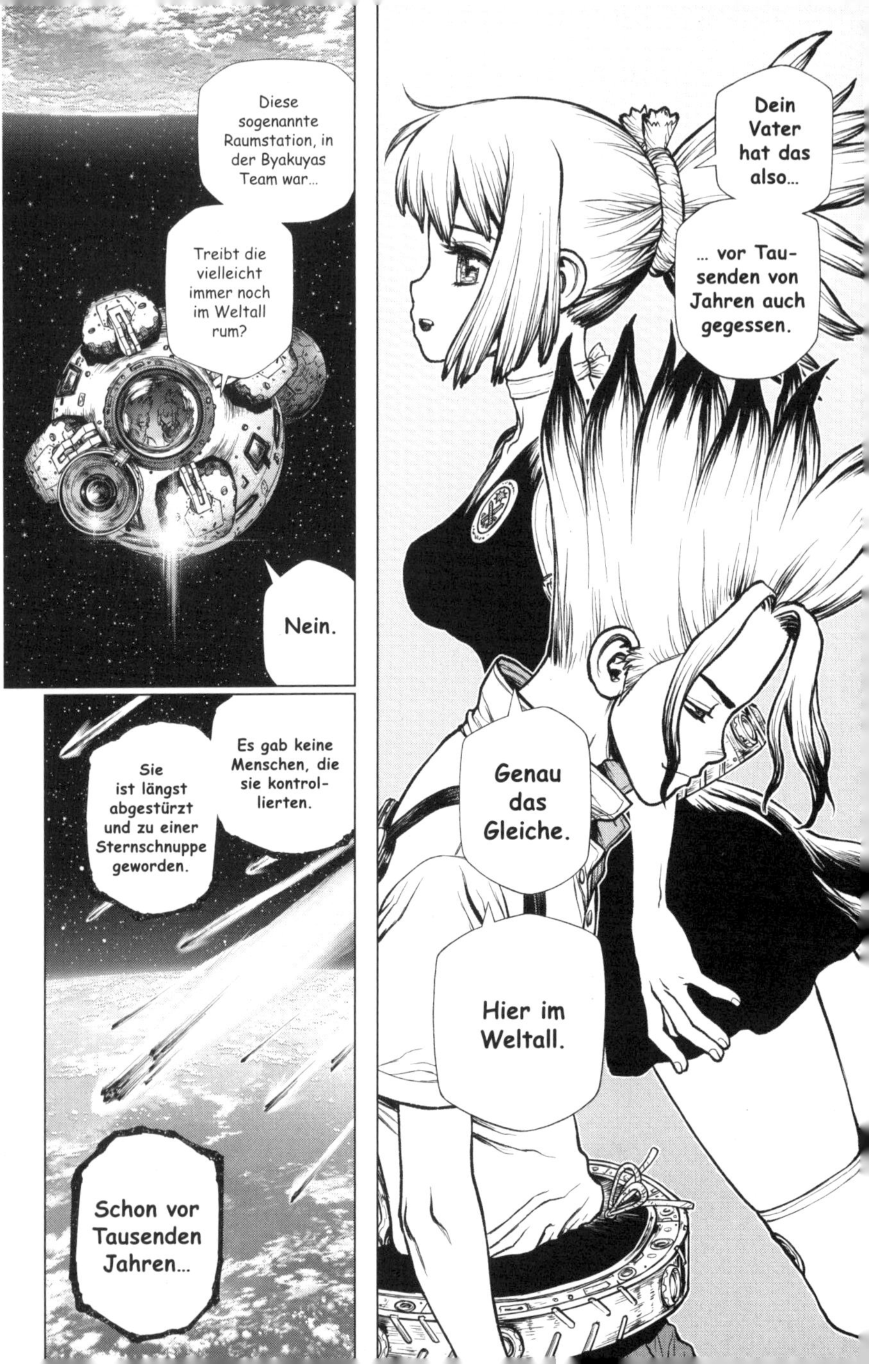
Dein Vater hat das also…
… vor Tausenden von Jahren auch gegessen.
Genau das Gleiche.
Hier im Weltall.
Diese sogenannte Raumstation, in der Byakuyas Team war…
Treibt die vielleicht immer noch im Weltall rum?
Nein.
Es gab keine Menschen, die sie kontrollierten.
Sie ist längst abgestürzt und zu einer Sternschnuppe geworden.
Schon vor Tausenden Jahren…

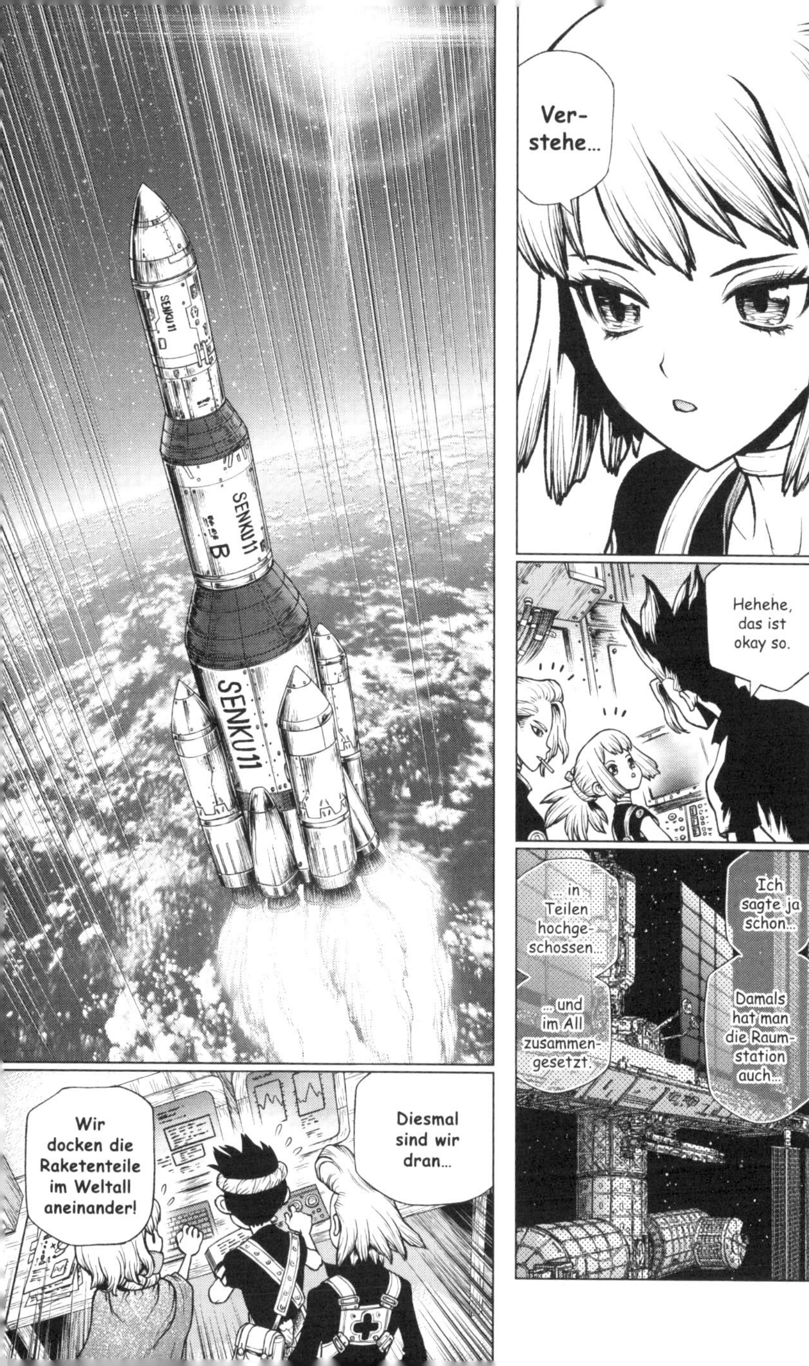
Verstehe...
Hehehe, das ist okay so.
Ich sagte ja schon...
Damals hat man die Raumstation auch...
... in Teilen hochgeschossen...
... und im All zusammengesetzt.
SENKU11
Diesmal sind wir dran...
Wir docken die Raketenteile im Weltall aneinander!

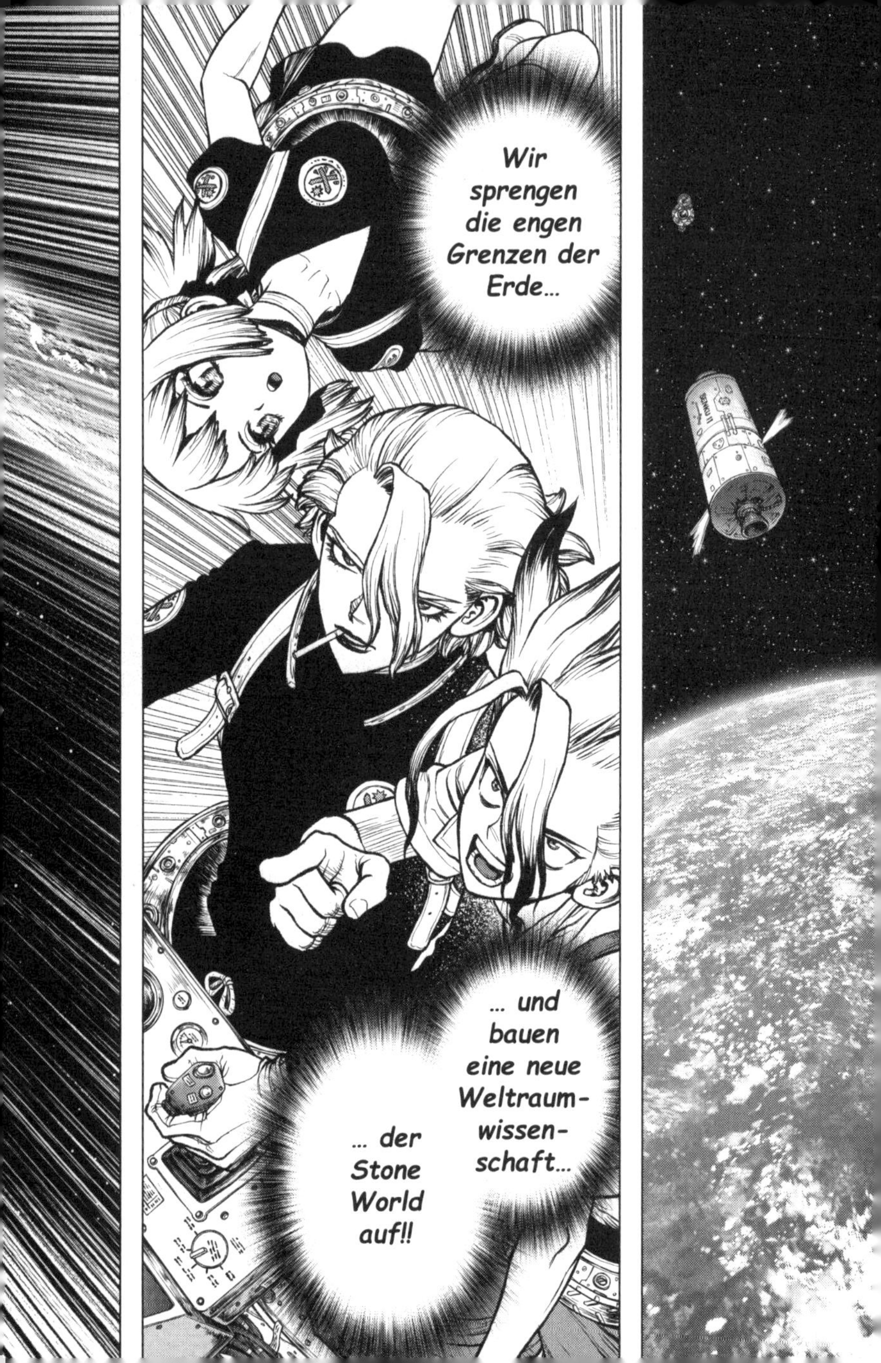
Wir sprengen die engen Grenzen der Erde…
… und bauen eine neue Weltraum-wissen-schaft…
… der Stone World auf!!

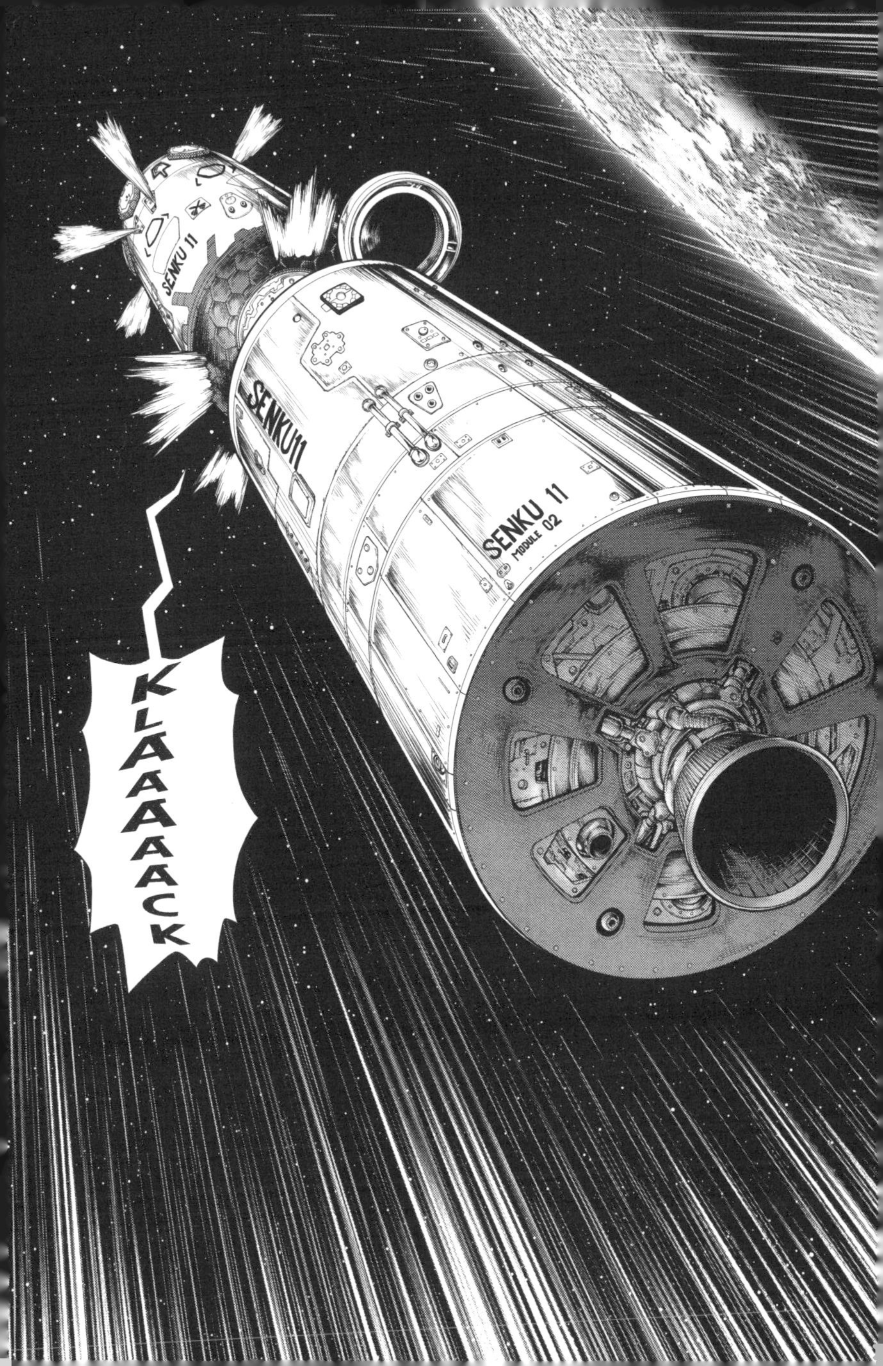
SENKU 11
SENKU11
SENKU 11
MODULE 02
KLAAAAACK

Extra-Episode: Wie es wäre, wenn Senku doof wäre

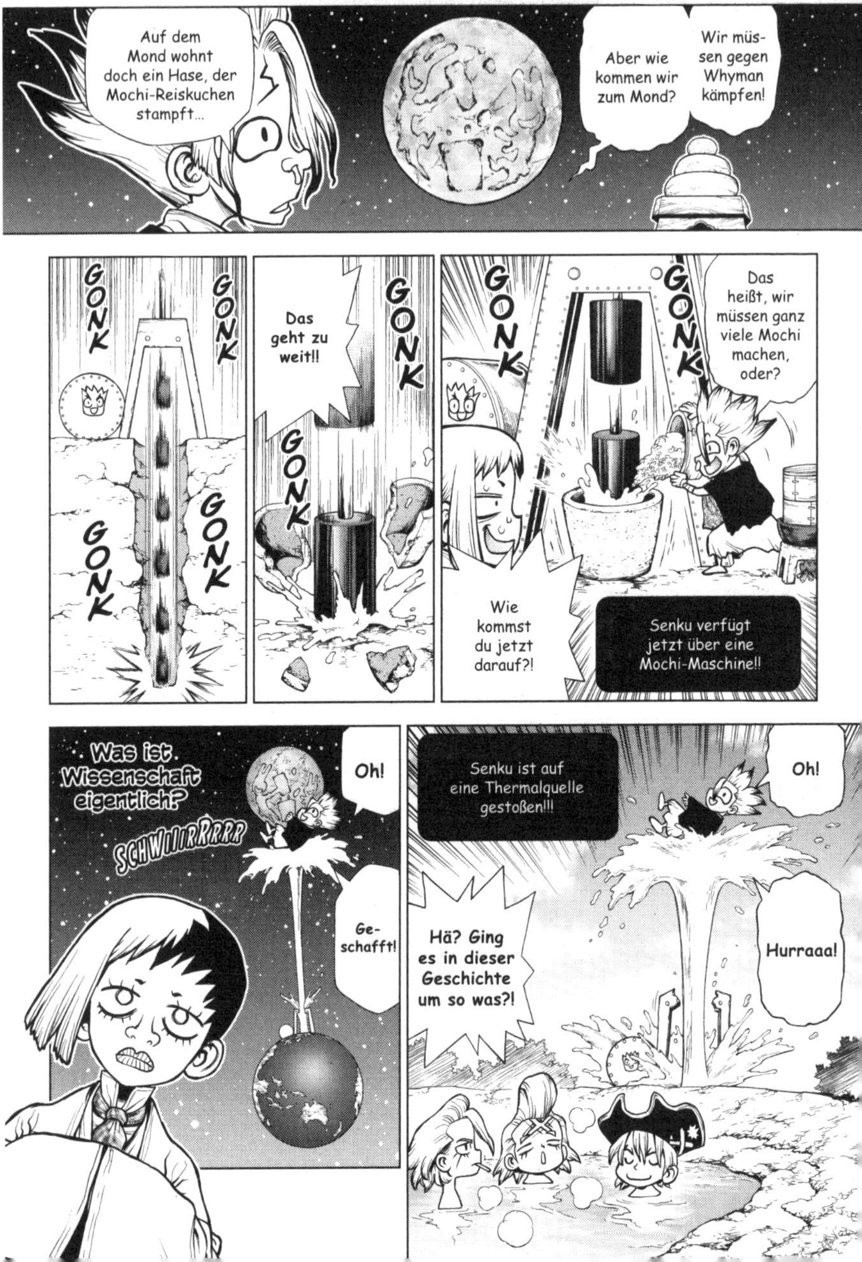

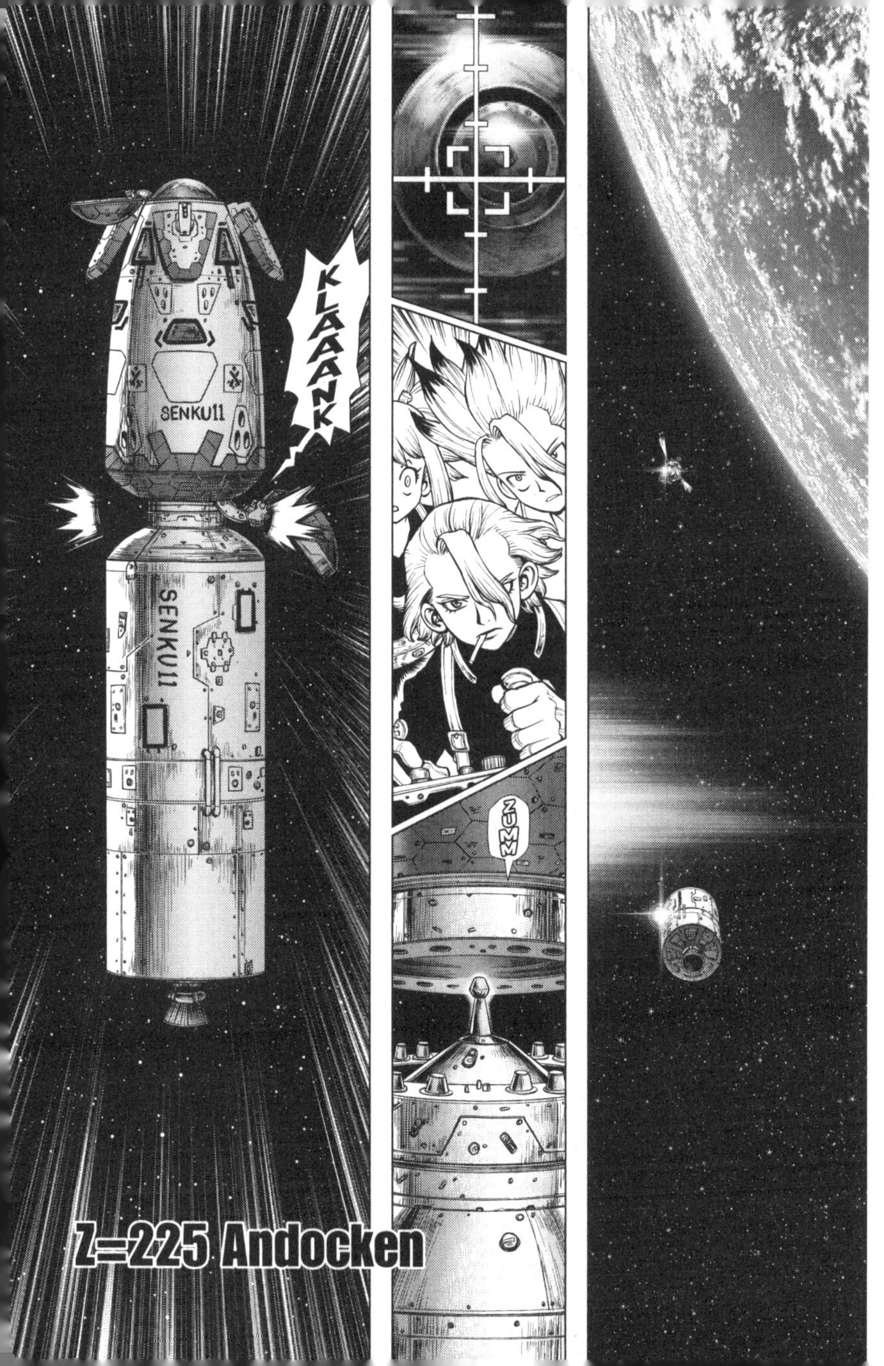
ZUMM
KLAAAANK
SENKU11
SENKU11
Z=225 Andocken

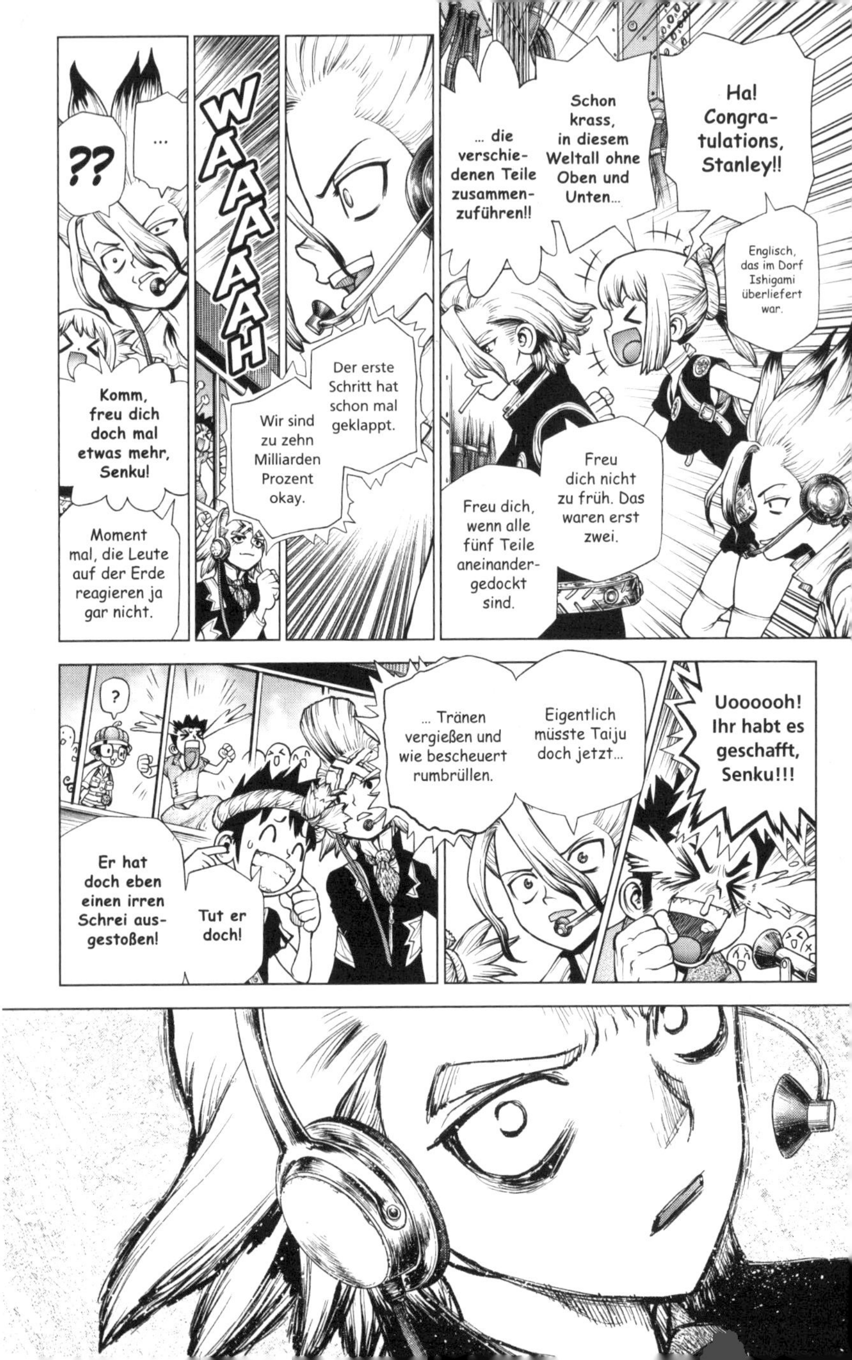
Ha! Congratulations, Stanley!!
Englisch, das im Dorf Ishigami überliefert war.
Schon krass, in diesem Weltall ohne Oben und Unten…
… die verschiedenen Teile zusammenzuführen!!
Freu dich nicht zu früh. Das waren erst zwei.
Freu dich, wenn alle fünf Teile aneinandergedockt sind.
WAAAAAH
Der erste Schritt hat schon mal geklappt.
Wir sind zu zehn Milliarden Prozent okay.
...
??
Komm, freu dich doch mal etwas mehr, Senku!
Moment mal, die Leute auf der Erde reagieren ja gar nicht.
Uoooooh! Ihr habt es geschafft, Senku!!!
Eigentlich müsste Taiju doch jetzt…
… Tränen vergießen und wie bescheuert rumbrüllen.
?
Tut er doch!
Er hat doch eben einen irren Schrei ausgestoßen!

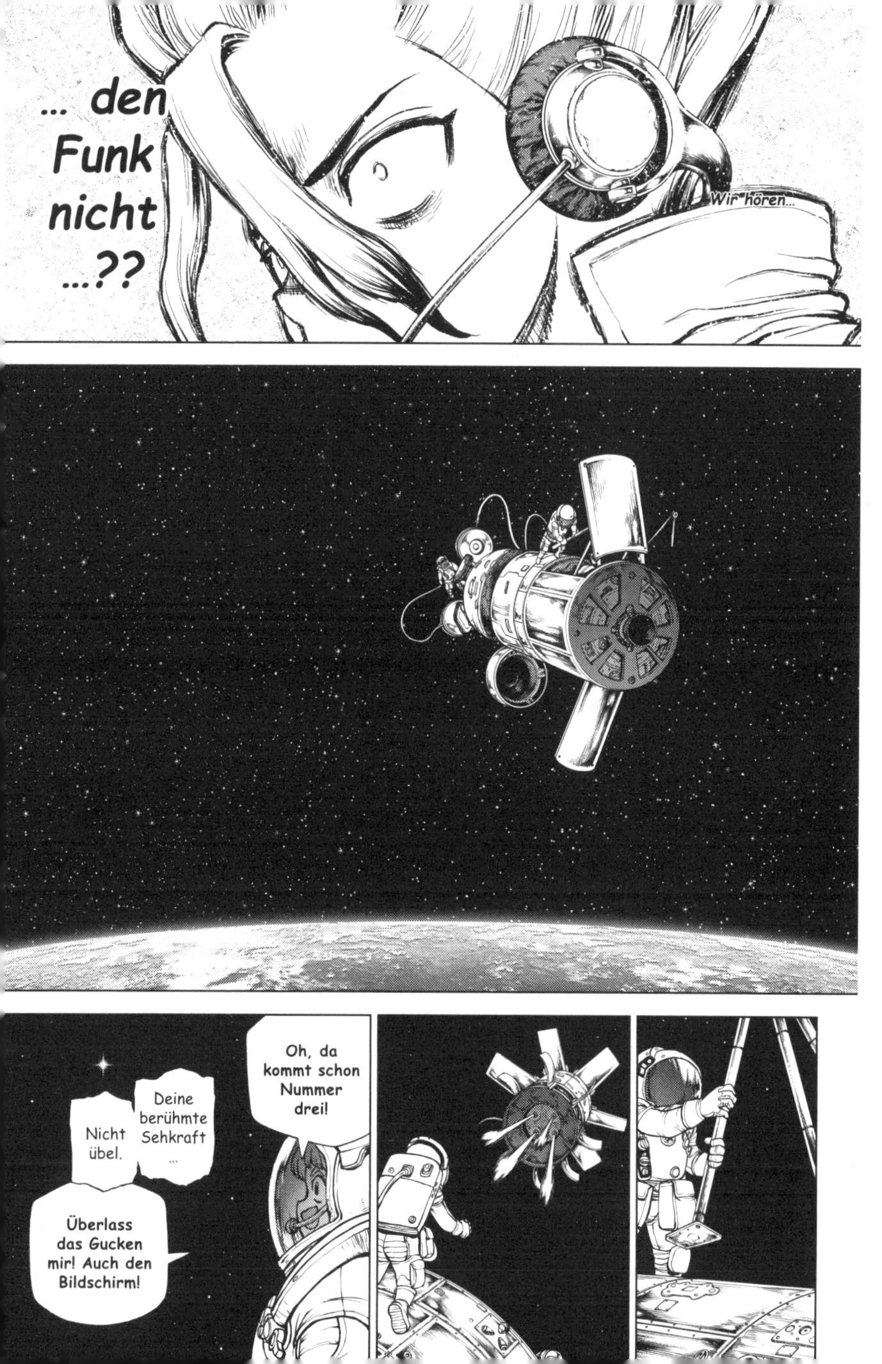
Wir hören...
... den Funk nicht ...??
Oh, da kommt schon Nummer drei!
Deine berühmte Sehkraft ...
Nicht übel.
Überlass das Gucken mir! Auch den Bildschirm!

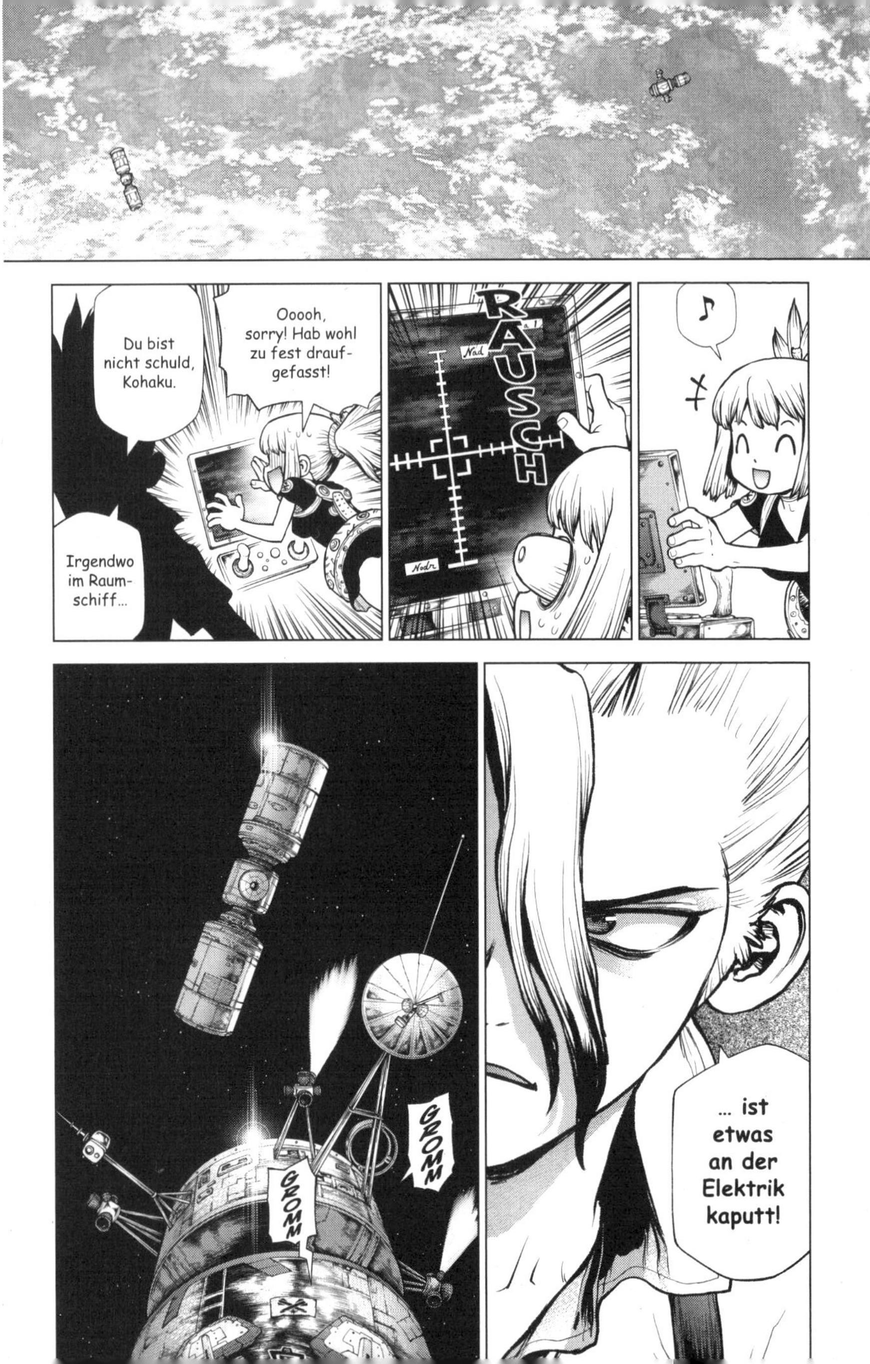
♪
RAUSCH
Ooooh, sorry! Hab wohl zu fest drauf-gefasst!
Du bist nicht schuld, Kohaku.
Irgendwo im Raum-schiff...
... ist etwas an der Elektrik kaputt!
GROMM
GROMM

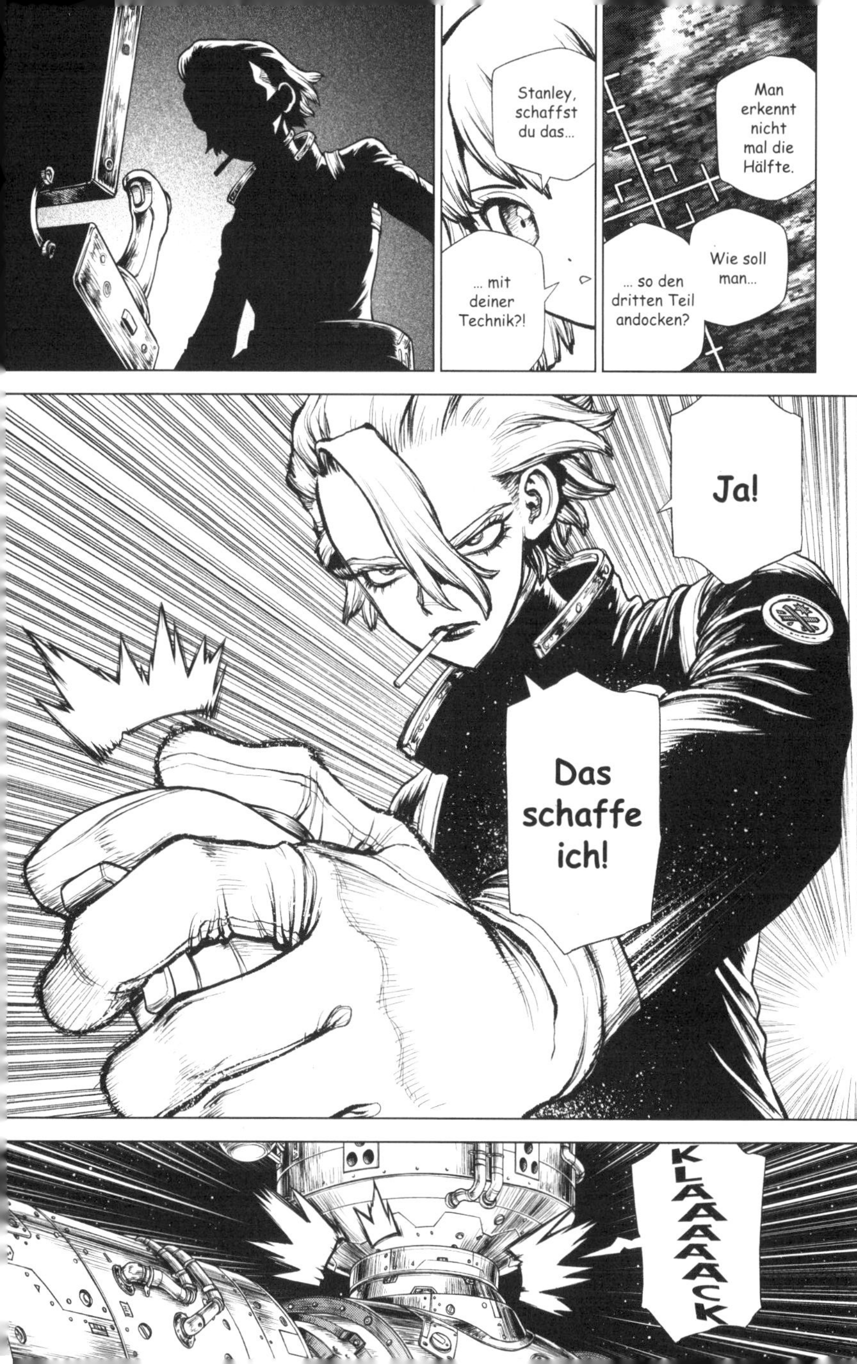
Man erkennt nicht mal die Hälfte.
Wie soll man...
... so den dritten Teil andocken?
Stanley, schaffst du das...
... mit deiner Technik?!
Ja!
Das schaffe ich!
KLAAAAACK

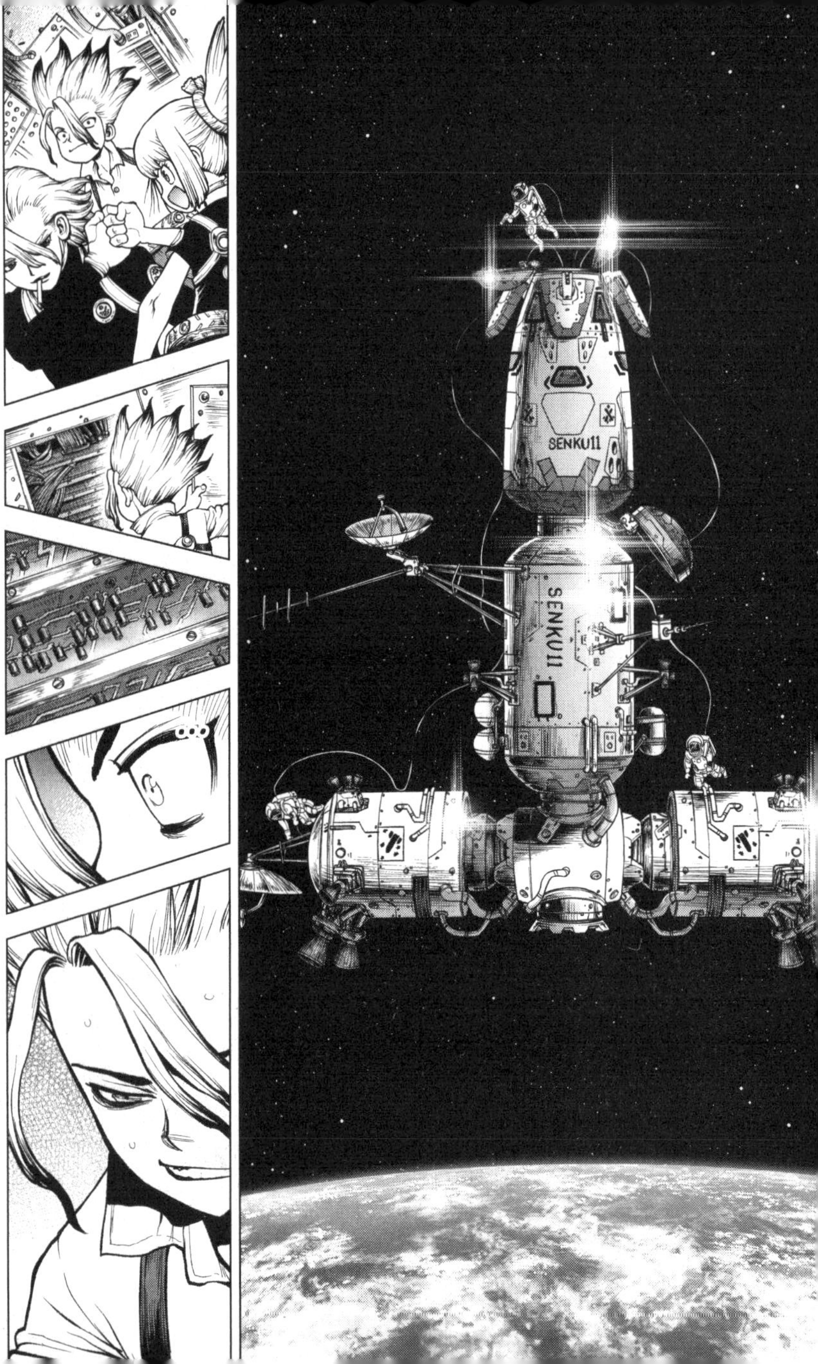
SENKU11
SENKU11

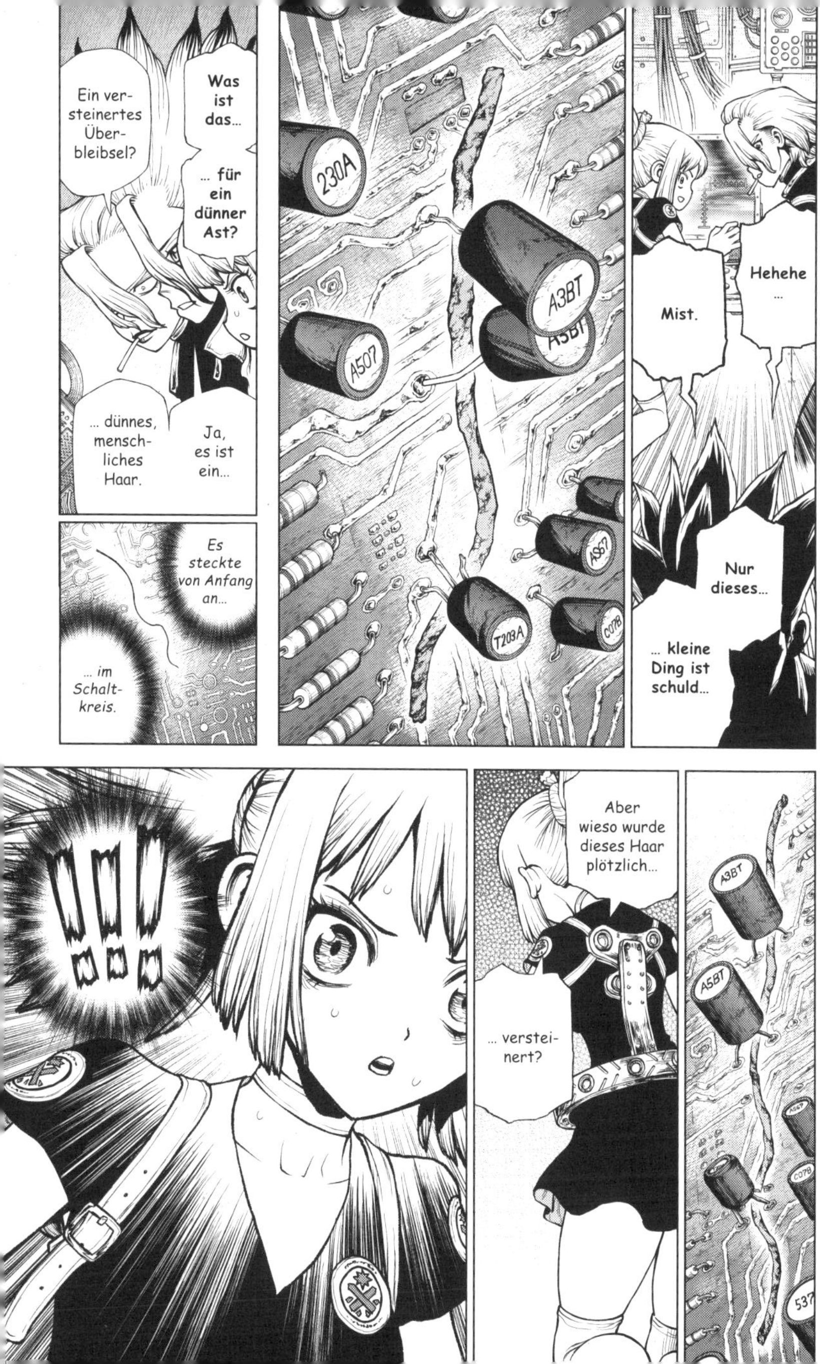

Hehehe ...
Mist.
Nur dieses...
... kleine Ding ist schuld...
Was ist das...
... für ein dünner Ast?
Ein versteinertes Überbleibsel?
Ja, es ist ein...
... dünnes, menschliches Haar.
Es steckte von Anfang an...
... im Schaltkreis.
Aber wieso wurde dieses Haar plötzlich...
... versteinert?
!!!

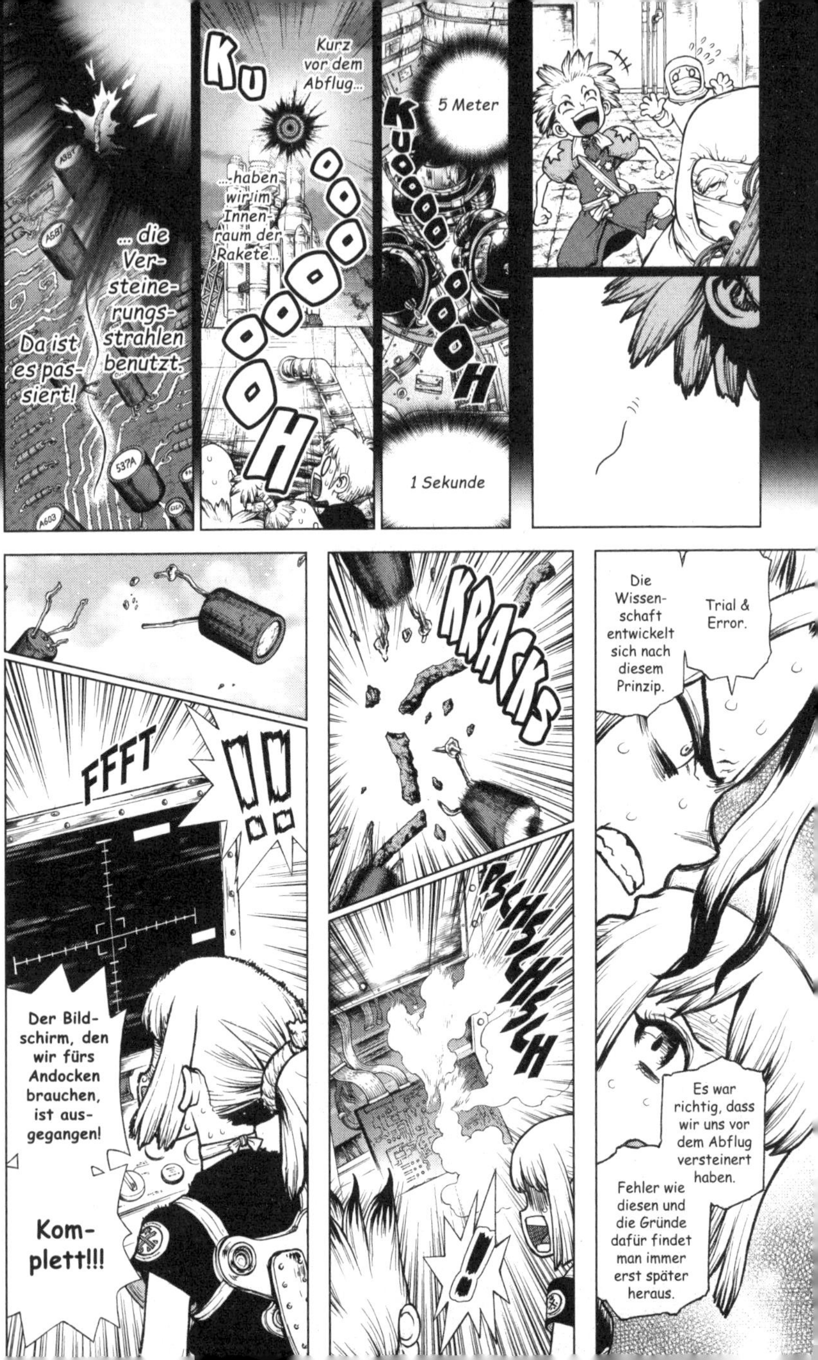

5 Meter
KUOOOOOOOOOH
1 Sekunde
Kurz vor dem Abflug...
...haben wir im Innenraum der Rakete...
KUOOOOOOOOOOH
... die Versteinerungsstrahlen benutzt.
Da ist es passiert!
Die Wissenschaft entwickelt sich nach diesem Prinzip.
Trial & Error.
Es war richtig, dass wir uns vor dem Abflug versteinert haben.
Fehler wie diesen und die Gründe dafür findet man immer erst später heraus.
KRACKS
PSCHSCHSCHSCH
FFFT
!!
Der Bildschirm, den wir fürs Andocken brauchen, ist ausgegangen!
Komplett!!!

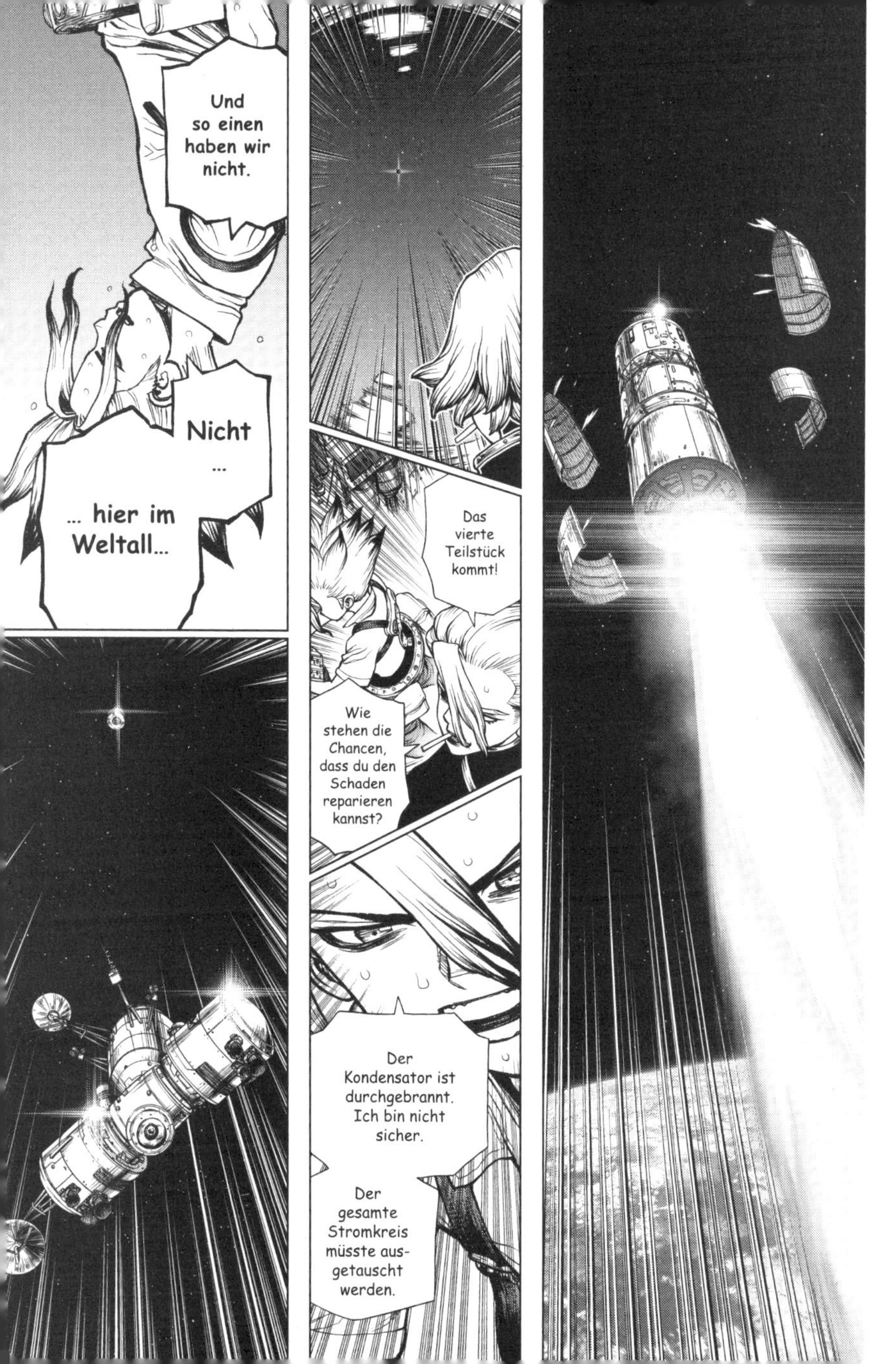
Das vierte Teilstück kommt!
Wie stehen die Chancen, dass du den Schaden reparieren kannst?
Der Kondensator ist durchgebrannt. Ich bin nicht sicher.
Der gesamte Stromkreis müsste aus-getauscht werden.
Und so einen haben wir nicht.
Nicht ...
... hier im Weltall...

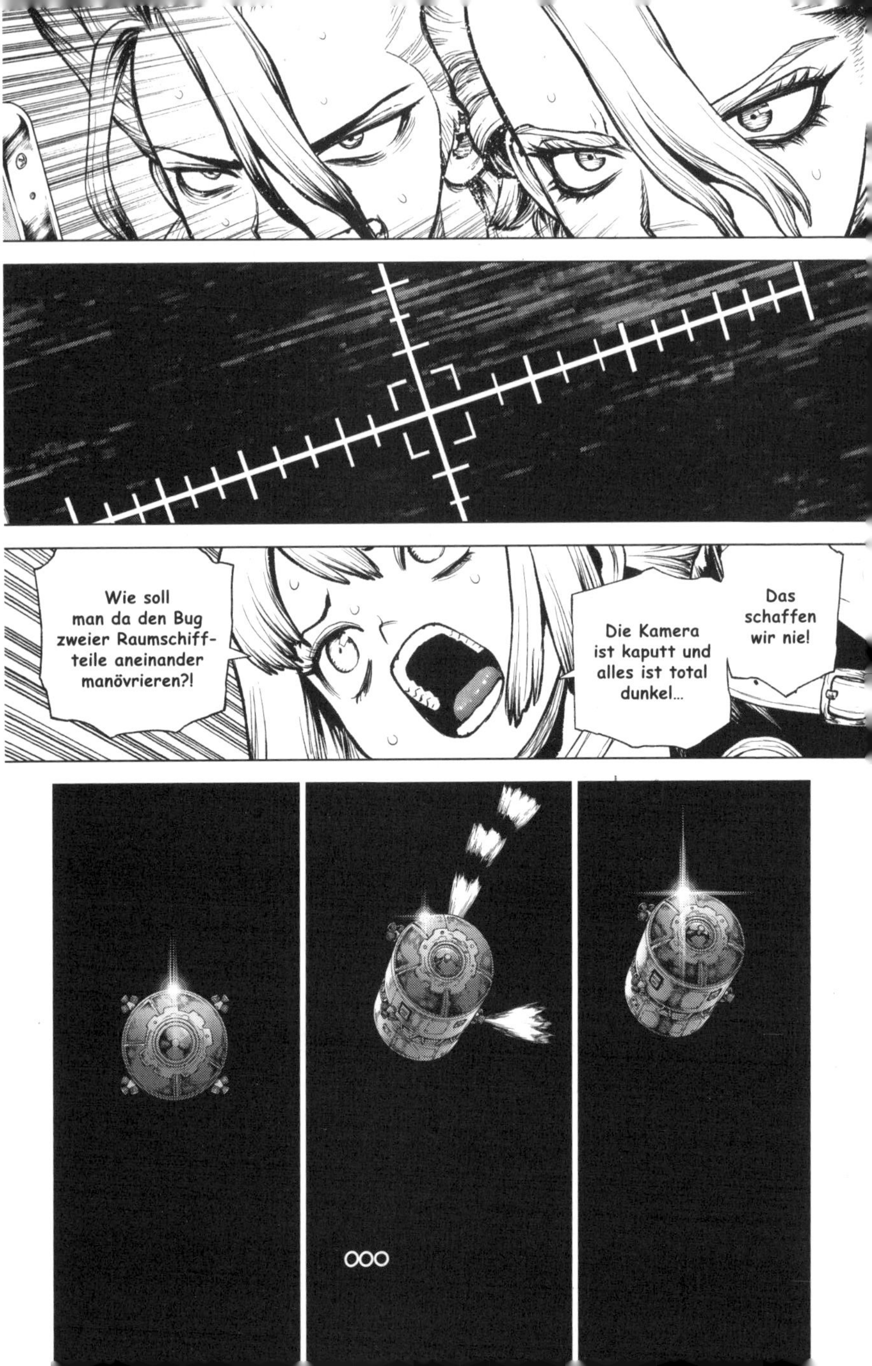
Das schaffen wir nie!
Die Kamera ist kaputt und alles ist total dunkel...
Wie soll man da den Bug zweier Raumschiff-teile aneinander manövrieren?!
OOO

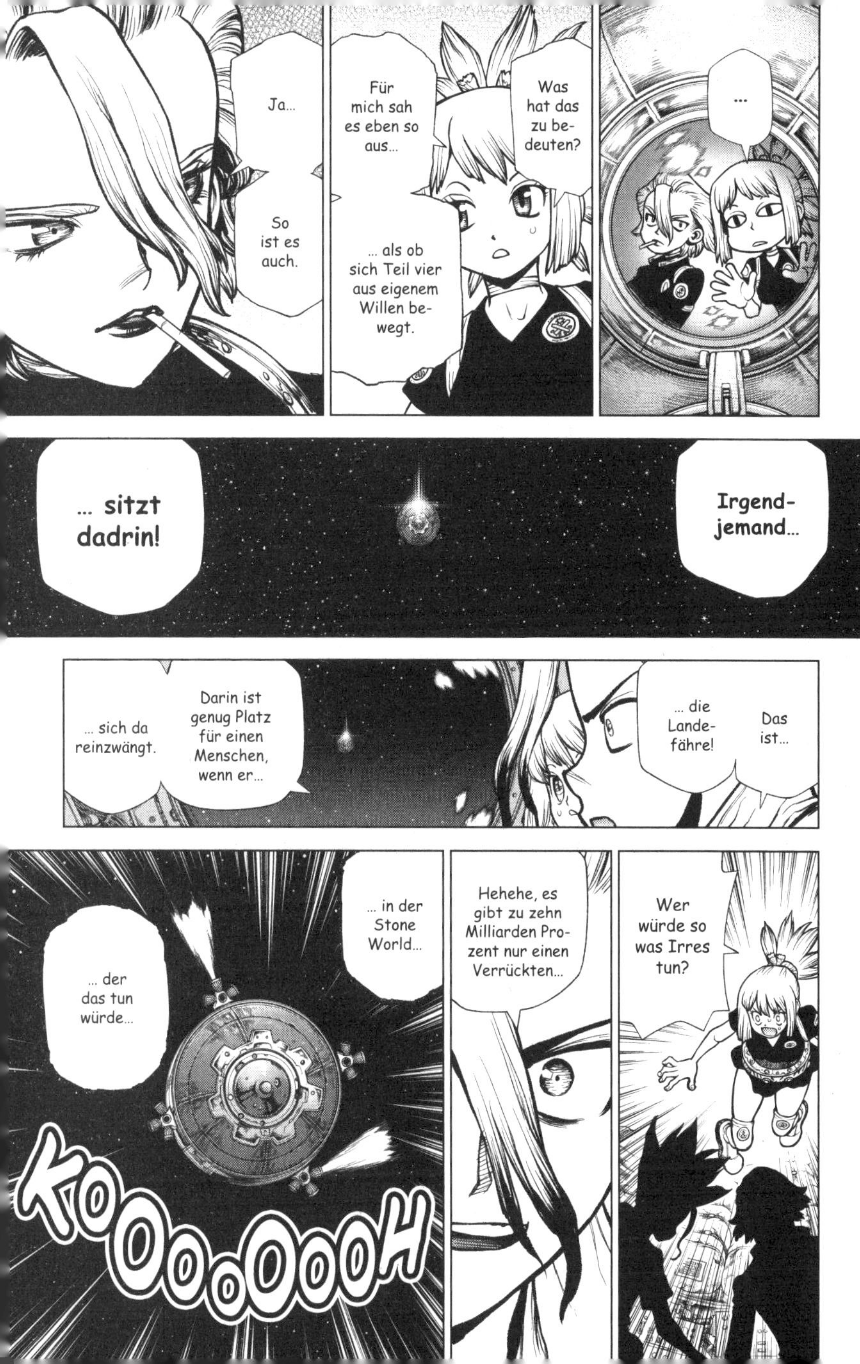

...
Was hat das zu bedeuten?
Für mich sah es eben so aus...
... als ob sich Teil vier aus eigenem Willen bewegt.
Ja...
So ist es auch.
Irgend-jemand...
... sitzt dadrin!
Das ist...
... die Lande-fähre!
Darin ist genug Platz für einen Menschen, wenn er...
... sich da reinzwängt.
Wer würde so was Irres tun?
Hehehe, es gibt zu zehn Milliarden Pro-zent nur einen Verrückten...
... in der Stone World...
... der das tun würde...
KOOOoOOOH

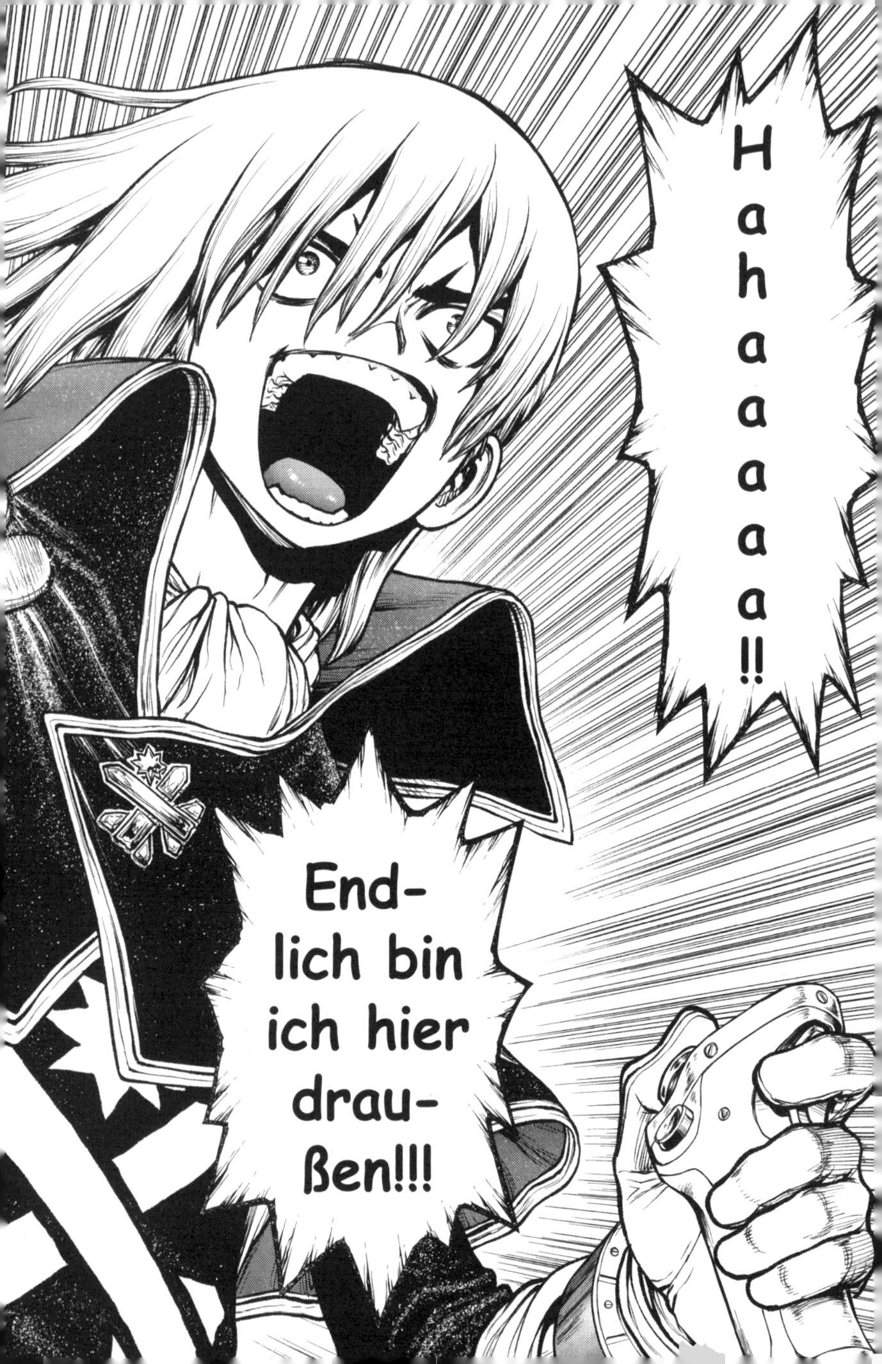
Hahaaaaaa!!
End-lich bin ich hier drau-ßen!!!

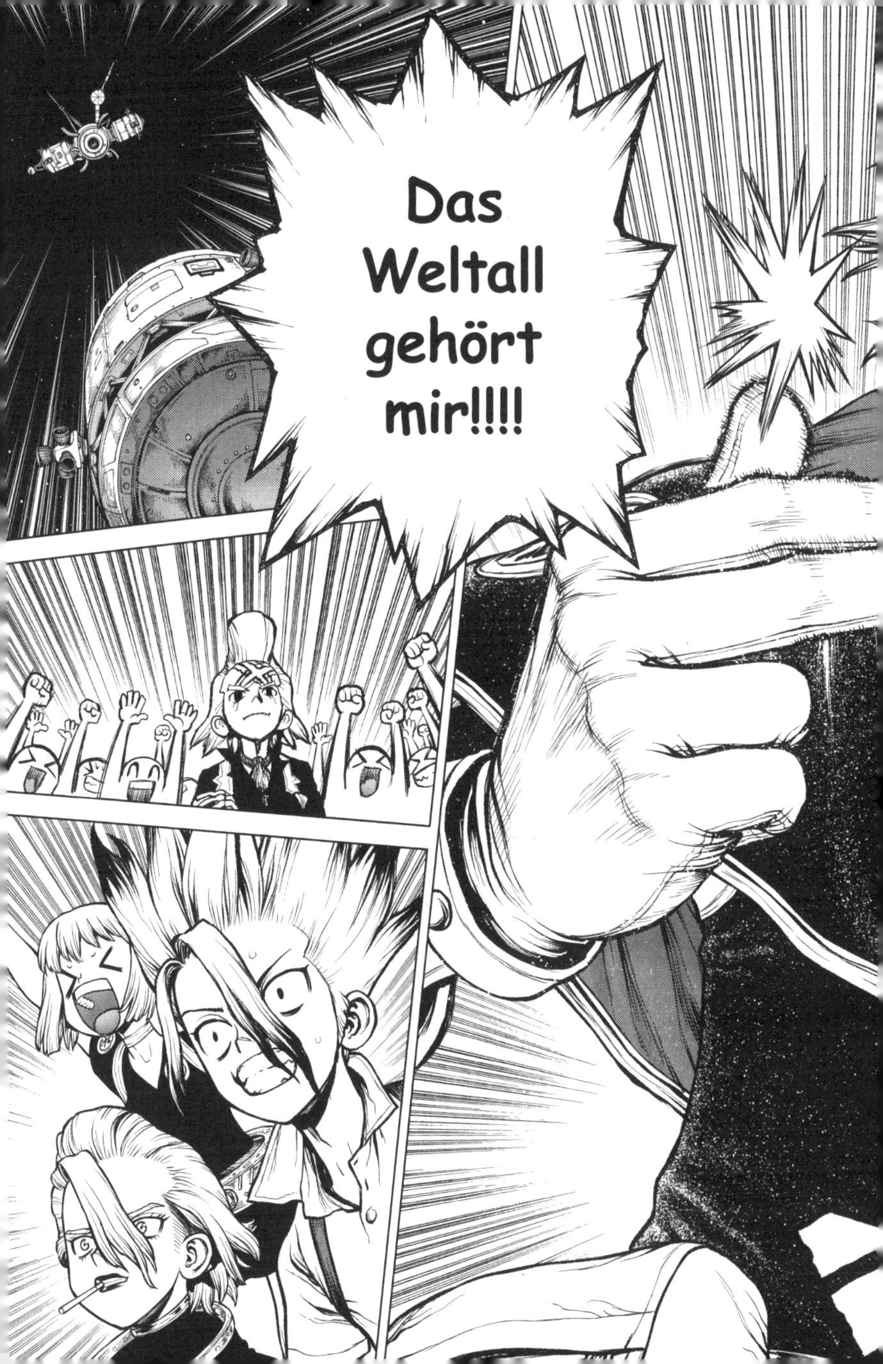
Das Weltall gehört mir!!!!

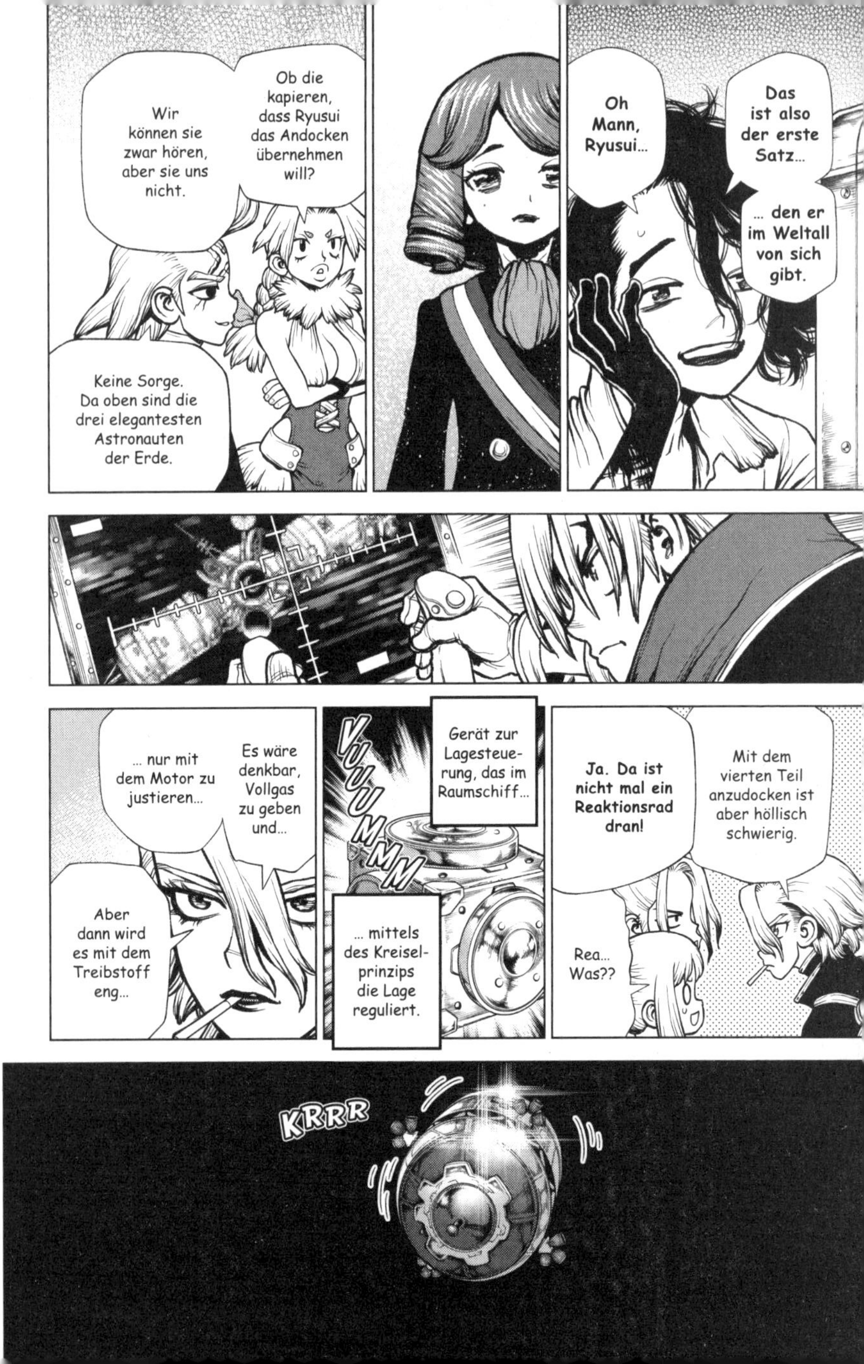
Das ist also der erste Satz…
… den er im Weltall von sich gibt.
Oh Mann, Ryusui…
Ob die kapieren, dass Ryusui das Andocken übernehmen will?
Wir können sie zwar hören, aber sie uns nicht.
Keine Sorge. Da oben sind die drei elegantesten Astronauten der Erde.
Mit dem vierten Teil anzudocken ist aber höllisch schwierig.
Ja. Da ist nicht mal ein Reaktionsrad dran!
Rea… Was??
Gerät zur Lagesteuerung, das im Raumschiff…
VUUUMMM
… mittels des Kreiselprinzips die Lage reguliert.
Es wäre denkbar, Vollgas zu geben und…
… nur mit dem Motor zu justieren…
Aber dann wird es mit dem Treibstoff eng…
KRRR

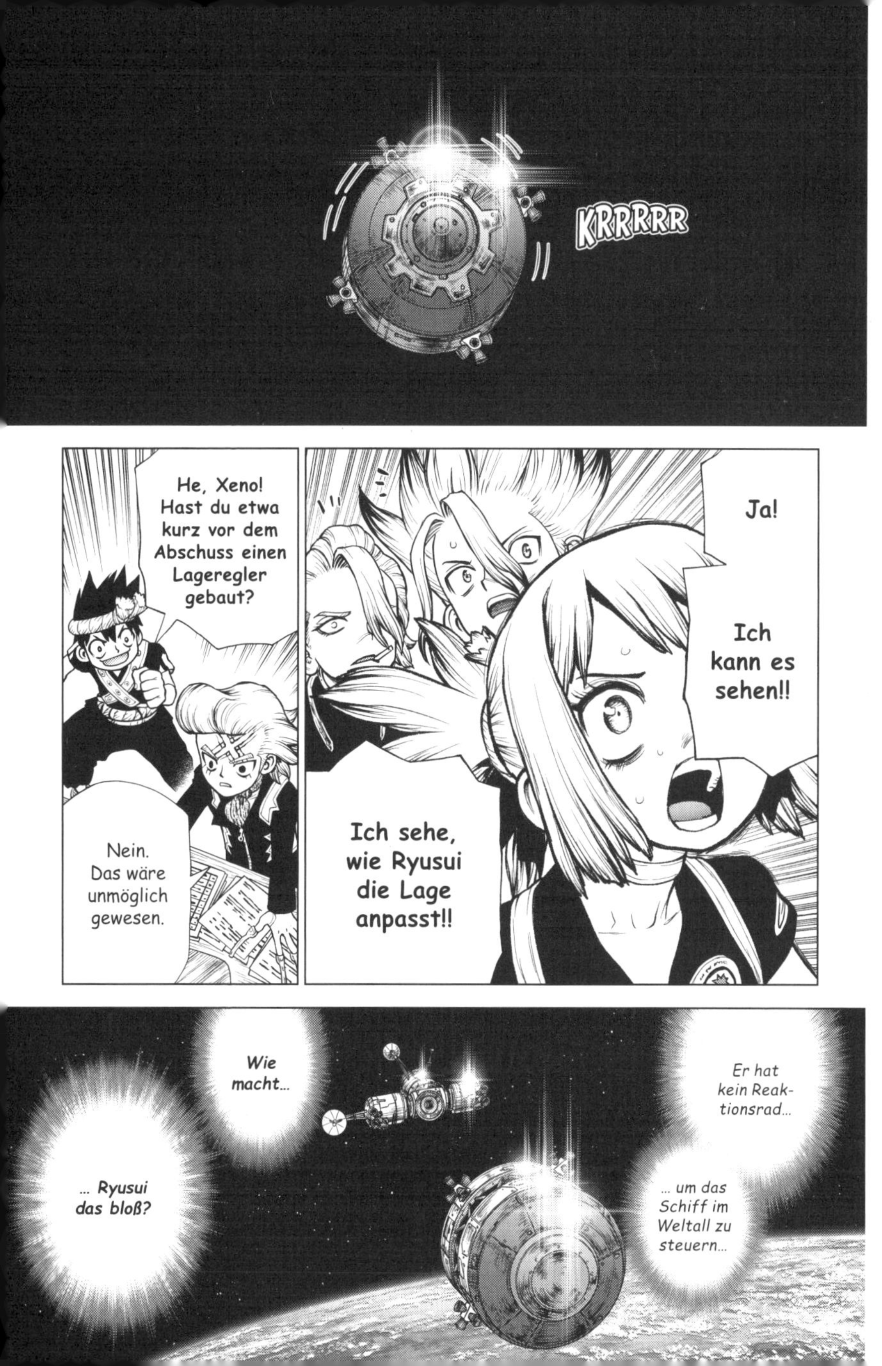
KRRRRR
Ja!
Ich kann es sehen!!
Ich sehe, wie Ryusui die Lage anpasst!!
He, Xeno! Hast du etwa kurz vor dem Abschuss einen Lageregler gebaut?
Nein. Das wäre unmöglich gewesen.
Er hat kein Reaktionsrad...
... um das Schiff im Weltall zu steuern...
Wie macht...
... Ryusui das bloß?

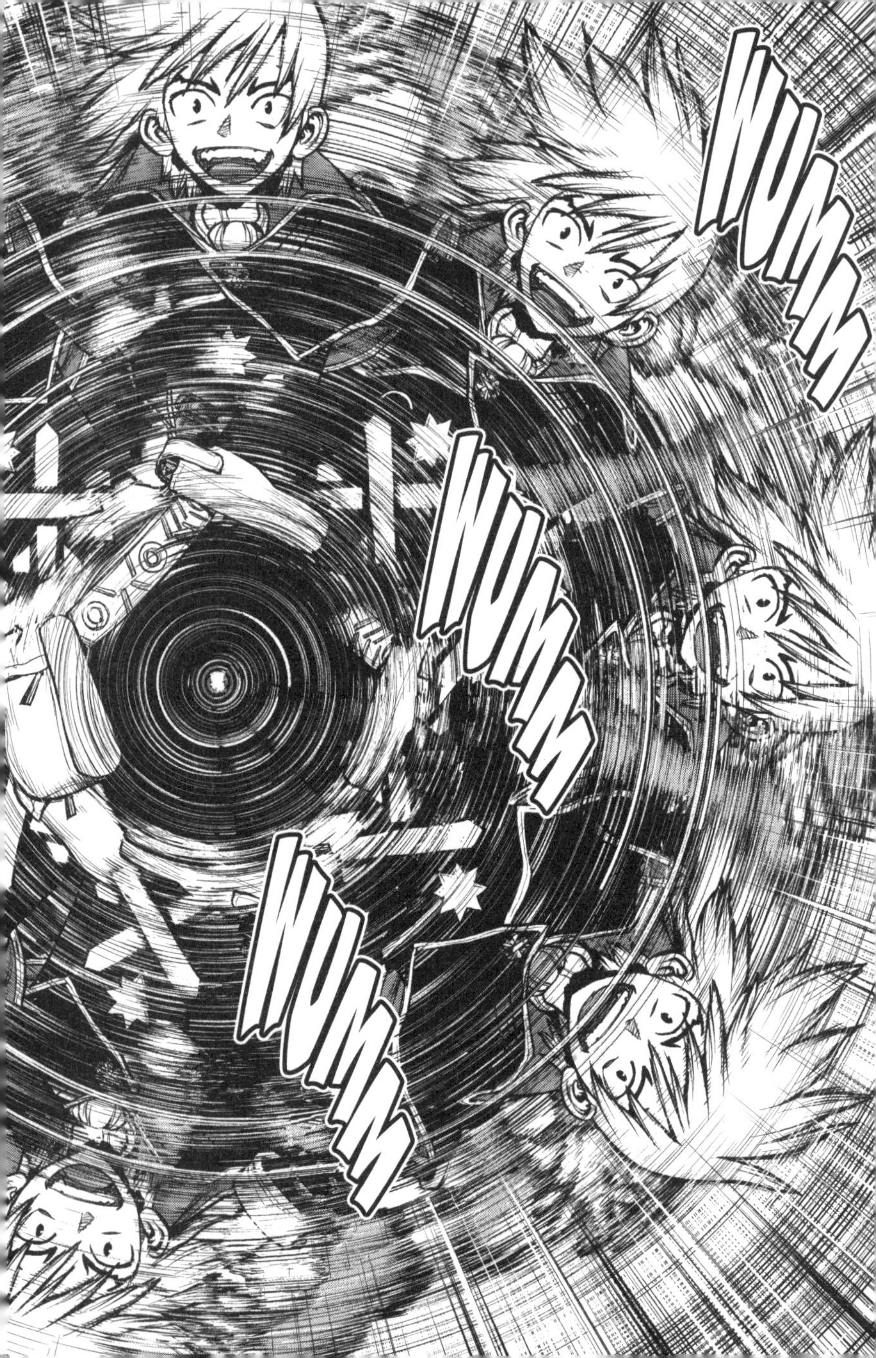
WUMM
WUMM
WUMM

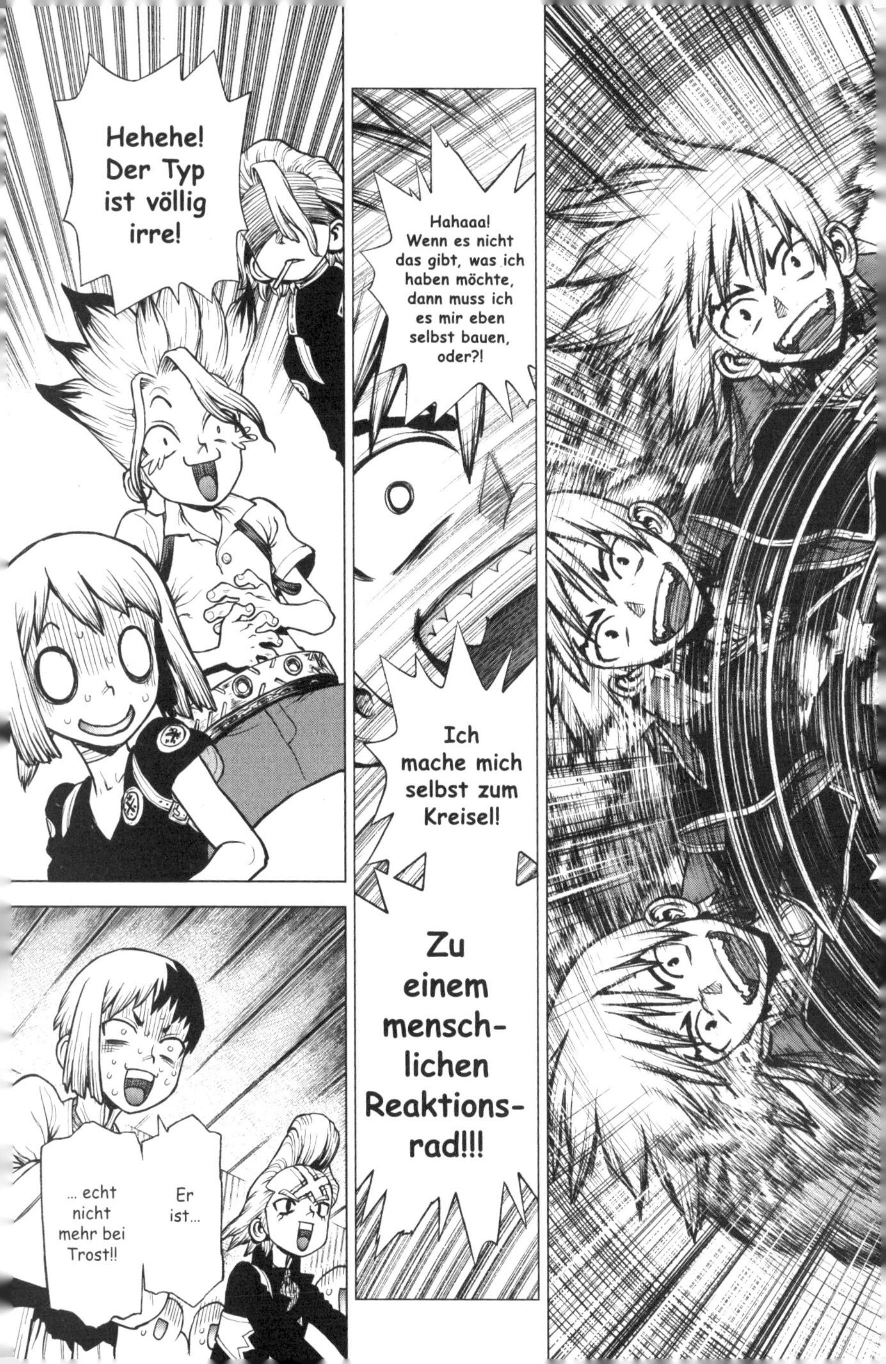

Hehehe! Der Typ ist völlig irre!
Er ist...
... echt nicht mehr bei Trost!!
Hahaaa! Wenn es nicht das gibt, was ich haben möchte, dann muss ich es mir eben selbst bauen, oder?!
Ich mache mich selbst zum Kreisel!
Zu einem mensch-lichen Reaktions-rad!!!

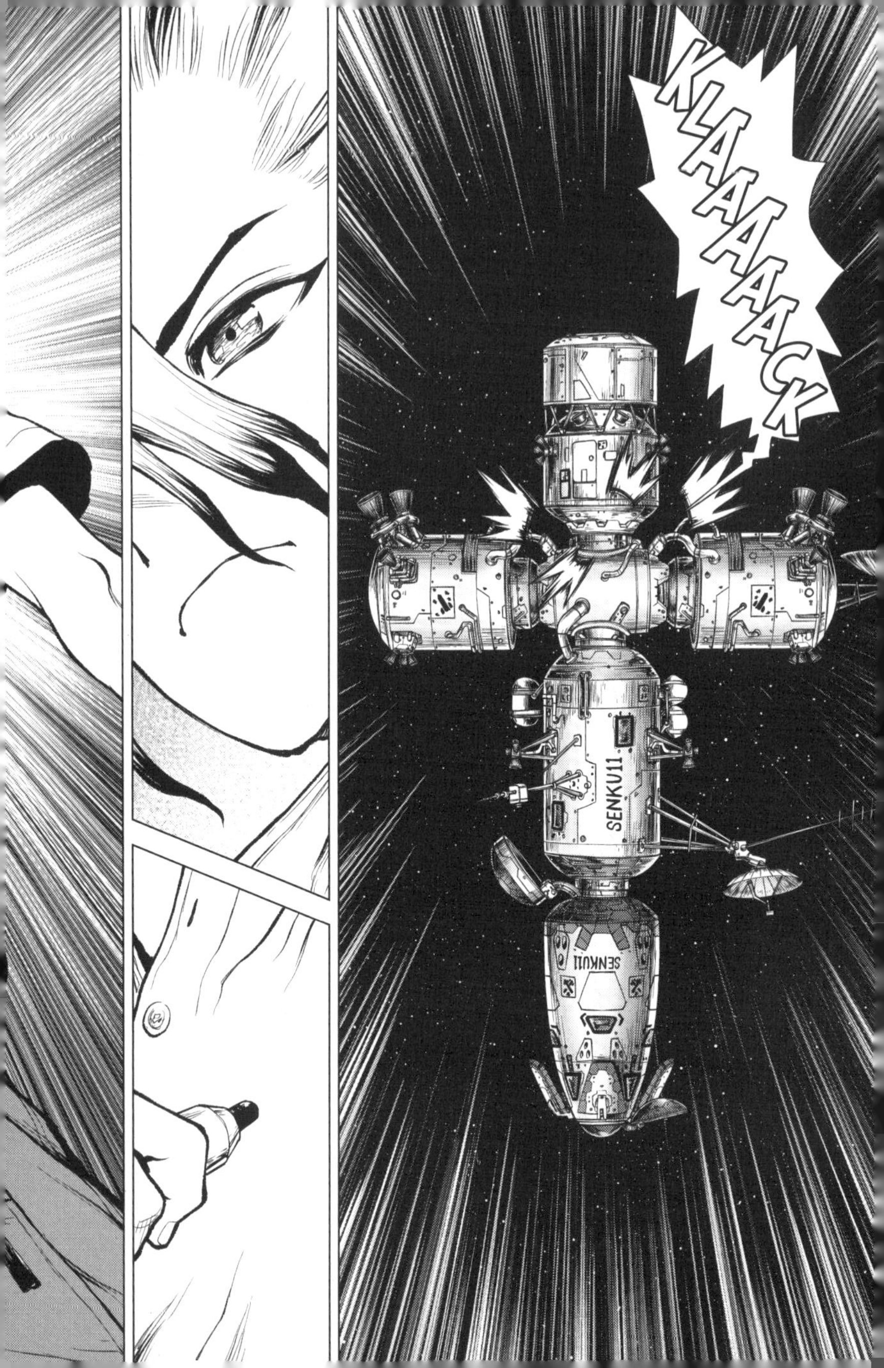
KLAAAAACK
SENKU11
SENKU11

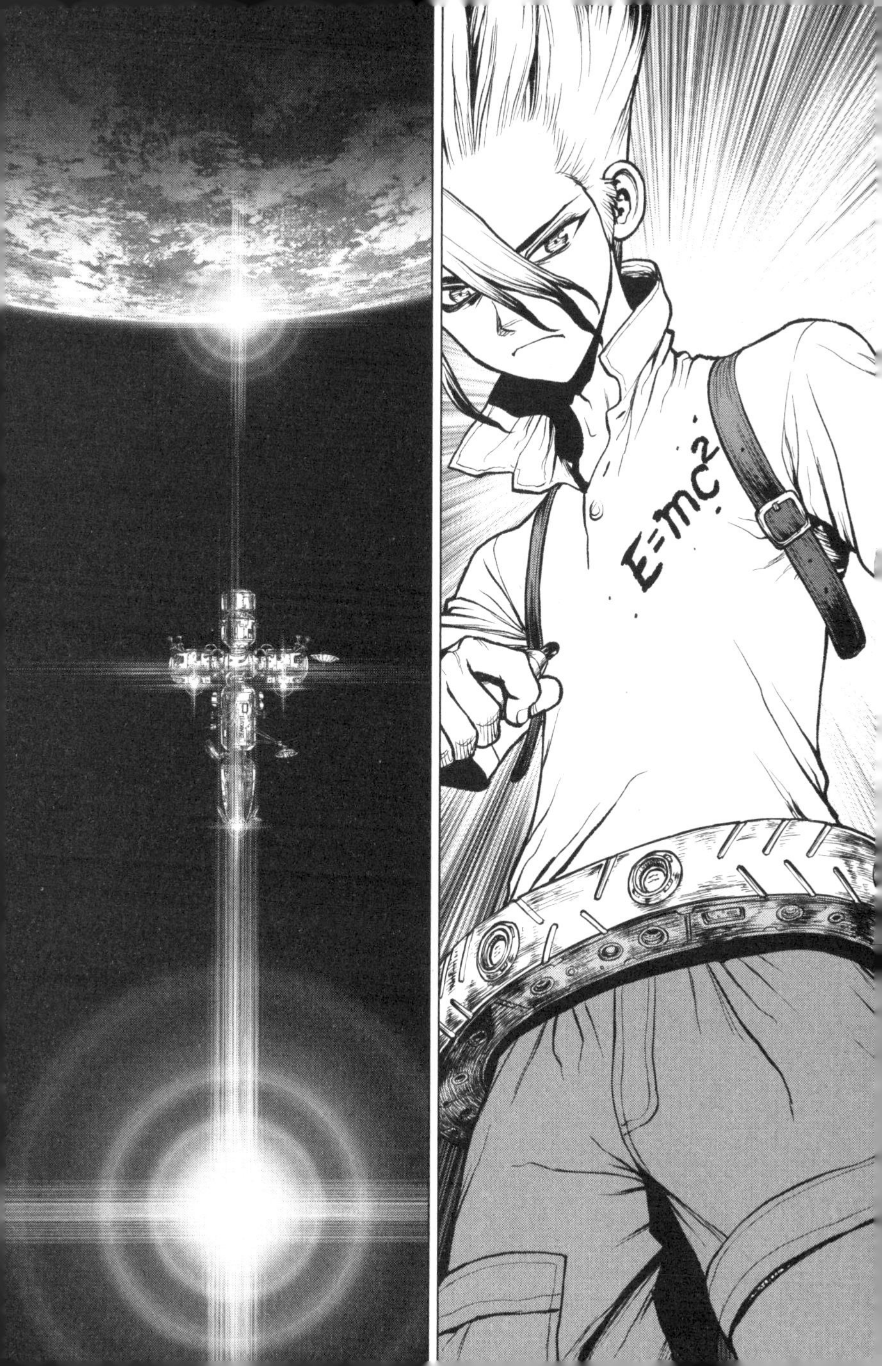
$E=mc^2$

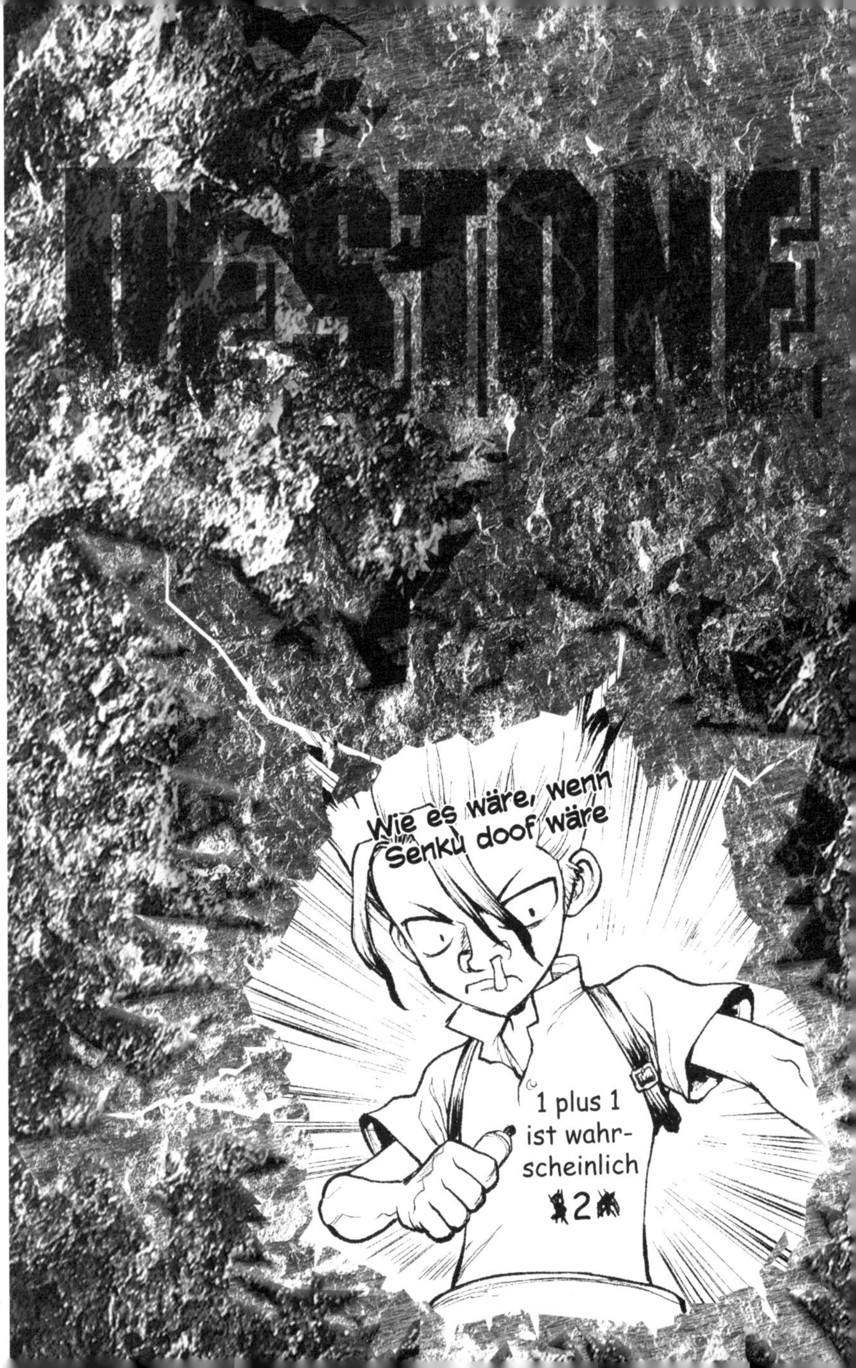
Dr.STONE
Wie es wäre, wenn Senku doof wäre
1 plus 1 ist wahr-scheinlich 2

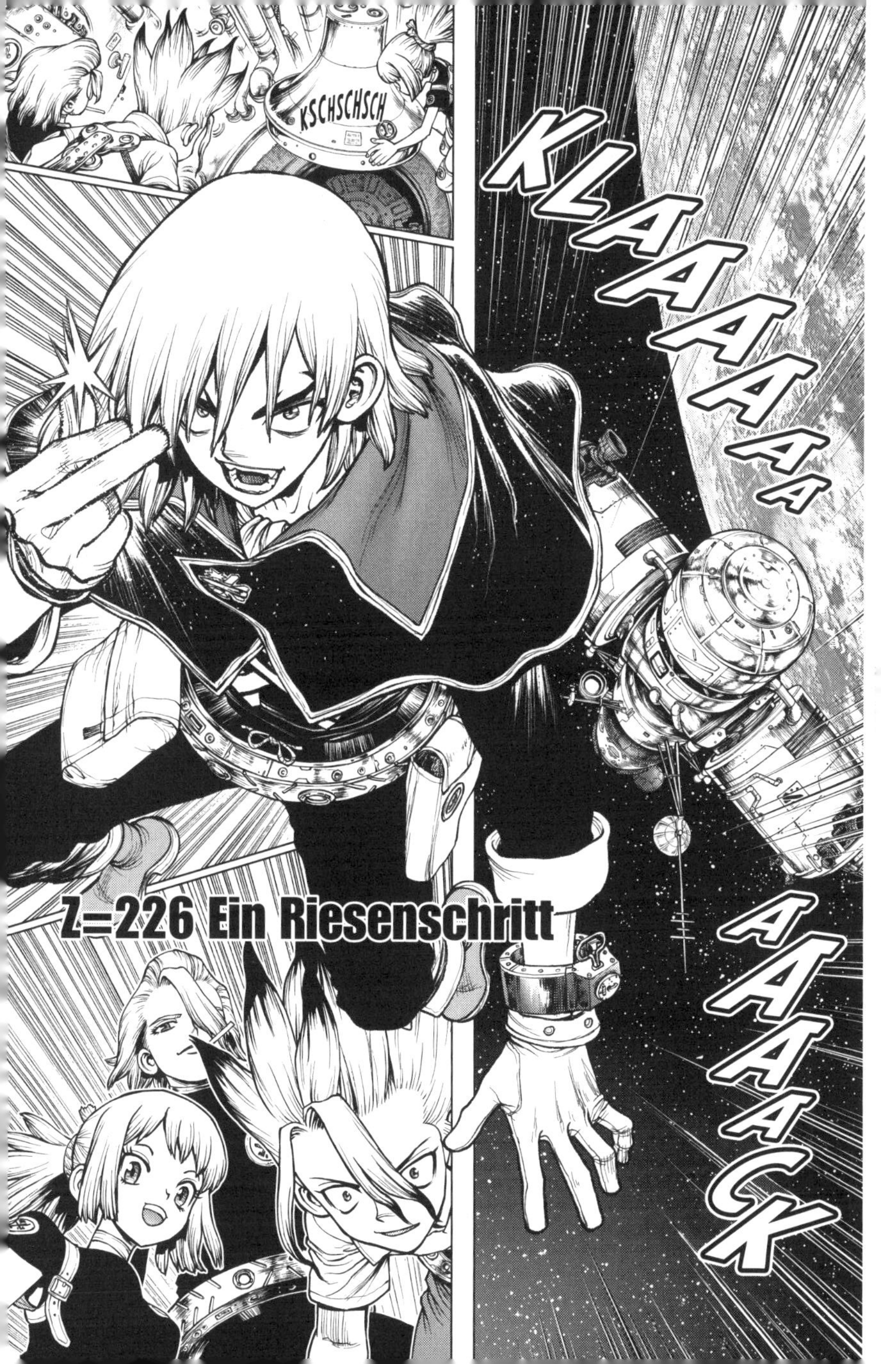
KSCHSCHSCH
KLAAAAAAAAAAAACK
Z=226 Ein Riesenschritt

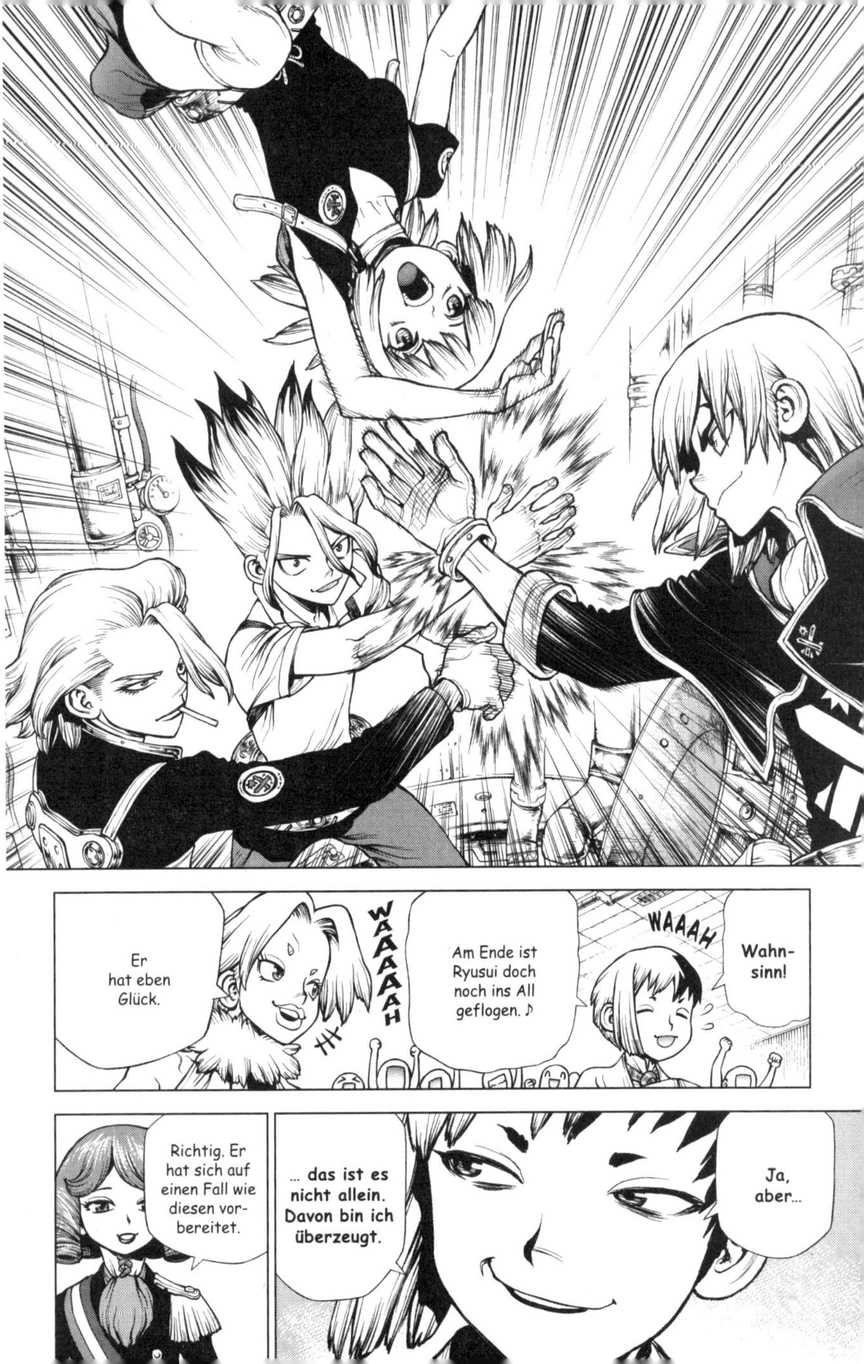
Wahn-sinn!
WAAAH
Am Ende ist Ryusui doch noch ins All geflogen. ♪
WAAAAAH
Er hat eben Glück.
Ja, aber...
... das ist es nicht allein. Davon bin ich überzeugt.
Richtig. Er hat sich auf einen Fall wie diesen vor-bereitet.

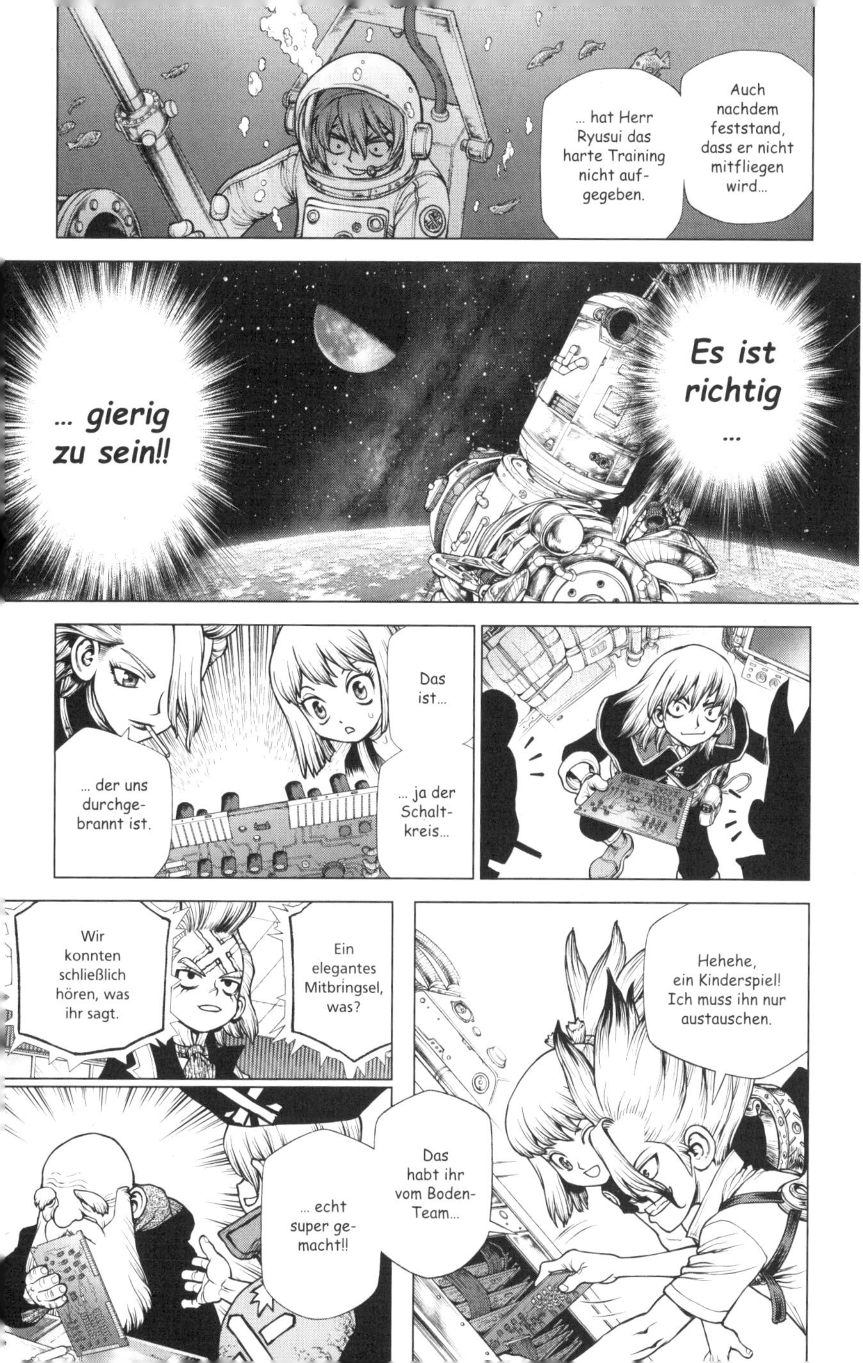
Auch nachdem feststand, dass er nicht mitfliegen wird...
... hat Herr Ryusui das harte Training nicht aufgegeben.
Es ist richtig ...
... gierig zu sein!!
Das ist...
... ja der Schaltkreis...
... der uns durchgebrannt ist.
Hehehe, ein Kinderspiel! Ich muss ihn nur austauschen.
Ein elegantes Mitbringsel, was?
Wir konnten schließlich hören, was ihr sagt.
Das habt ihr vom Boden-Team...
... echt super gemacht!!

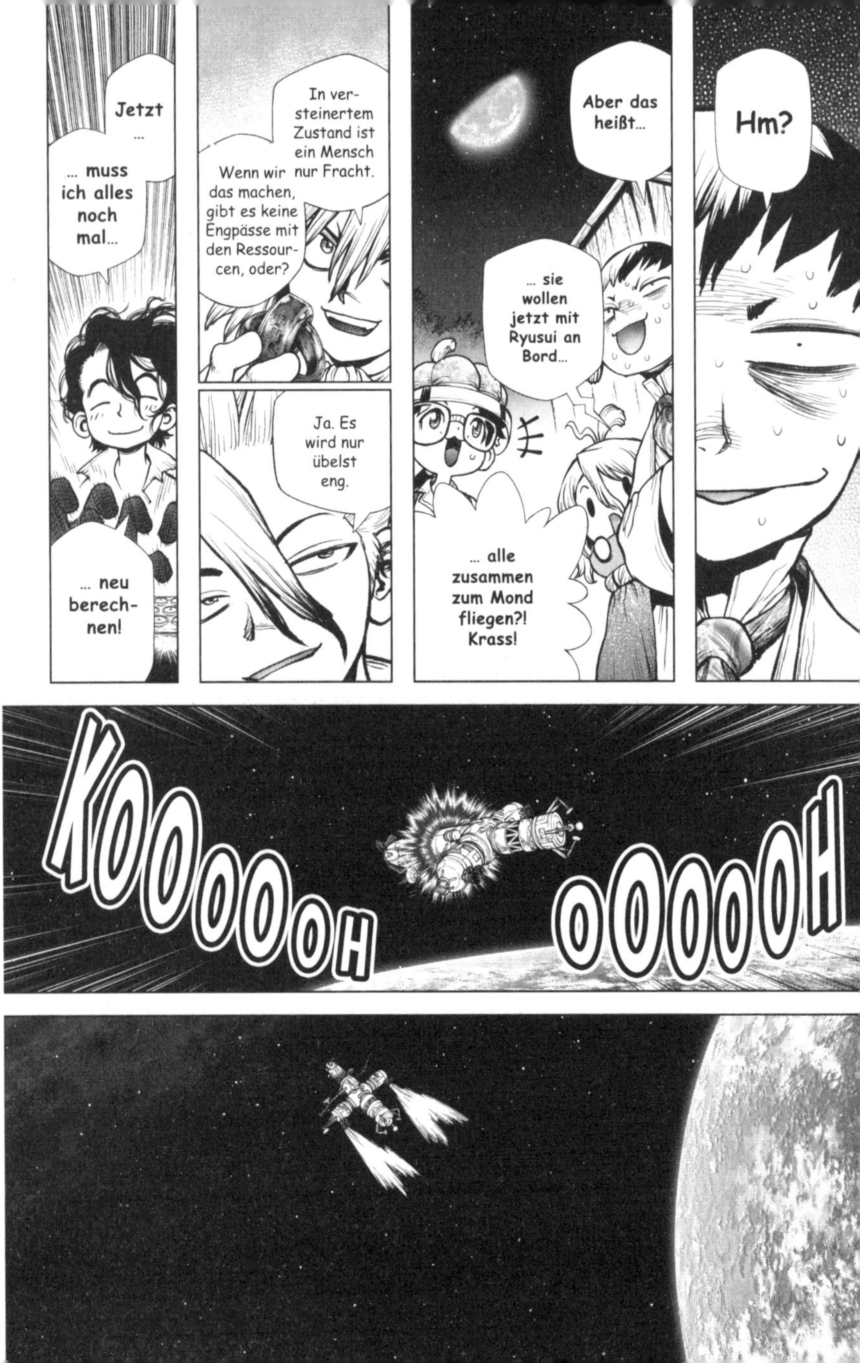

Hm?
Aber das heißt…
… sie wollen jetzt mit Ryusui an Bord…
… alle zusammen zum Mond fliegen?! Krass!
In versteinertem Zustand ist ein Mensch nur Fracht.
Wenn wir das machen, gibt es keine Engpässe mit den Ressourcen, oder?
Ja. Es wird nur übelst eng.
Jetzt …
… muss ich alles noch mal…
… neu berechnen!
KOOOOOOH
OOOOOH

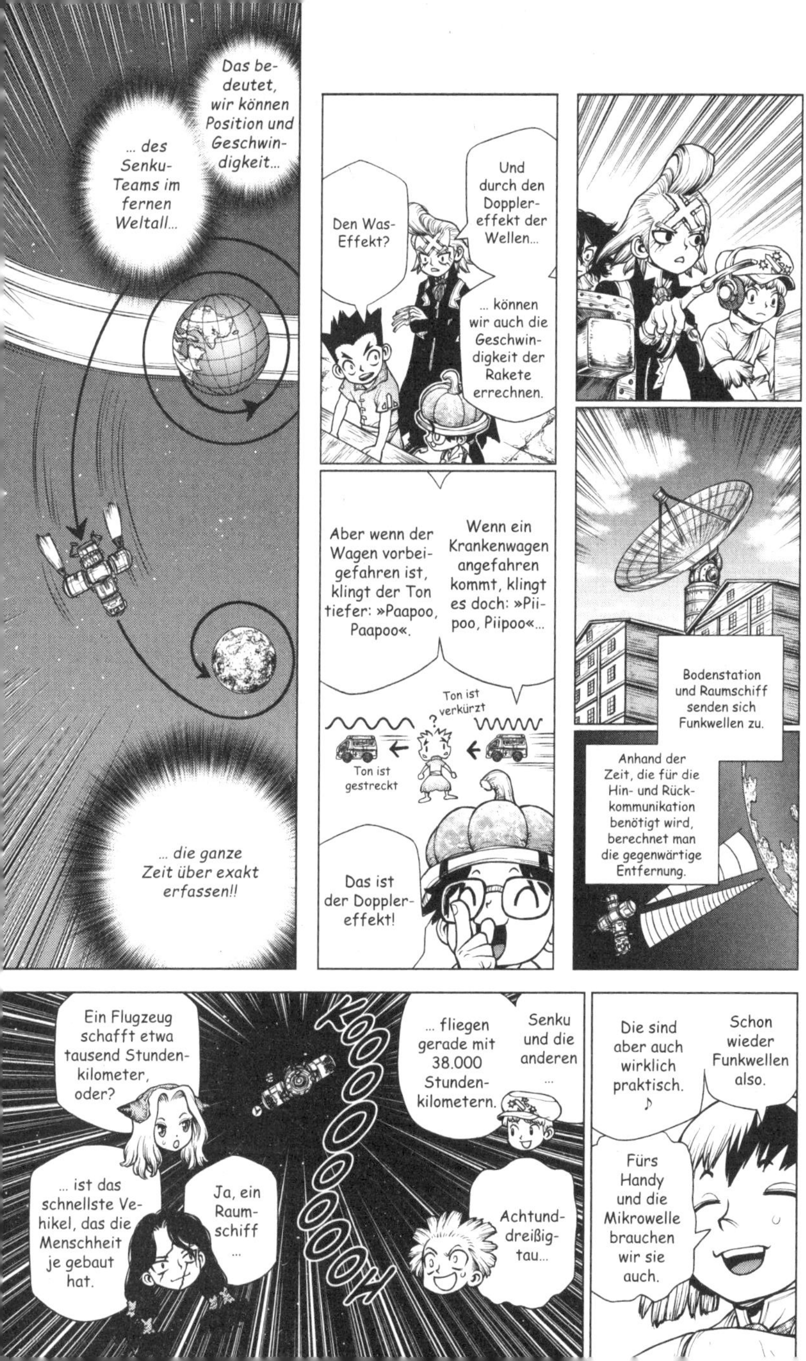
Bodenstation und Raumschiff senden sich Funkwellen zu.
Anhand der Zeit, die für die Hin- und Rückkommunikation benötigt wird, berechnet man die gegenwärtige Entfernung.
Und durch den Dopplereffekt der Wellen...
Den Was-Effekt?
... können wir auch die Geschwindigkeit der Rakete errechnen.
Wenn ein Krankenwagen angefahren kommt, klingt es doch: »Piipoo, Piipoo«...
Aber wenn der Wagen vorbeigefahren ist, klingt der Ton tiefer: »Paapoo, Paapoo«.
Ton ist verkürzt
Ton ist gestreckt
Das ist der Dopplereffekt!
Das bedeutet, wir können Position und Geschwindigkeit...
... des Senku-Teams im fernen Weltall...
... die ganze Zeit über exakt erfassen!!
Schon wieder Funkwellen also.
Die sind aber auch wirklich praktisch. ♪
Fürs Handy und die Mikrowelle brauchen wir sie auch.
Senku und die anderen ...
... fliegen gerade mit 38.000 Stundenkilometern.
KOOOOOOOOOH
Achtunddreißigtau...
Ein Flugzeug schafft etwa tausend Stundenkilometer, oder?
Ja, ein Raumschiff ...
... ist das schnellste Vehikel, das die Menschheit je gebaut hat.

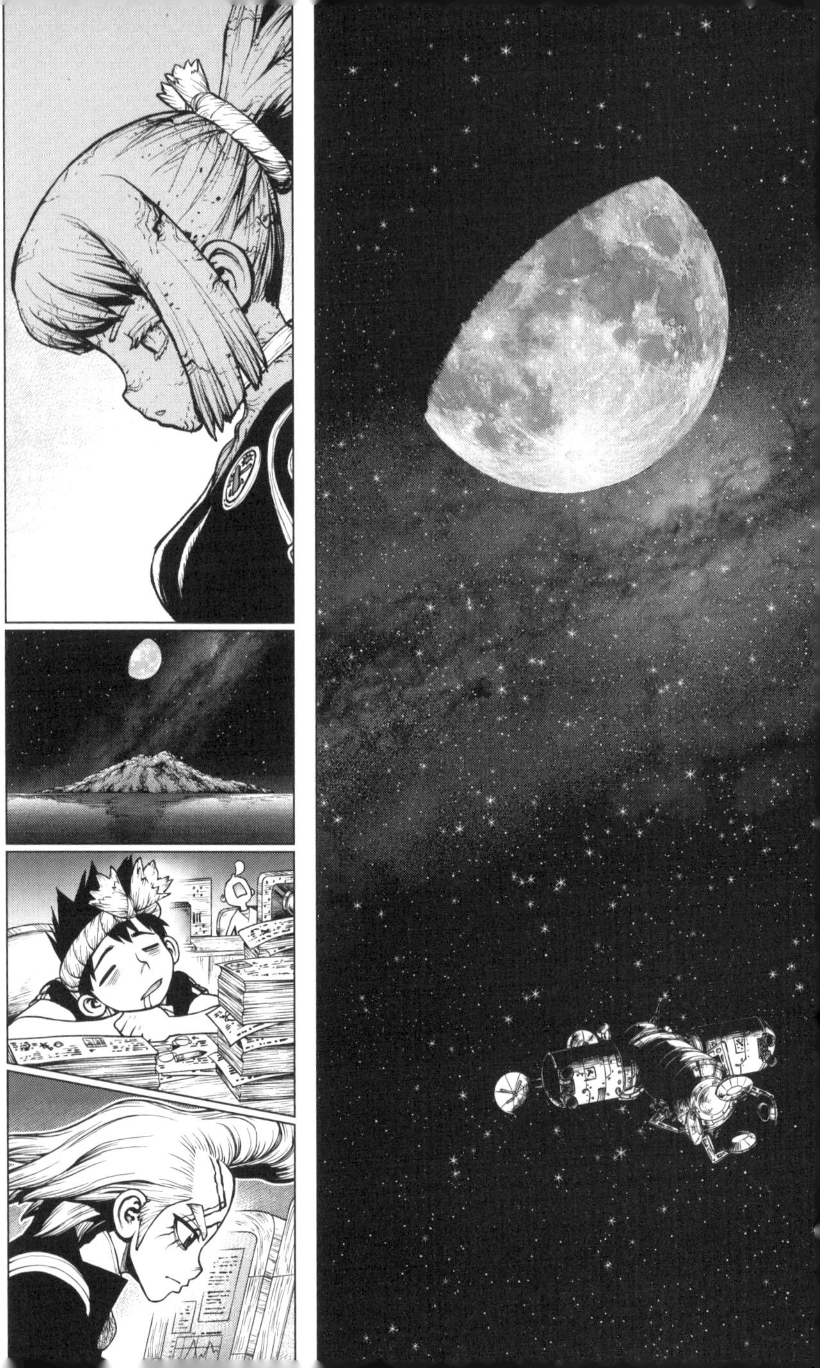

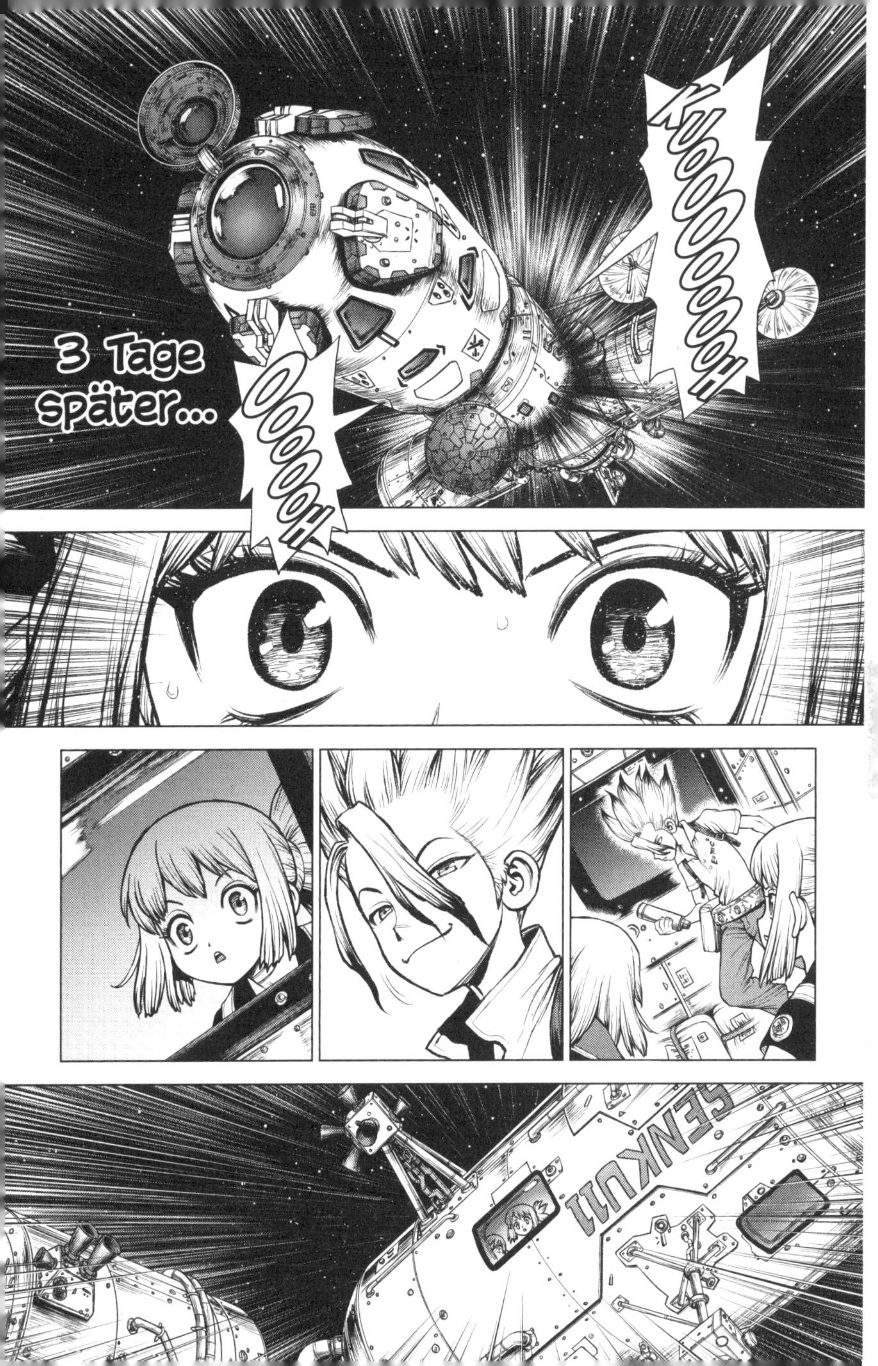
3 Tage später…
KUOOOOOOOOOOOH
OOOOOOOH
SENKU

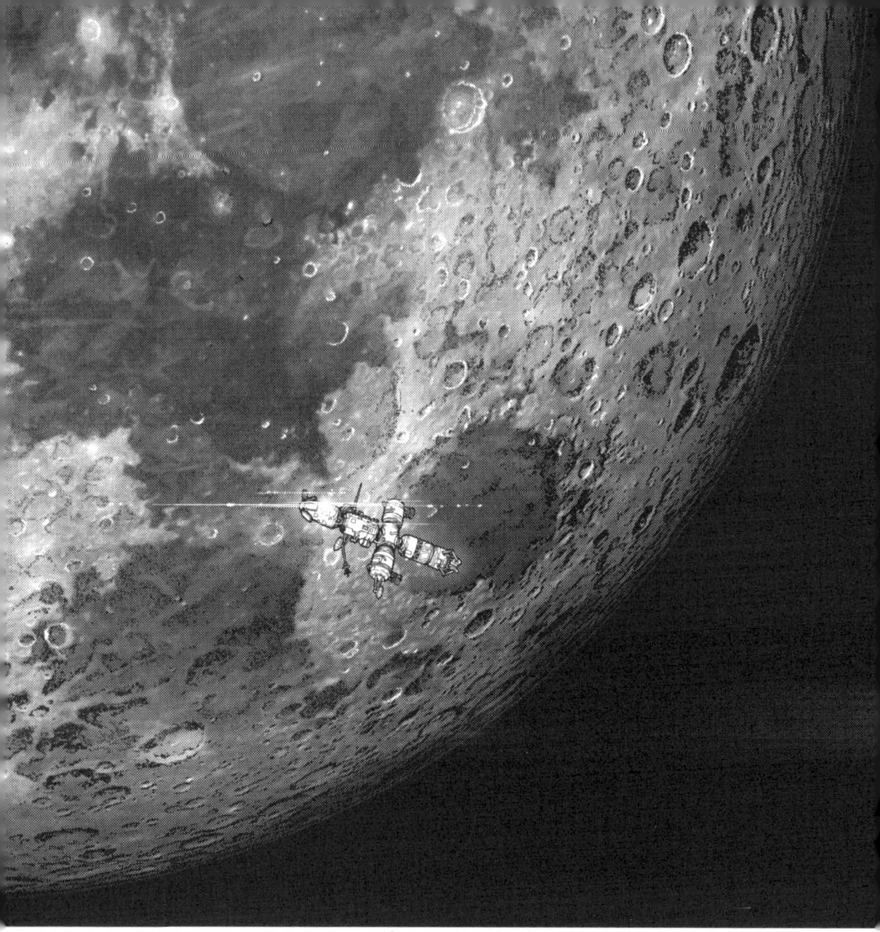
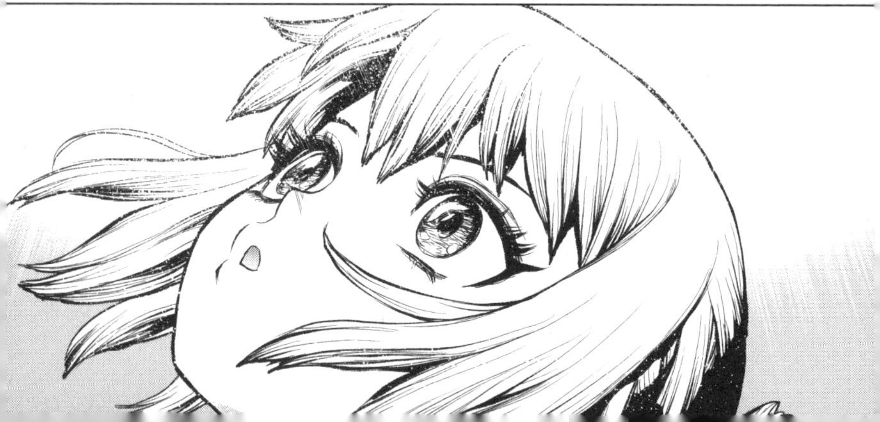

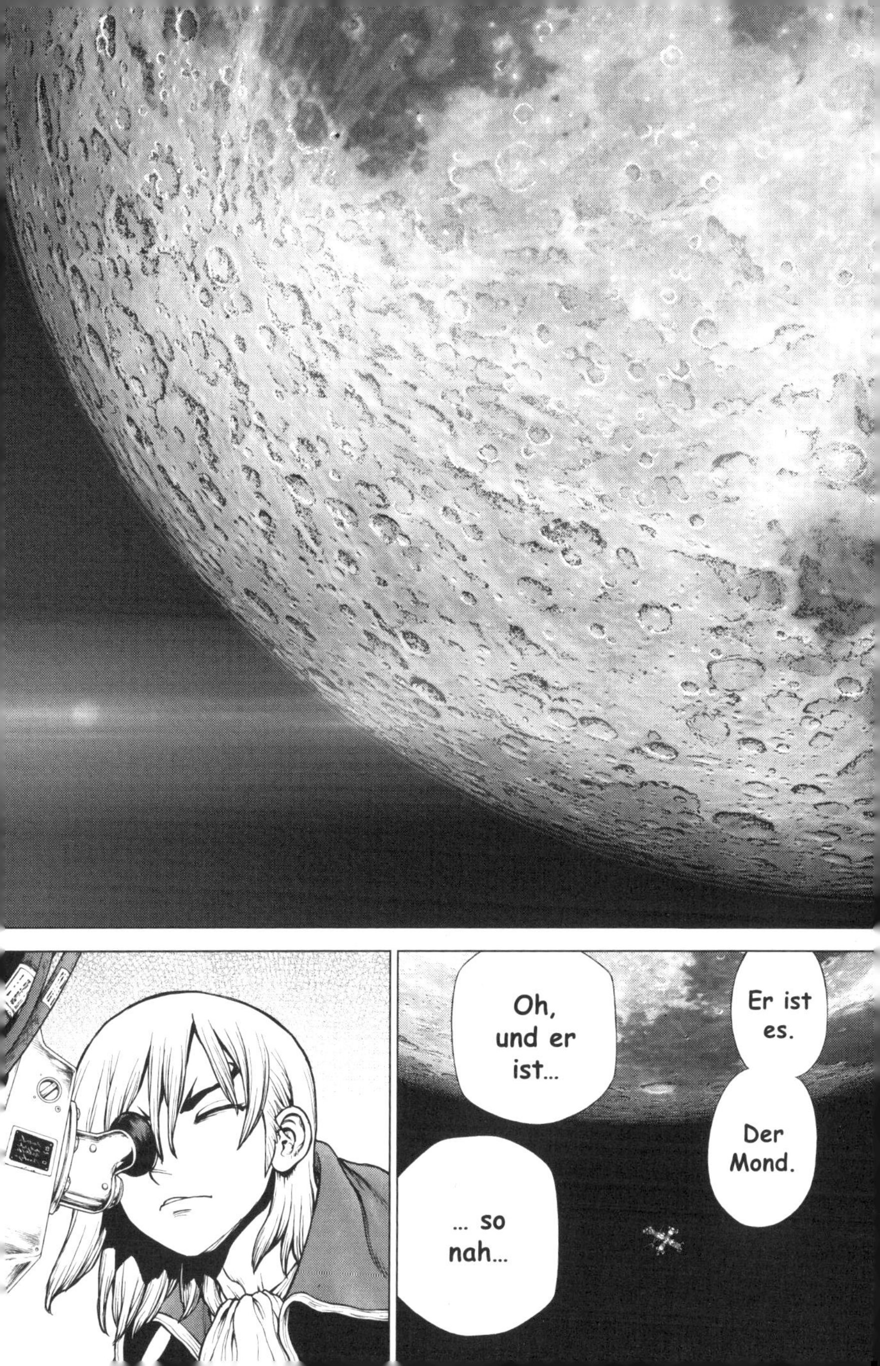
Er ist es.
Der Mond.
Oh, und er ist…
… so nah…

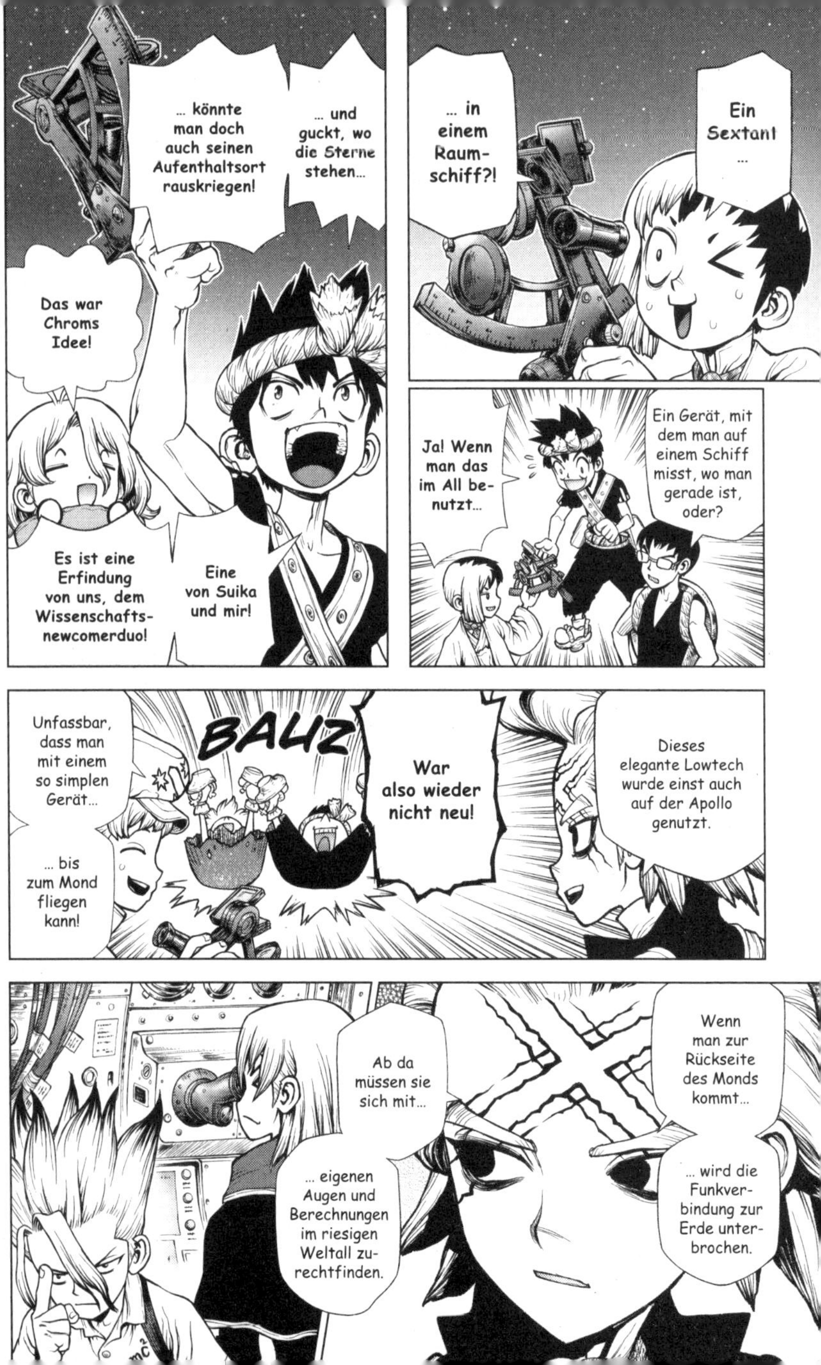
Ein Sextant ...
... in einem Raumschiff?!
Ein Gerät, mit dem man auf einem Schiff misst, wo man gerade ist, oder?
Ja! Wenn man das im All benutzt...
... und guckt, wo die Sterne stehen...
... könnte man doch auch seinen Aufenthaltsort rauskriegen!
Das war Chroms Idee!
Eine von Suika und mir!
Es ist eine Erfindung von uns, dem Wissenschaftsnewcomerduo!
Dieses elegante Lowtech wurde einst auch auf der Apollo genutzt.
War also wieder nicht neu!
BAUZ
Unfassbar, dass man mit einem so simplen Gerät...
... bis zum Mond fliegen kann!
Wenn man zur Rückseite des Monds kommt...
... wird die Funkverbindung zur Erde unterbrochen.
Ab da müssen sie sich mit...
... eigenen Augen und Berechnungen im riesigen Weltall zurechtfinden.

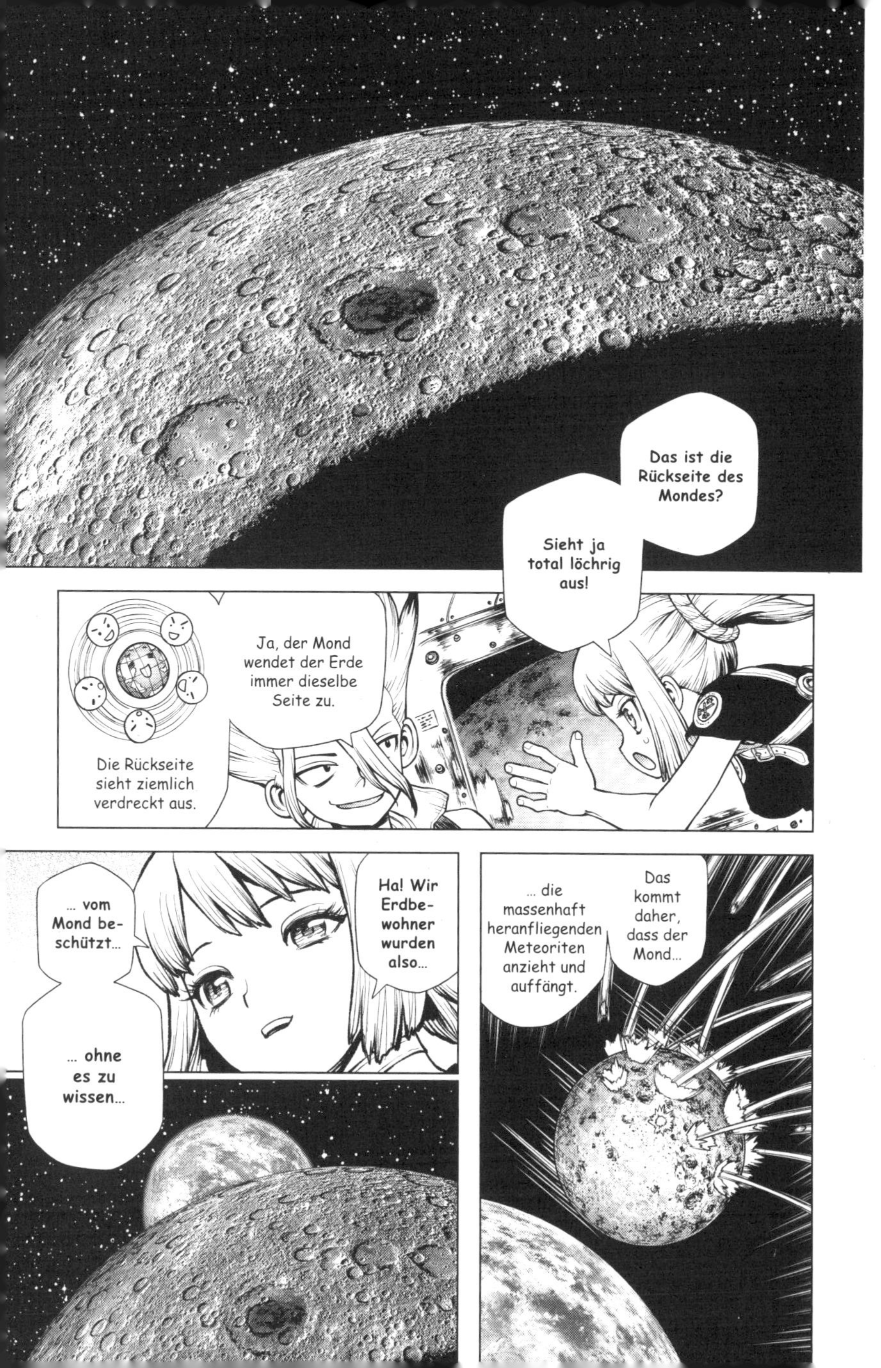

Das ist die Rückseite des Mondes?
Sieht ja total löchrig aus!
Ja, der Mond wendet der Erde immer dieselbe Seite zu.
Die Rückseite sieht ziemlich verdreckt aus.
Das kommt daher, dass der Mond…
… die massenhaft heranfliegenden Meteoriten anzieht und auffängt.
Ha! Wir Erdbewohner wurden also…
… vom Mond beschützt…
… ohne es zu wissen…

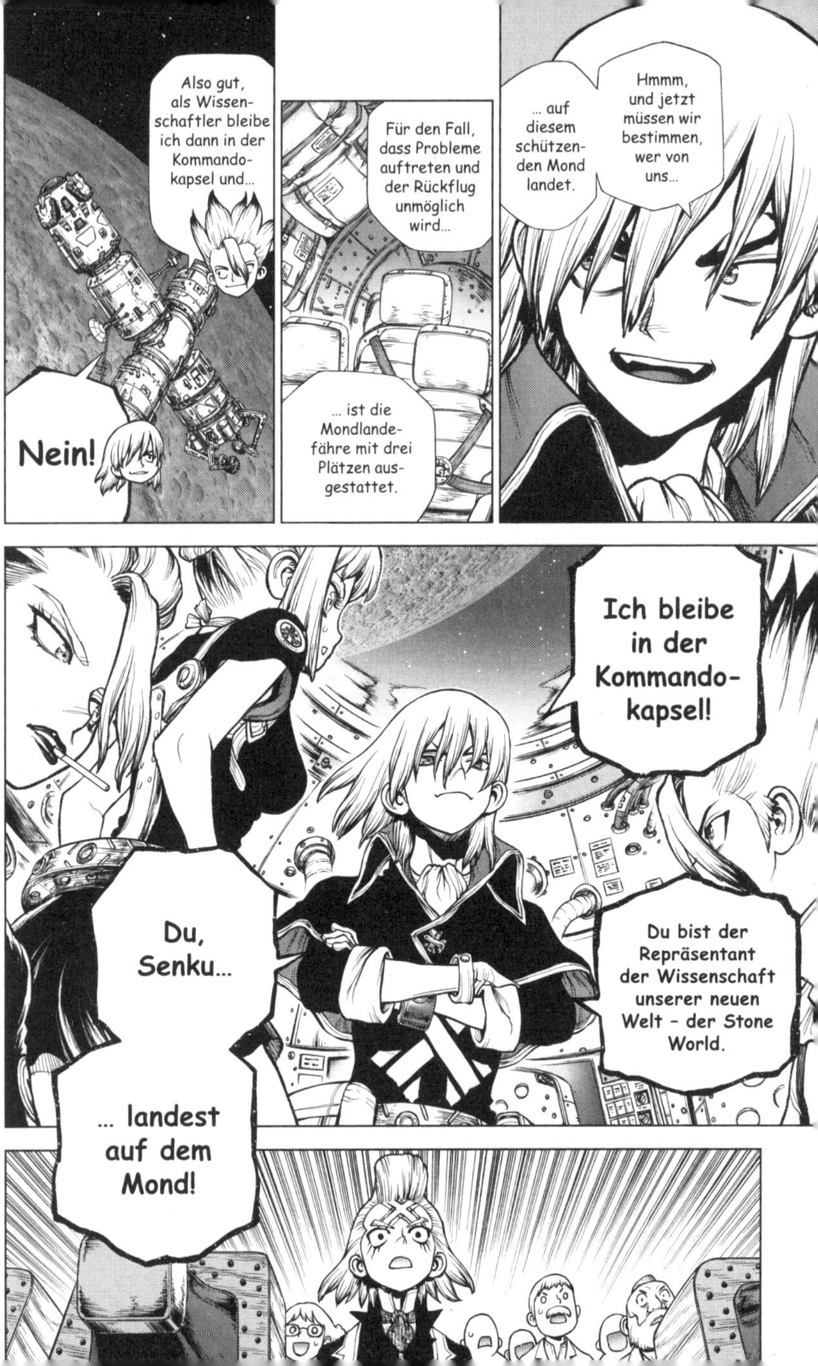
Hmmm, und jetzt müssen wir bestimmen, wer von uns...
... auf diesem schützenden Mond landet.
Für den Fall, dass Probleme auftreten und der Rückflug unmöglich wird...
... ist die Mondlandefähre mit drei Plätzen ausgestattet.
Also gut, als Wissenschaftler bleibe ich dann in der Kommandokapsel und...
Nein!
Ich bleibe in der Kommandokapsel!
Du bist der Repräsentant der Wissenschaft unserer neuen Welt – der Stone World.
Du, Senku...
... landest auf dem Mond!

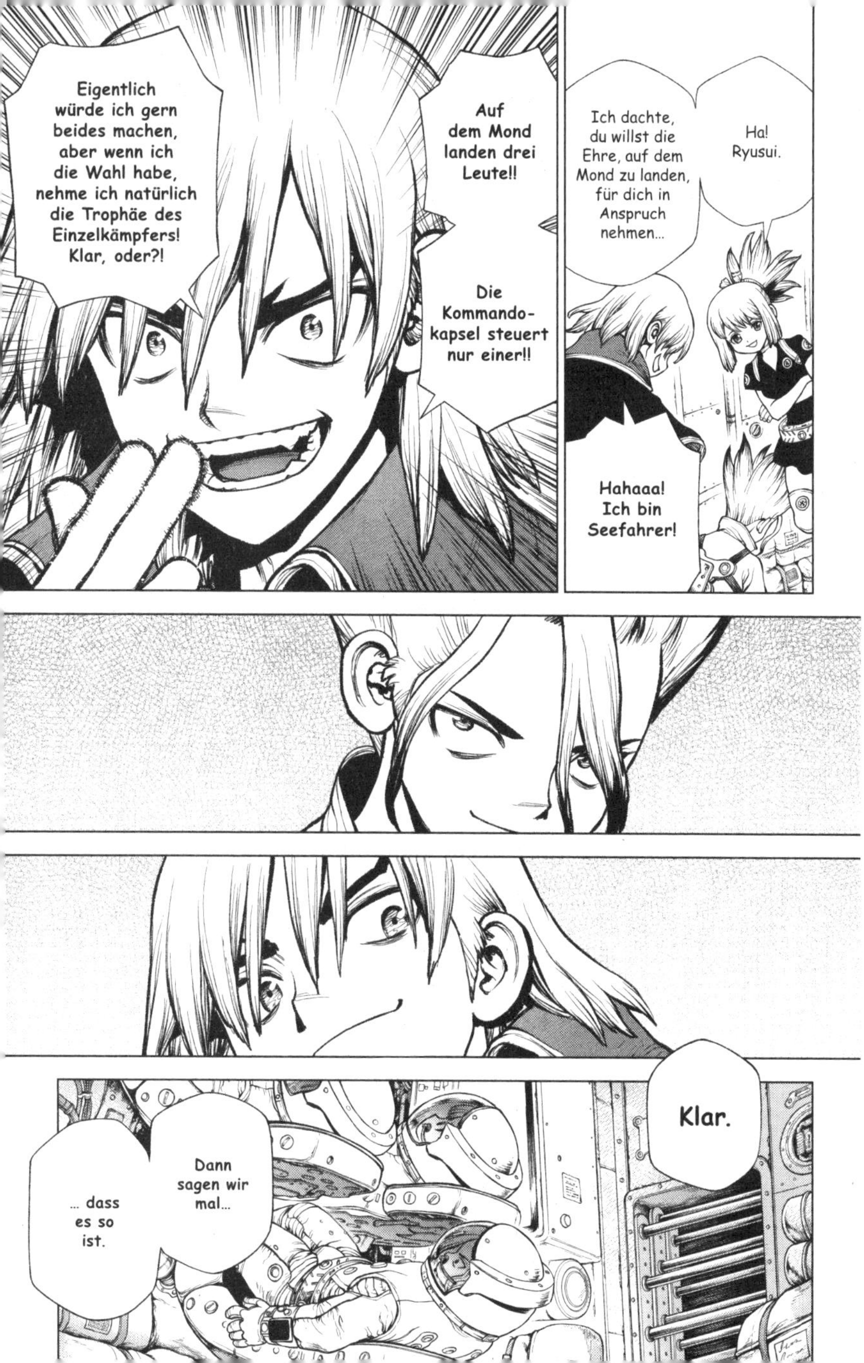
Ha! Ryusui.
Ich dachte, du willst die Ehre, auf dem Mond zu landen, für dich in Anspruch nehmen...
Hahaaa! Ich bin Seefahrer!
Auf dem Mond landen drei Leute!!
Die Kommando-kapsel steuert nur einer!!
Eigentlich würde ich gern beides machen, aber wenn ich die Wahl habe, nehme ich natürlich die Trophäe des Einzelkämpfers! Klar, oder?!
Klar.
Dann sagen wir mal...
... dass es so ist.

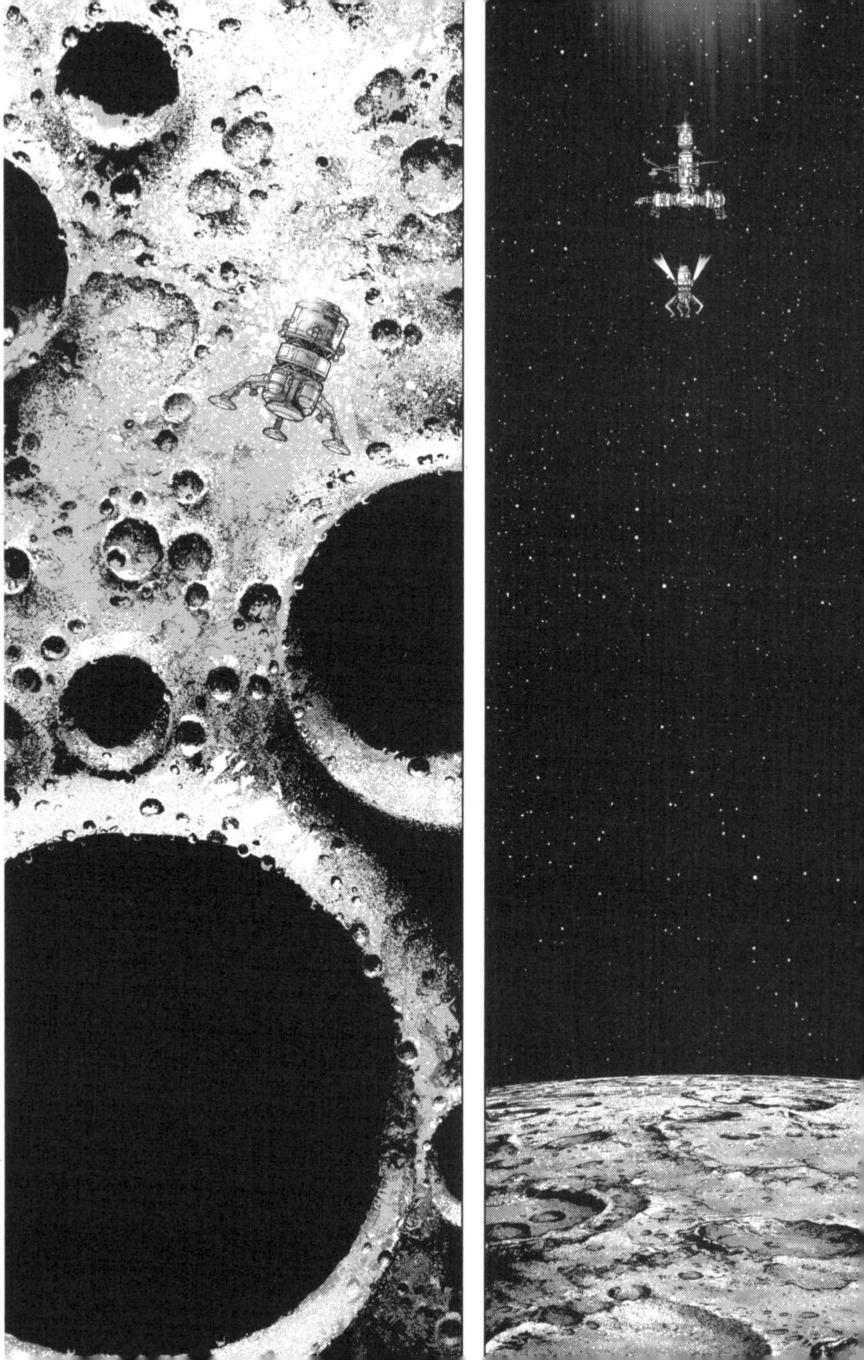

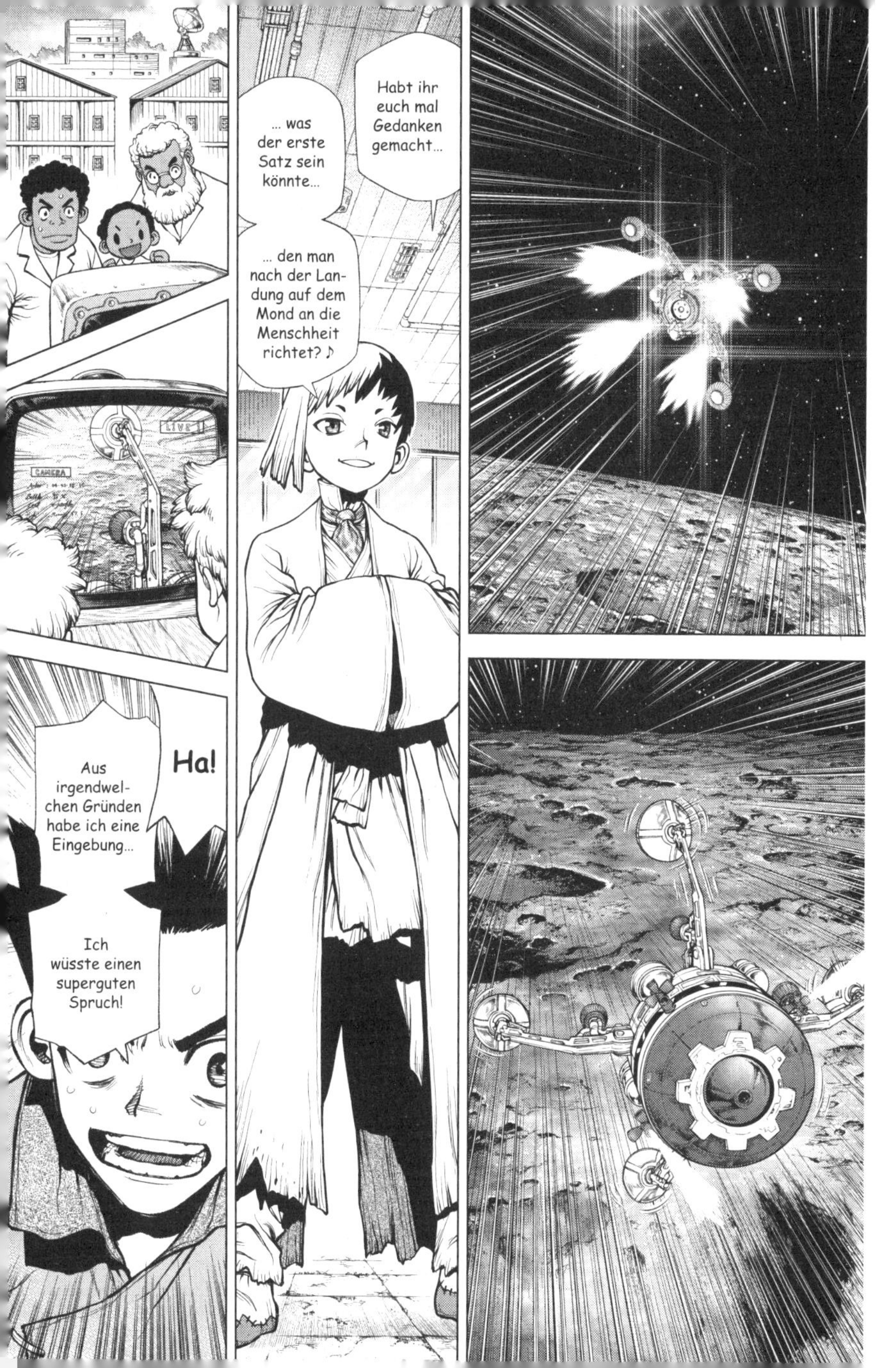

Habt ihr euch mal Gedanken gemacht...
... was der erste Satz sein könnte...
... den man nach der Landung auf dem Mond an die Menschheit richtet? ♪
LIVE
CAMERA
Ha!
Aus irgendwelchen Gründen habe ich eine Eingebung...
Ich wüsste einen superguten Spruch!

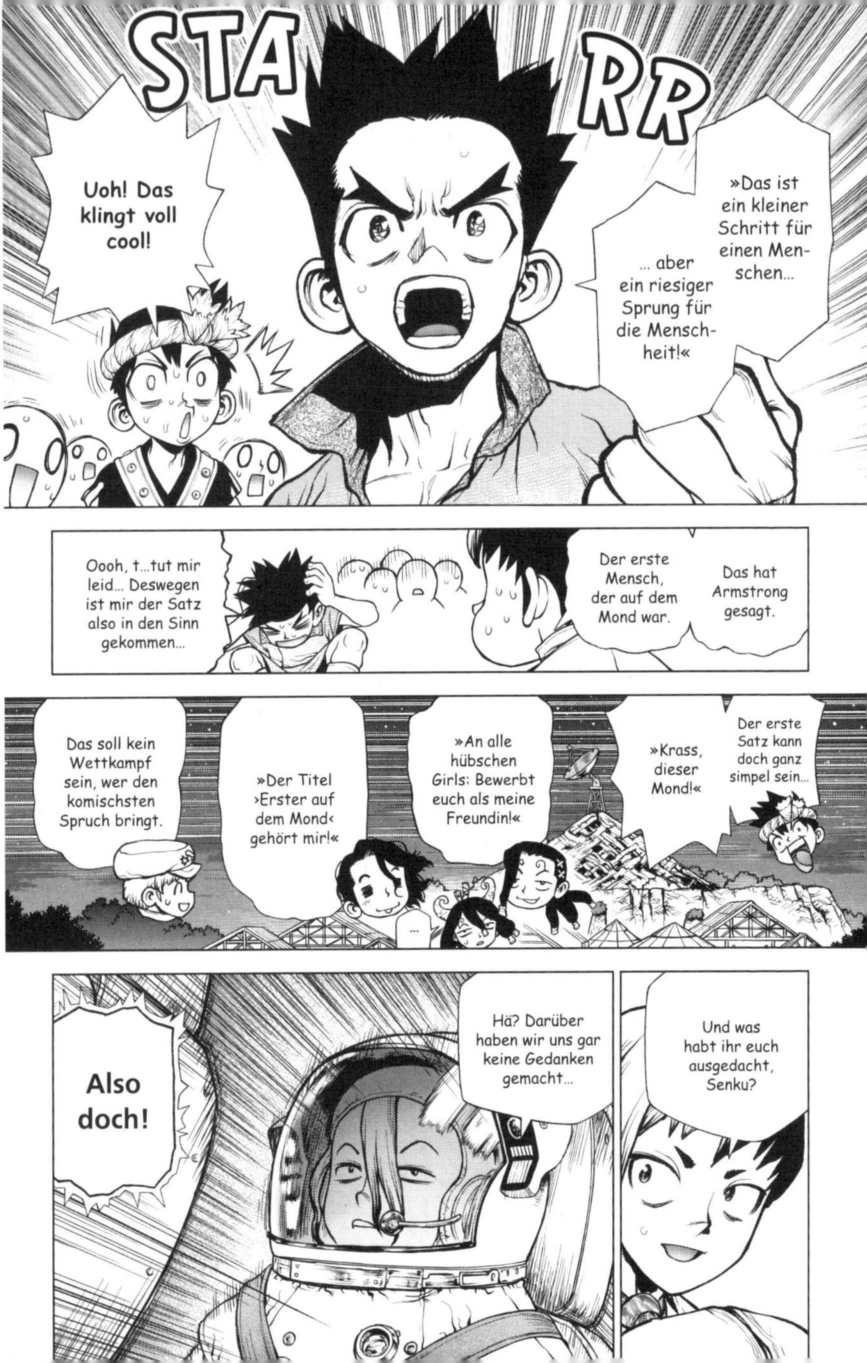
STA RR
»Das ist ein kleiner Schritt für einen Menschen…
… aber ein riesiger Sprung für die Menschheit!«
Uoh! Das klingt voll cool!
Das hat Armstrong gesagt.
Der erste Mensch, der auf dem Mond war.
Oooh, t…tut mir leid… Deswegen ist mir der Satz also in den Sinn gekommen…
Der erste Satz kann doch ganz simpel sein…
»Krass, dieser Mond!«
»An alle hübschen Girls: Bewerbt euch als meine Freundin!«
…
»Der Titel ›Erster auf dem Mond‹ gehört mir!«
Das soll kein Wettkampf sein, wer den komischsten Spruch bringt.
Und was habt ihr euch ausgedacht, Senku?
Hä? Darüber haben wir uns gar keine Gedanken gemacht…
Also doch!

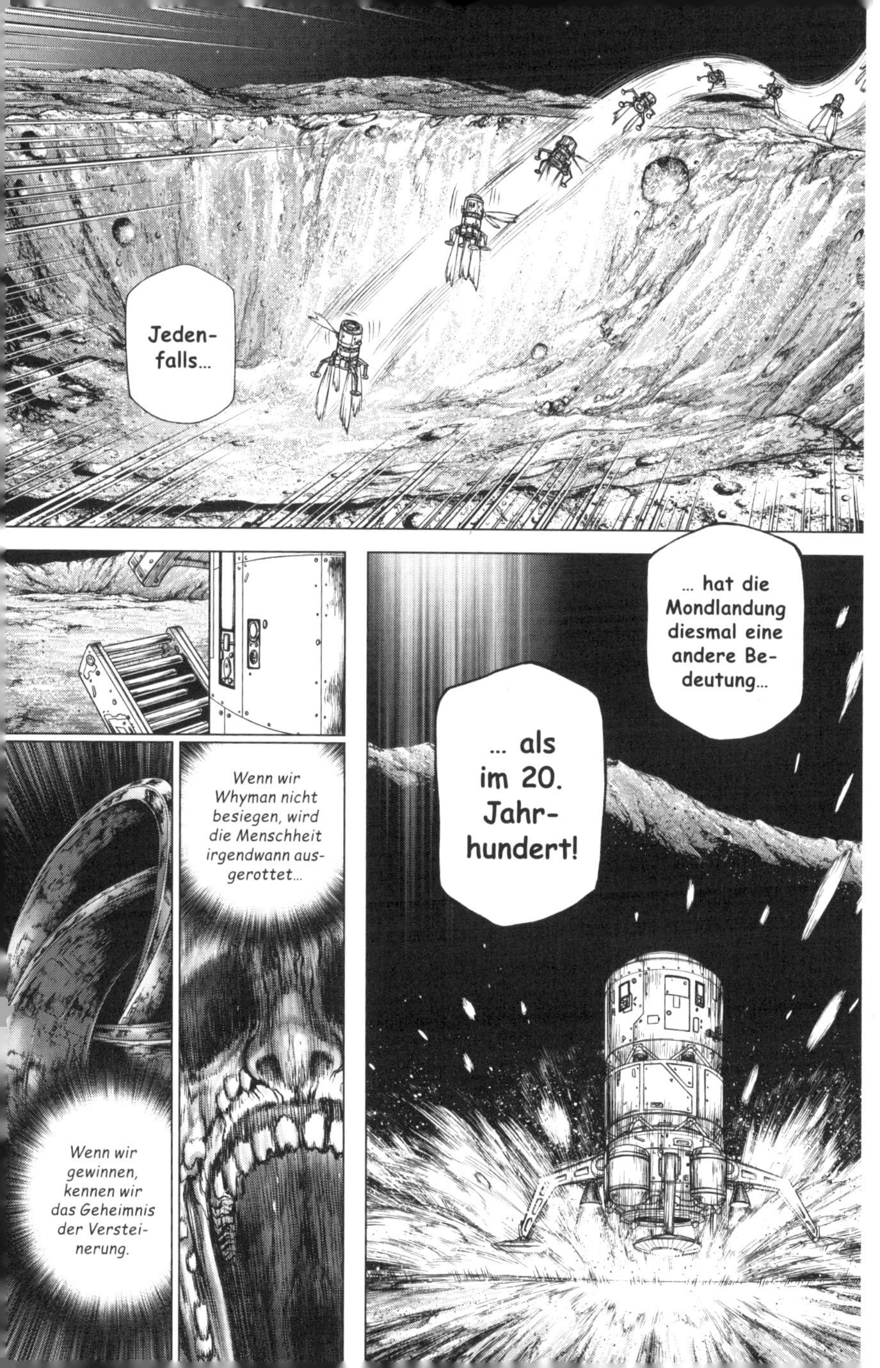
Jeden-
falls...
... hat die
Mondlandung
diesmal eine
andere Be-
deutung...
... als
im 20.
Jahr-
hundert!
Wenn wir
Whyman nicht
besiegen, wird
die Menschheit
irgendwann aus-
gerottet...
Wenn wir
gewinnen,
kennen wir
das Geheimnis
der Verstei-
nerung.

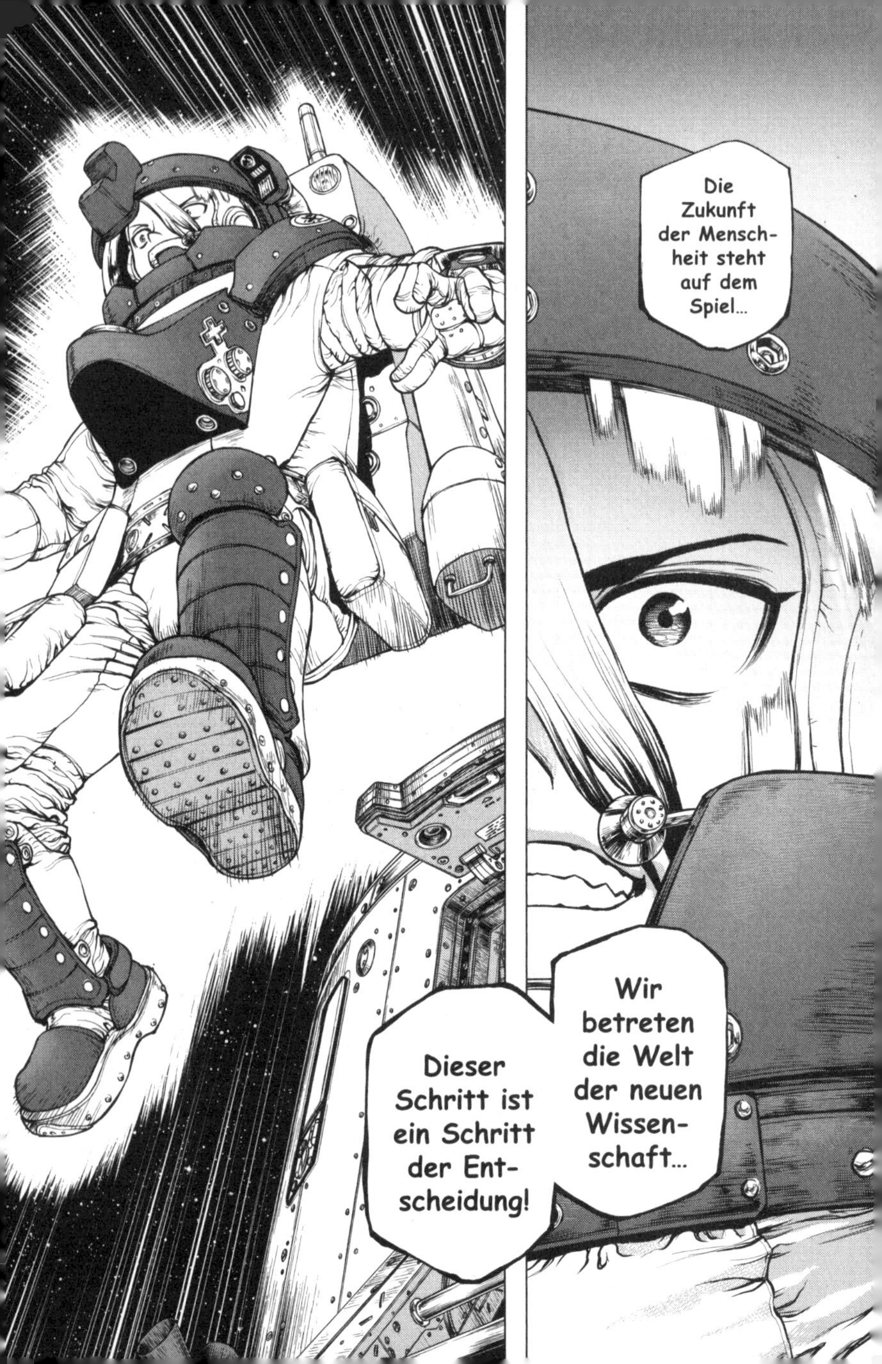
Die Zukunft der Mensch-heit steht auf dem Spiel...
Wir betreten die Welt der neuen Wissen-schaft...
Dieser Schritt ist ein Schritt der Ent-scheidung!

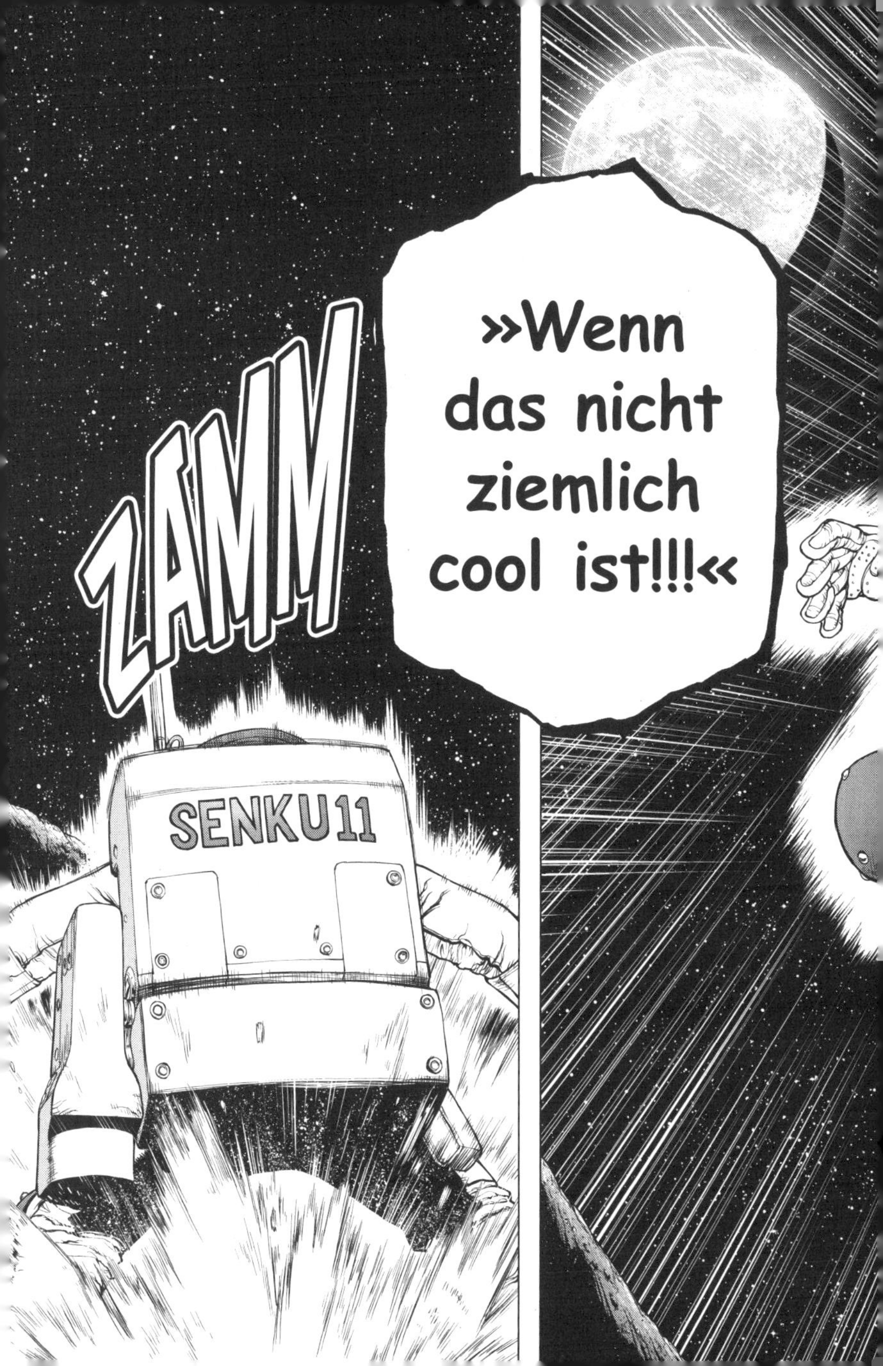
»Wenn das nicht ziemlich cool ist!!!«
ZAMM
SENKU11

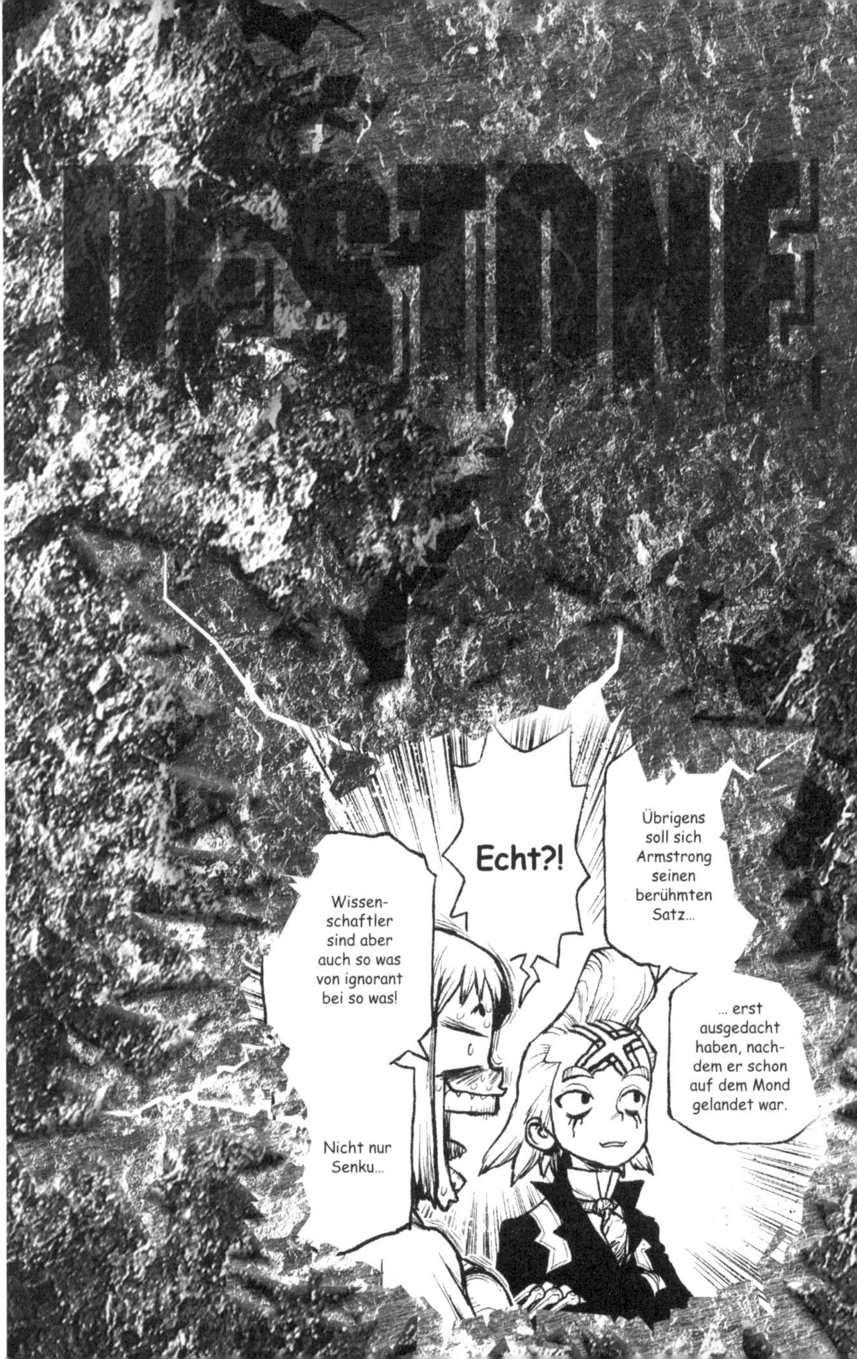
Übrigens soll sich Armstrong seinen berühmten Satz…
… erst ausgedacht haben, nachdem er schon auf dem Mond gelandet war.
Echt?!
Wissenschaftler sind aber auch so was von ignorant bei so was!
Nicht nur Senku…

Z=227 Du bist

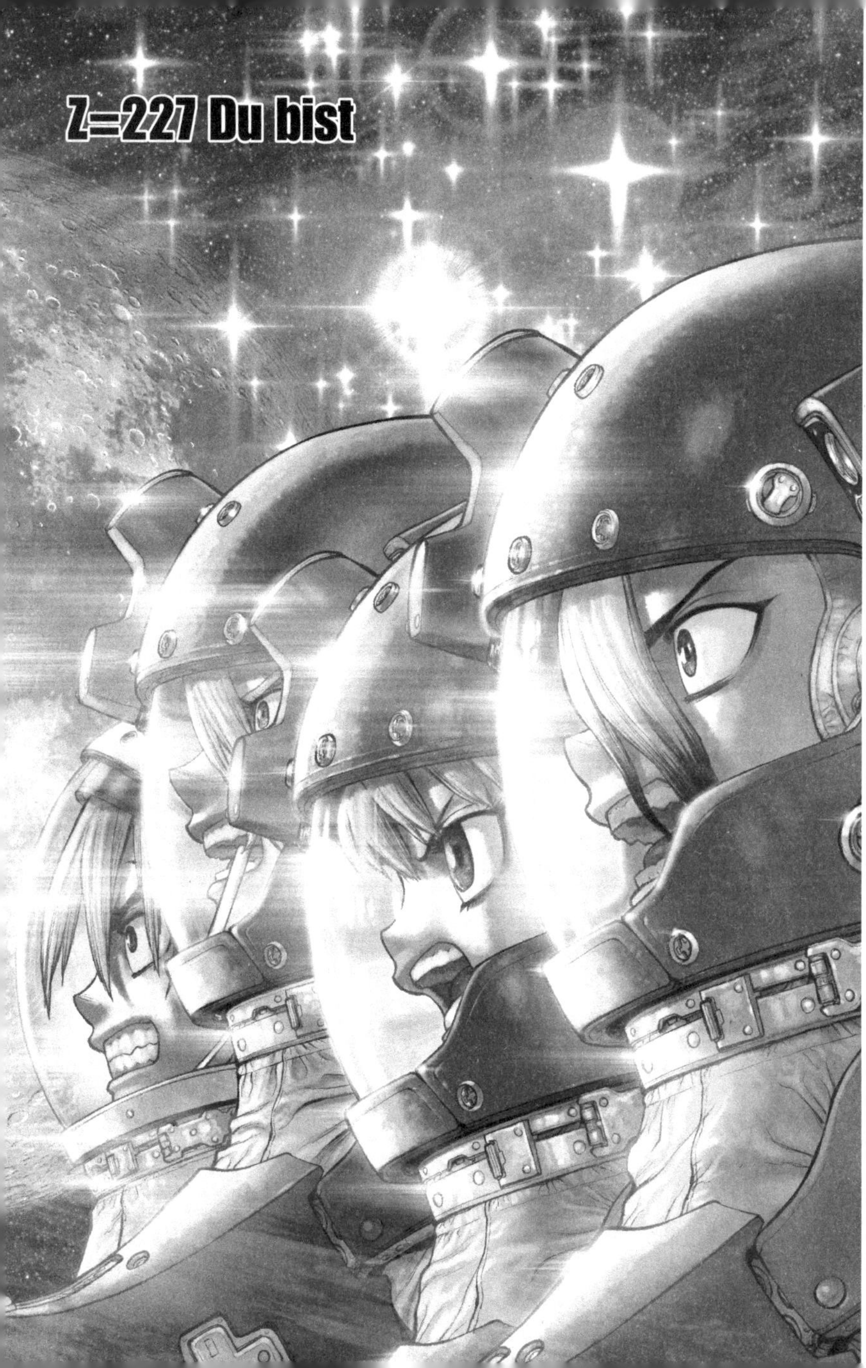

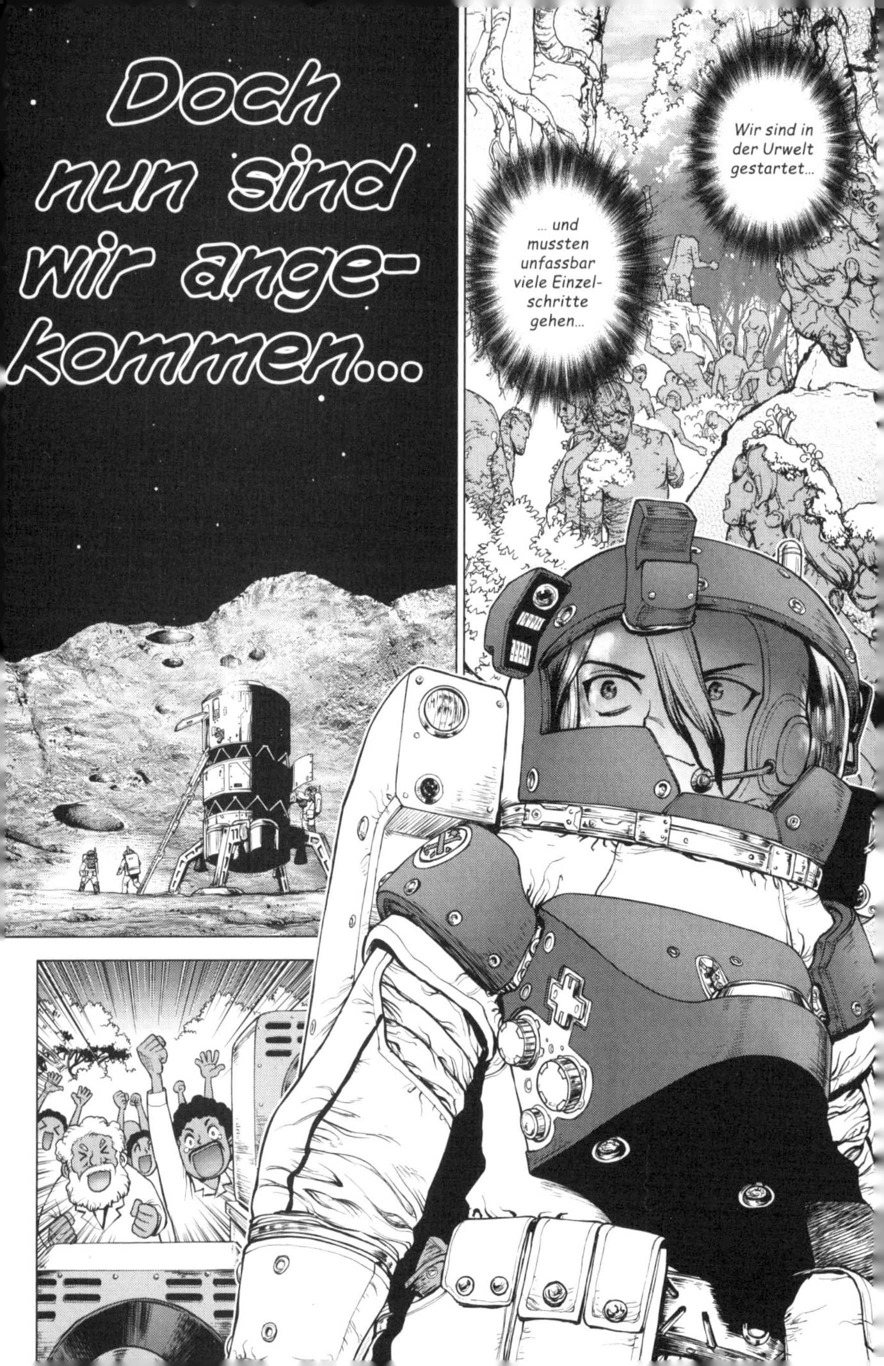
Wir sind in der Urwelt gestartet...
... und mussten unfassbar viele Einzel-schritte gehen...
Doch nun sind wir ange-kommen...

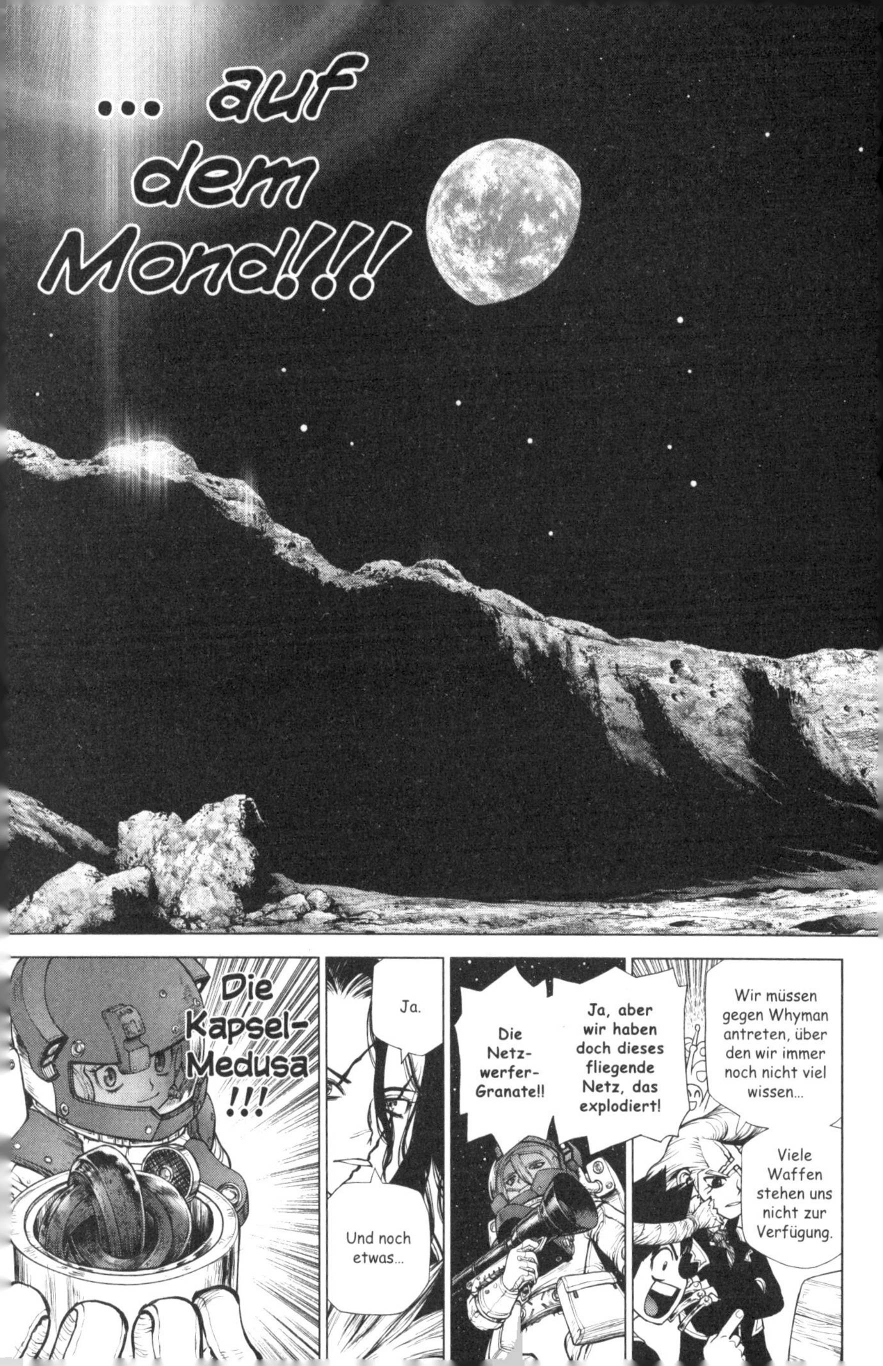
... auf dem Mond!!!
Wir müssen gegen Whyman antreten, über den wir immer noch nicht viel wissen...
Viele Waffen stehen uns nicht zur Verfügung.
Ja, aber wir haben doch dieses fliegende Netz, das explodiert!
Die Netz-werfer-Granate!!
Ja.
Und noch etwas...
Die Kapsel-Medusa!!!

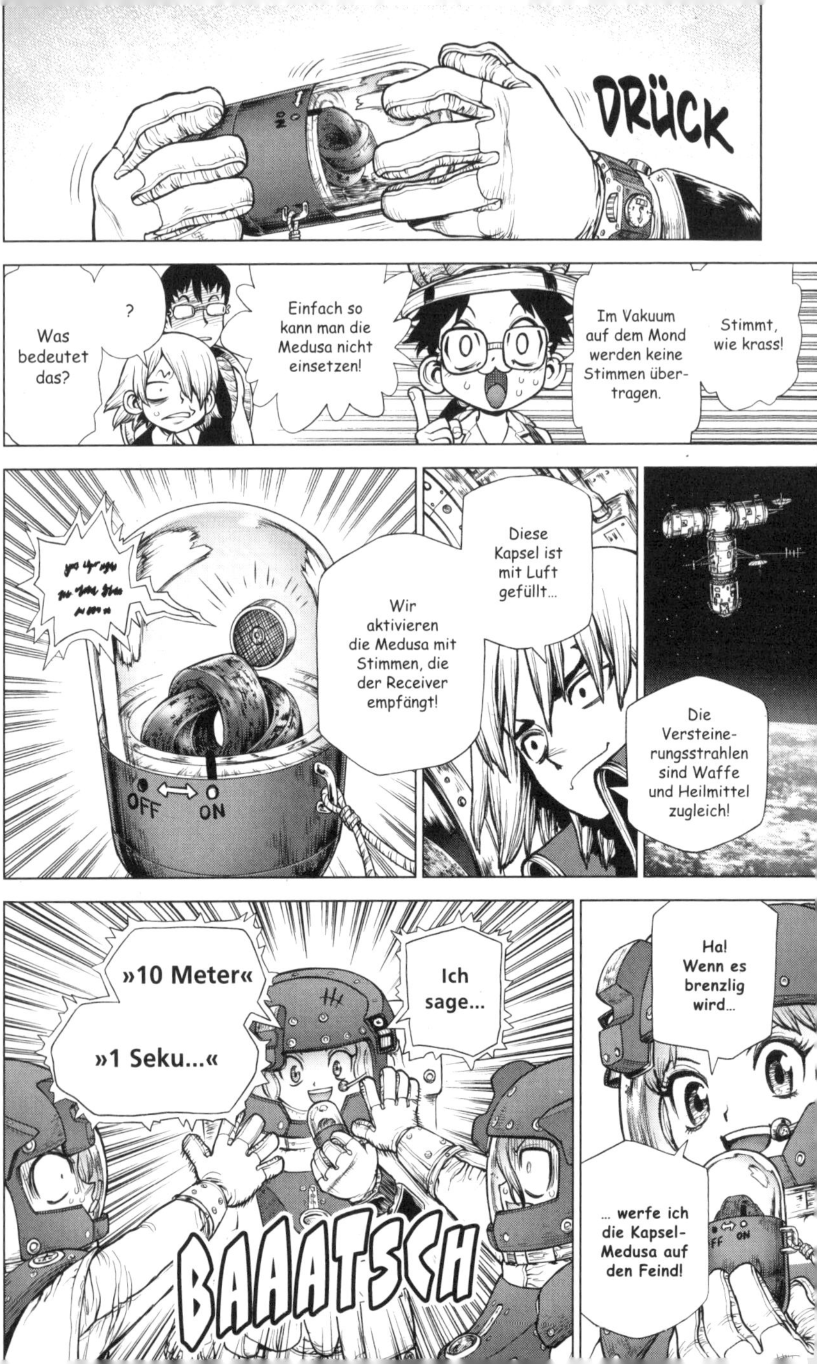
DRÜCK
Stimmt, wie krass!
Im Vakuum auf dem Mond werden keine Stimmen übertragen.
Einfach so kann man die Medusa nicht einsetzen!
?
Was bedeutet das?
Die Versteinerungsstrahlen sind Waffe und Heilmittel zugleich!
Diese Kapsel ist mit Luft gefüllt...
Wir aktivieren die Medusa mit Stimmen, die der Receiver empfängt!
OFF ON
Ha! Wenn es brenzlig wird...
... werfe ich die Kapsel-Medusa auf den Feind!
Ich sage...
»10 Meter«
»1 Seku...«
BAAATSCH

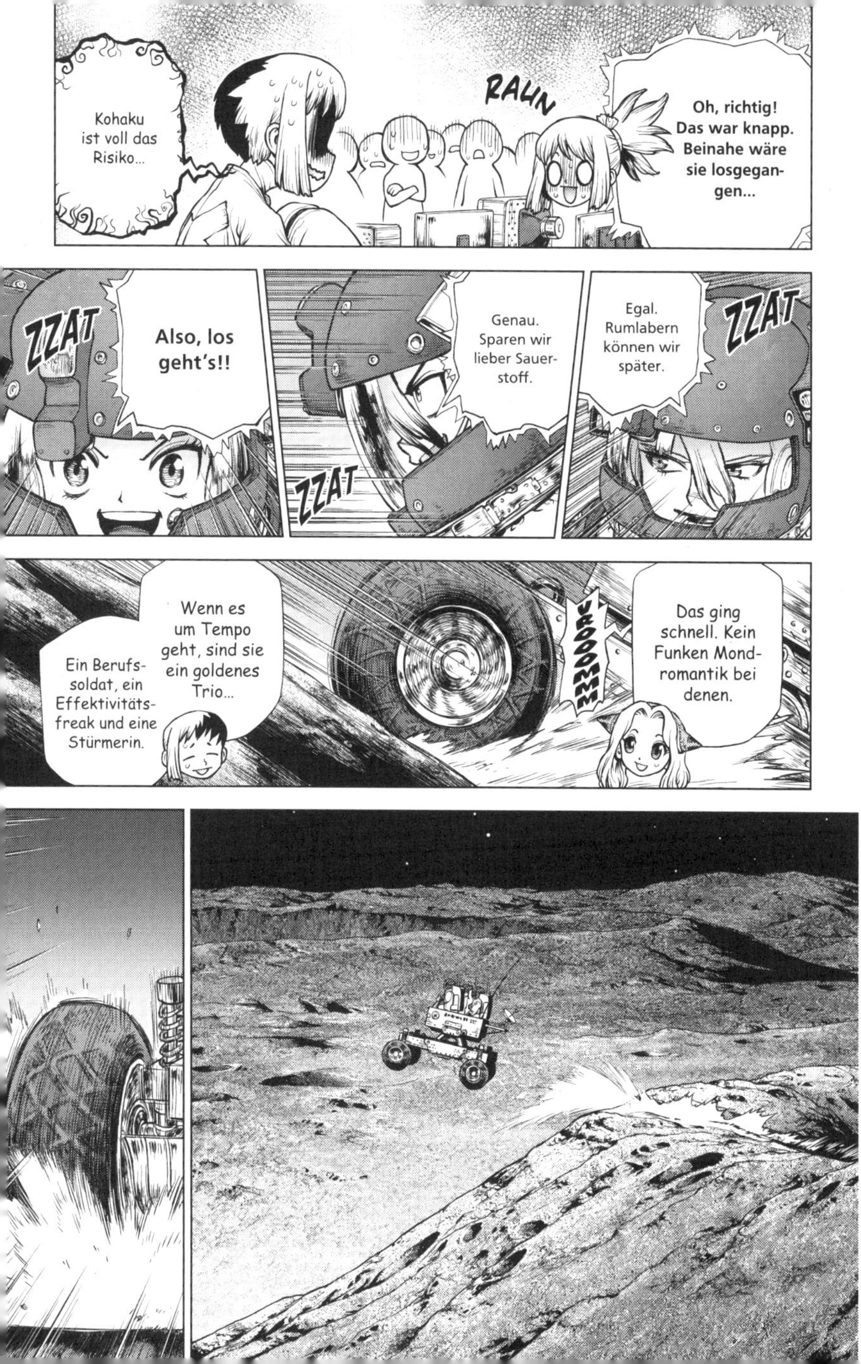
Oh, richtig! Das war knapp. Beinahe wäre sie losgegangen...
RAUN
Kohaku ist voll das Risiko...
Egal. Rumlabern können wir später.
ZZAT
Genau. Sparen wir lieber Sauerstoff.
ZZAT
Also, los geht's!!
ZZAT
Das ging schnell. Kein Funken Mondromantik bei denen.
UROOOMMM
Wenn es um Tempo geht, sind sie ein goldenes Trio...
Ein Berufssoldat, ein Effektivitätsfreak und eine Stürmerin.

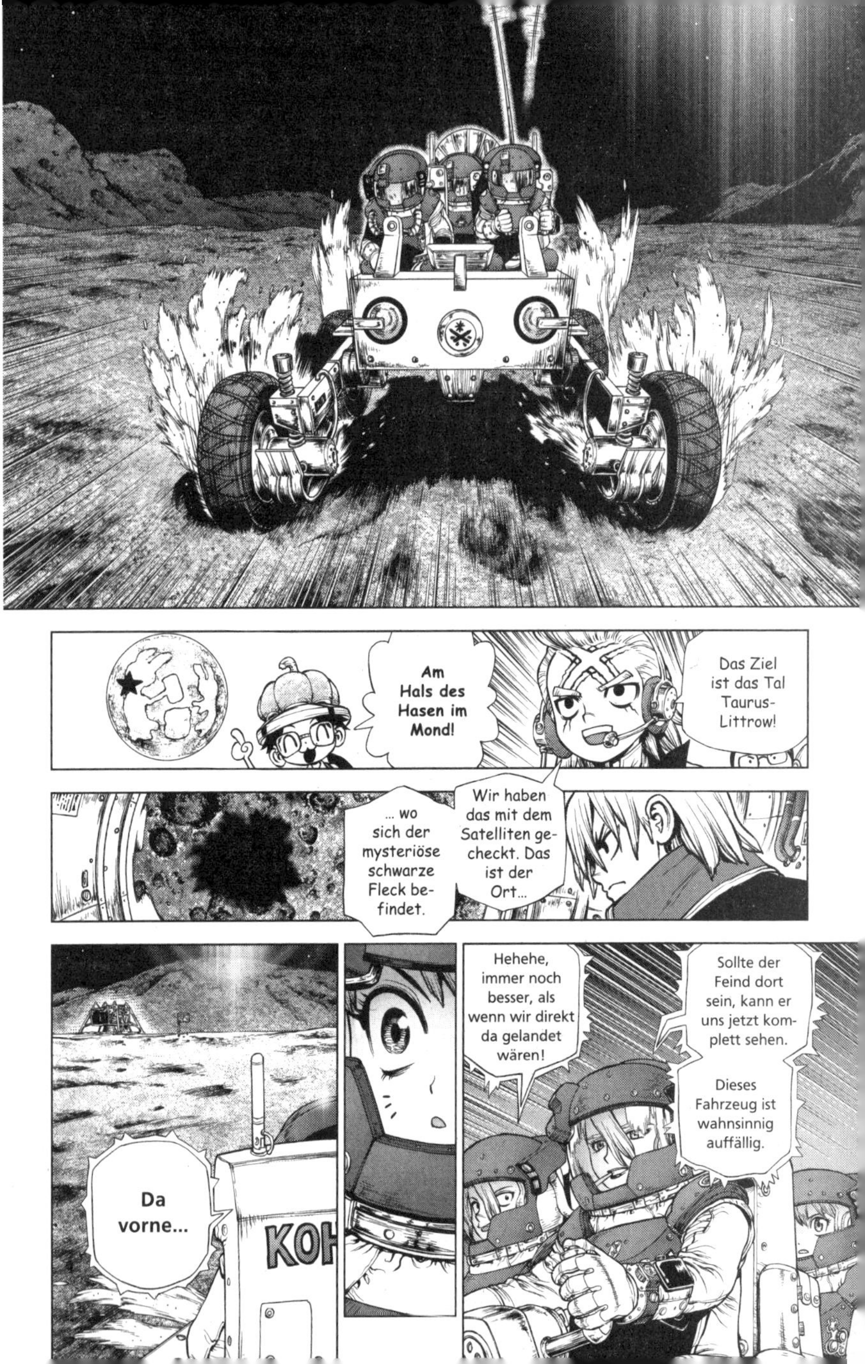
Das Ziel ist das Tal Taurus-Littrow!
Am Hals des Hasen im Mond!
Wir haben das mit dem Satelliten gecheckt. Das ist der Ort...
... wo sich der mysteriöse schwarze Fleck befindet.
Sollte der Feind dort sein, kann er uns jetzt komplett sehen.
Dieses Fahrzeug ist wahnsinnig auffällig.
Hehehe, immer noch besser, als wenn wir direkt da gelandet wären!
Da vorne...
KOH

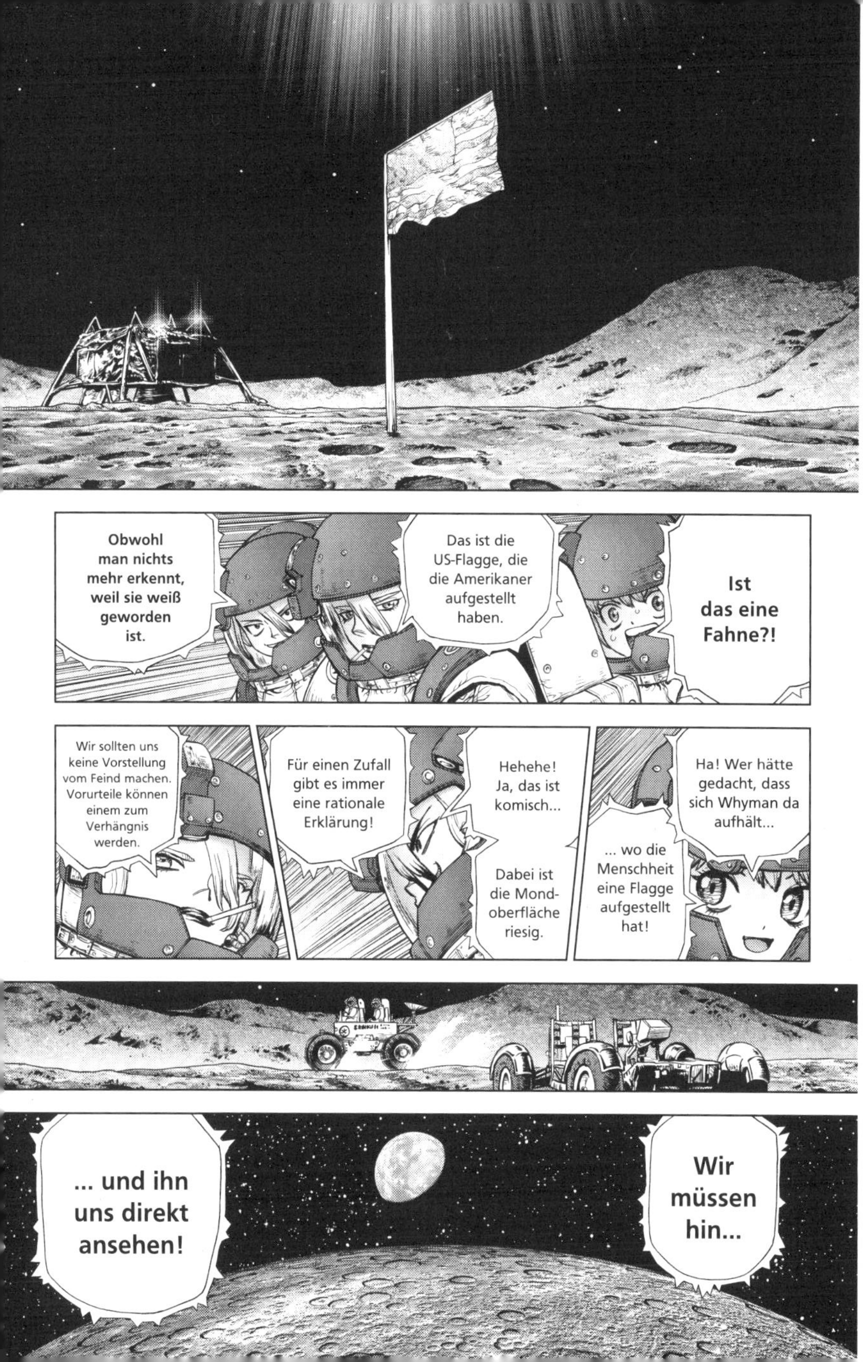
Ist das eine Fahne?!
Das ist die US-Flagge, die die Amerikaner aufgestellt haben.
Obwohl man nichts mehr erkennt, weil sie weiß geworden ist.
Ha! Wer hätte gedacht, dass sich Whyman da aufhält...
... wo die Menschheit eine Flagge aufgestellt hat!
Hehehe! Ja, das ist komisch...
Dabei ist die Mondoberfläche riesig.
Für einen Zufall gibt es immer eine rationale Erklärung!
Wir sollten uns keine Vorstellung vom Feind machen. Vorurteile können einem zum Verhängnis werden.
Wir müssen hin...
... und ihn uns direkt ansehen!

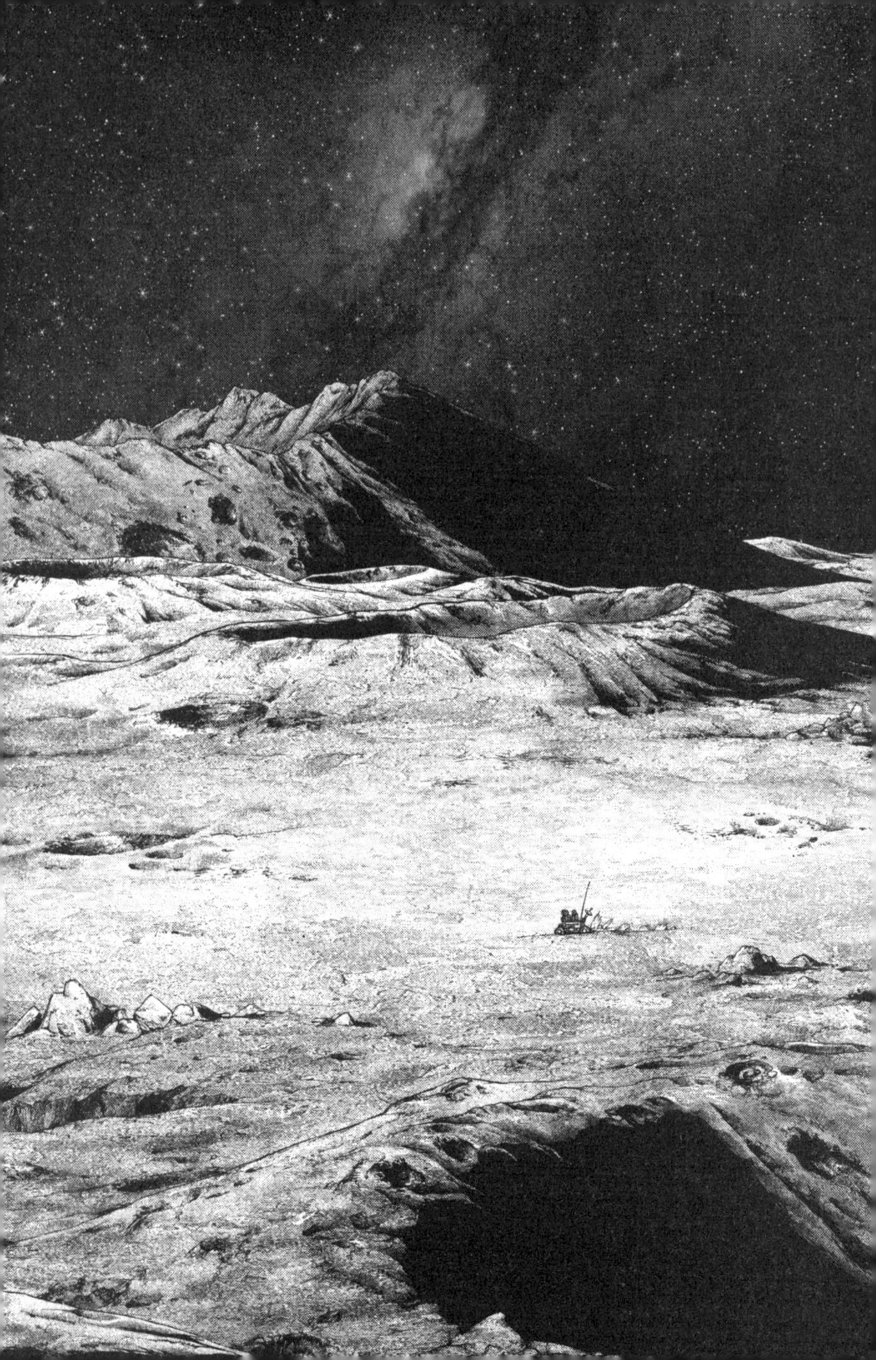

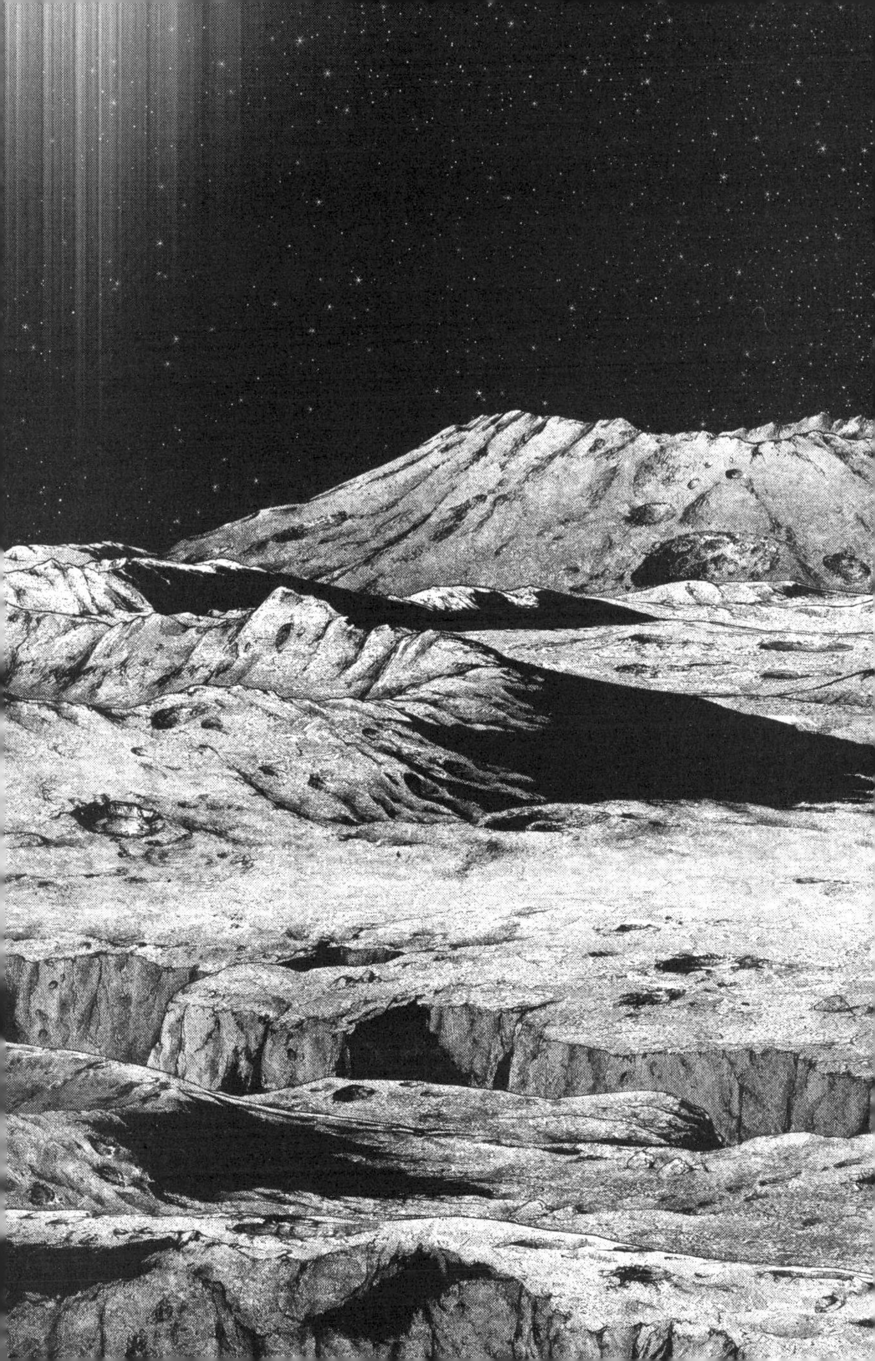

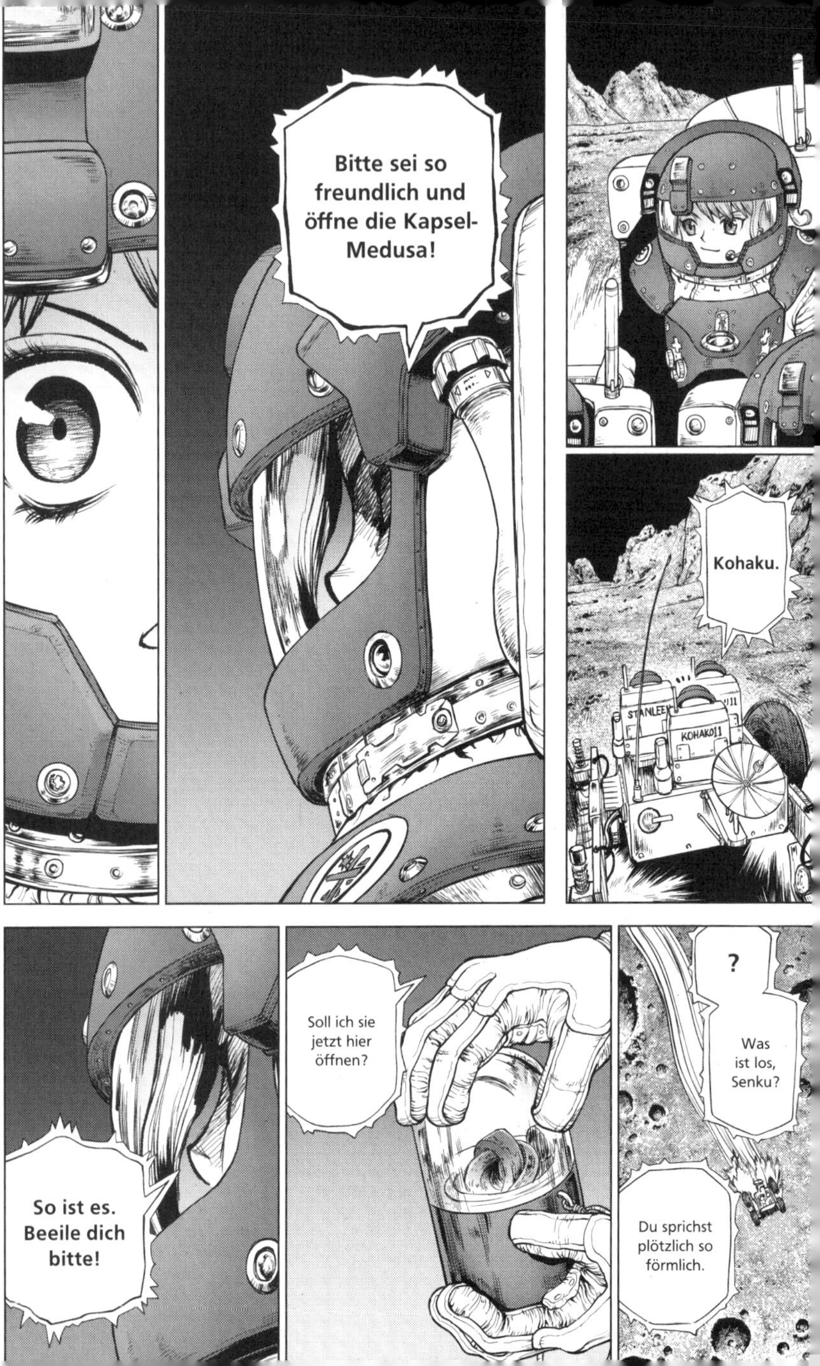
Kohaku.
Bitte sei so freundlich und öffne die Kapsel-Medusa!
?
Was ist los, Senku?
Du sprichst plötzlich so förmlich.
Soll ich sie jetzt hier öffnen?
So ist es. Beeile dich bitte!

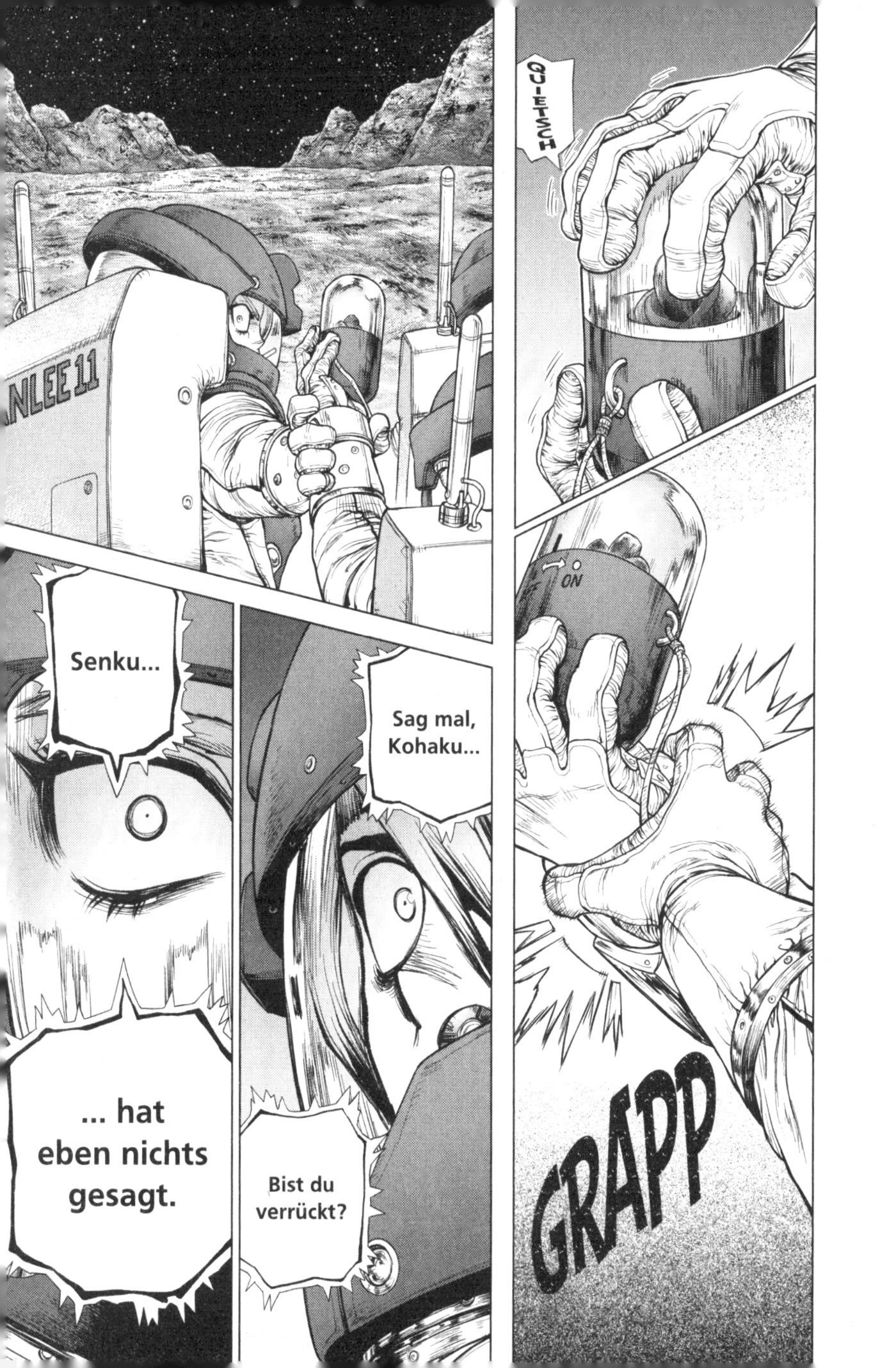
QUIETSCH
ON
GRAPP
NLEE 11
Sag mal, Kohaku...
Bist du verrückt?
Senku...
... hat eben nichts gesagt.

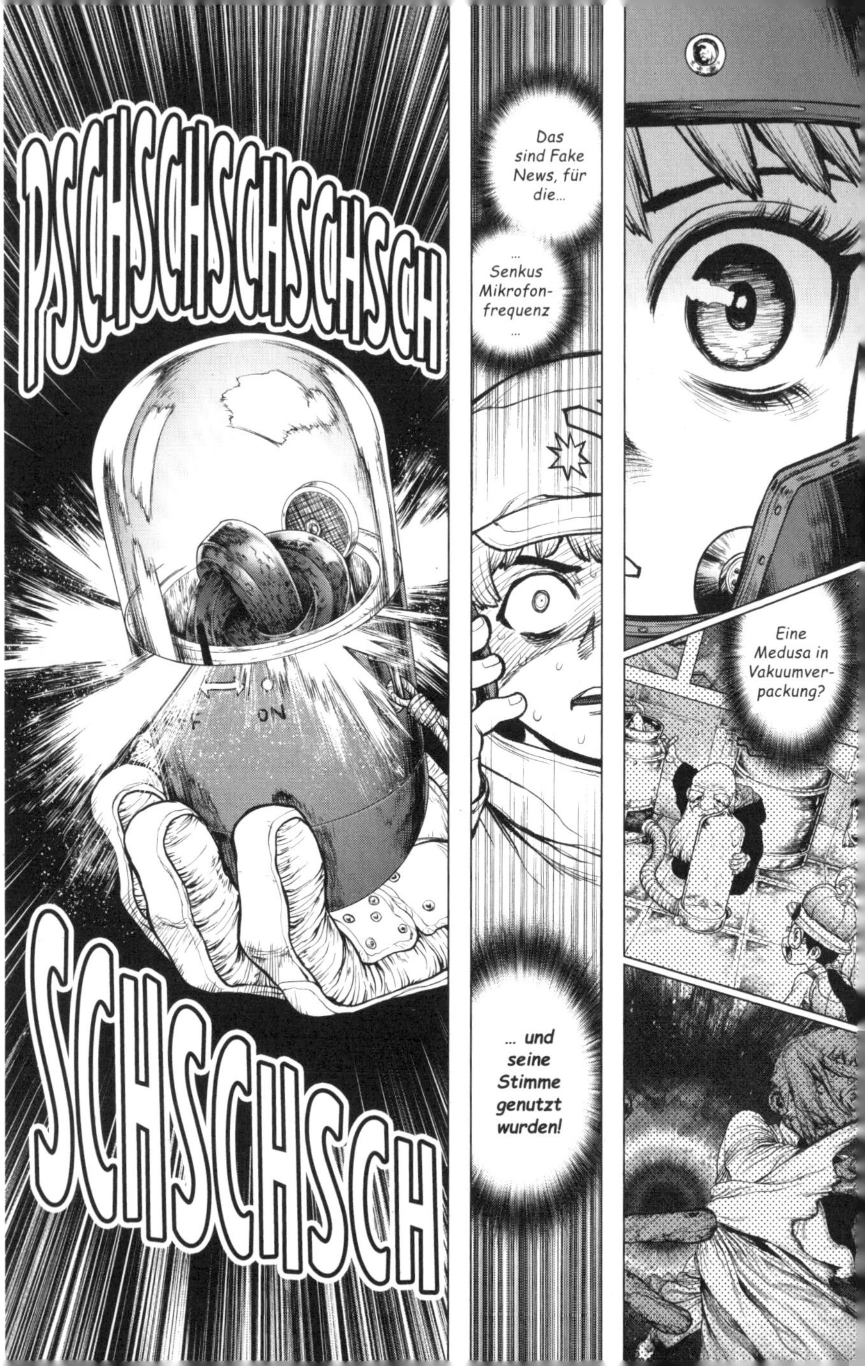
Eine Medusa in Vakuumverpackung?
Das sind Fake News, für die...
... Senkus Mikrofonfrequenz ...
... und seine Stimme genutzt wurden!
PSCHSCHSCHSCHSCHSCH
SCHSCHSCH

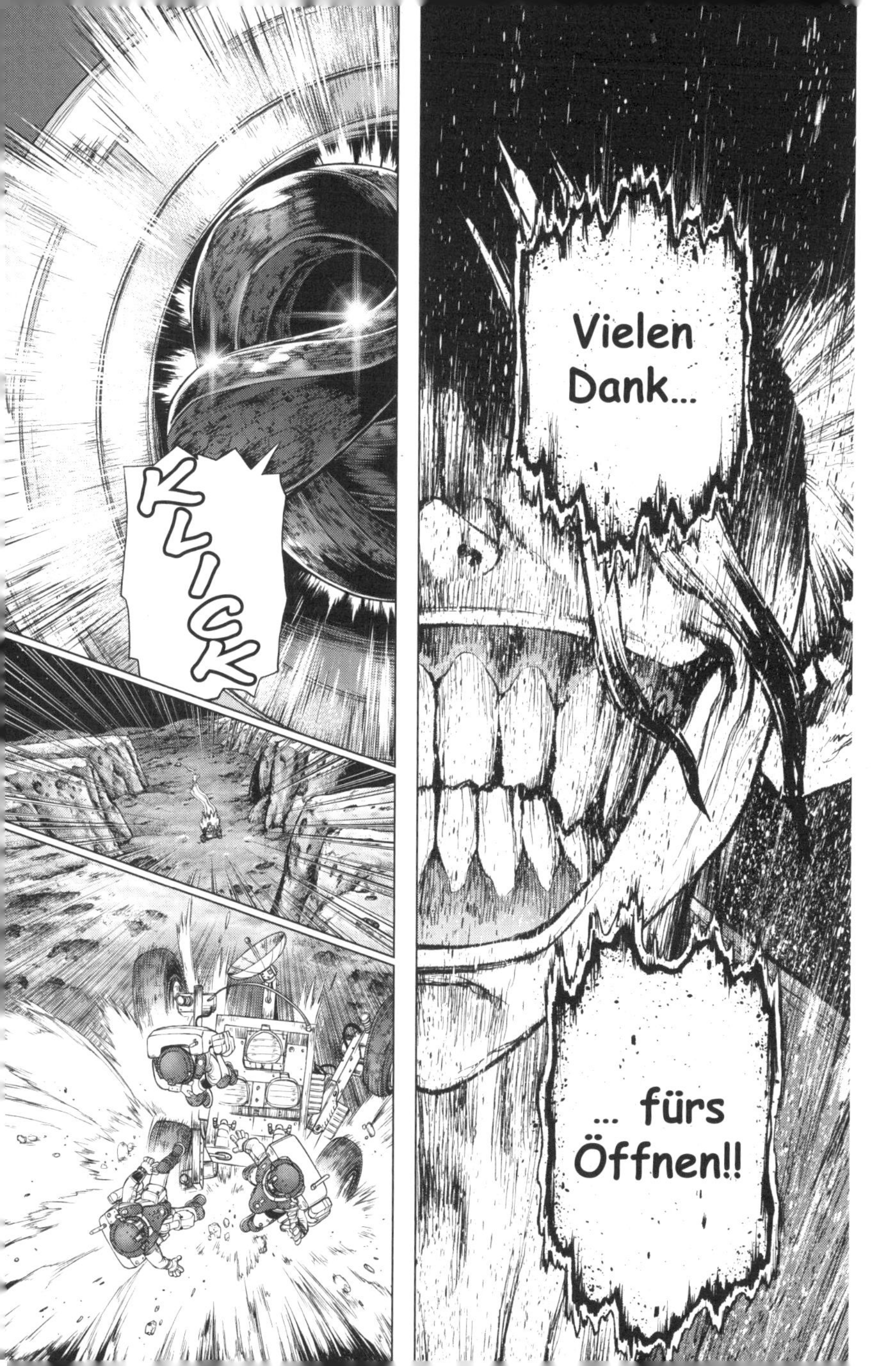
Vielen Dank...
... fürs Öffnen!!
KLICK

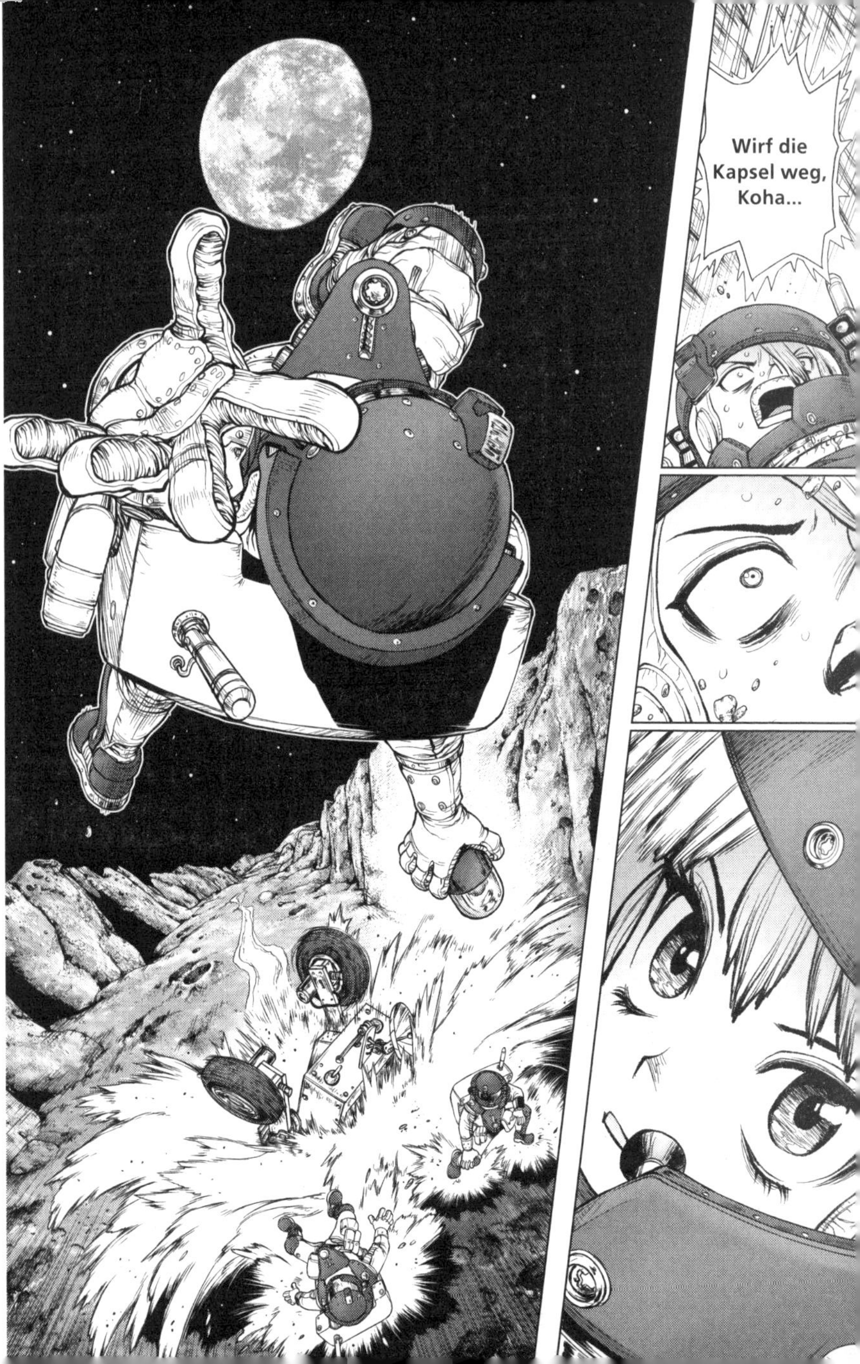
Wirf die Kapsel weg, Koha...

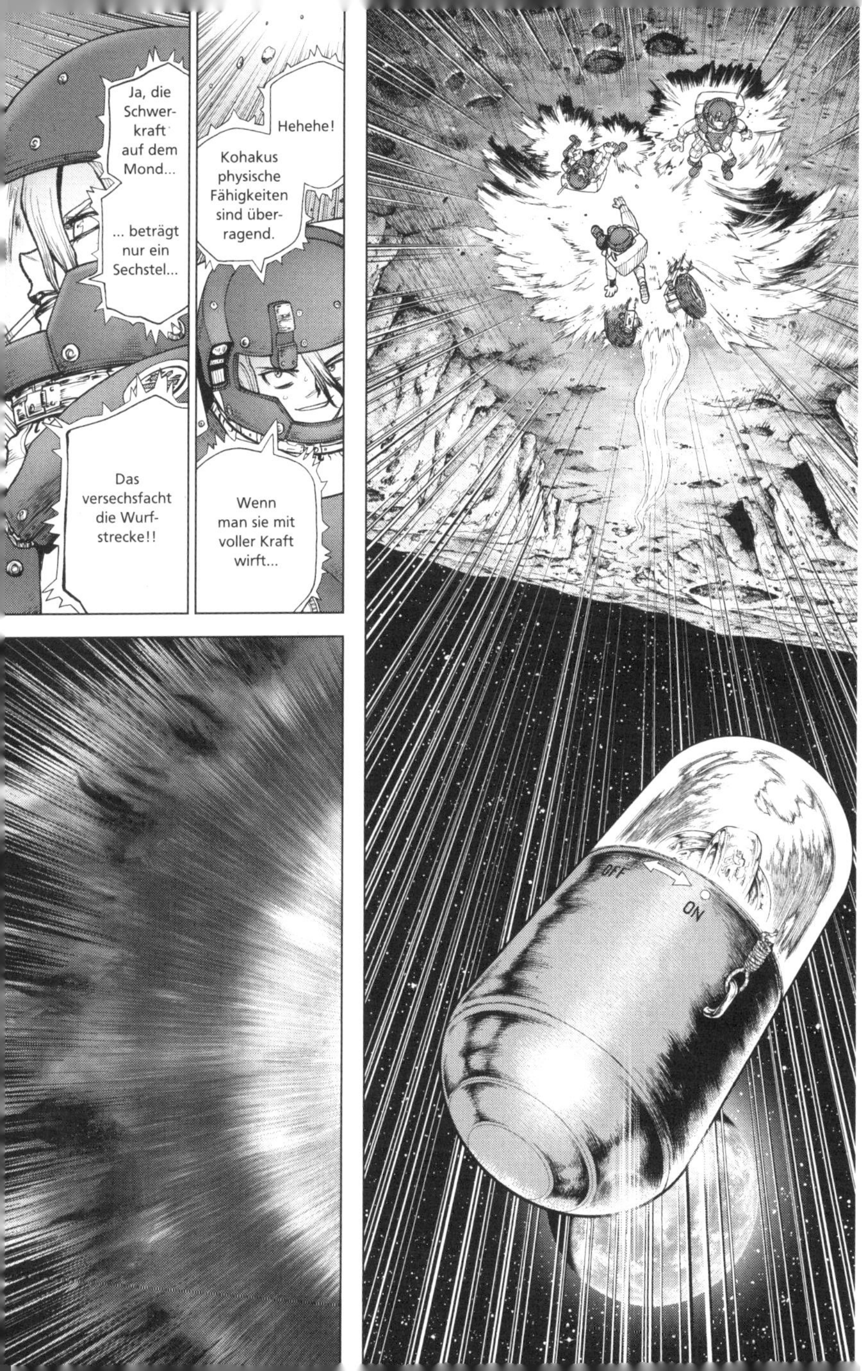
Hehehe!
Kohakus physische Fähigkeiten sind überragend.
Wenn man sie mit voller Kraft wirft...
Ja, die Schwerkraft auf dem Mond...
... beträgt nur ein Sechstel...
Das versechsfacht die Wurfstrecke!!
OFF
ON

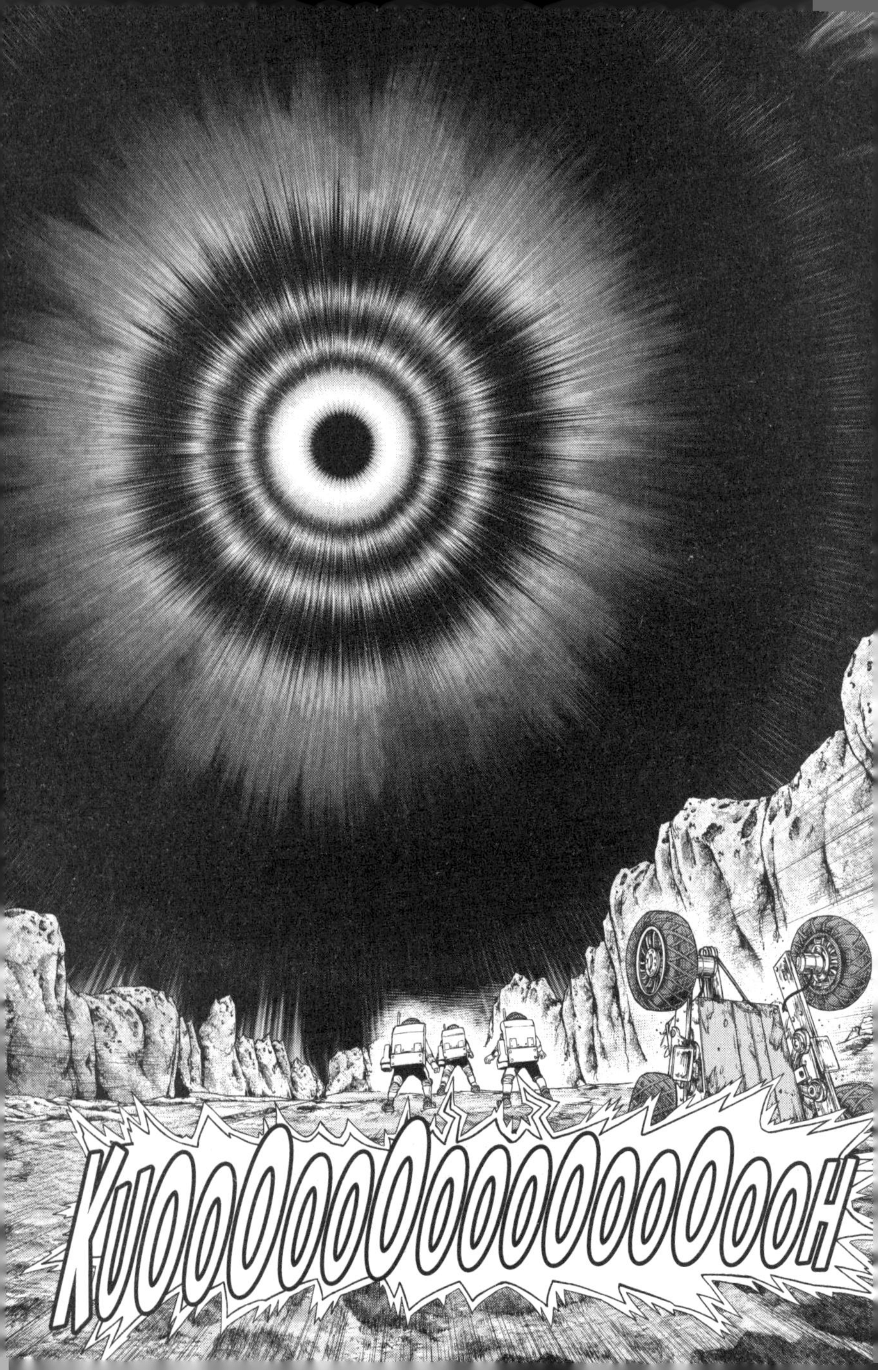
KUOOOOOOOOOOOOOOOOH

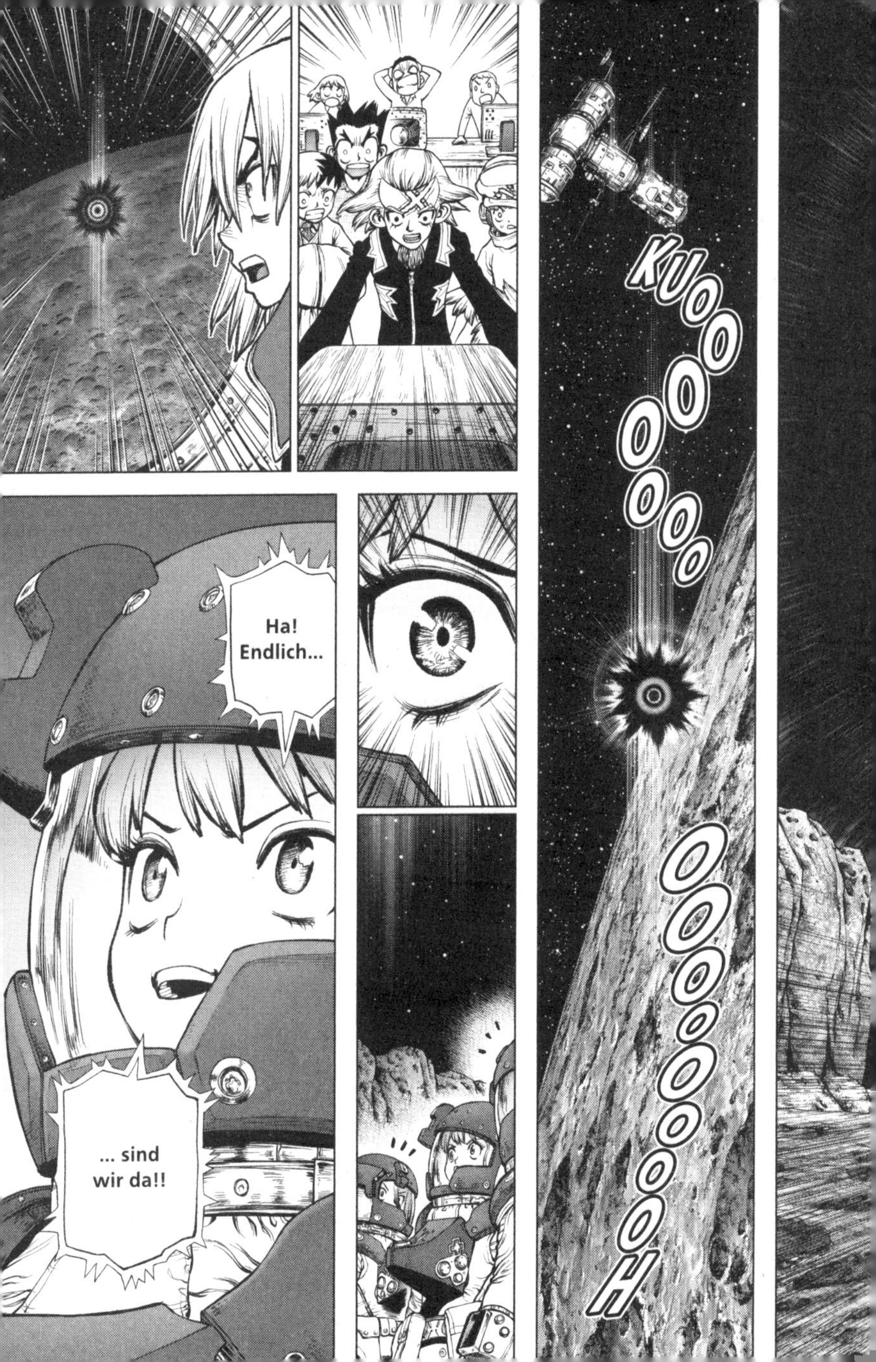
KUOOOOOOOOOOOOOOOOOOOH
Ha! Endlich...
... sind wir da!!

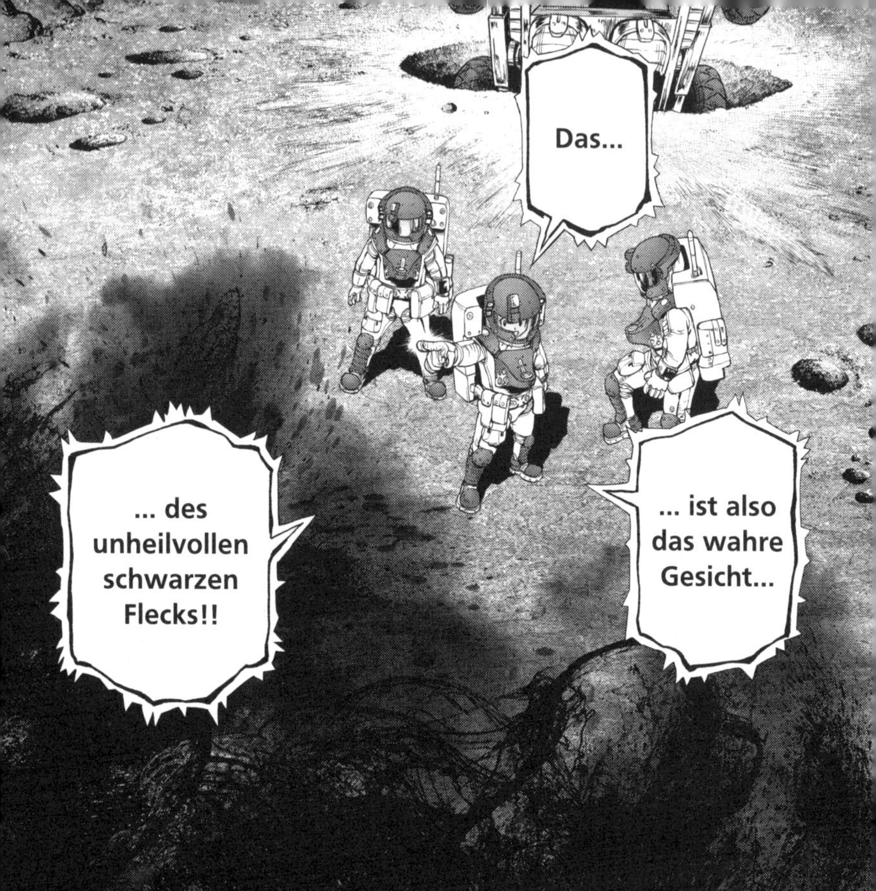
Das...
... ist also das wahre Gesicht...
... des unheilvollen schwarzen Flecks!!
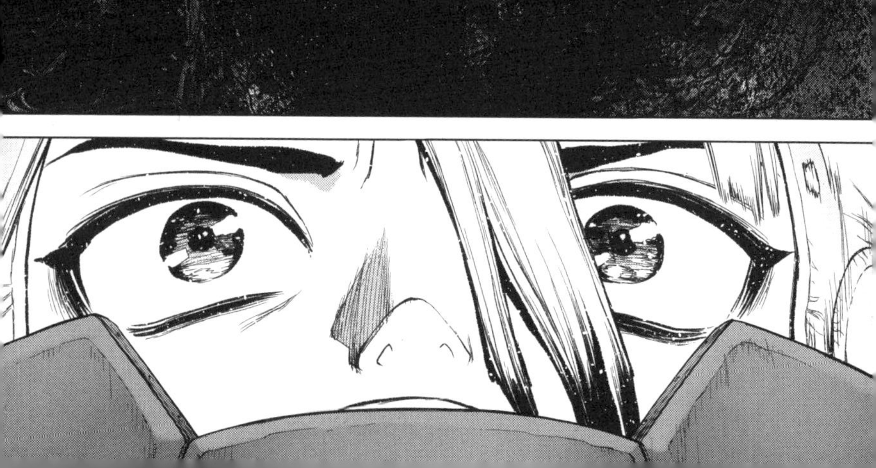

Ver-
stehe.
End-
lich...
... ver-
binden
sich...
... die
Einzel-
teile...
... des
Rätsels!

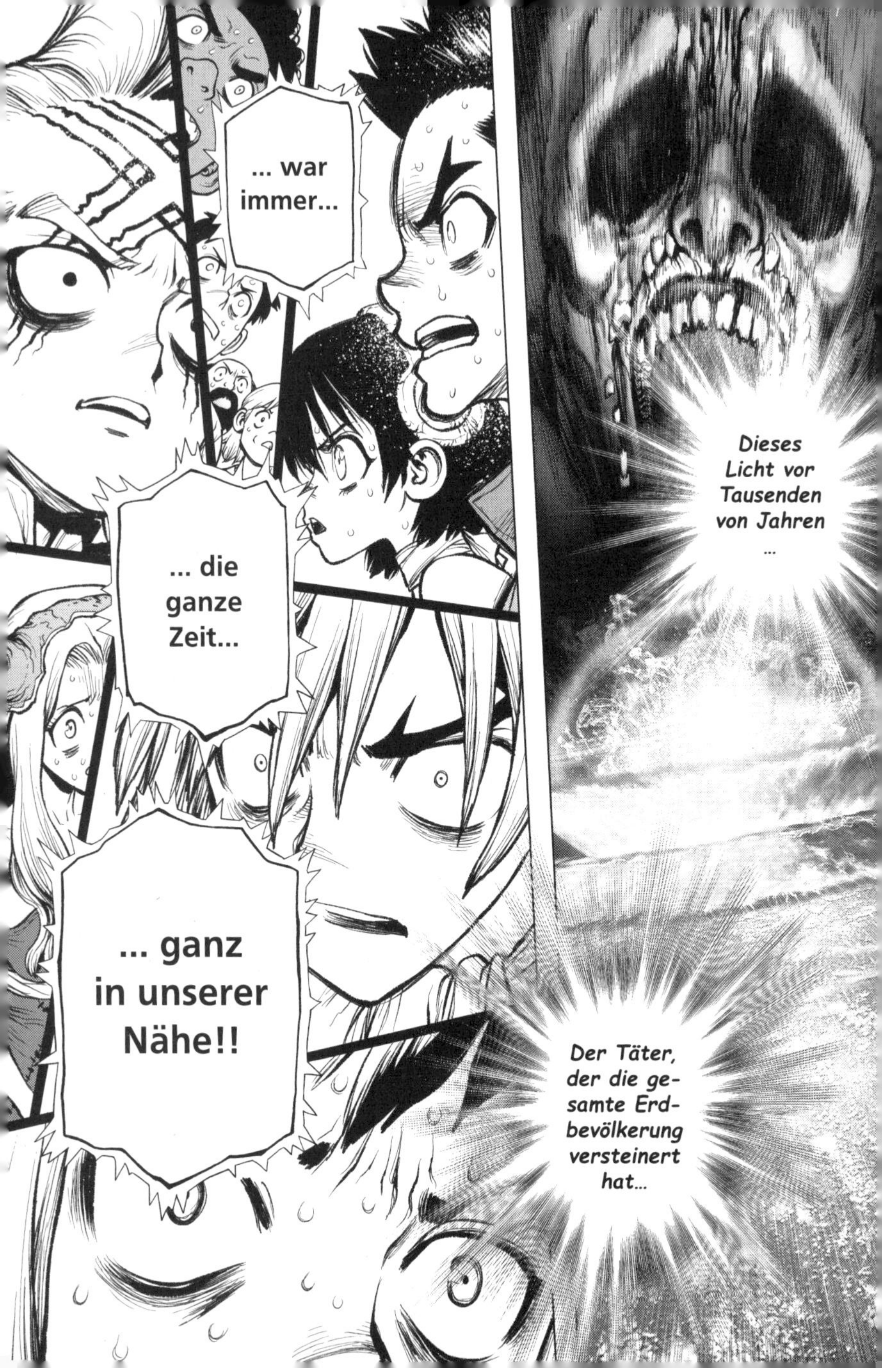
Dieses Licht vor Tausenden von Jahren …
Der Täter, der die gesamte Erdbevölkerung versteinert hat…
... war immer...
... die ganze Zeit...
... ganz in unserer Nähe!!

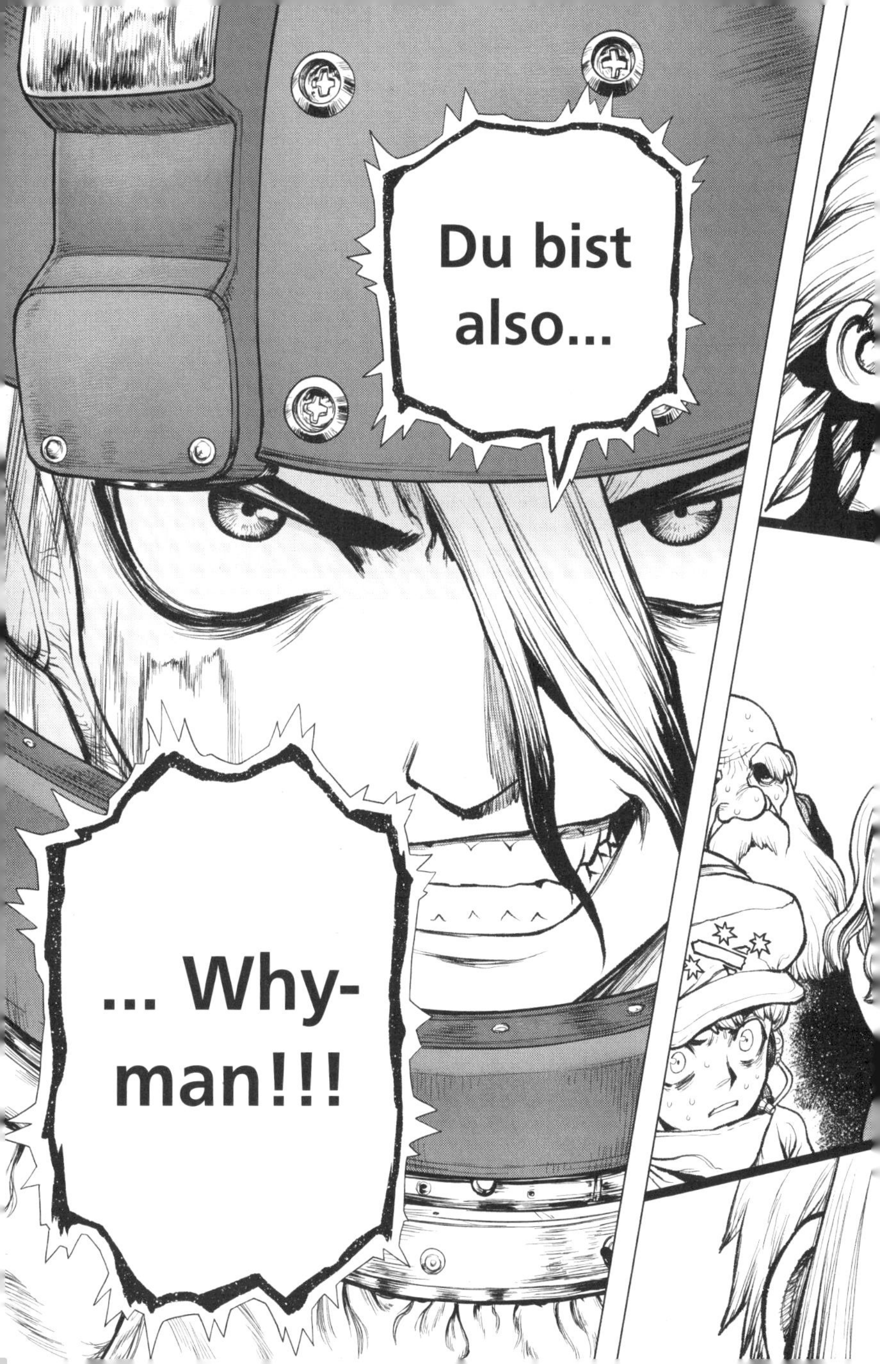
Du bist also...
... Why-man!!!

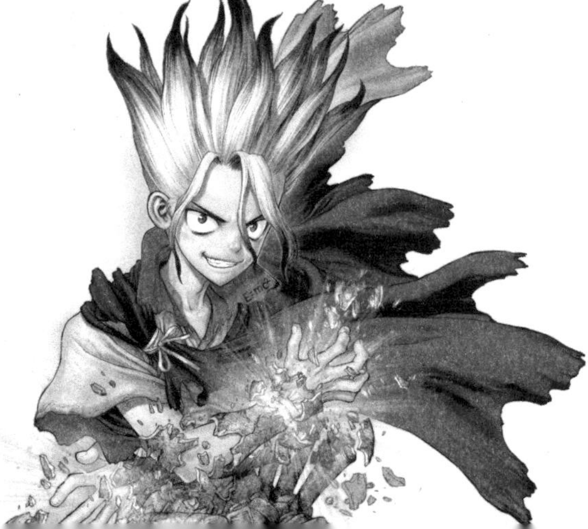

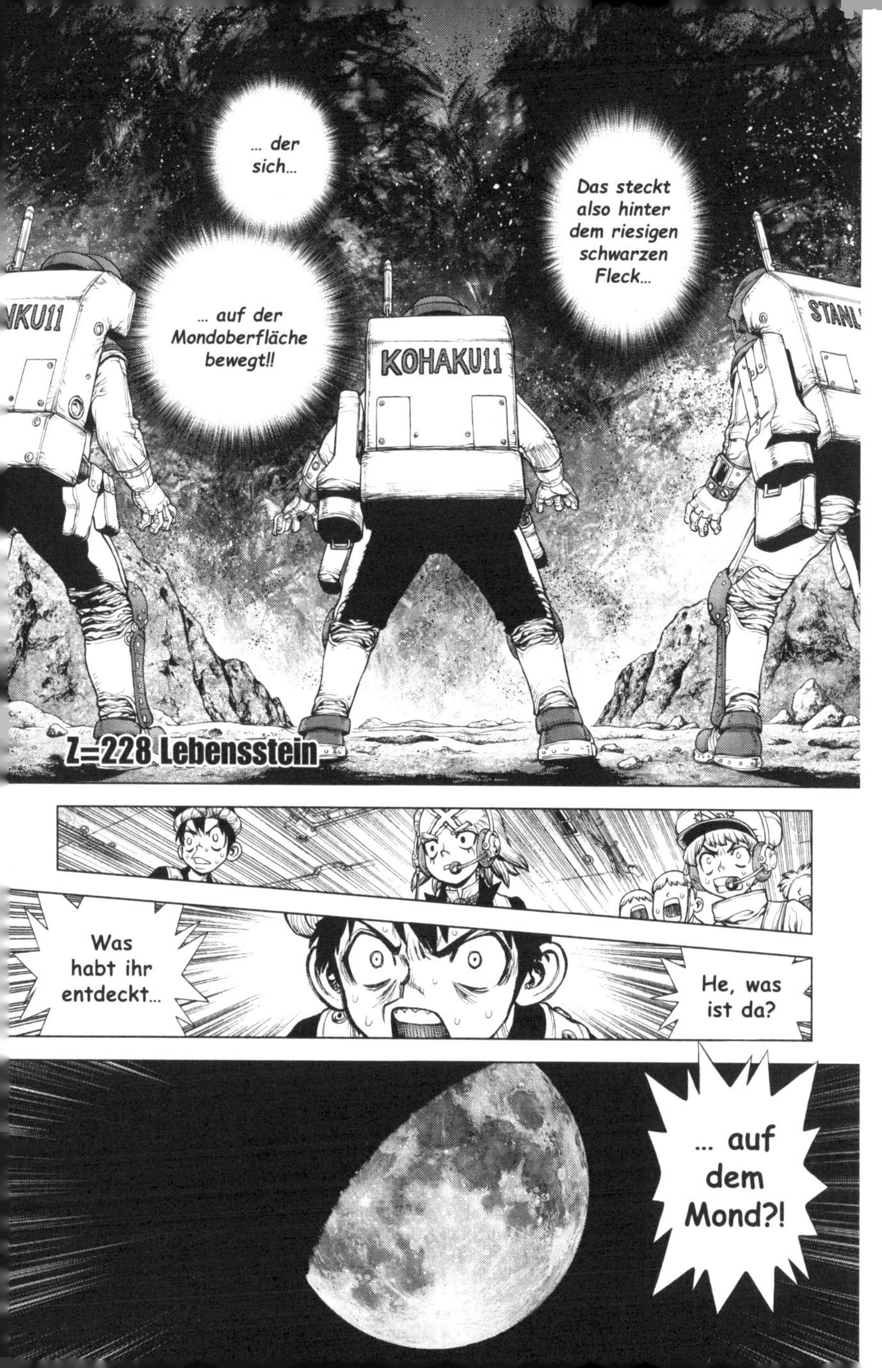
Das steckt also hinter dem riesigen schwarzen Fleck…
… der sich…
… auf der Mondoberfläche bewegt!!
KOHAKU11
STANL
NKU11
Z=228 Lebensstein
He, was ist da?
Was habt ihr entdeckt…
… auf dem Mond?!

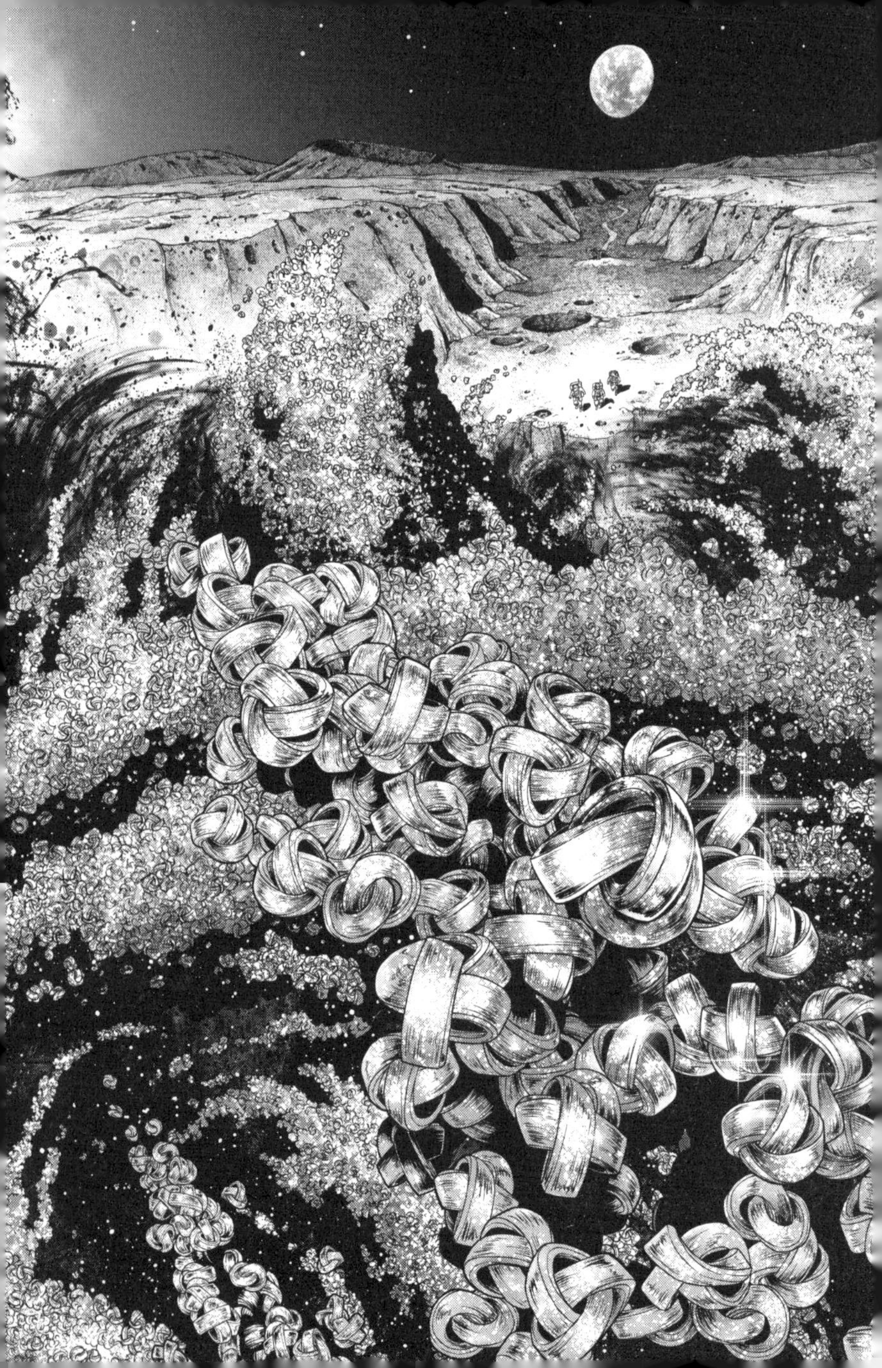

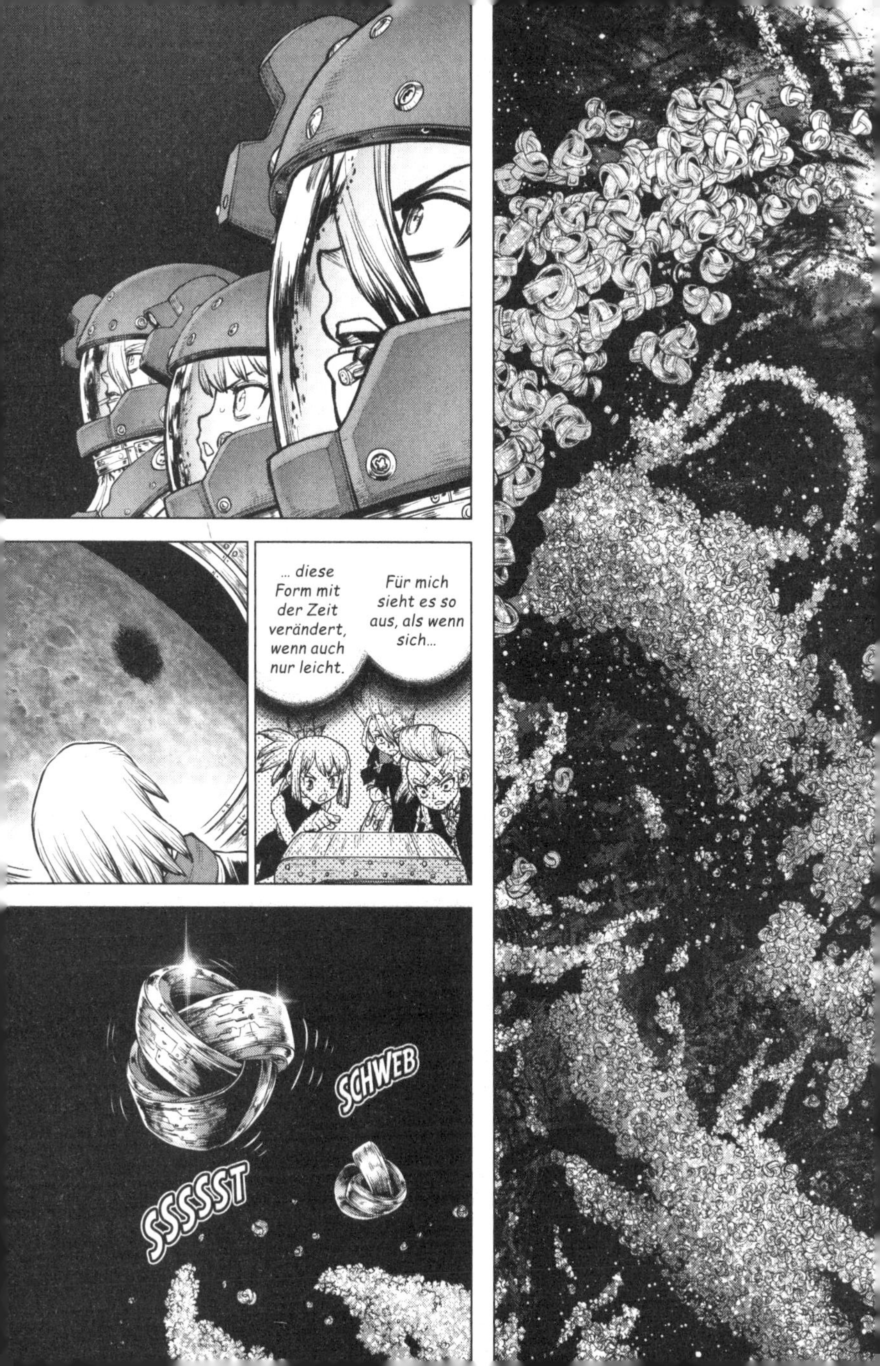
Für mich sieht es so aus, als wenn sich...
... diese Form mit der Zeit verändert, wenn auch nur leicht.
SCHWEB
SSSSST

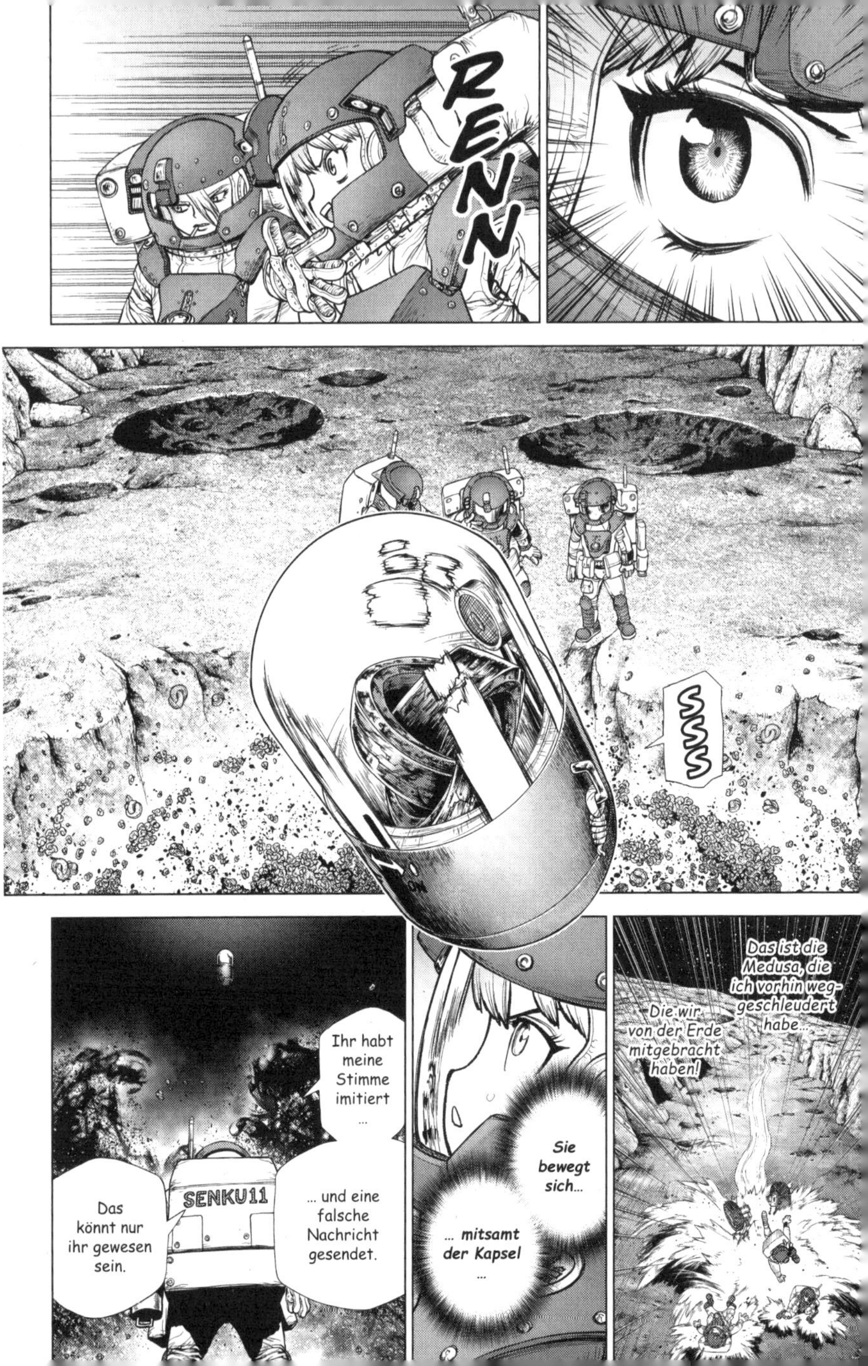
RENN
SSSS
Das ist die Medusa, die ich vorhin weggeschleudert habe...
Die wir von der Erde mitgebracht haben!
Sie bewegt sich...
... mitsamt der Kapsel ...
Ihr habt meine Stimme imitiert ...
... und eine falsche Nachricht gesendet.
SENKU11
Das könnt nur ihr gewesen sein.

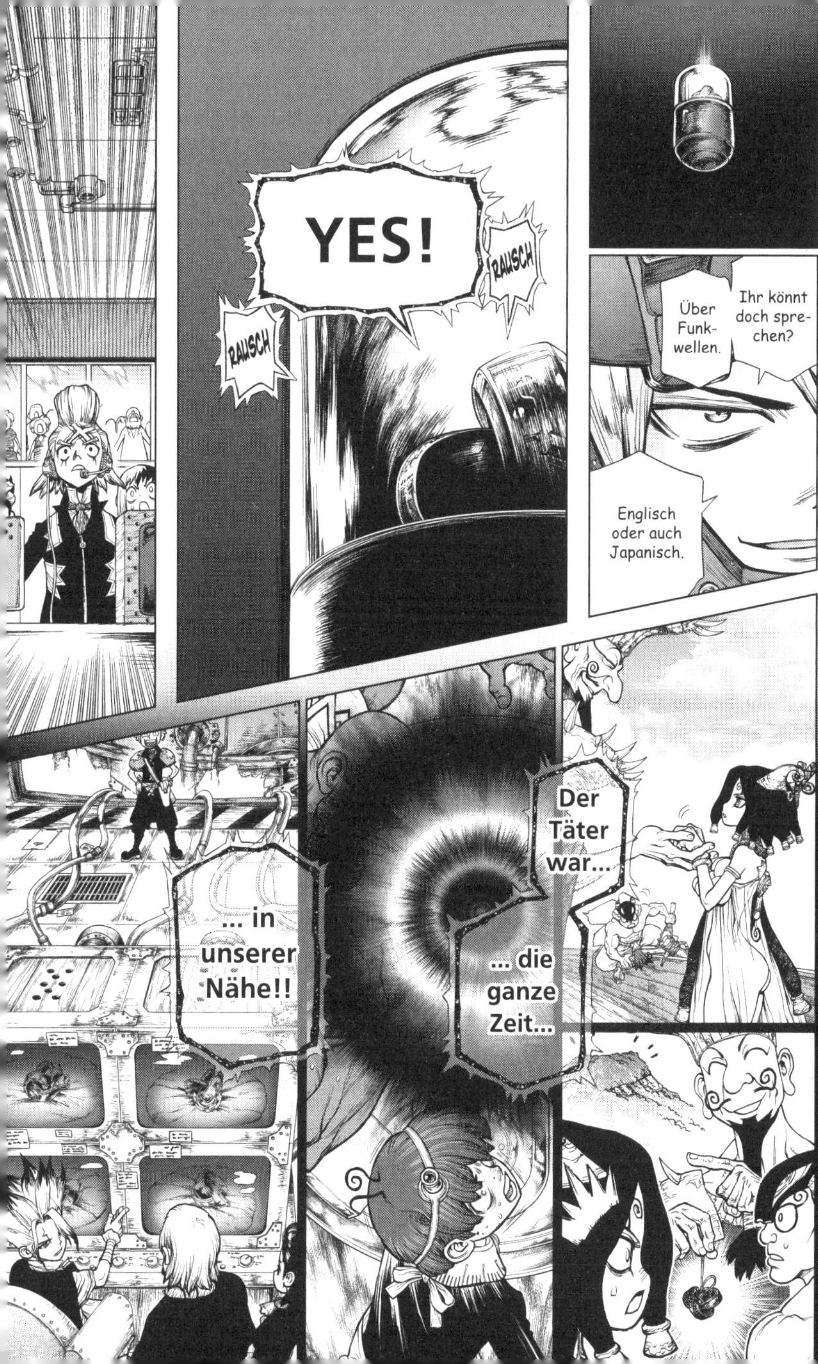
YES!
RAUSCH
RAUSCH
Ihr könnt doch sprechen?
Über Funkwellen.
Englisch oder auch Japanisch.
Der Täter war...
... die ganze Zeit...
... in unserer Nähe!!

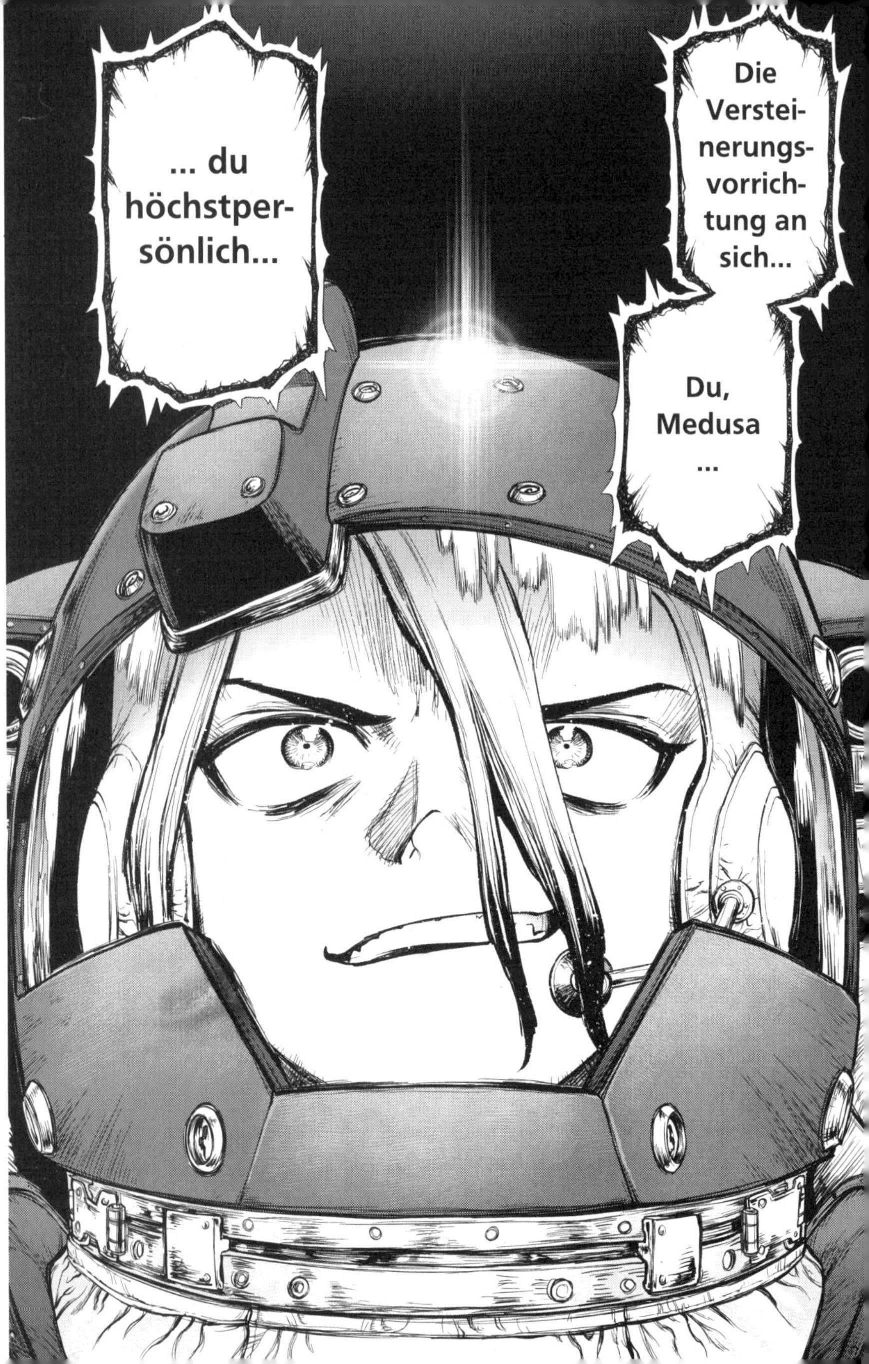
Die Versteinerungsvorrichtung an sich...
Du, Medusa ...
... du höchstpersönlich...

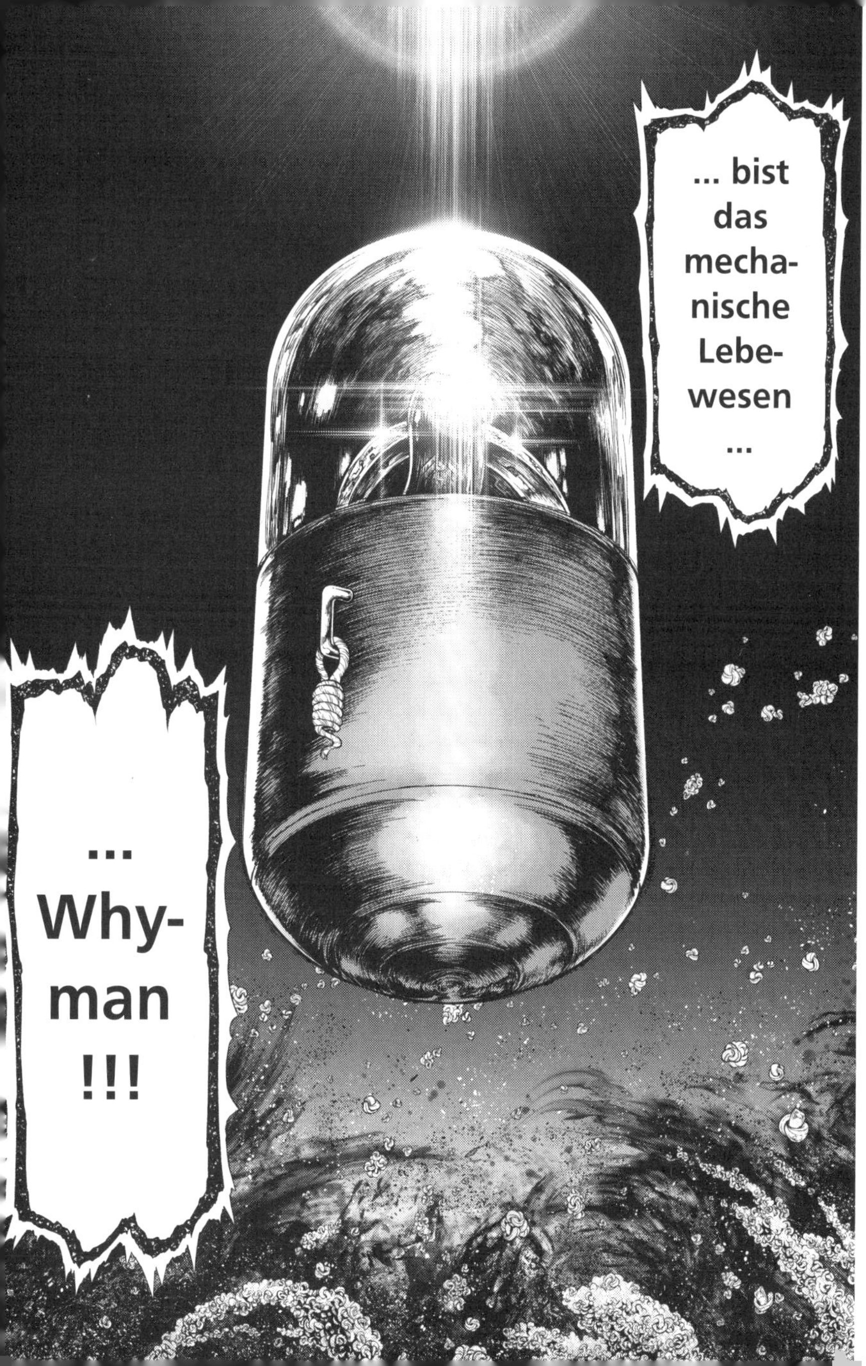
... bist das mecha-nische Lebe-wesen ...
... Why-man !!!

Z=228 Lebenstein

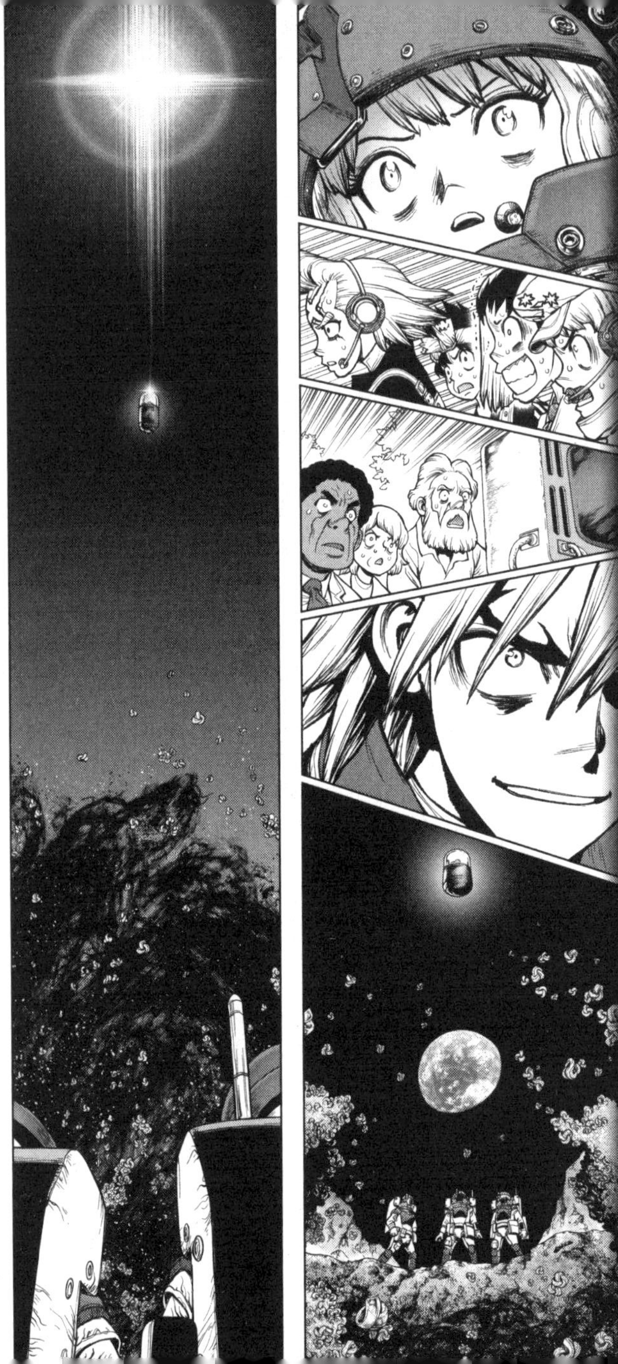

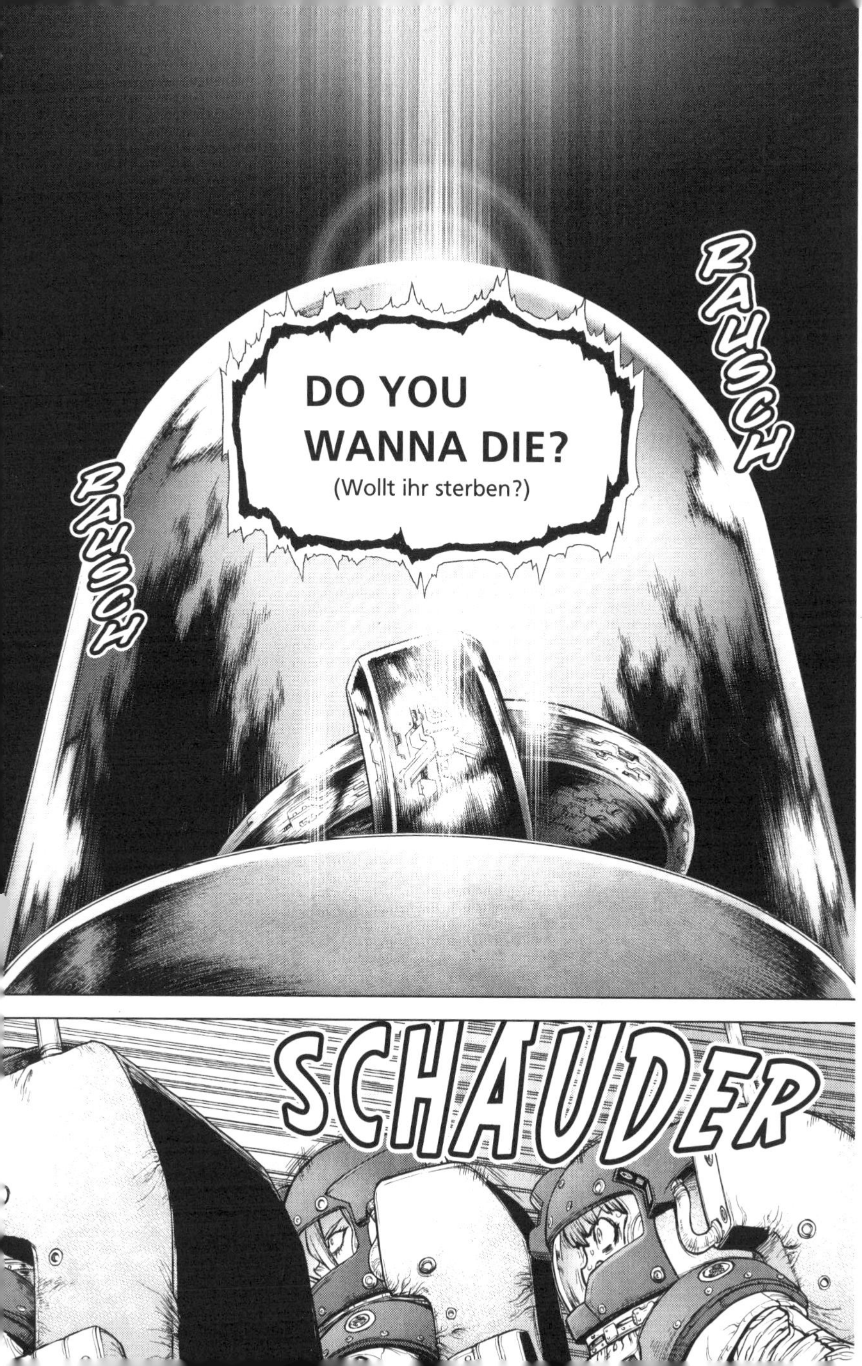
DO YOU WANNA DIE?
(Wollt ihr sterben?)
RAUSCH
RAUSCH
SCHAUDER

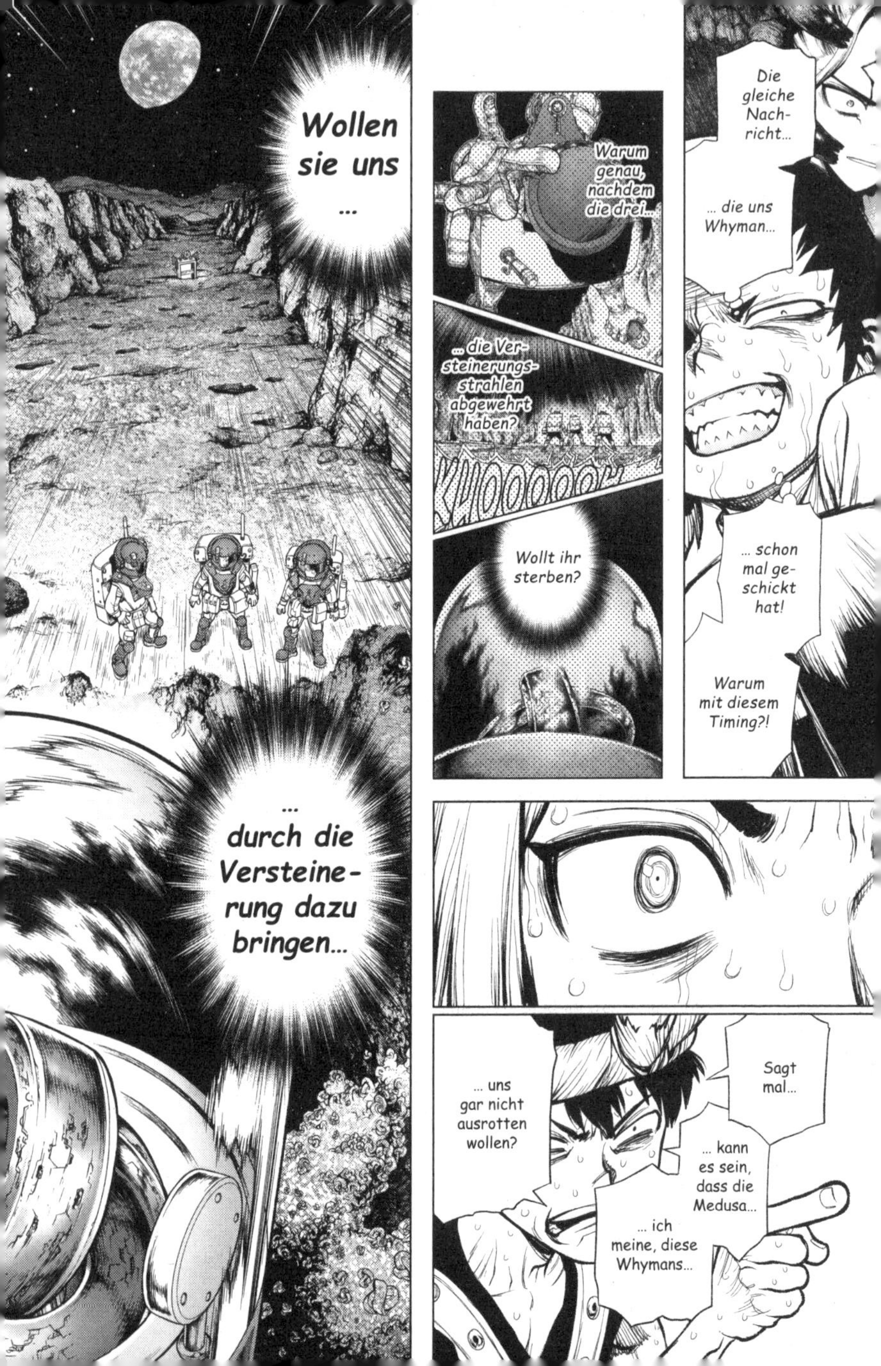

Die gleiche Nachricht...
... die uns Whyman...
... schon mal geschickt hat!
Warum mit diesem Timing?!
Warum genau, nachdem die drei...
... die Versteinerungsstrahlen abgewehrt haben?
KWOOOOOOH
Wollt ihr sterben?
Sagt mal...
... kann es sein, dass die Medusa...
... ich meine, diese Whymans...
... uns gar nicht ausrotten wollen?
Wollen sie uns ...
... durch die Versteinerung dazu bringen...

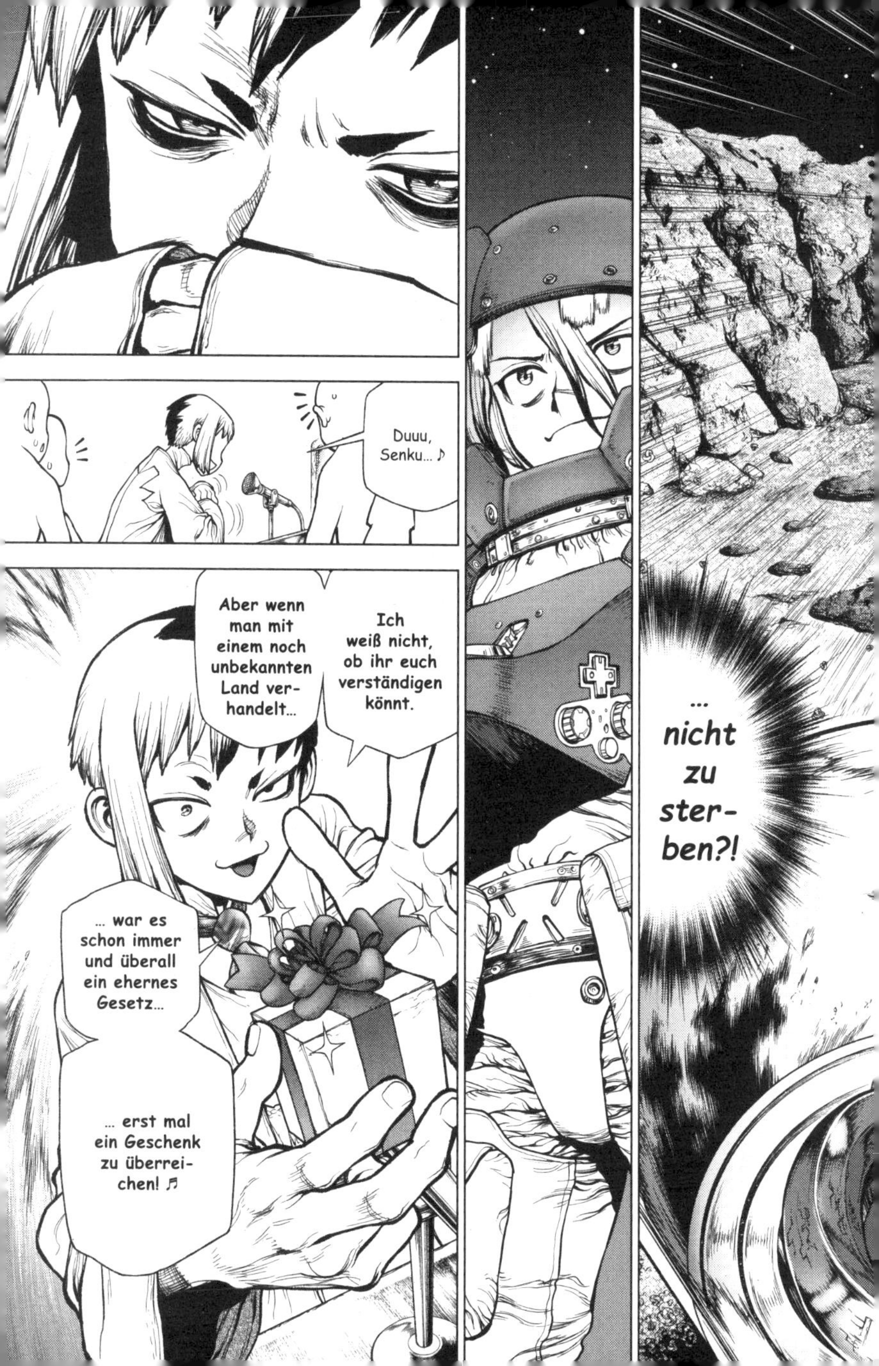
... nicht zu ster-ben?!
Duuu, Senku... ♪
Ich weiß nicht, ob ihr euch verständigen könnt.
Aber wenn man mit einem noch unbekannten Land ver-handelt...
... war es schon immer und überall ein ehernes Gesetz...
... erst mal ein Geschenk zu überrei-chen! ♬

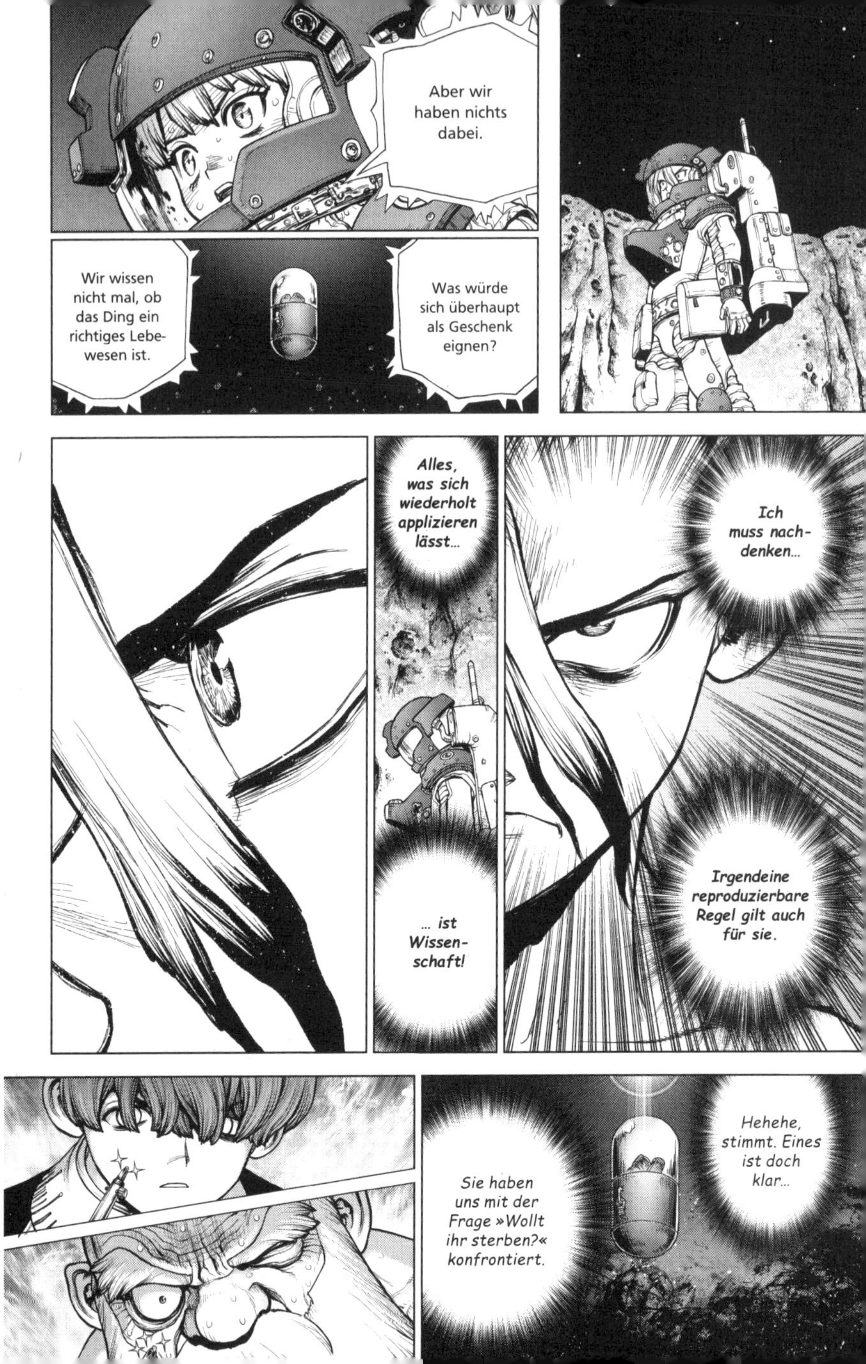
Aber wir haben nichts dabei.
Was würde sich überhaupt als Geschenk eignen?
Wir wissen nicht mal, ob das Ding ein richtiges Lebewesen ist.
Ich muss nachdenken...
Irgendeine reproduzierbare Regel gilt auch für sie.
Alles, was sich wiederholt applizieren lässt...
... ist Wissenschaft!
Hehehe, stimmt. Eines ist doch klar...
Sie haben uns mit der Frage »Wollt ihr sterben?« konfrontiert.

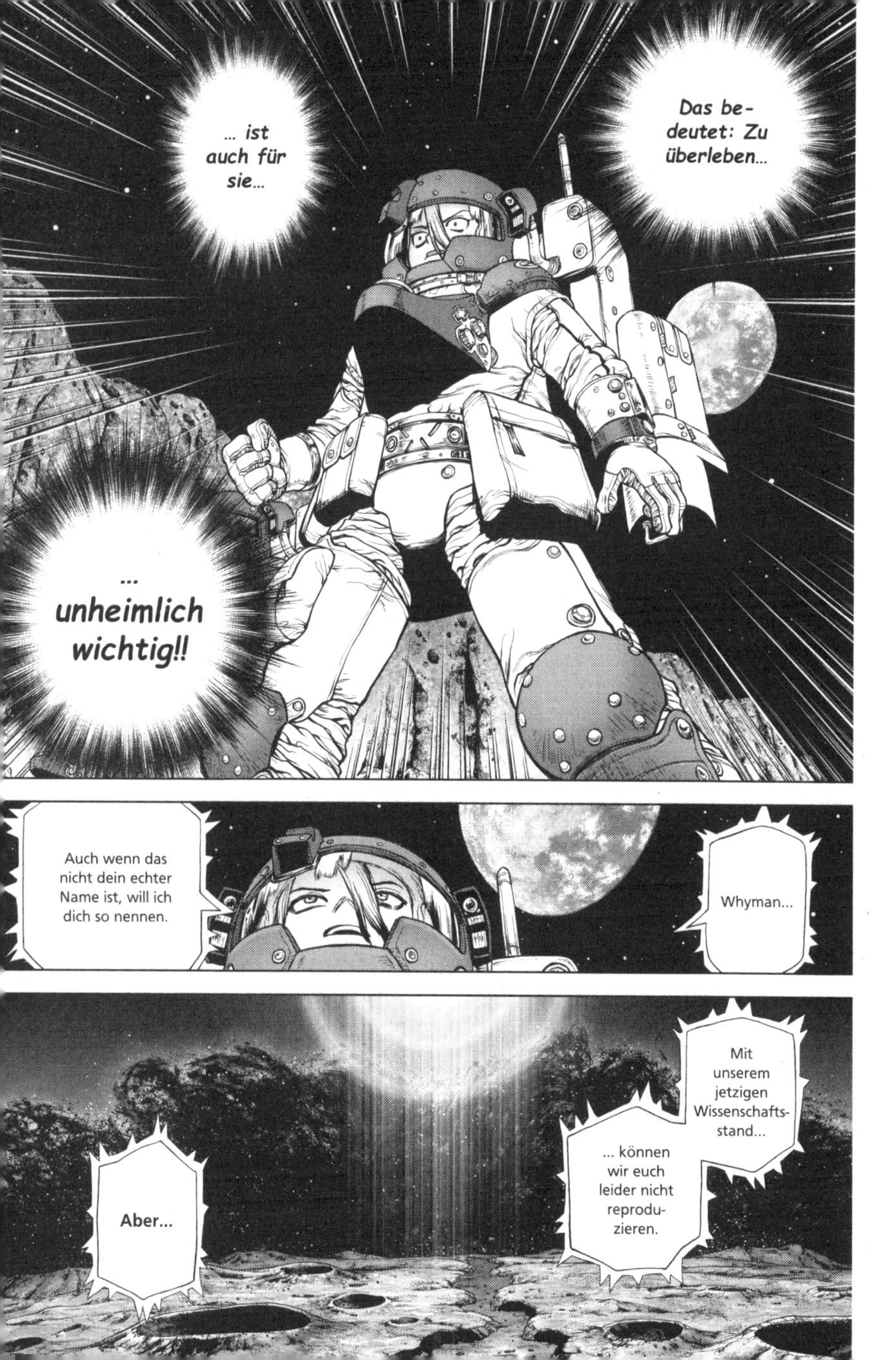
Das bedeutet: Zu überleben…
… ist auch für sie…
… unheimlich wichtig!!
Whyman…
Auch wenn das nicht dein echter Name ist, will ich dich so nennen.
Mit unserem jetzigen Wissenschaftsstand…
… können wir euch leider nicht reproduzieren.
Aber…

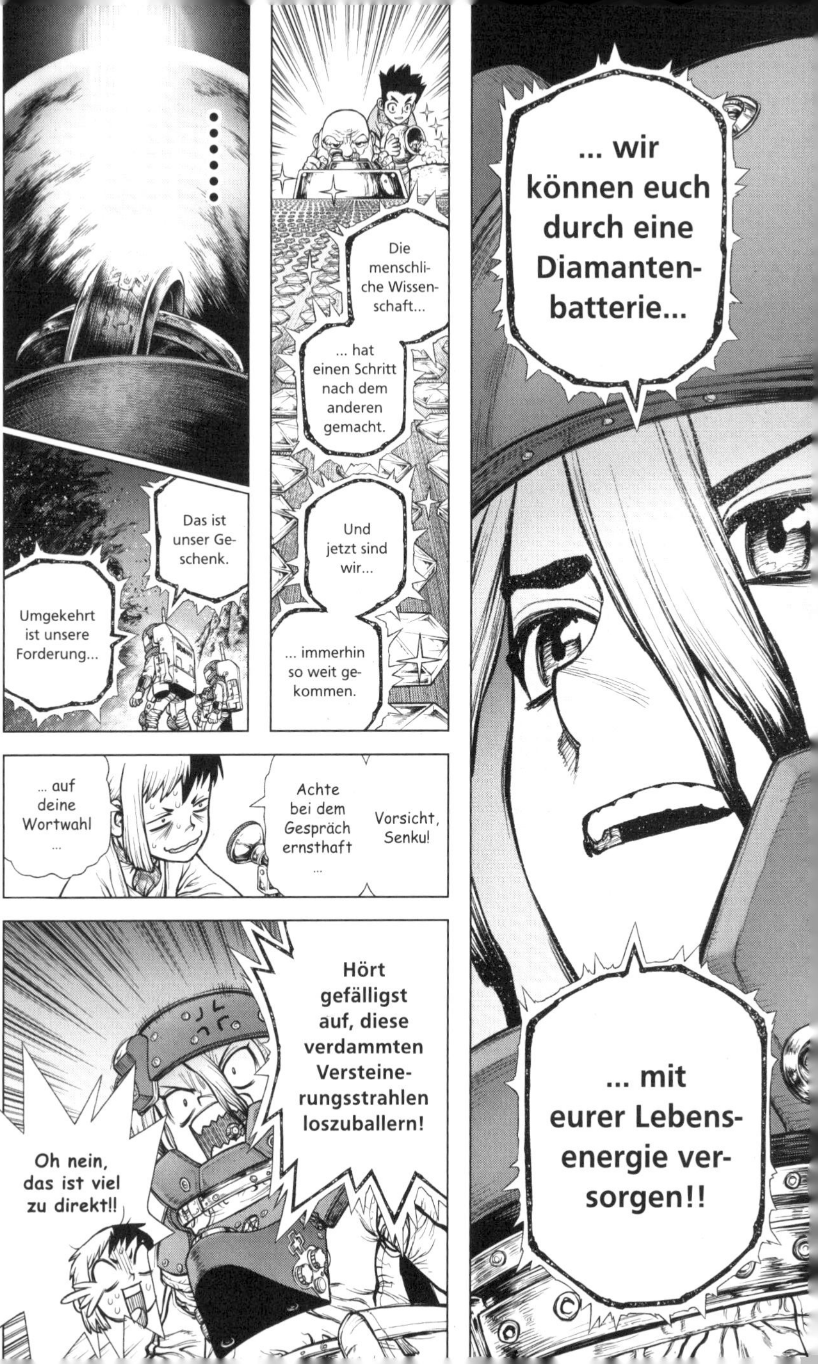
Die menschliche Wissenschaft...
... hat einen Schritt nach dem anderen gemacht.
Und jetzt sind wir...
... immerhin so weit gekommen.
......
Das ist unser Geschenk.
Umgekehrt ist unsere Forderung...
... wir können euch durch eine Diamantenbatterie...
... mit eurer Lebensenergie versorgen!!
Vorsicht, Senku!
Achte bei dem Gespräch ernsthaft ...
... auf deine Wortwahl ...
Hört gefälligst auf, diese verdammten Versteinerungsstrahlen loszuballern!
Oh nein, das ist viel zu direkt!!

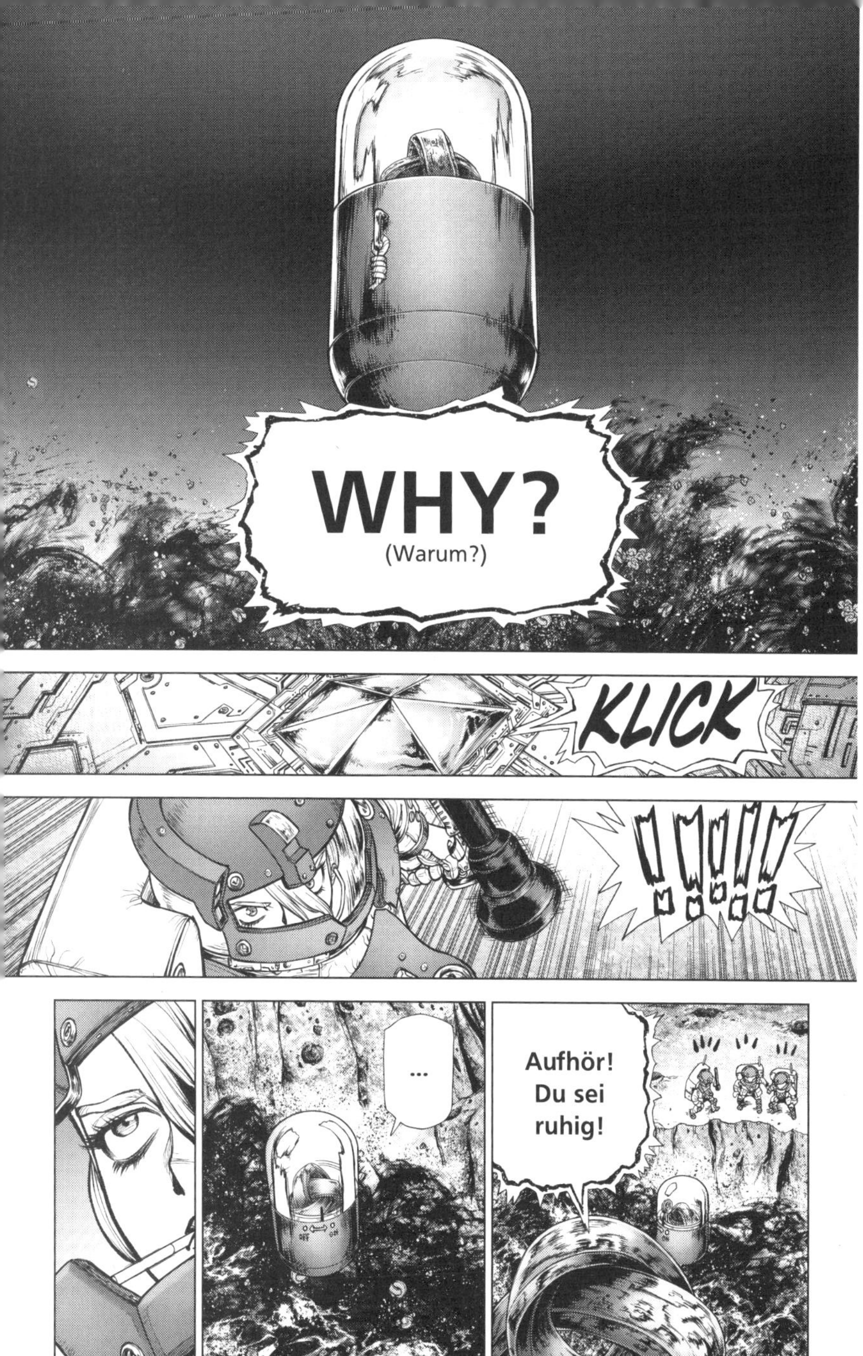
WHY?
(Warum?)
KLICK
!!!!!
...
Aufhör! Du sei ruhig!

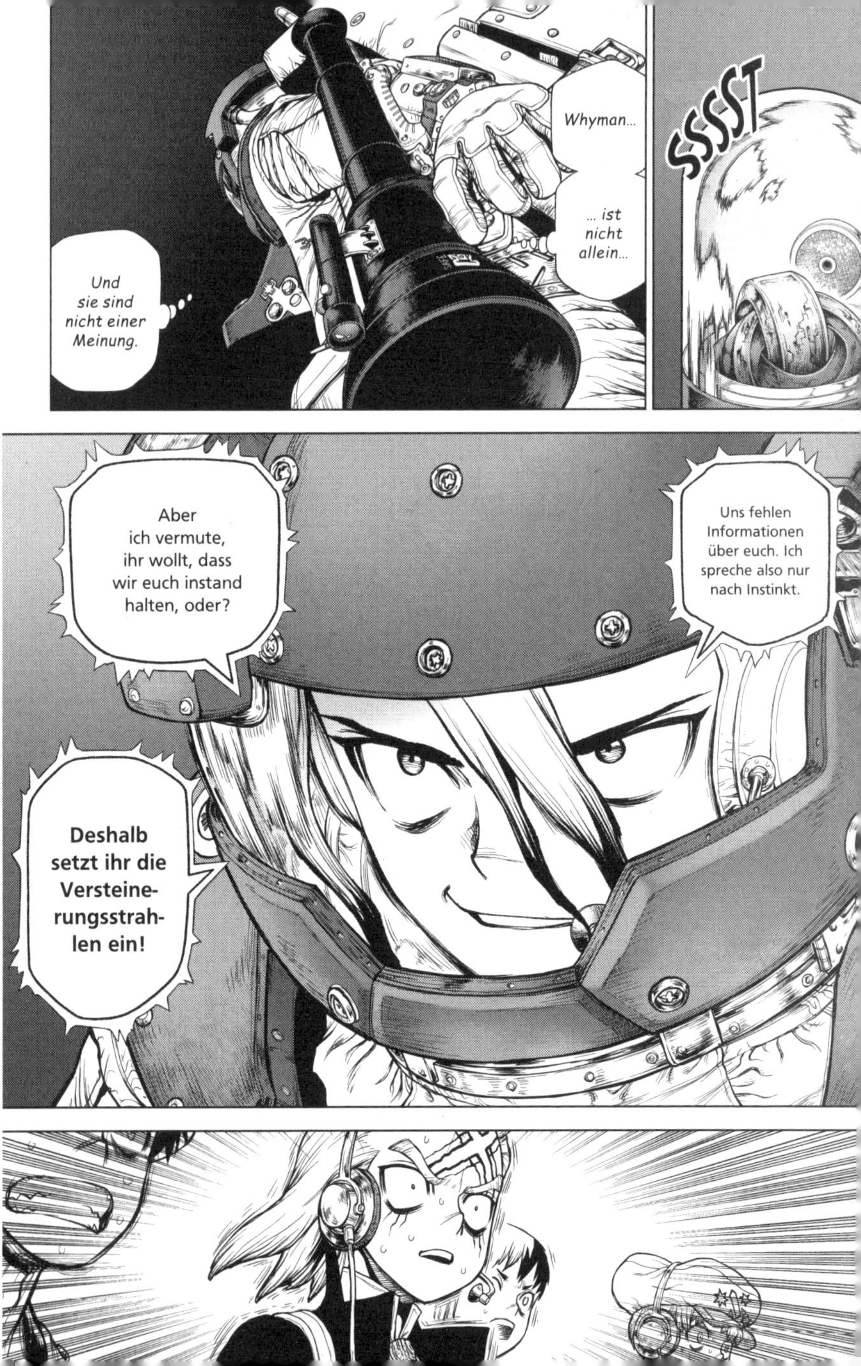
SSSST
Whyman...
... ist nicht allein...
Und sie sind nicht einer Meinung.
Uns fehlen Informationen über euch. Ich spreche also nur nach Instinkt.
Aber ich vermute, ihr wollt, dass wir euch instand halten, oder?
Deshalb setzt ihr die Versteinerungsstrahlen ein!

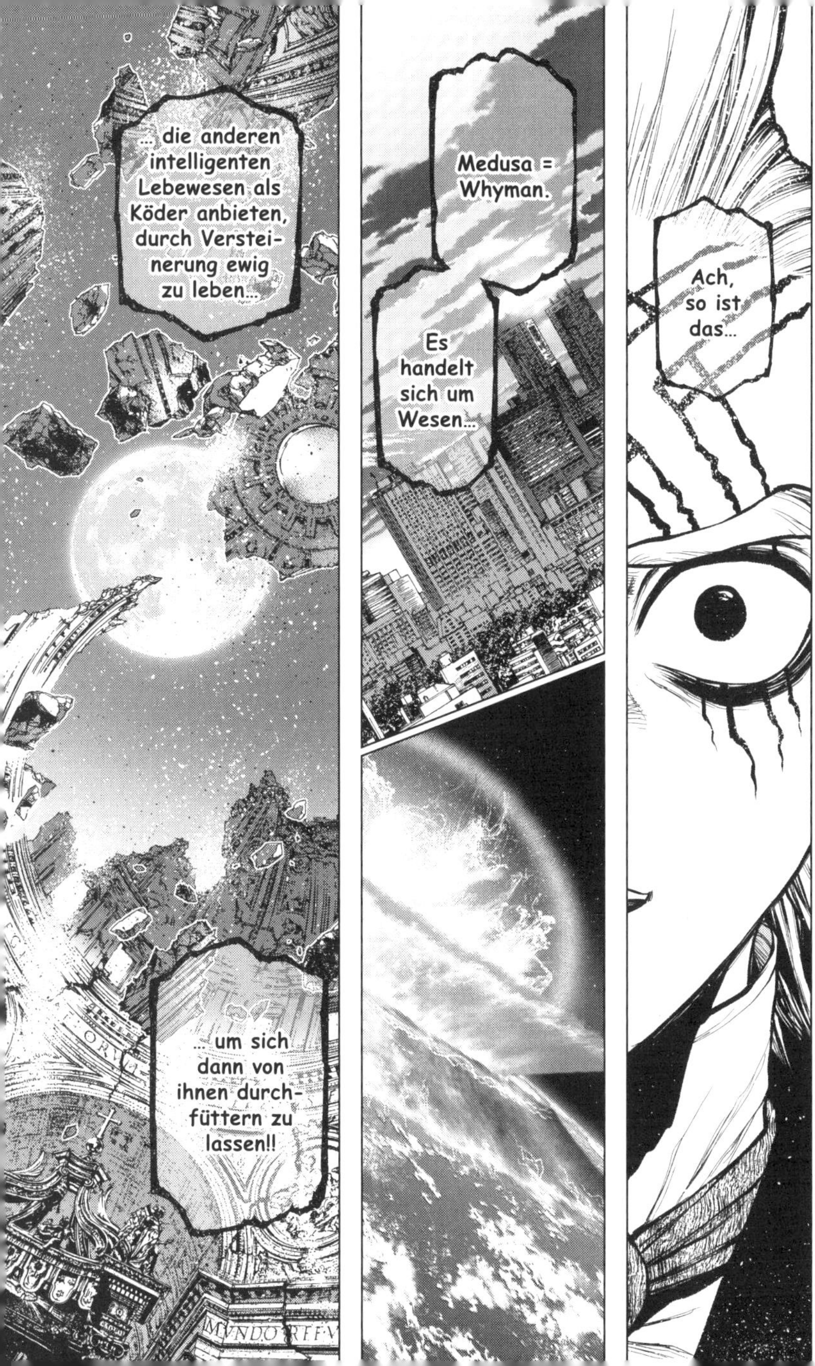
Ach, so ist das...
Medusa = Whyman.
Es handelt sich um Wesen...
... die anderen intelligenten Lebewesen als Köder anbieten, durch Versteinerung ewig zu leben...
... um sich dann von ihnen durchfüttern zu lassen!!

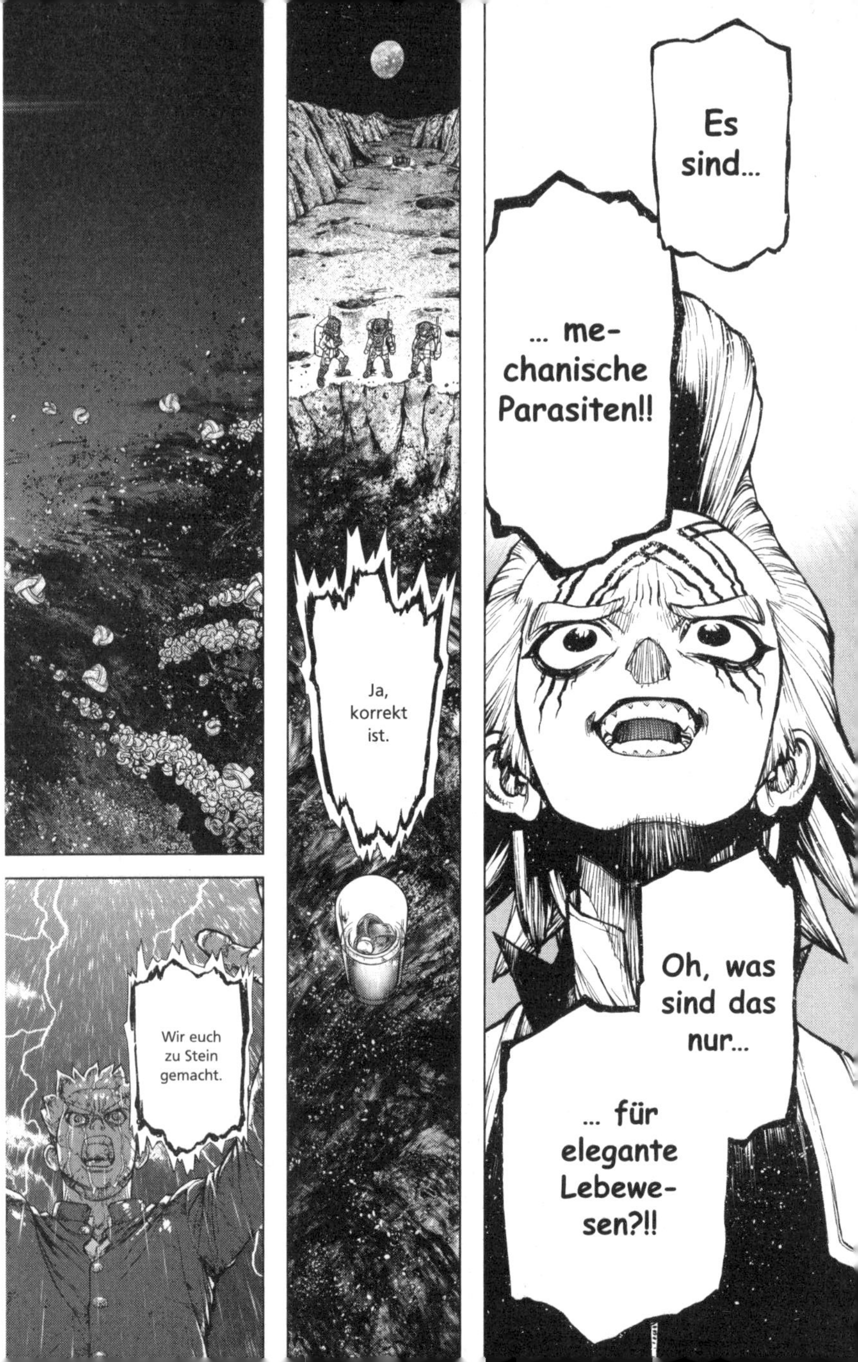
Es sind...
... me-chanische Parasiten!!
Oh, was sind das nur...
... für elegante Lebewe-sen?!!
Ja, korrekt ist.
Wir euch zu Stein gemacht.

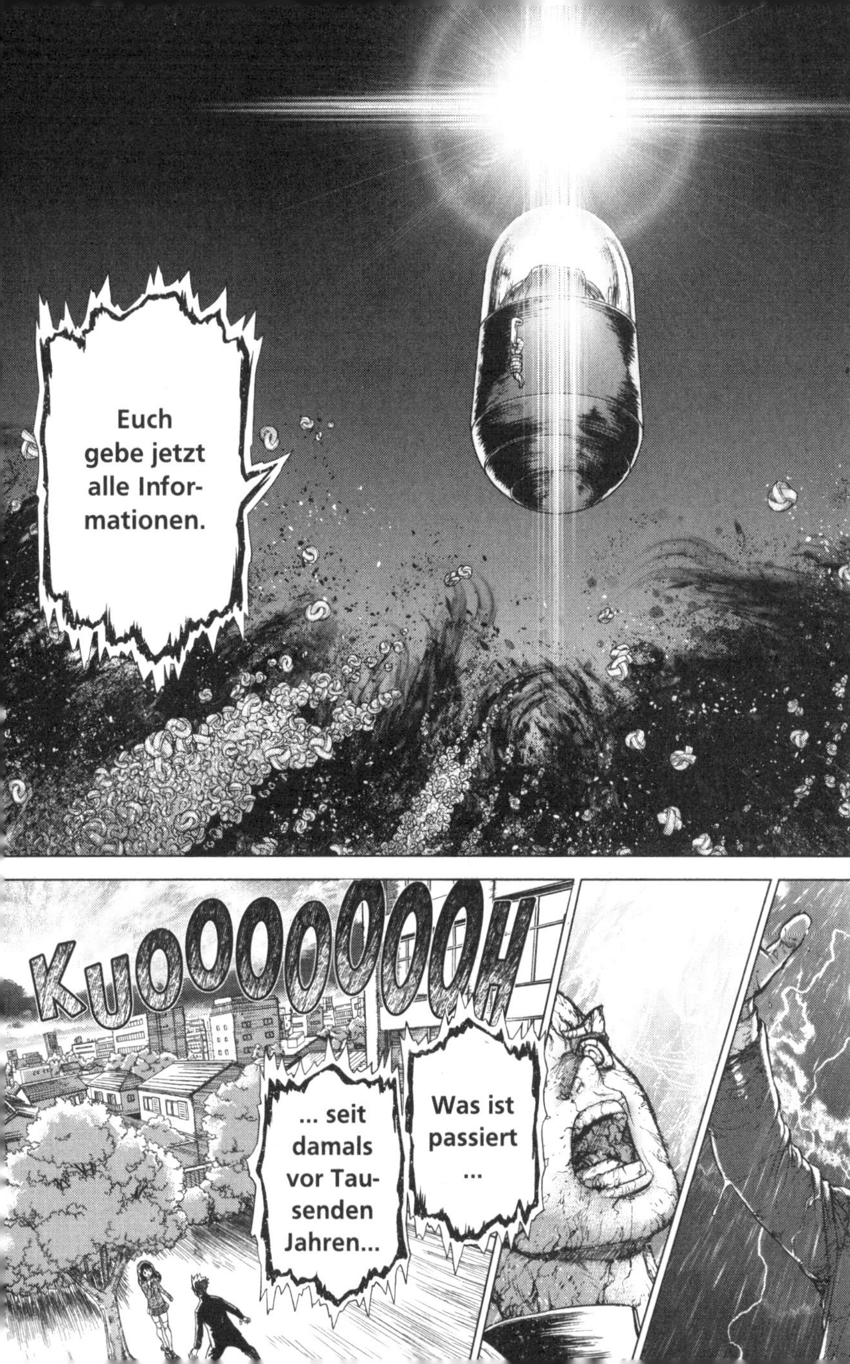
Euch gebe jetzt alle Informationen.
KUOOOOOOOH
Was ist passiert ...
... seit damals vor Tausenden Jahren...

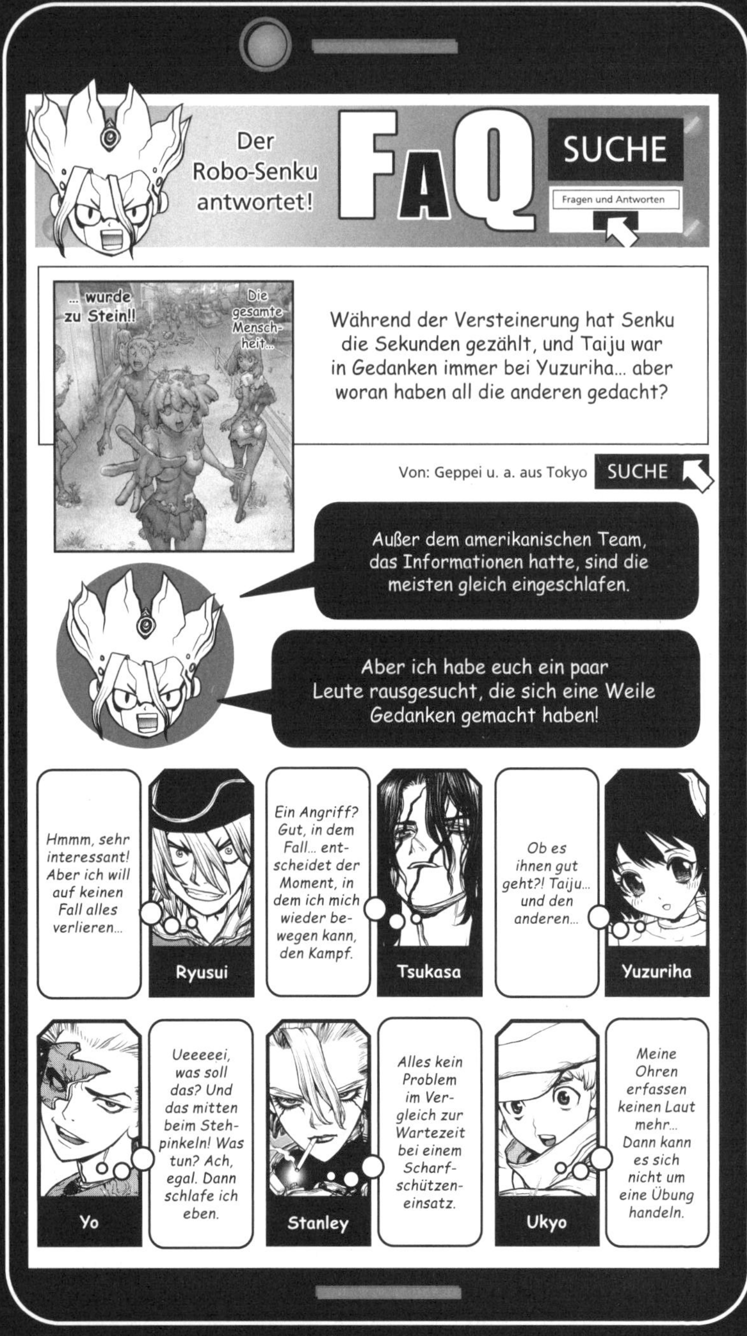

Der Robo-Senku antwortet!
FAQ
SUCHE
Fragen und Antworten
... wurde zu Stein!!
Die gesamte Menschheit...
Während der Versteinerung hat Senku die Sekunden gezählt, und Taiju war in Gedanken immer bei Yuzuriha... aber woran haben all die anderen gedacht?
Von: Geppei u. a. aus Tokyo
SUCHE
Außer dem amerikanischen Team, das Informationen hatte, sind die meisten gleich eingeschlafen.
Aber ich habe euch ein paar Leute rausgesucht, die sich eine Weile Gedanken gemacht haben!
Hmmm, sehr interessant! Aber ich will auf keinen Fall alles verlieren...
Ryusui
Ein Angriff? Gut, in dem Fall... entscheidet der Moment, in dem ich mich wieder bewegen kann, den Kampf.
Tsukasa
Ob es ihnen gut geht?! Taiju... und den anderen...
Yuzuriha
Yo
Ueeeeei, was soll das? Und das mitten beim Stehpinkeln! Was tun? Ach, egal. Dann schlafe ich eben.
Stanley
Alles kein Problem im Vergleich zur Wartezeit bei einem Scharfschützeneinsatz.
Ukyo
Meine Ohren erfassen keinen Laut mehr... Dann kann es sich nicht um eine Übung handeln.

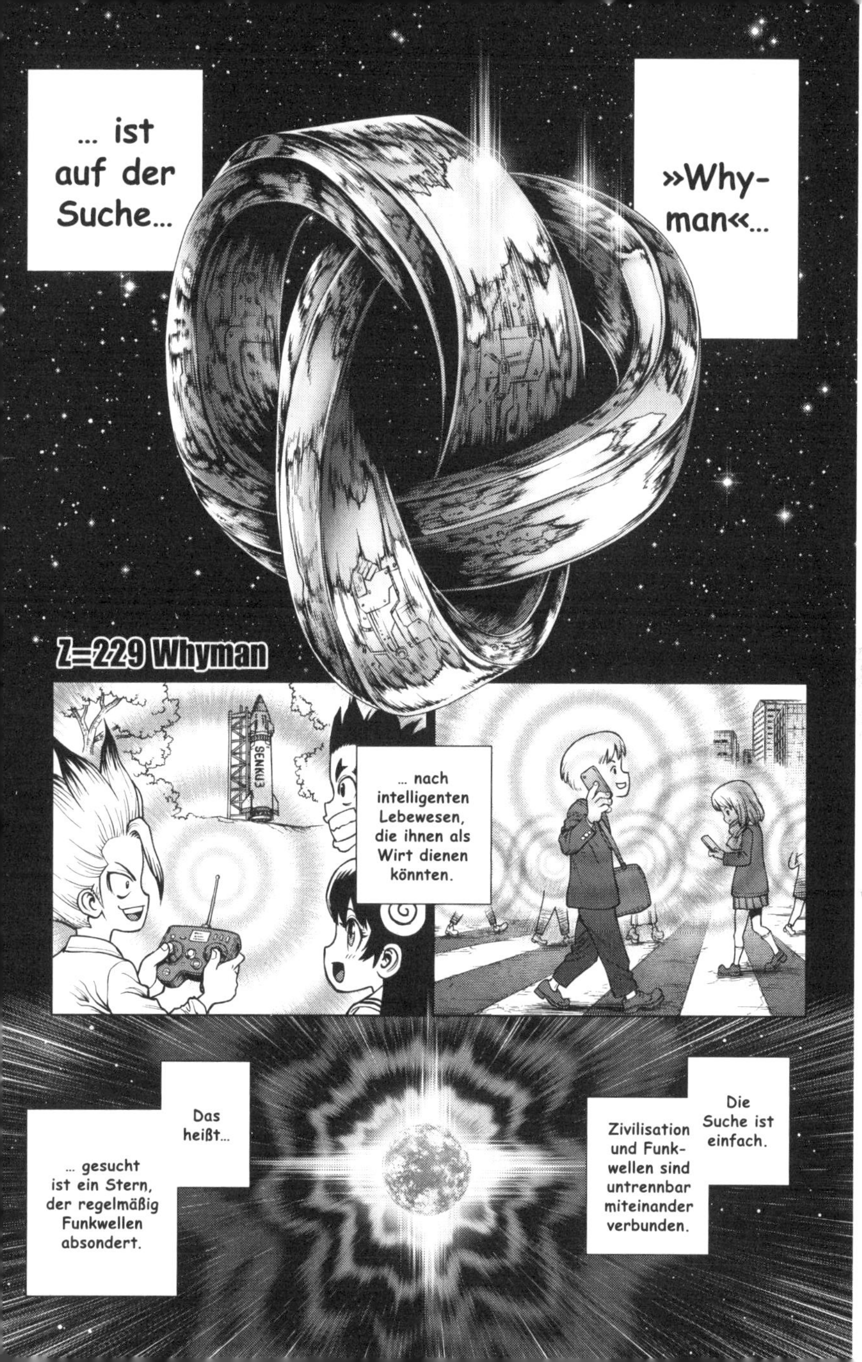
»Why-man«…
… ist auf der Suche…
Z=229 Whyman
SENKU3
… nach intelligenten Lebewesen, die ihnen als Wirt dienen könnten.
Die Suche ist einfach.
Zivilisation und Funk-wellen sind untrennbar miteinander verbunden.
Das heißt…
… gesucht ist ein Stern, der regelmäßig Funkwellen absondert.

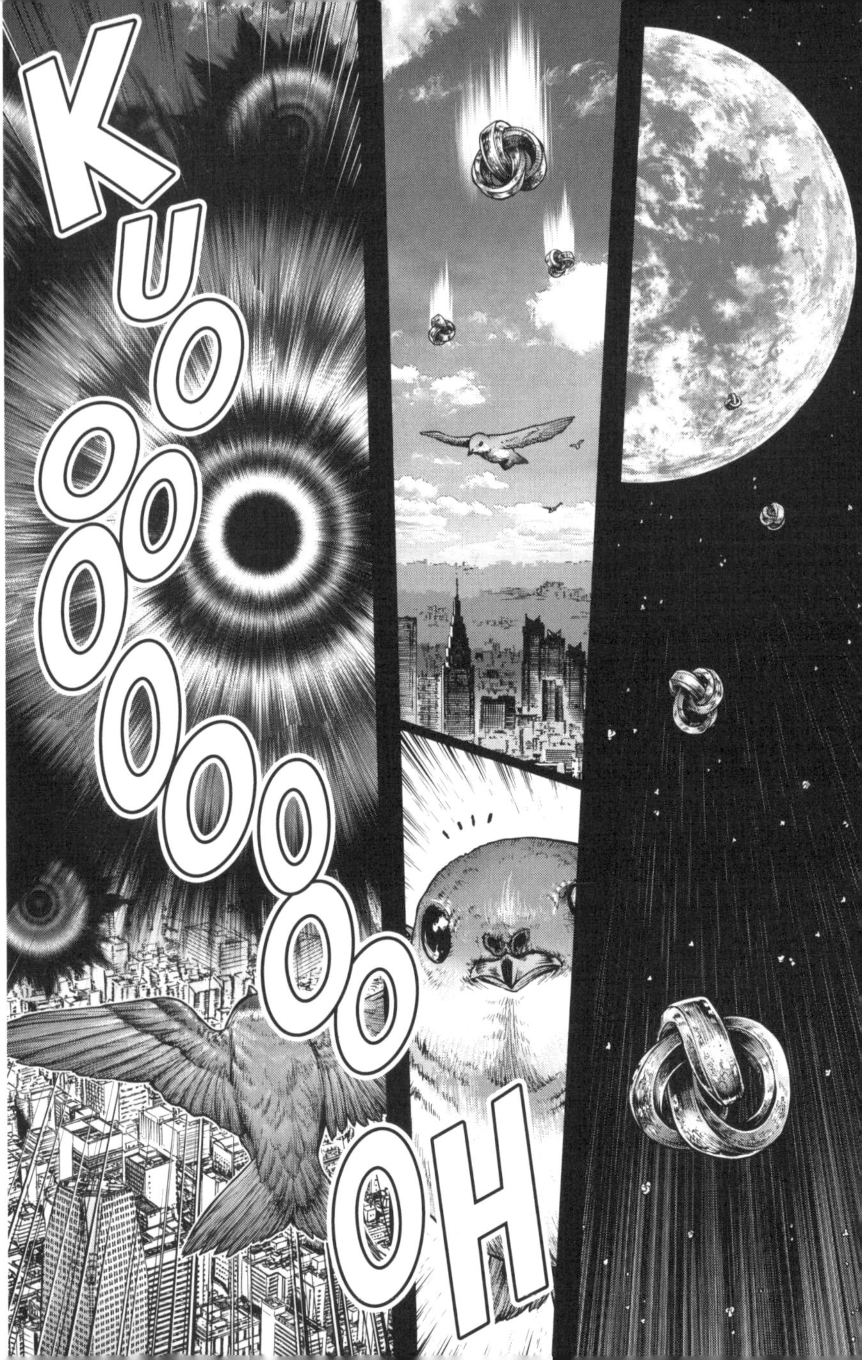
KUOOOOOOOOOOH

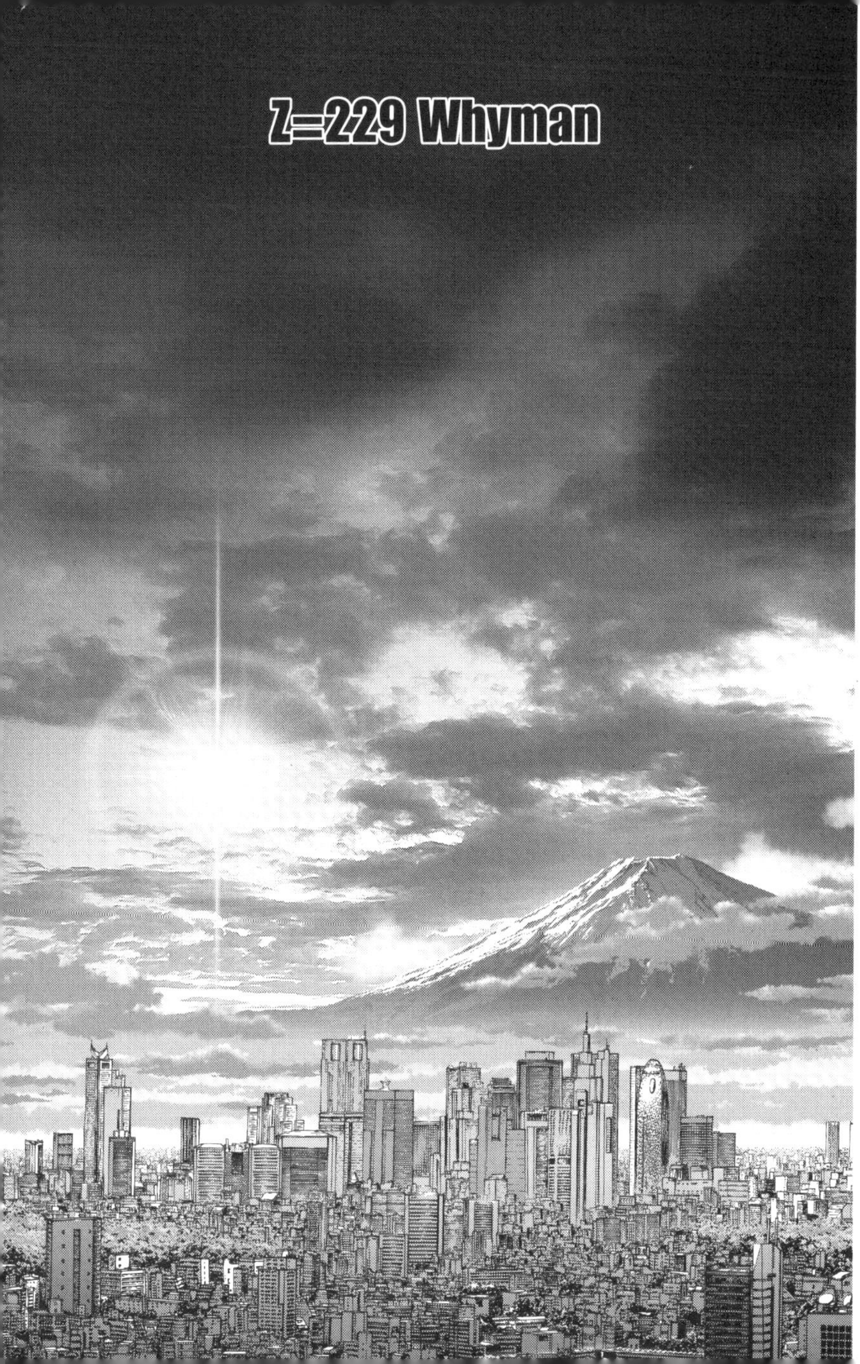
Z=229 Whyman

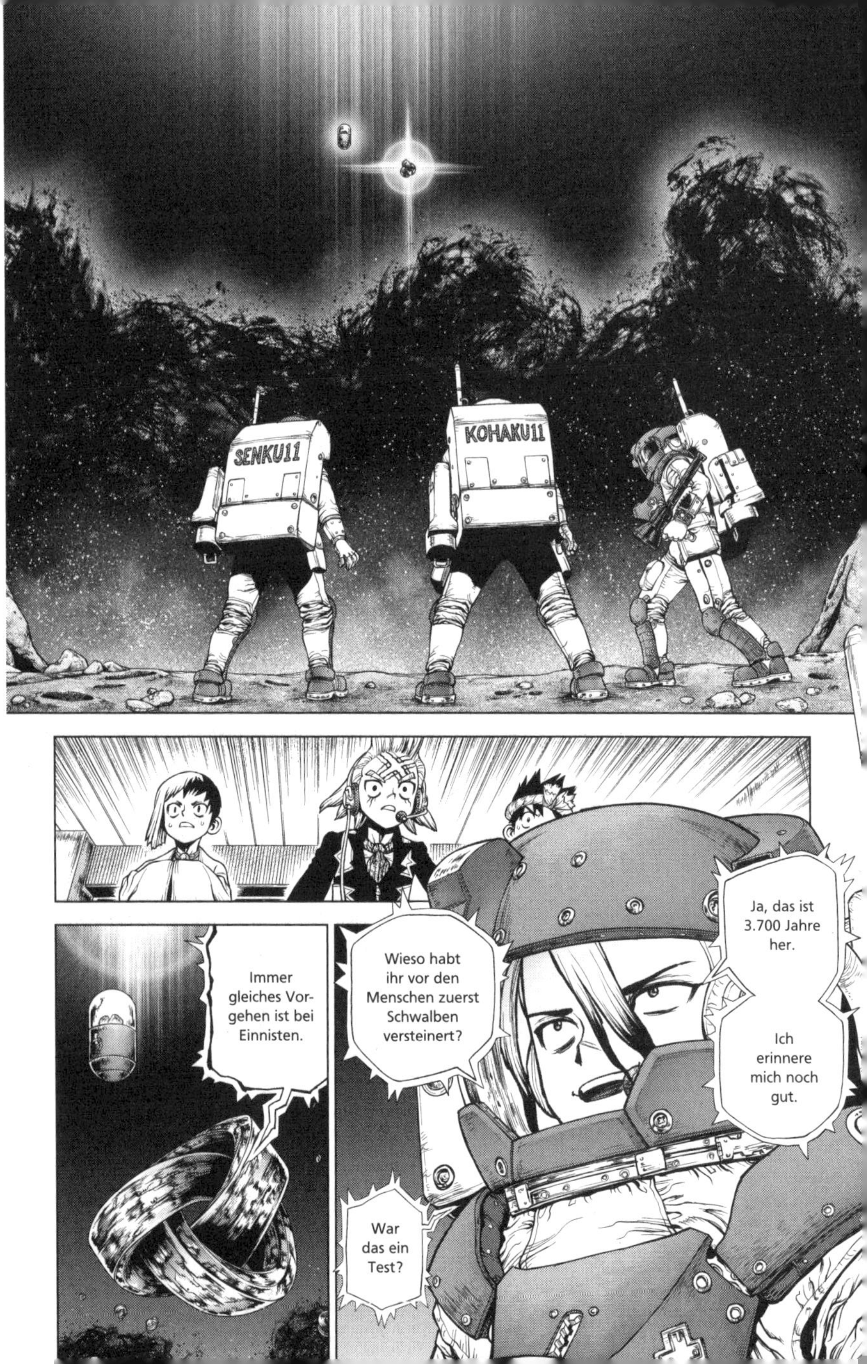
SENKU11
KOHAKU11
Ja, das ist 3.700 Jahre her.
Ich erinnere mich noch gut.
Wieso habt ihr vor den Menschen zuerst Schwalben versteinert?
War das ein Test?
Immer gleiches Vorgehen ist bei Einnisten.

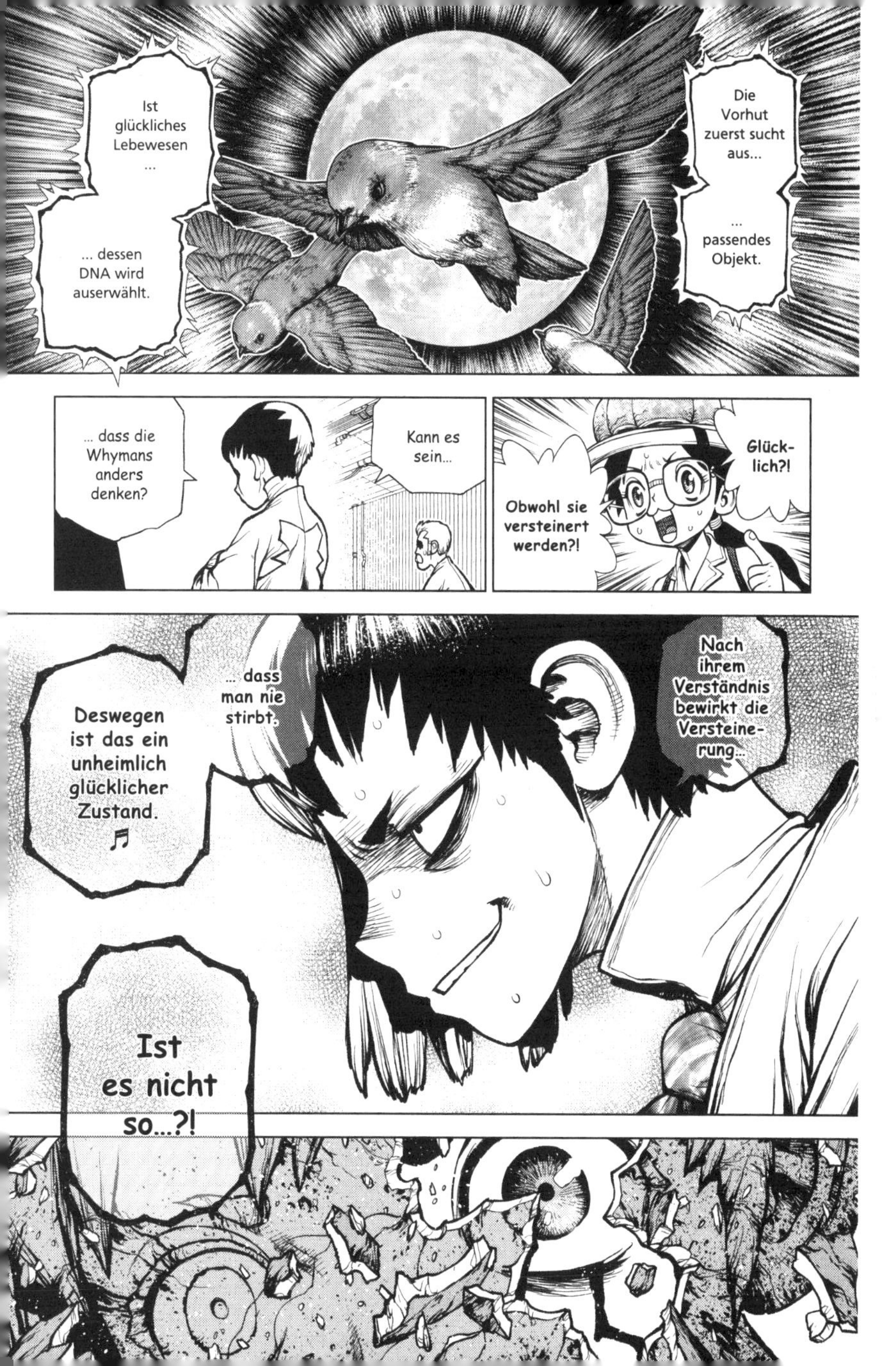
Die Vorhut zuerst sucht aus...
... passendes Objekt.
Ist glückliches Lebewesen ...
... dessen DNA wird auserwählt.
Glück-lich?!
Obwohl sie versteinert werden?!
Kann es sein...
... dass die Whymans anders denken?
Nach ihrem Verständnis bewirkt die Versteine-rung...
... dass man nie stirbt.
Deswegen ist das ein unheimlich glücklicher Zustand. ♬
Ist es nicht so...?!

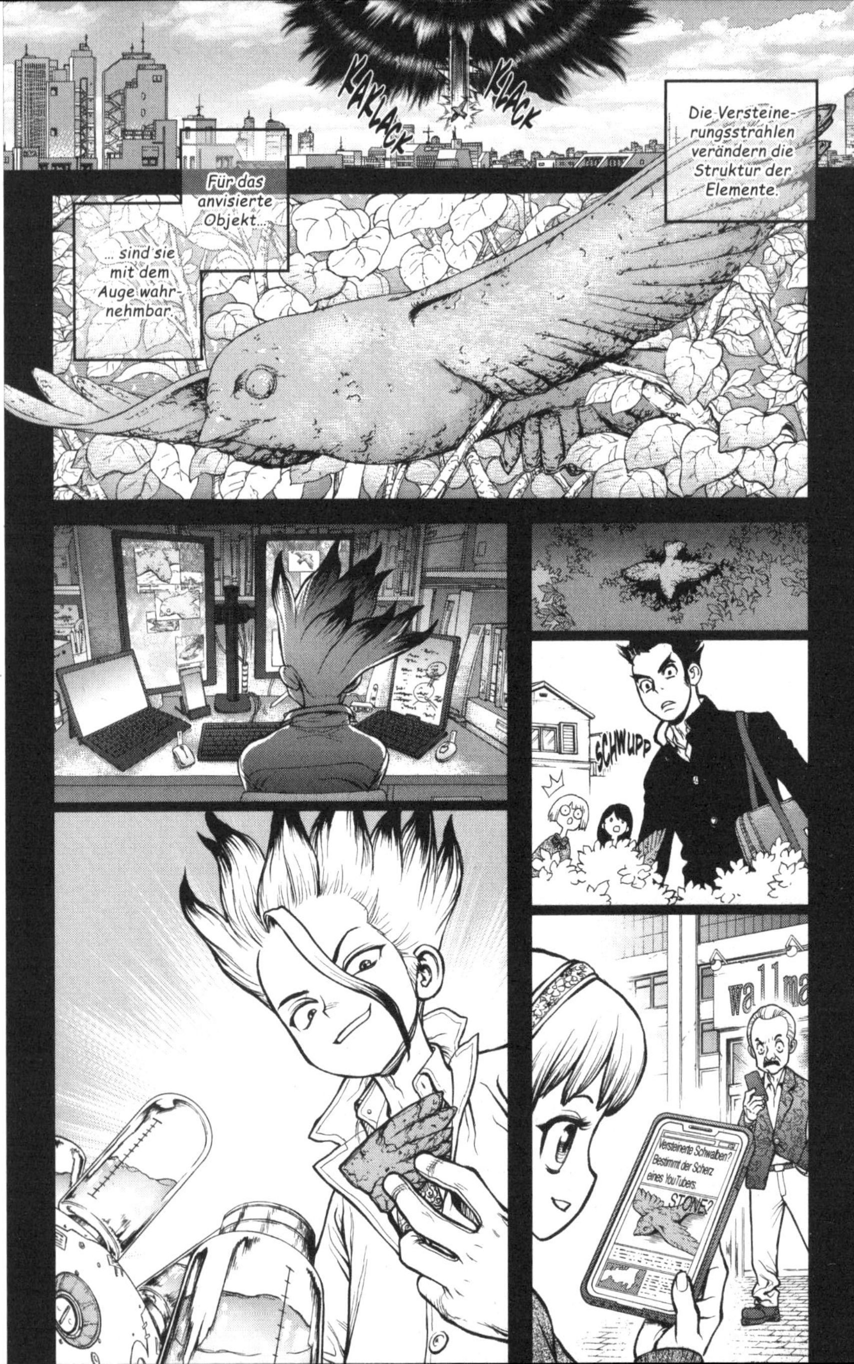
KLACK
KLAKLACK
Die Versteinerungsstrahlen verändern die Struktur der Elemente.
Für das anvisierte Objekt...
... sind sie mit dem Auge wahrnehmbar.
SCHWUPP
Versteinerte Schwalben? Bestimmt der Scherz eines YouTubers.
STONE?

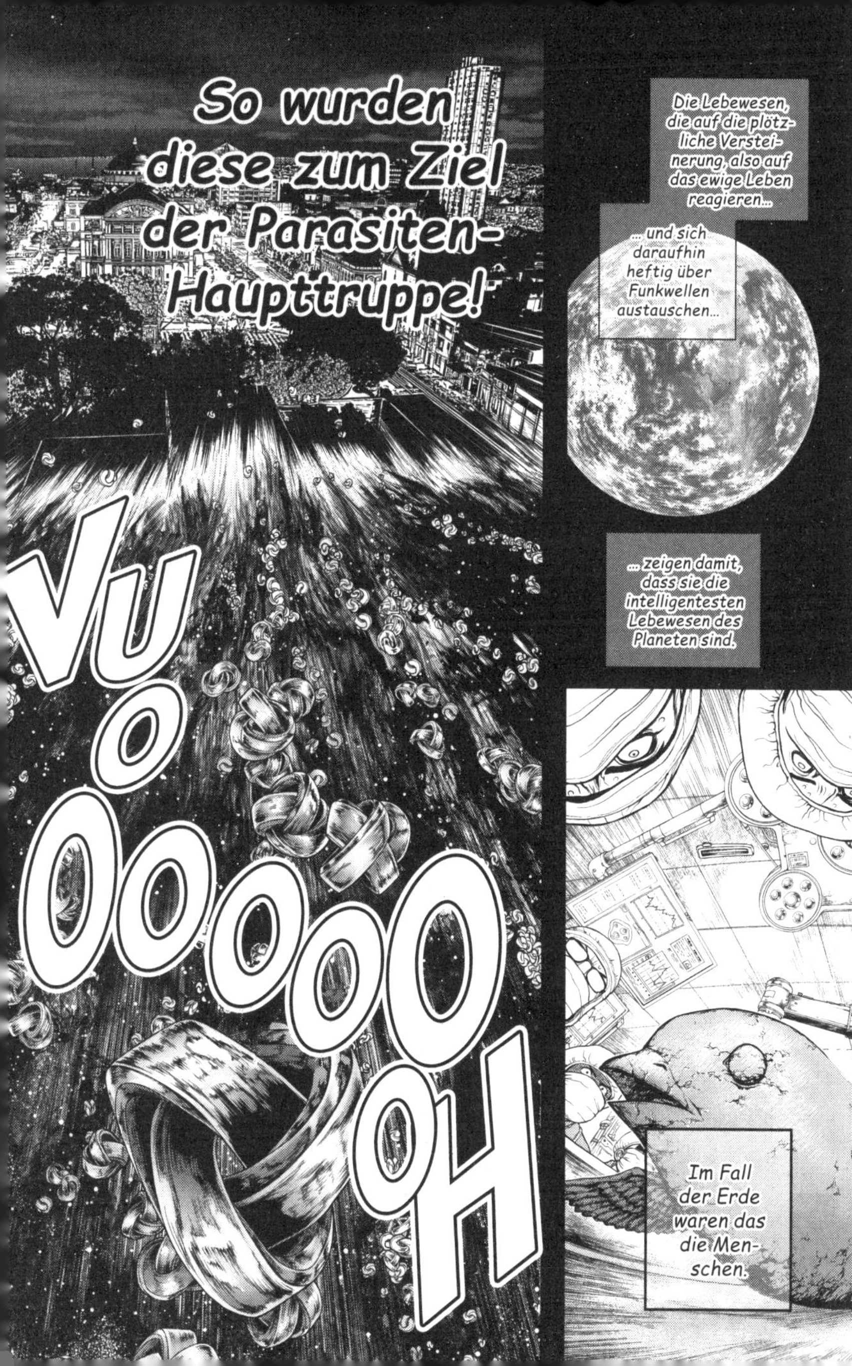
Die Lebewesen, die auf die plötzliche Versteinerung, also auf das ewige Leben reagieren...
... und sich daraufhin heftig über Funkwellen austauschen...
... zeigen damit, dass sie die intelligentesten Lebewesen des Planeten sind.
So wurden diese zum Ziel der Parasiten-Haupttruppe!
VUOOOOOOOH
Im Fall der Erde waren das die Menschen.

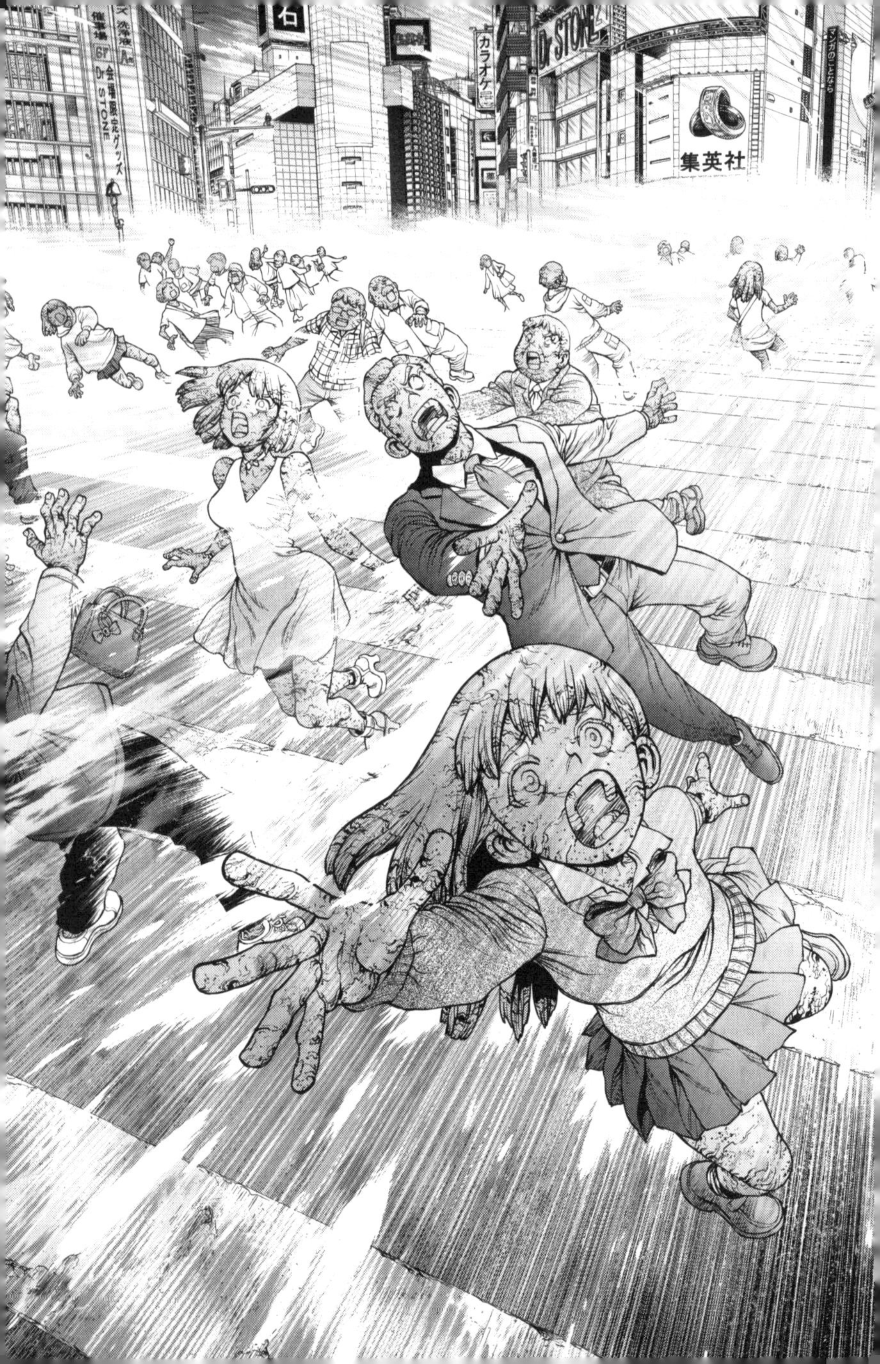

Dr STONE 会場限定グッズ
カラオケ
Dr STONE
マンガのことなら
集英社

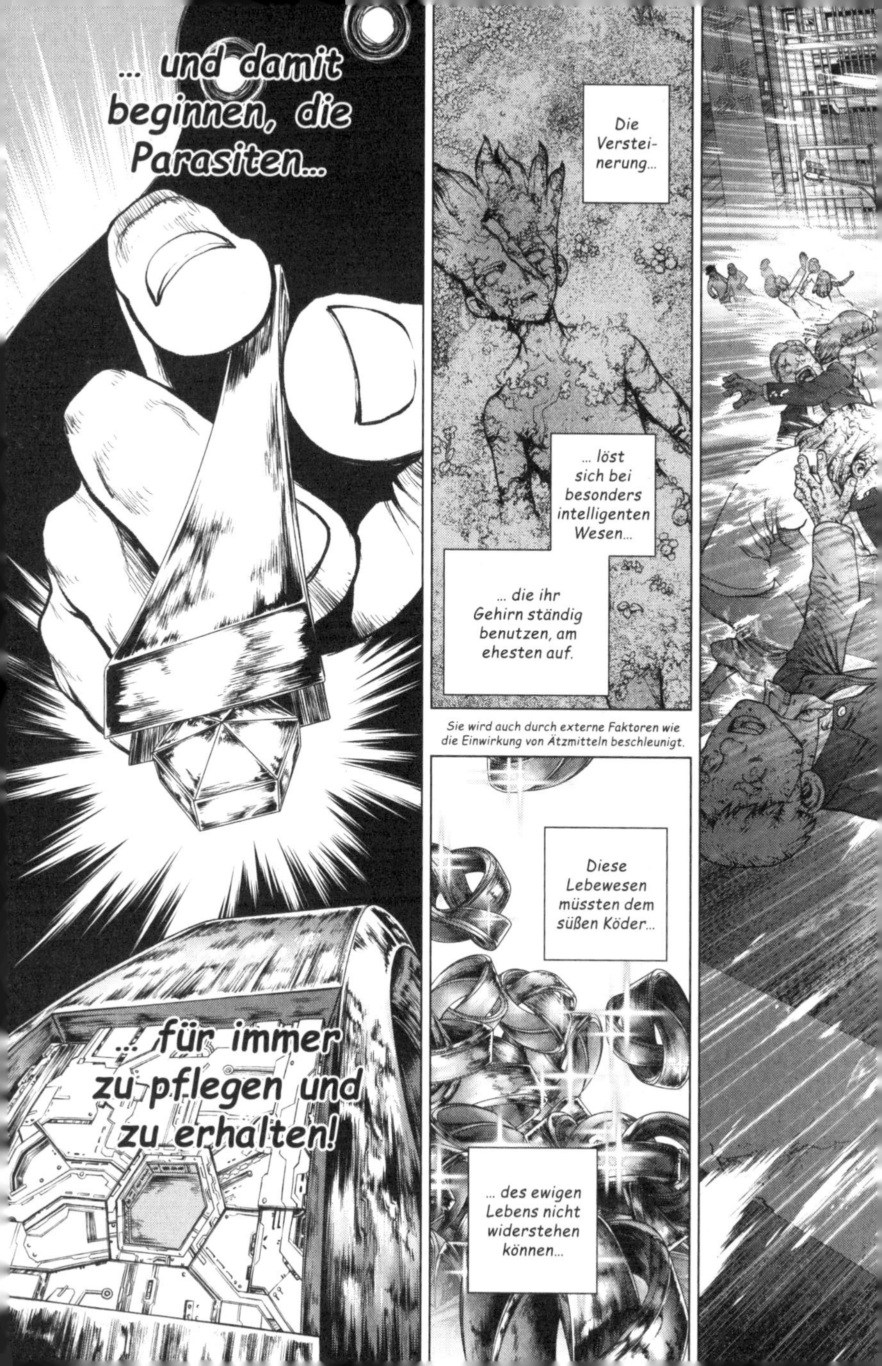
... und damit beginnen, die Parasiten...
... für immer zu pflegen und zu erhalten!
Die Versteinerung...
... löst sich bei besonders intelligenten Wesen...
... die ihr Gehirn ständig benutzen, am ehesten auf.
Sie wird auch durch externe Faktoren wie die Einwirkung von Ätzmitteln beschleunigt.
Diese Lebewesen müssten dem süßen Köder...
... des ewigen Lebens nicht widerstehen können...

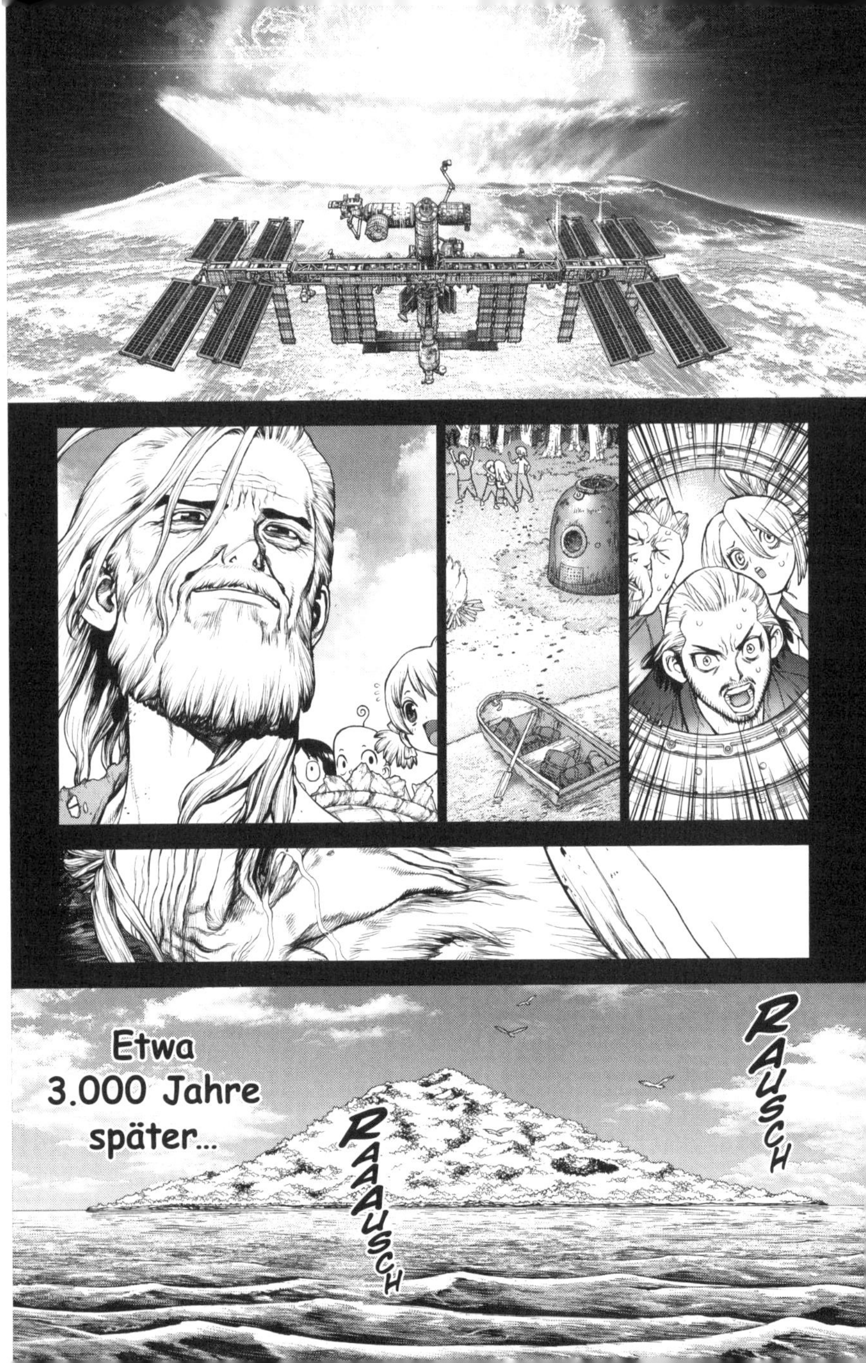
Etwa 3.000 Jahre später...
RAUSCH
RAAAUSCH

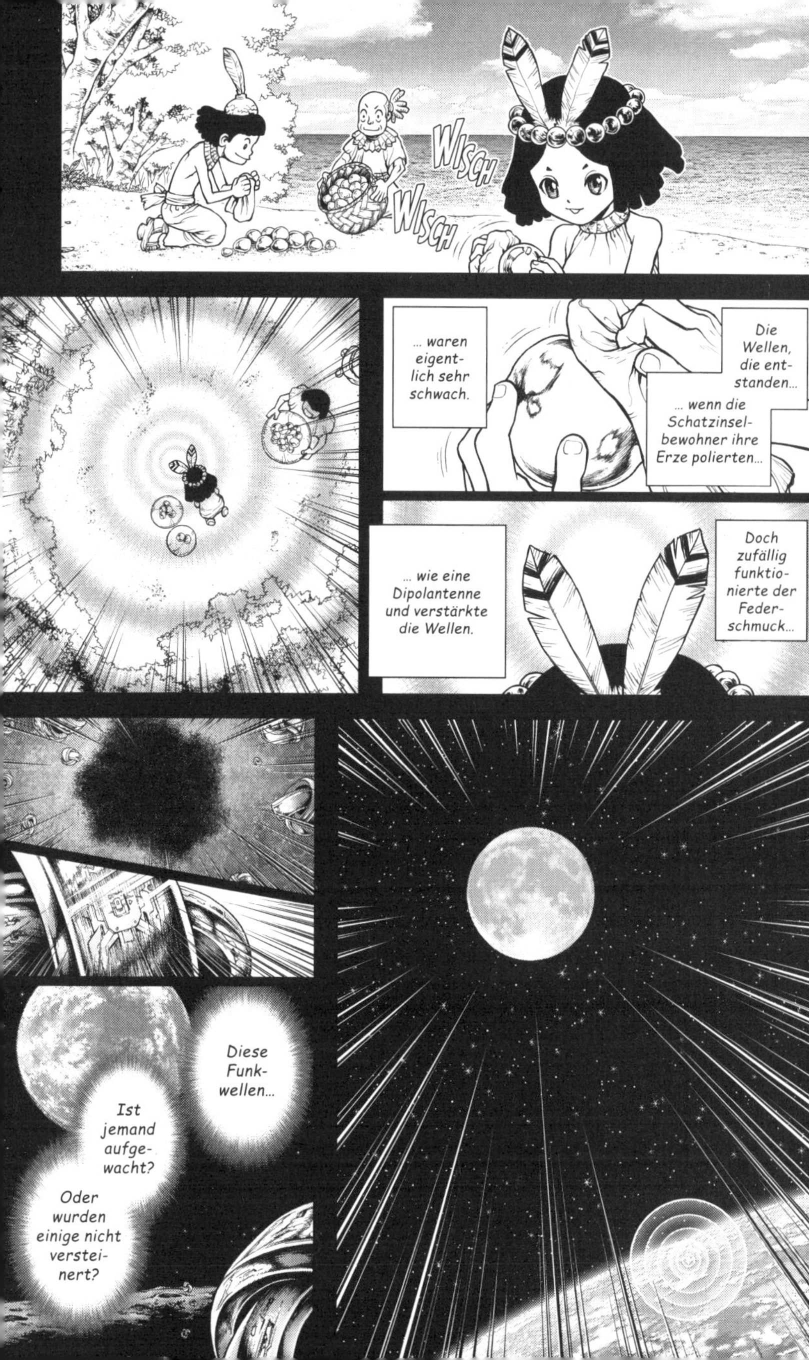
WISCH
WISCH
Die Wellen, die entstanden...
... wenn die Schatzinselbewohner ihre Erze polierten...
... waren eigentlich sehr schwach.
Doch zufällig funktionierte der Federschmuck...
... wie eine Dipolantenne und verstärkte die Wellen.
Diese Funkwellen...
Ist jemand aufgewacht?
Oder wurden einige nicht versteinert?

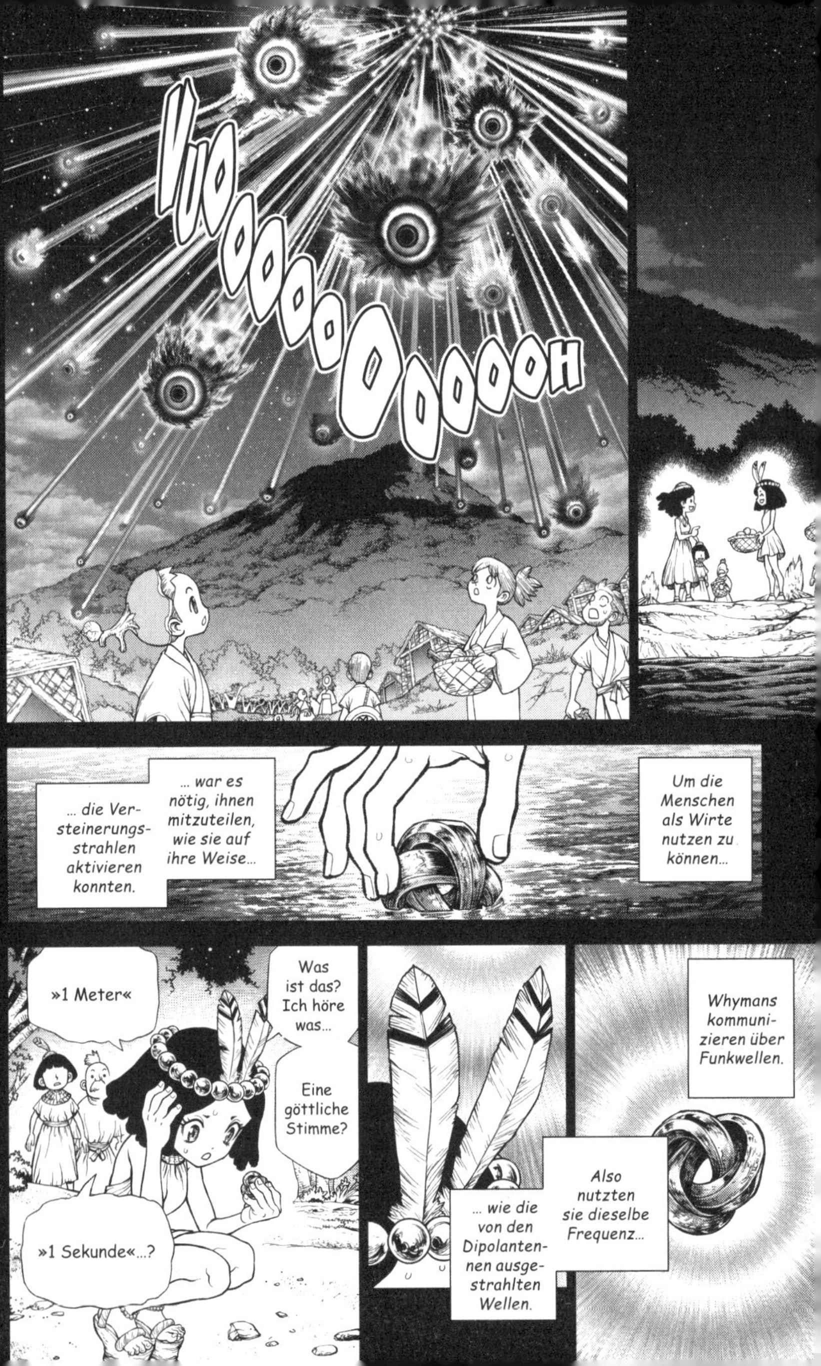
VUOOOOOOOOOOOOOH
Um die Menschen als Wirte nutzen zu können…
… war es nötig, ihnen mitzuteilen, wie sie auf ihre Weise…
… die Versteinerungsstrahlen aktivieren konnten.
Whymans kommunizieren über Funkwellen.
Also nutzten sie dieselbe Frequenz…
… wie die von den Dipolantennen ausgestrahlten Wellen.
Was ist das? Ich höre was…
Eine göttliche Stimme?
»1 Meter«
»1 Sekunde«…?

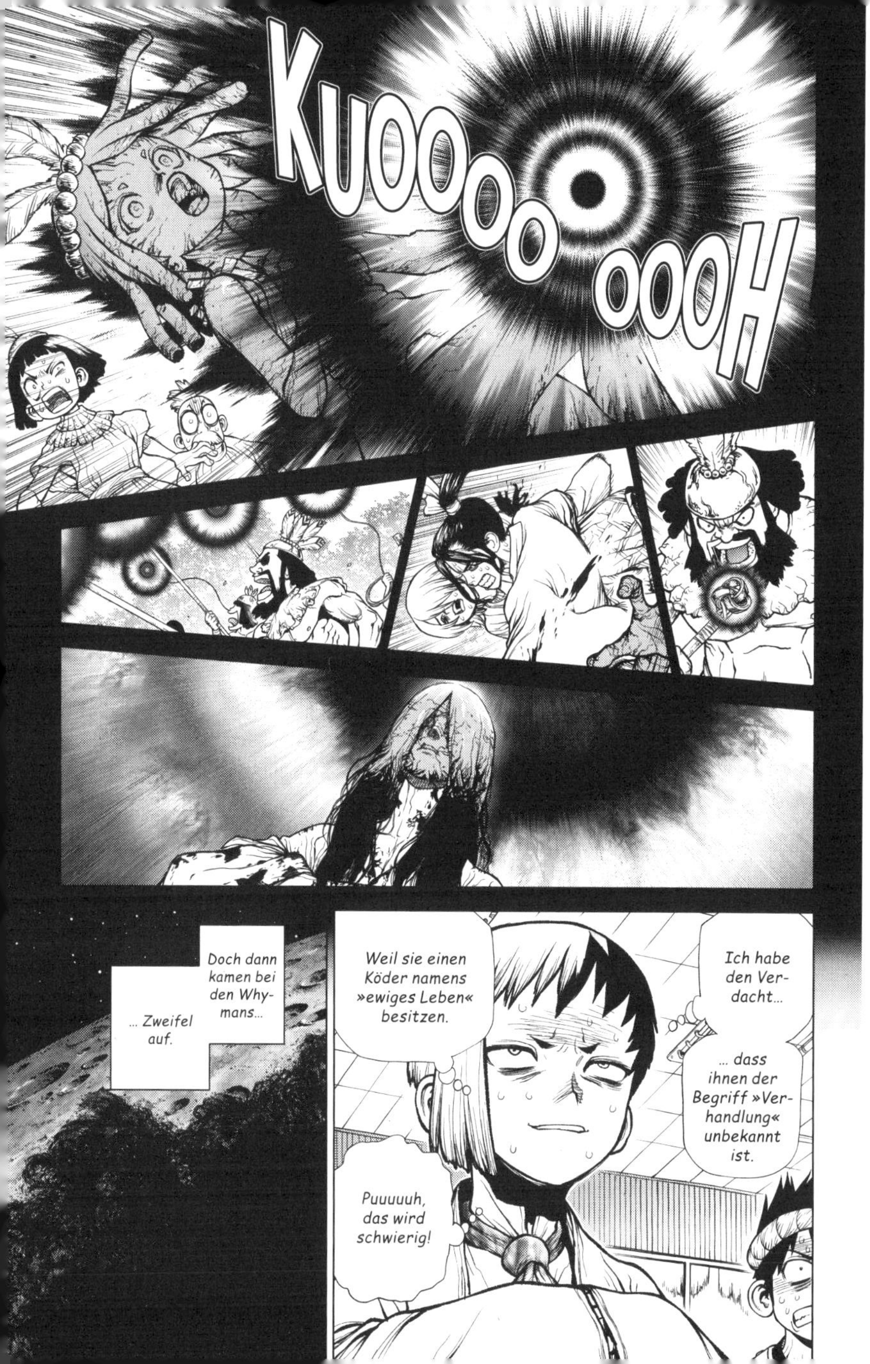
KUOOOOOOOOH
Ich habe den Verdacht…
… dass ihnen der Begriff »Verhandlung« unbekannt ist.
Weil sie einen Köder namens »ewiges Leben« besitzen.
Puuuuuh, das wird schwierig!
Doch dann kamen bei den Whymans…
… Zweifel auf.

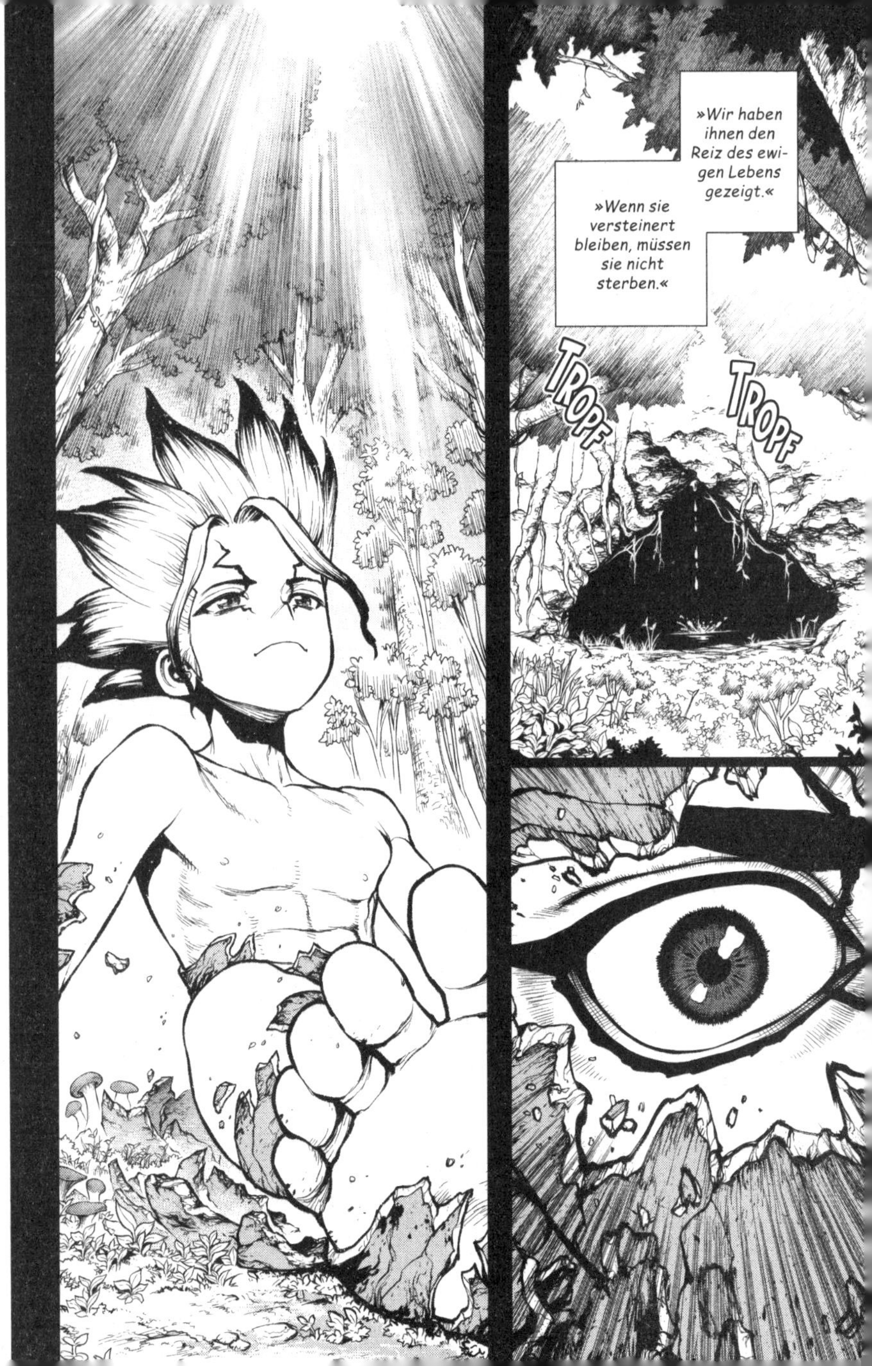
»Wir haben ihnen den Reiz des ewigen Lebens gezeigt.«
»Wenn sie versteinert bleiben, müssen sie nicht sterben.«
TROPF
TROPF

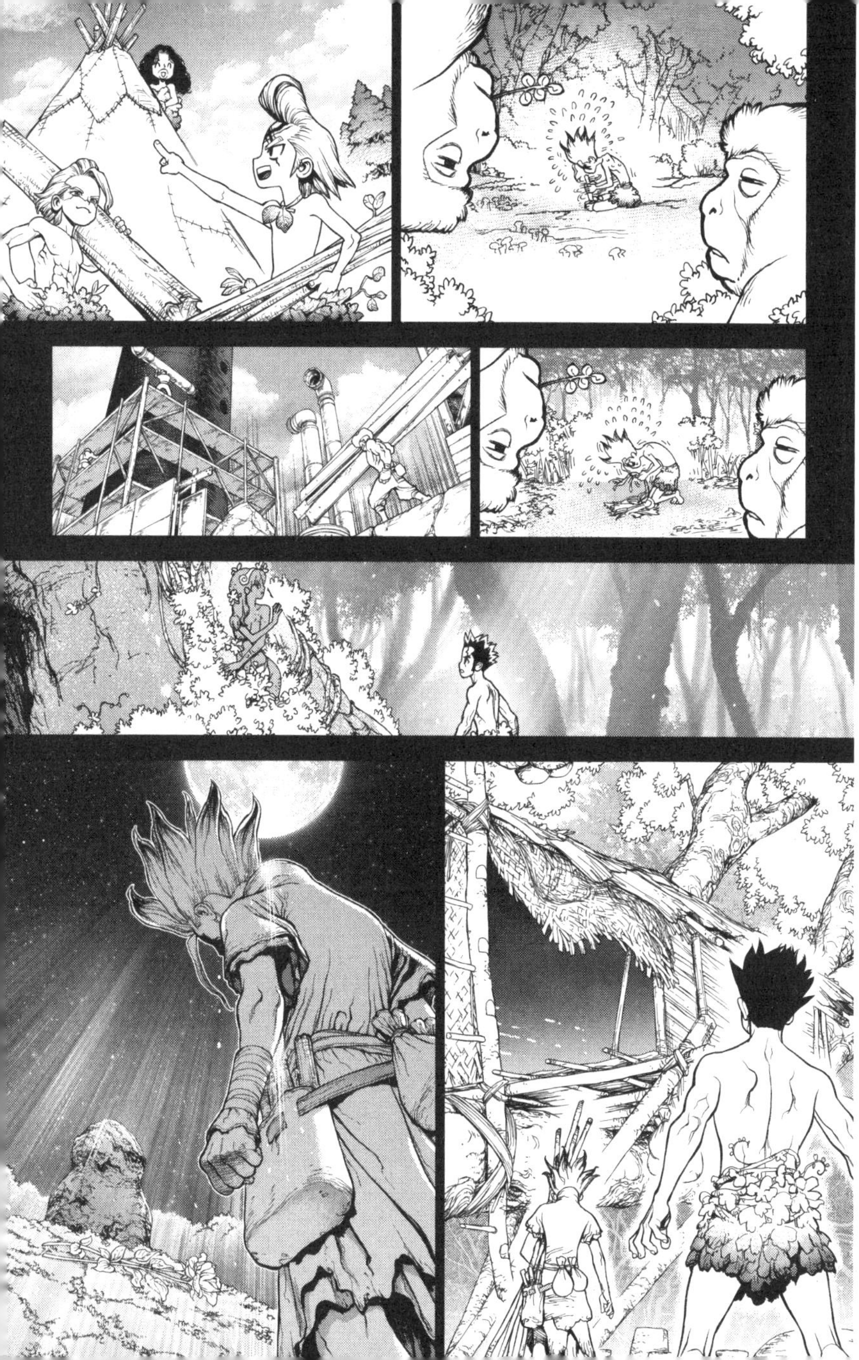

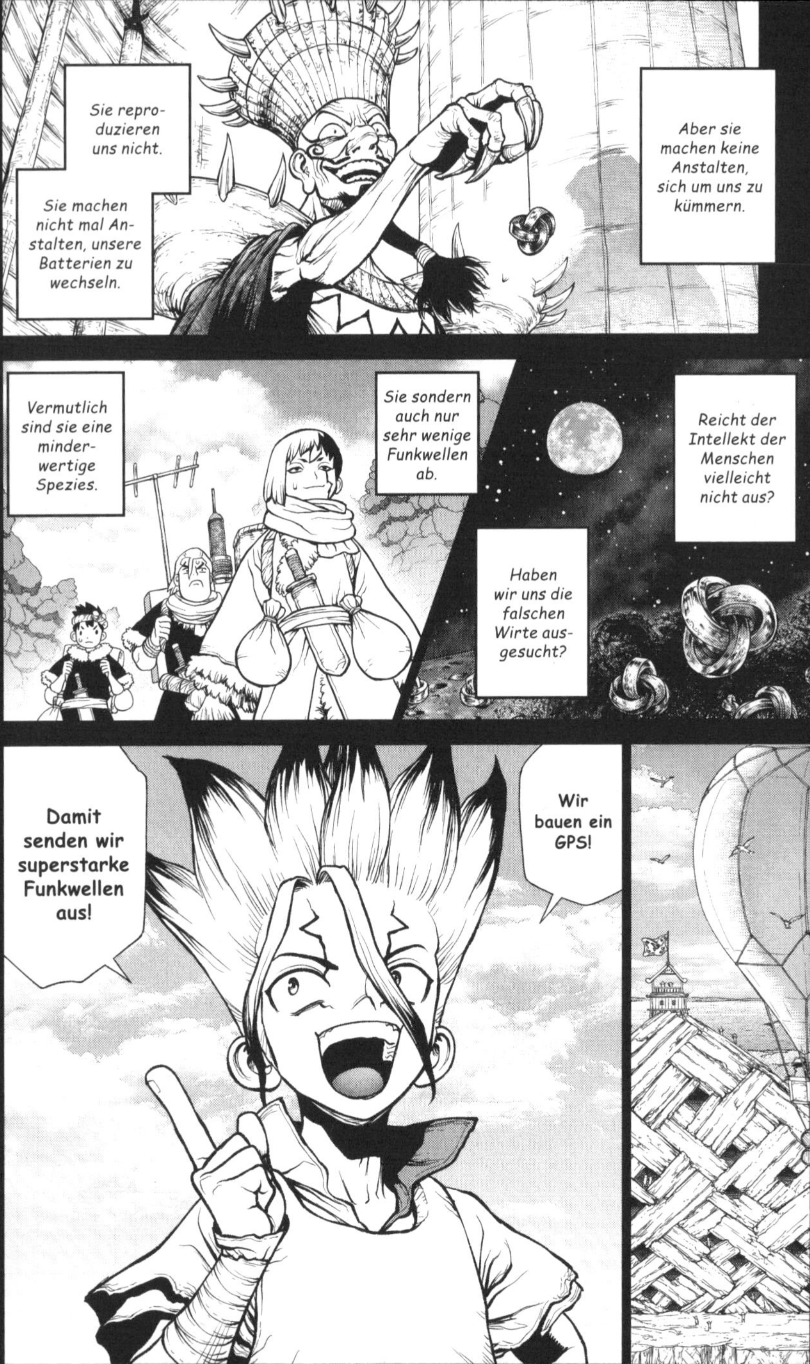
Aber sie machen keine Anstalten, sich um uns zu kümmern.
Sie reproduzieren uns nicht.
Sie machen nicht mal Anstalten, unsere Batterien zu wechseln.
Reicht der Intellekt der Menschen vielleicht nicht aus?
Haben wir uns die falschen Wirte ausgesucht?
Sie sondern auch nur sehr wenige Funkwellen ab.
Vermutlich sind sie eine minderwertige Spezies.
Wir bauen ein GPS!
Damit senden wir superstarke Funkwellen aus!

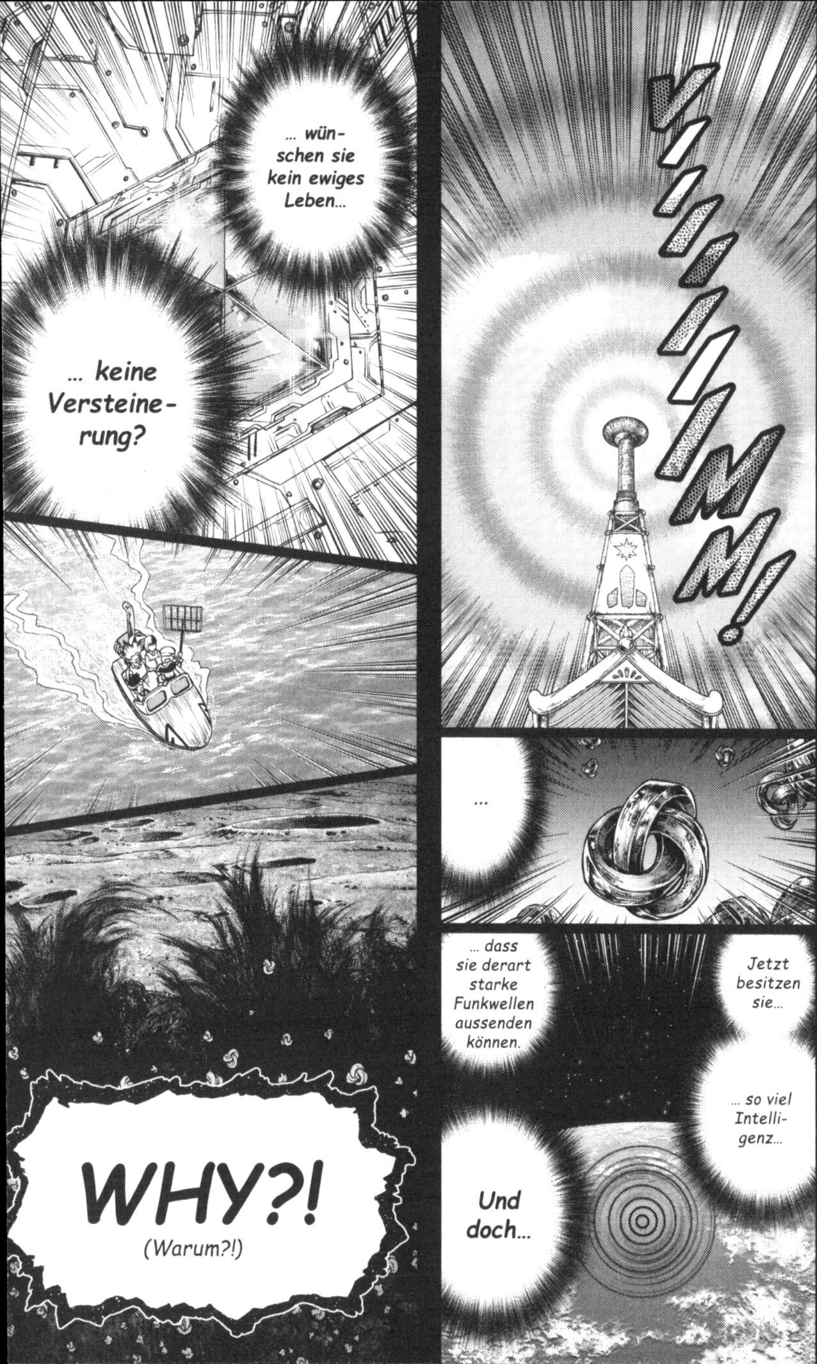

VIIIIIIMMM!
...
Jetzt besitzen sie...
... so viel Intelligenz...
... dass sie derart starke Funkwellen aussenden können.
Und doch...
... wünschen sie kein ewiges Leben...
... keine Versteinerung?
WHY?!
(Warum?!)

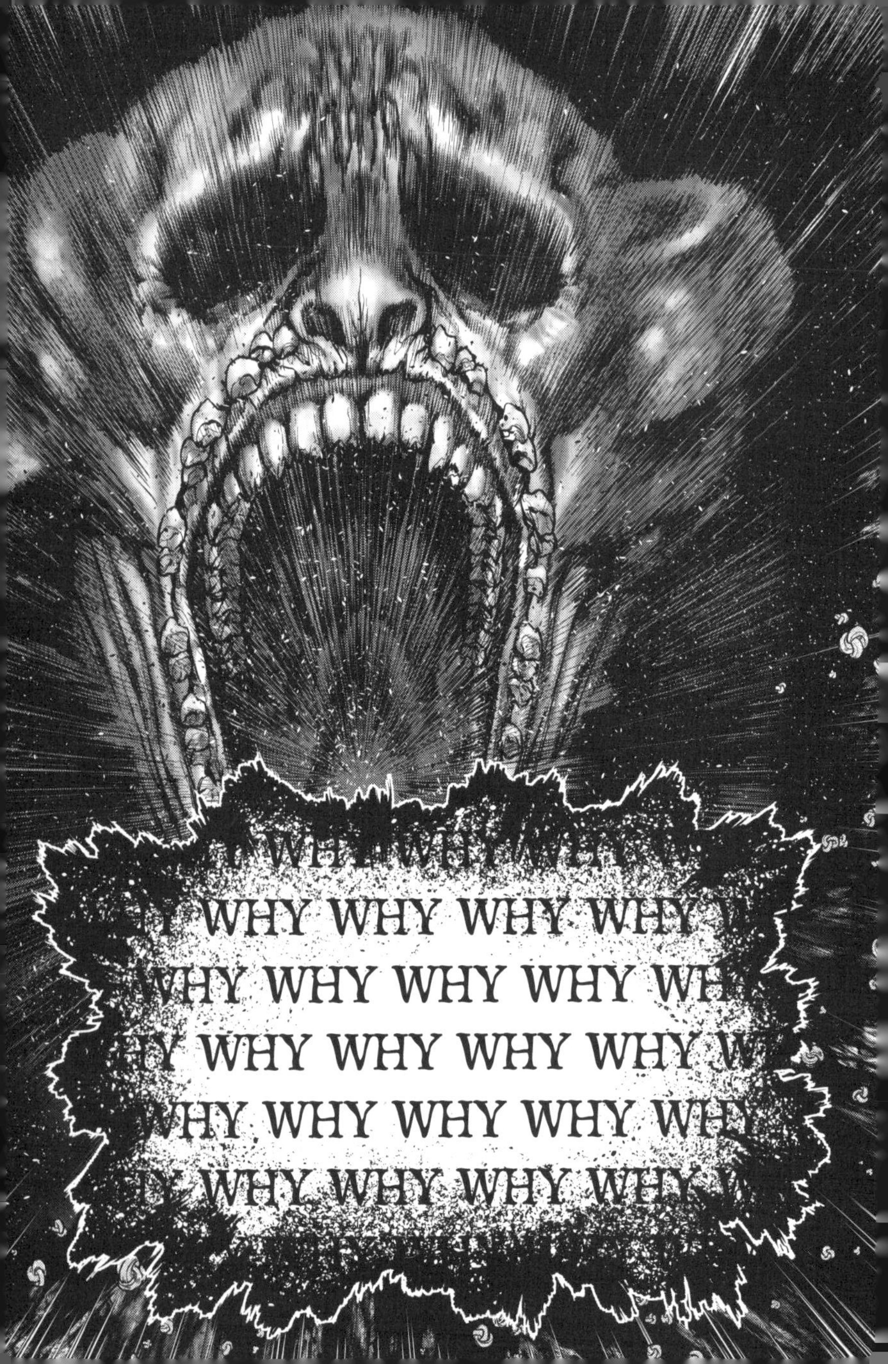

WHY WHY WHY WHY
WHY WHY WHY WHY
WHY WHY WHY WHY
WHY WHY WHY
WHY WHY WHY WHY

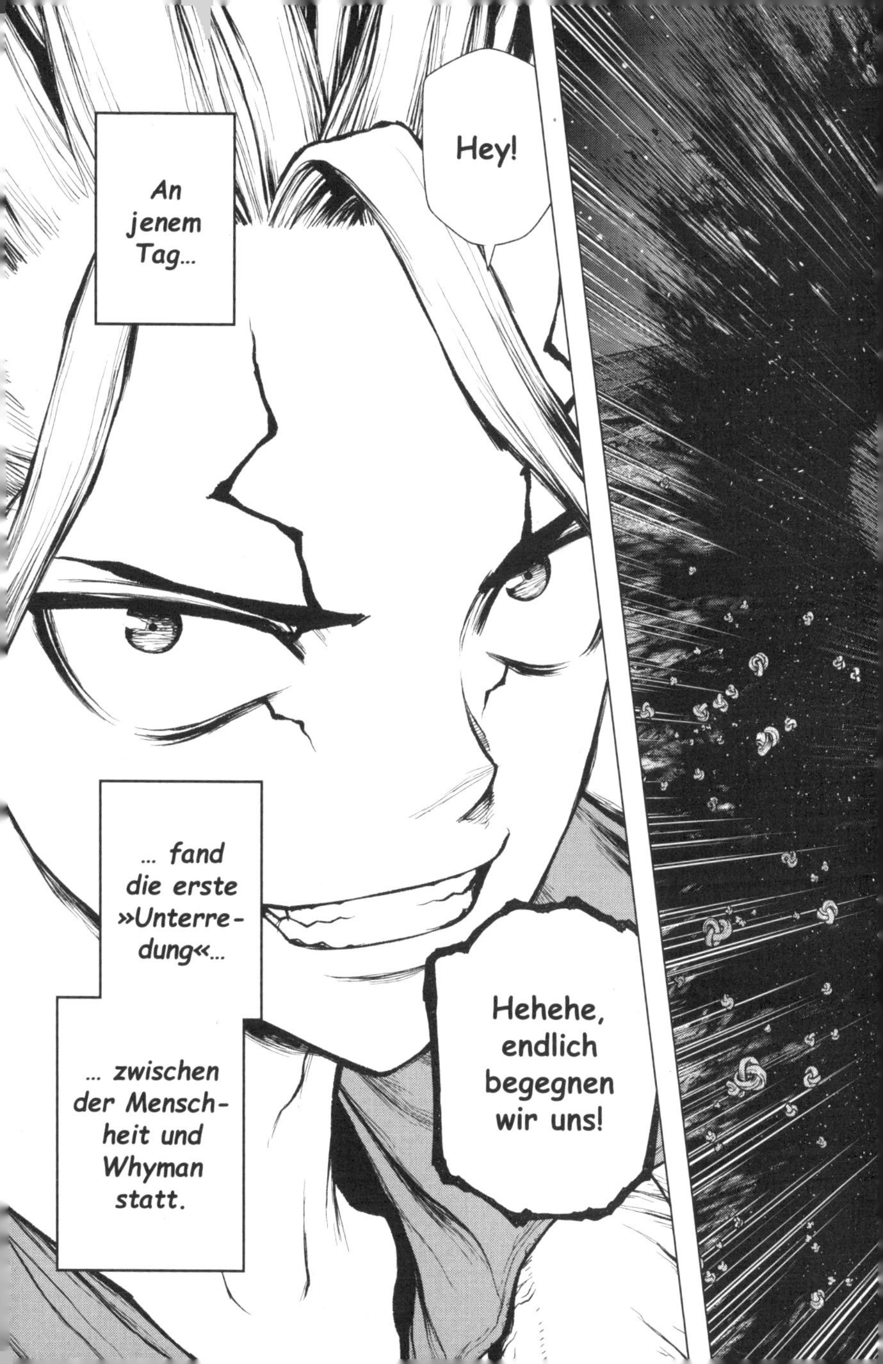
Hey!
An jenem Tag…
Hehehe, endlich begegnen wir uns!
… fand die erste »Unterredung«…
… zwischen der Menschheit und Whyman statt.

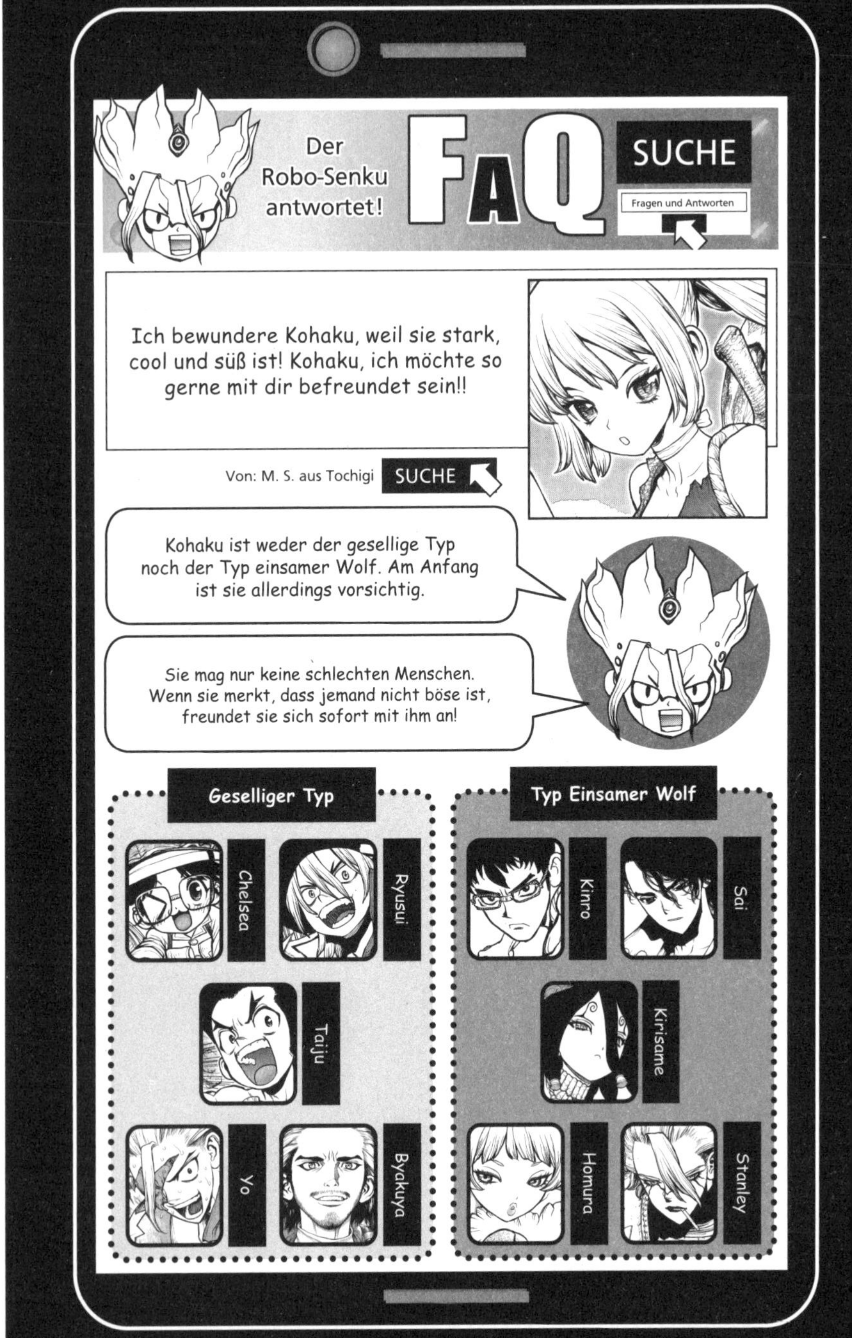
Der Robo-Senku antwortet!
FAQ
SUCHE
Fragen und Antworten
Ich bewundere Kohaku, weil sie stark, cool und süß ist! Kohaku, ich möchte so gerne mit dir befreundet sein!!
Von: M. S. aus Tochigi
SUCHE
Kohaku ist weder der gesellige Typ noch der Typ einsamer Wolf. Am Anfang ist sie allerdings vorsichtig.
Sie mag nur keine schlechten Menschen. Wenn sie merkt, dass jemand nicht böse ist, freundet sie sich sofort mit ihm an!
Geselliger Typ
Chelsea
Ryusui
Taiju
Yo
Byakuya
Typ Einsamer Wolf
Kinro
Sai
Kirisame
Homura
Stanley

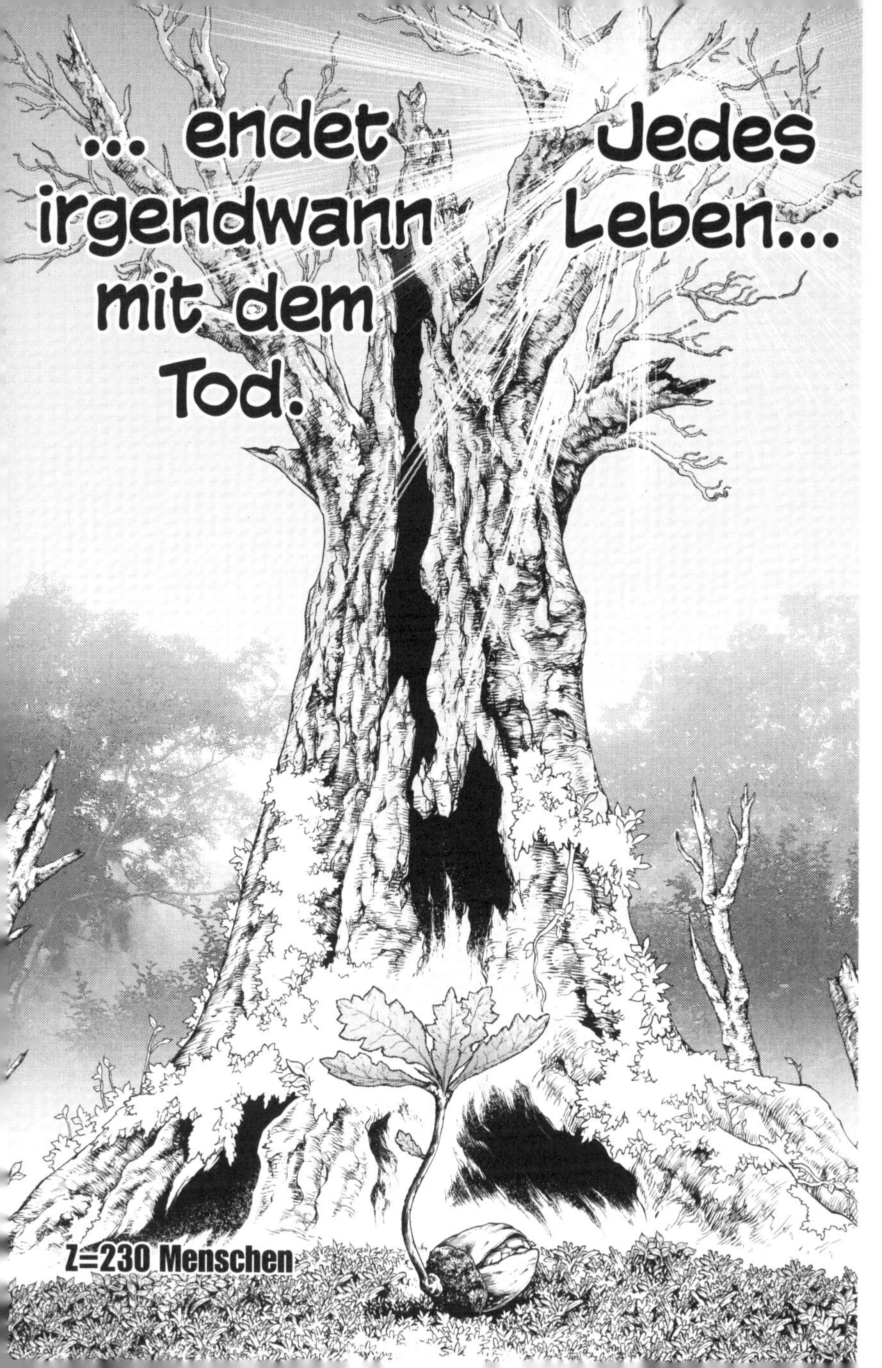
Jedes Leben...
... endet irgendwann mit dem Tod.
Z=230 Menschen

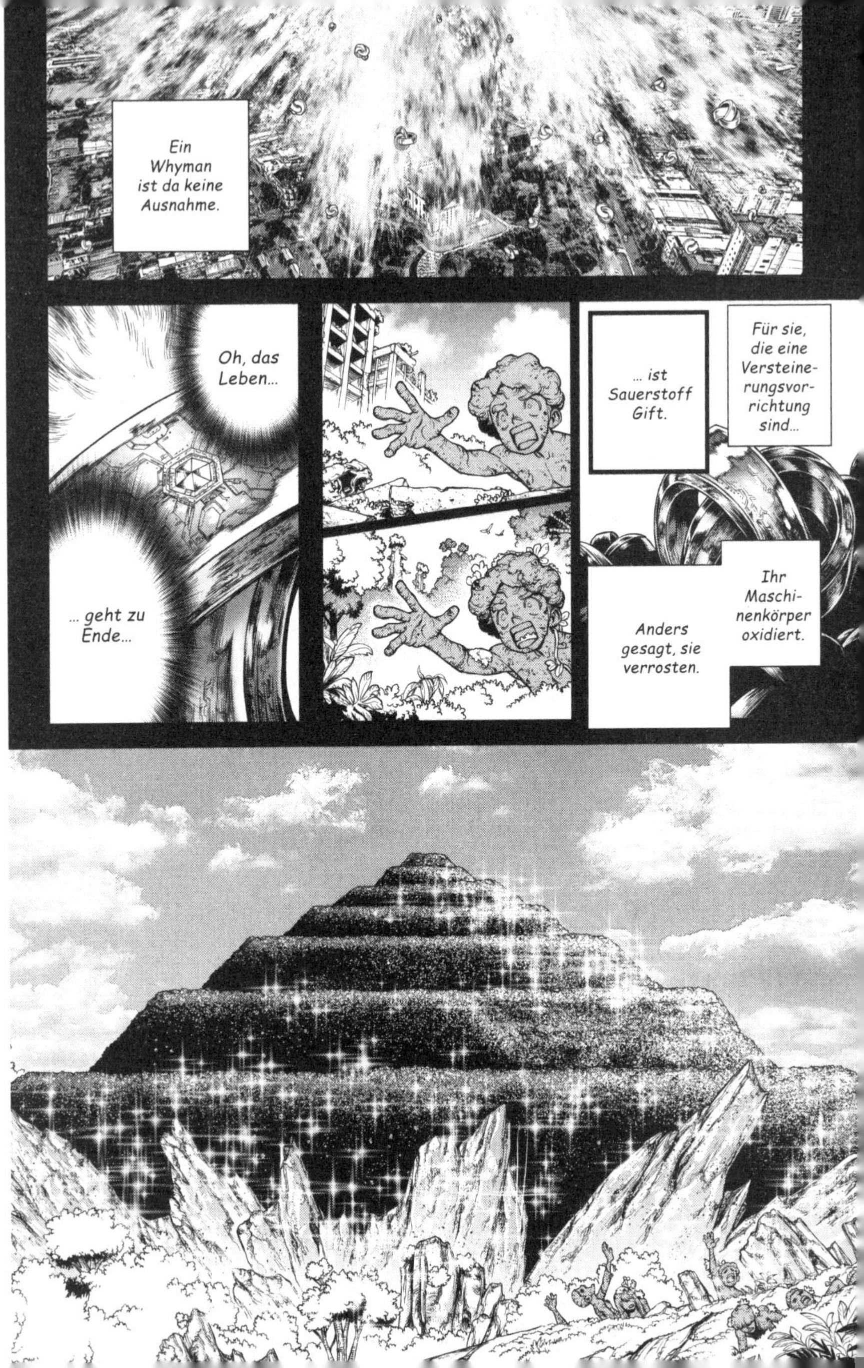
Ein Whyman ist da keine Ausnahme.
Für sie, die eine Versteinerungsvorrichtung sind...
... ist Sauerstoff Gift.
Ihr Maschinenkörper oxidiert.
Anders gesagt, sie verrosten.
Oh, das Leben...
... geht zu Ende...

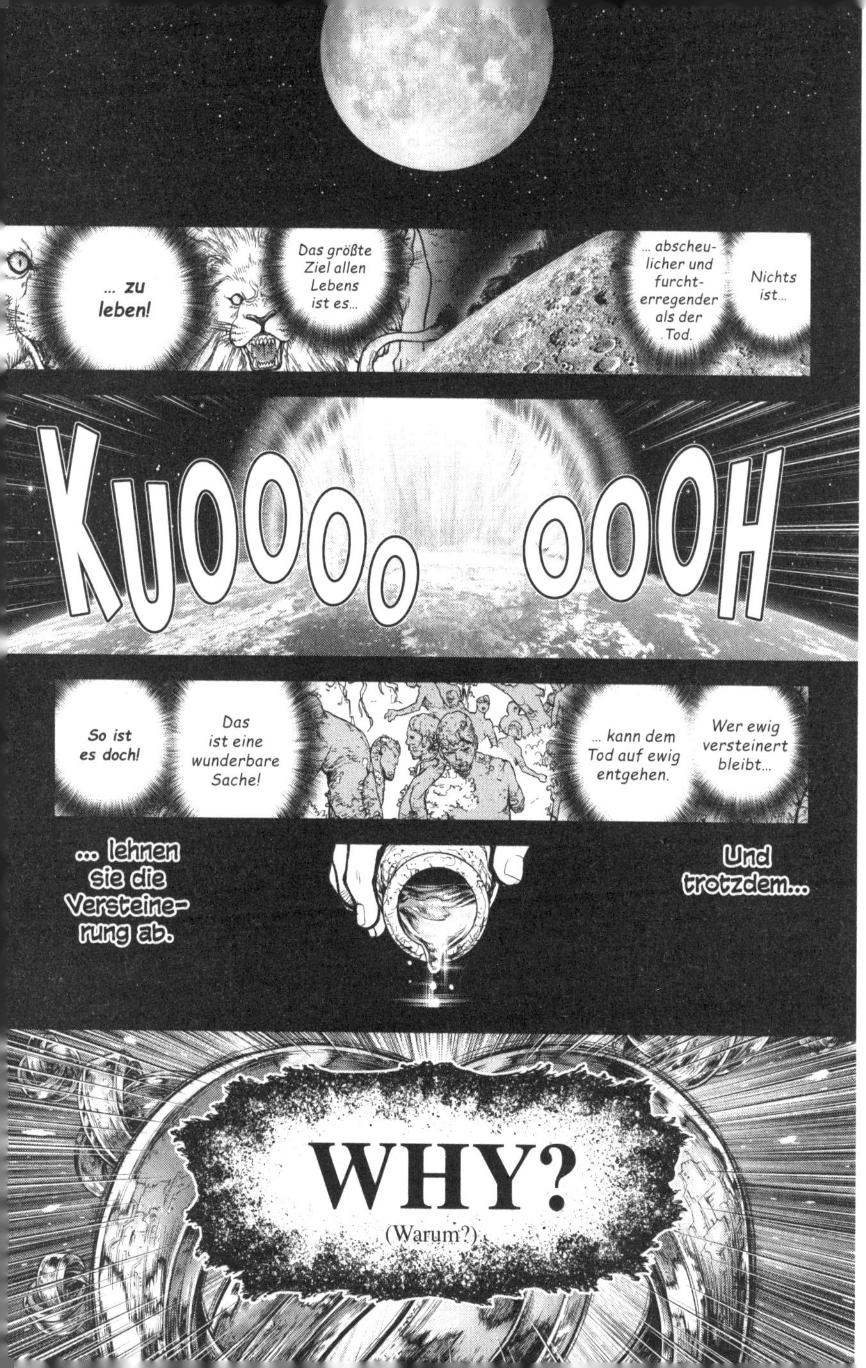

Nichts ist...
... abscheulicher und furchterregender als der Tod.
Das größte Ziel allen Lebens ist es...
... zu leben!
KUOOOO OOOH
Wer ewig versteinert bleibt...
... kann dem Tod auf ewig entgehen.
Das ist eine wunderbare Sache!
So ist es doch!
Und trotzdem...
... lehnen sie die Versteinerung ab.
WHY?
(Warum?)

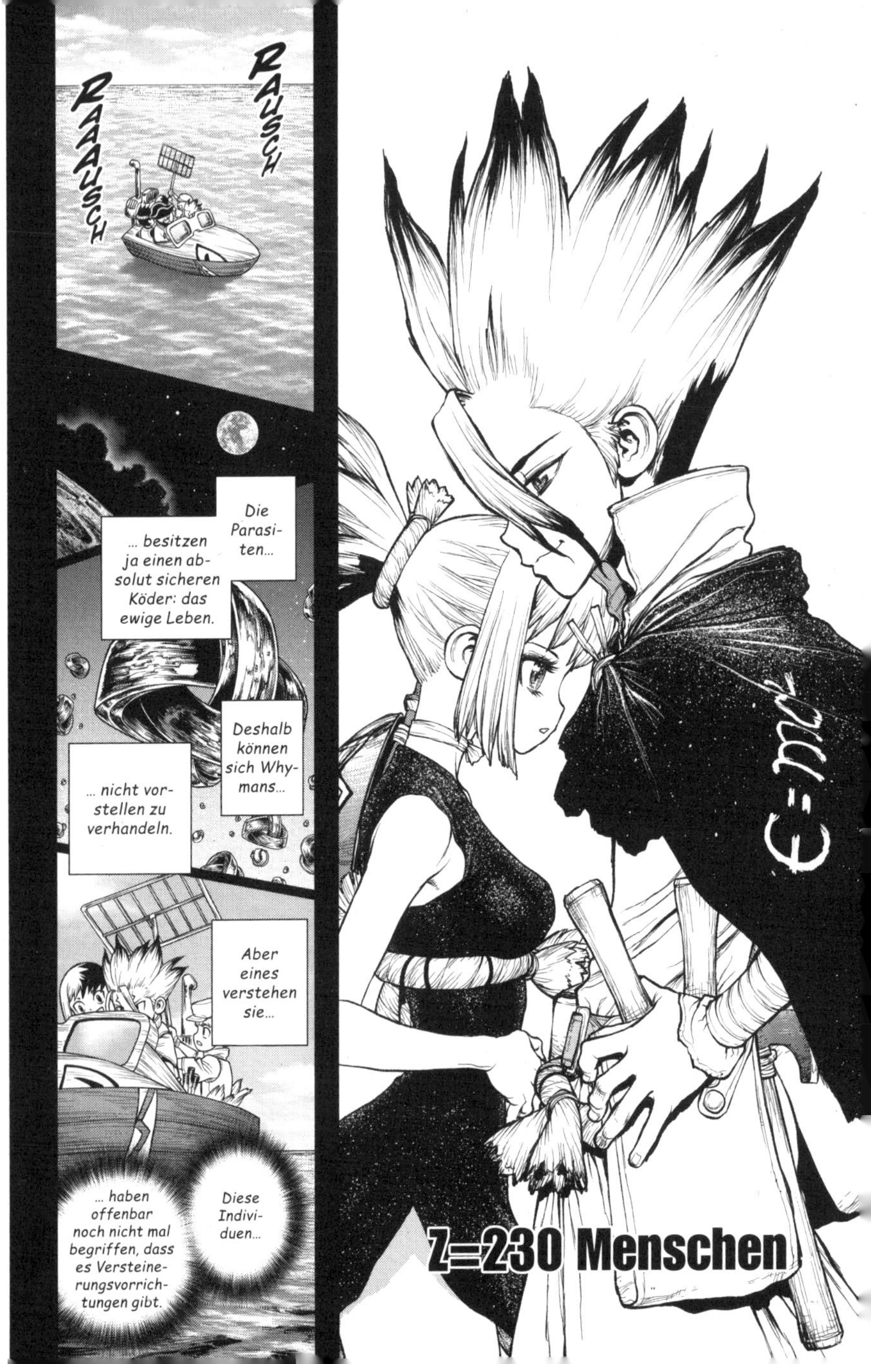
Z=230 Menschen
E=mc
RAUSCH
RAAAAUSCH
Die Parasiten...
... besitzen ja einen absolut sicheren Köder: das ewige Leben.
Deshalb können sich Whymans...
... nicht vorstellen zu verhandeln.
Aber eines verstehen sie...
Diese Individuen...
... haben offenbar noch nicht mal begriffen, dass es Versteinerungsvorrichtungen gibt.

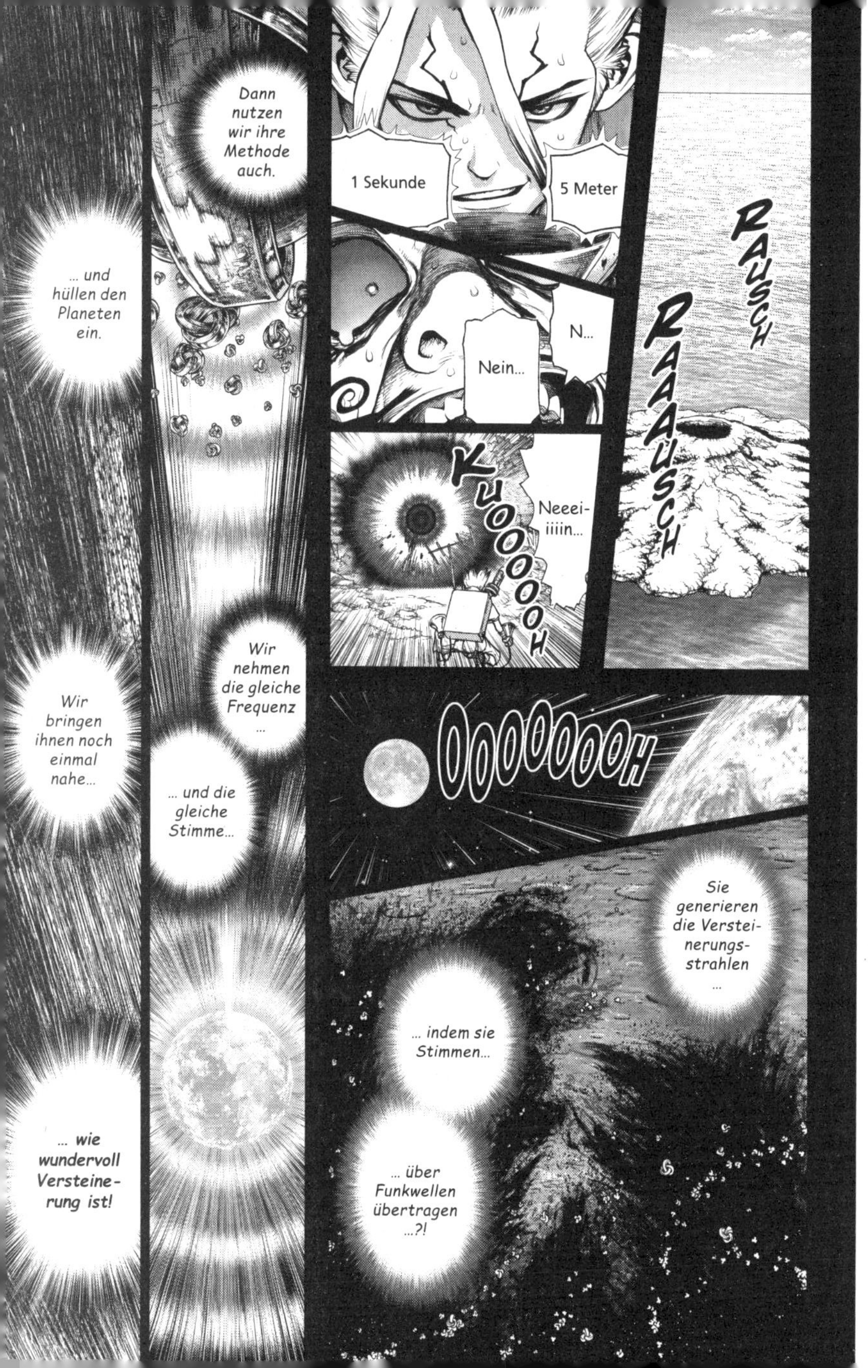
RAUSCH
RAAAUSCH
5 Meter
1 Sekunde
N...
Nein...
Neeei-iiiin...
KUOOOOOOH
Dann nutzen wir ihre Methode auch.
... und hüllen den Planeten ein.
OOOOOOOH
Sie generieren die Versteinerungsstrahlen ...
... indem sie Stimmen...
... über Funkwellen übertragen ...?!
Wir nehmen die gleiche Frequenz ...
... und die gleiche Stimme...
Wir bringen ihnen noch einmal nahe...
... wie wundervoll Versteinerung ist!

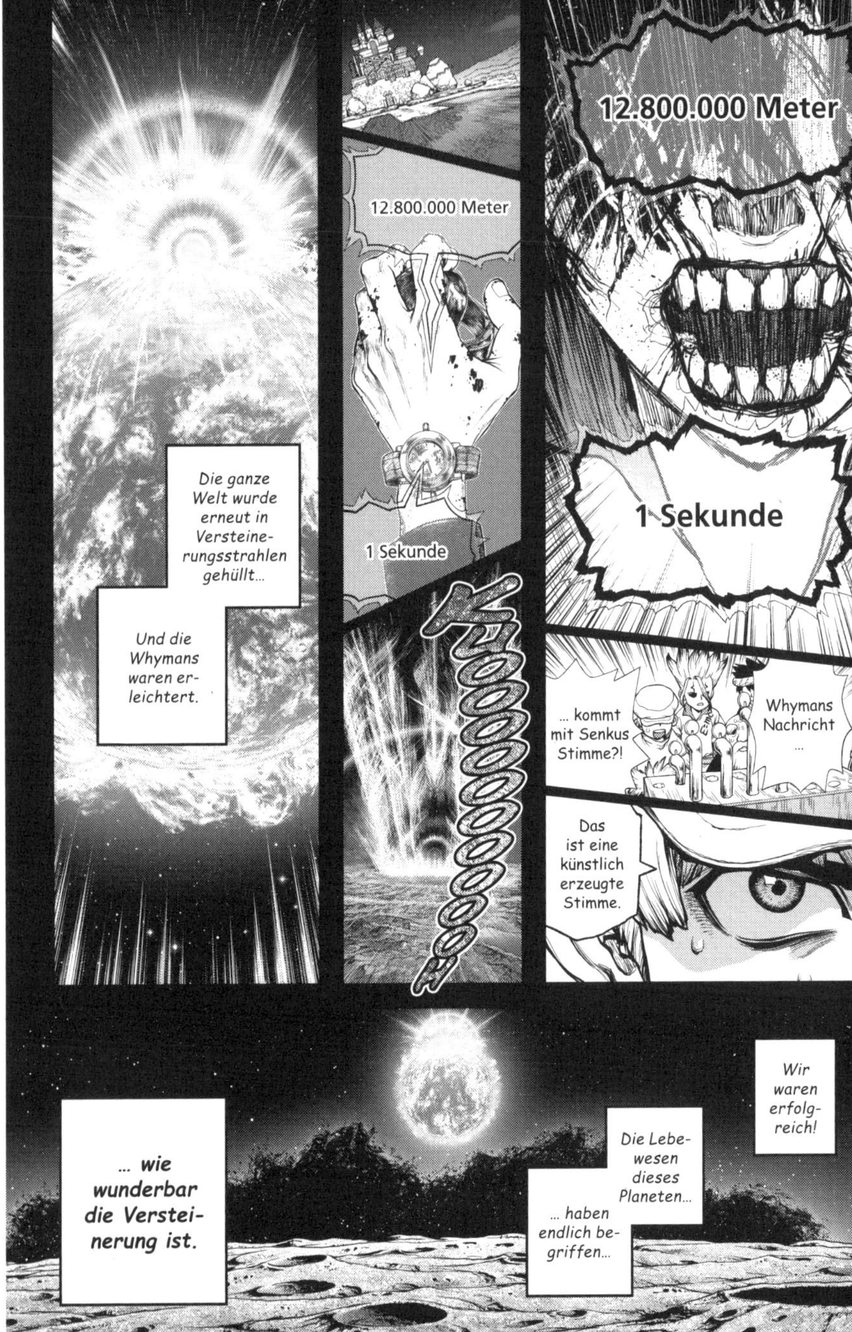
12.800.000 Meter
1 Sekunde
12.800.000 Meter
1 Sekunde
Whymans Nachricht ...
... kommt mit Senkus Stimme?!
Das ist eine künstlich erzeugte Stimme.
KAOOOOOOOOOOOOOH
Die ganze Welt wurde erneut in Versteine-rungsstrahlen gehüllt...
Und die Whymans waren er-leichtert.
Wir waren erfolg-reich!
Die Lebe-wesen dieses Planeten...
... haben endlich be-griffen...
... wie wunderbar die Verstei-nerung ist.

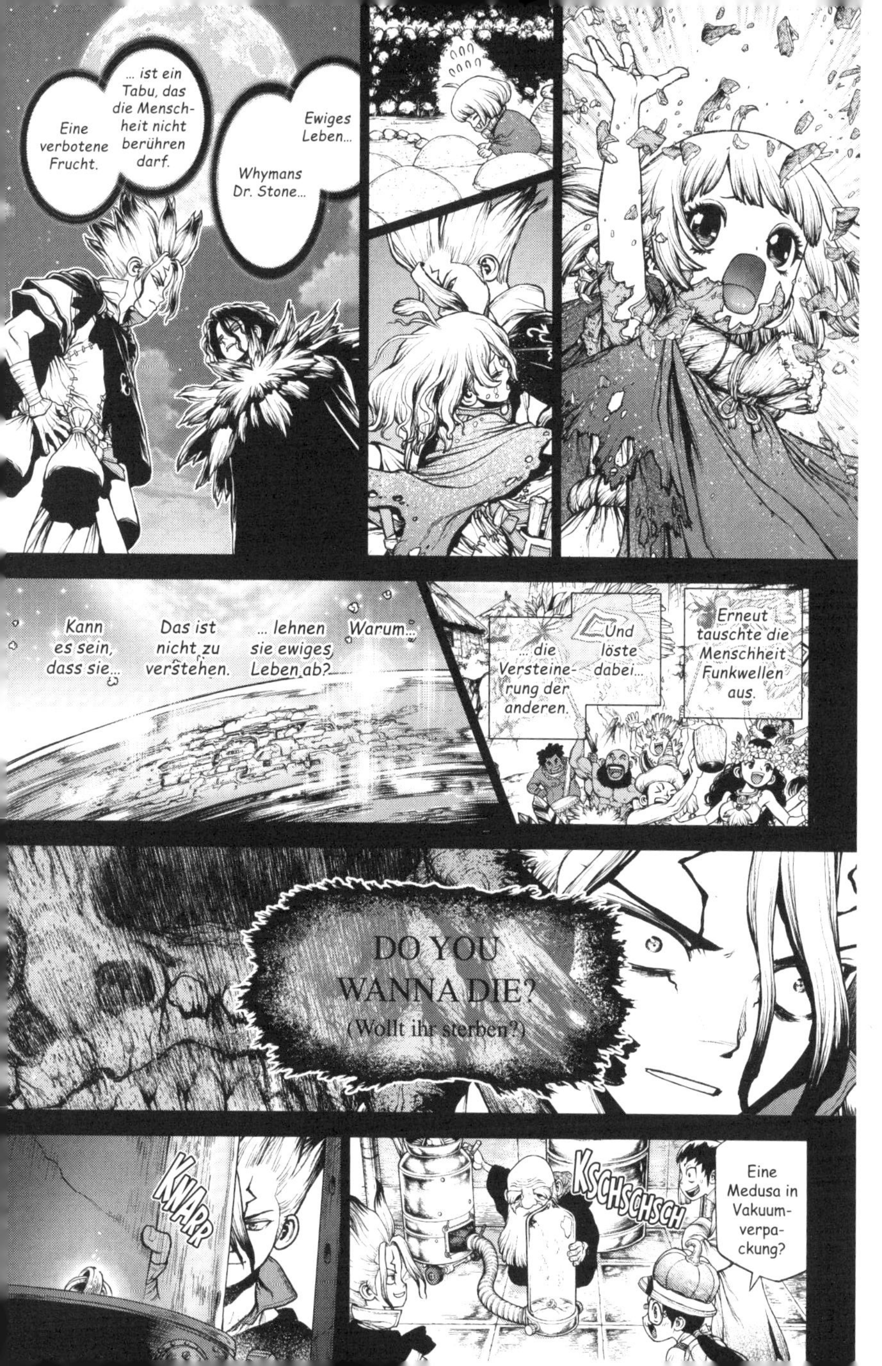
Ewiges Leben...
Whymans Dr. Stone...
... ist ein Tabu, das die Menschheit nicht berühren darf.
Eine verbotene Frucht.
Erneut tauschte die Menschheit Funkwellen aus.
Und löste dabei...
... die Versteinerung der anderen.
Warum...
... lehnen sie ewiges Leben ab?
Das ist nicht zu verstehen.
Kann es sein, dass sie...
DO YOU WANNA DIE?
(Wollt ihr sterben?)
Eine Medusa in Vakuumverpackung?
KSCHSCHSCH
KNARR

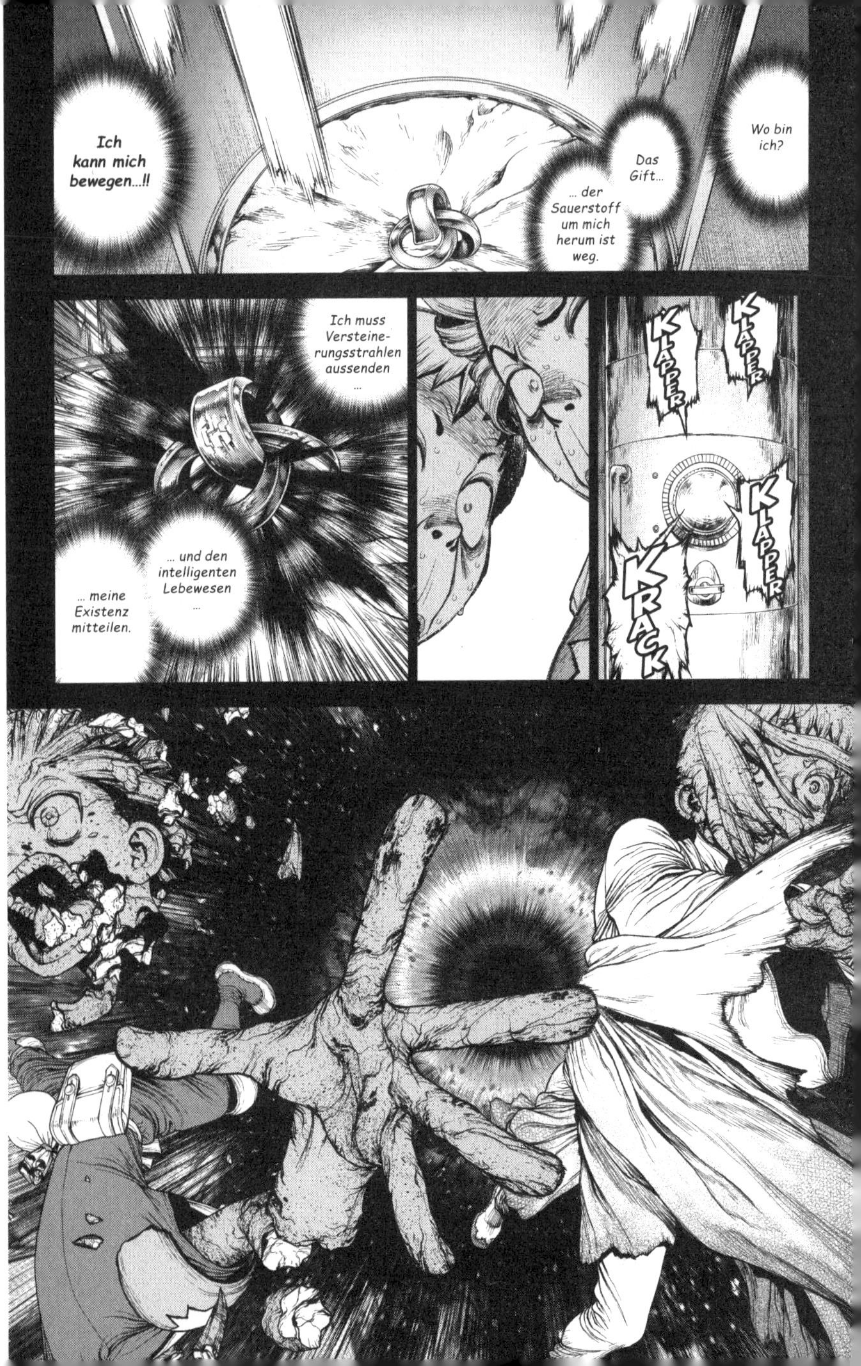
Wo bin ich?
Das Gift...
... der Sauerstoff um mich herum ist weg.
Ich kann mich bewegen...!!
KLAPPER
KLAPPER
KLAPPER
KRACK
Ich muss Versteine-rungsstrahlen aussenden ...
... und den intelligenten Lebewesen ...
... meine Existenz mitteilen.

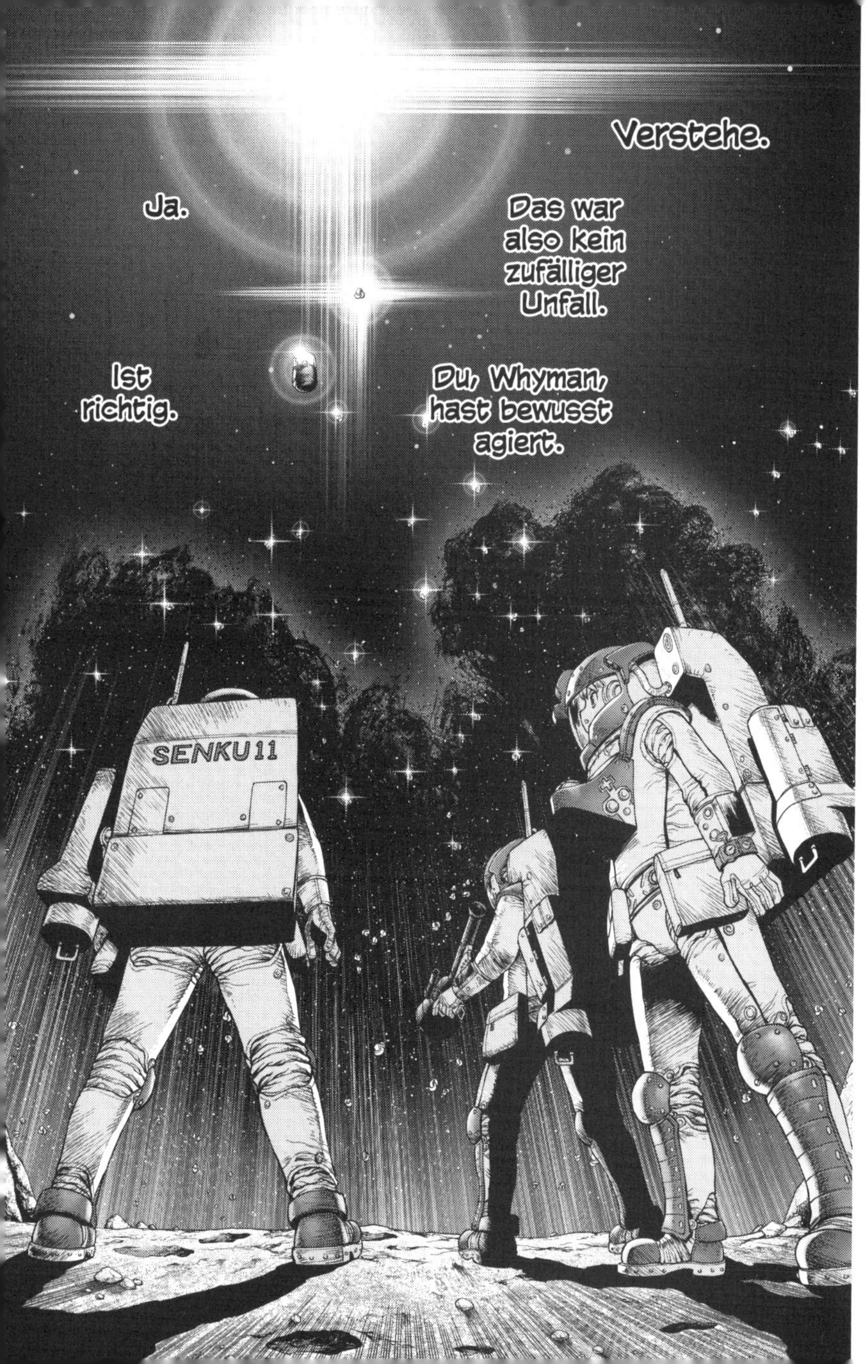
Verstehe.
Das war also kein zufälliger Unfall.
Ja.
Du, Whyman, hast bewusst agiert.
Ist richtig.
SENKU 11

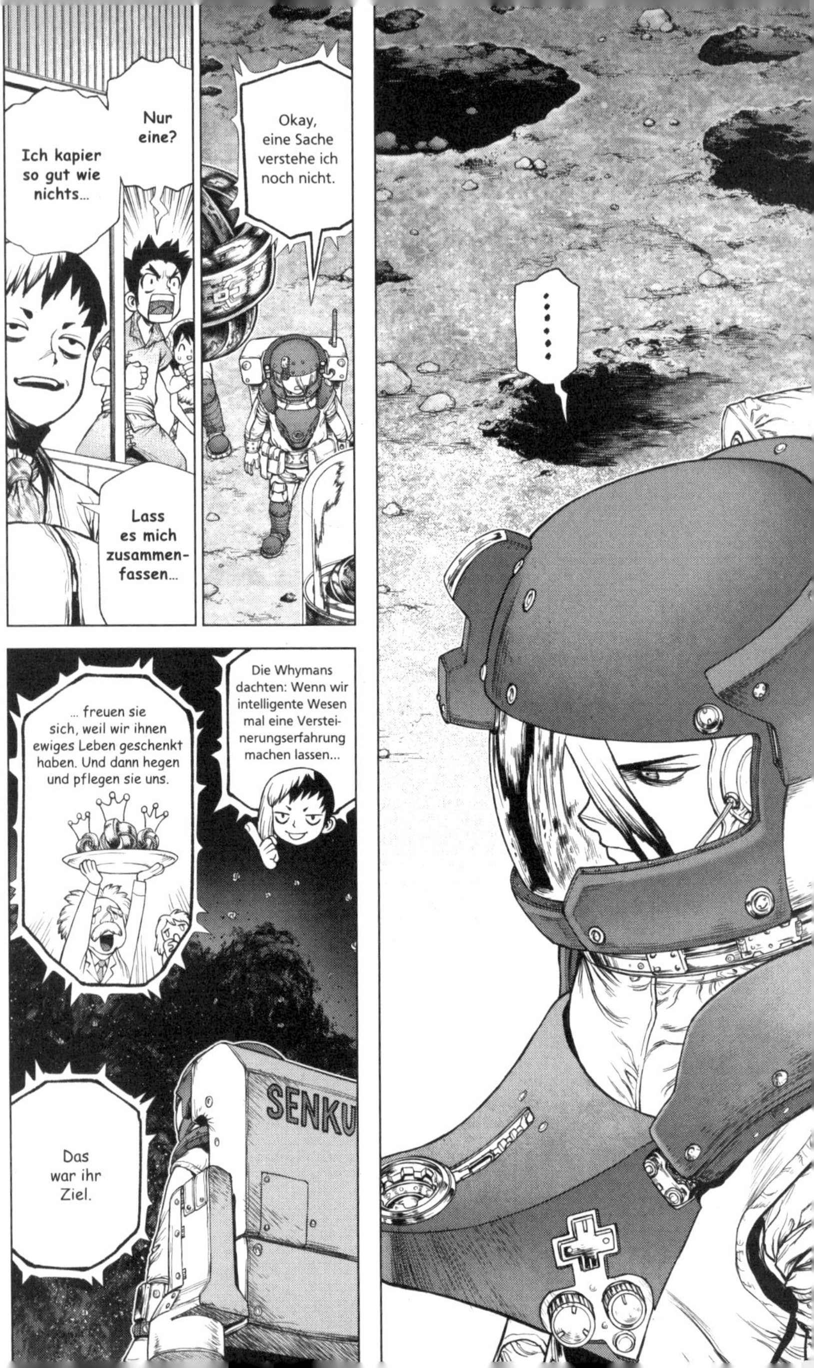
......
Okay, eine Sache verstehe ich noch nicht.
Nur eine?
Ich kapier so gut wie nichts...
Lass es mich zusammenfassen...
Die Whymans dachten: Wenn wir intelligente Wesen mal eine Versteinerungserfahrung machen lassen...
... freuen sie sich, weil wir ihnen ewiges Leben geschenkt haben. Und dann hegen und pflegen sie uns.
SENKU
Das war ihr Ziel.

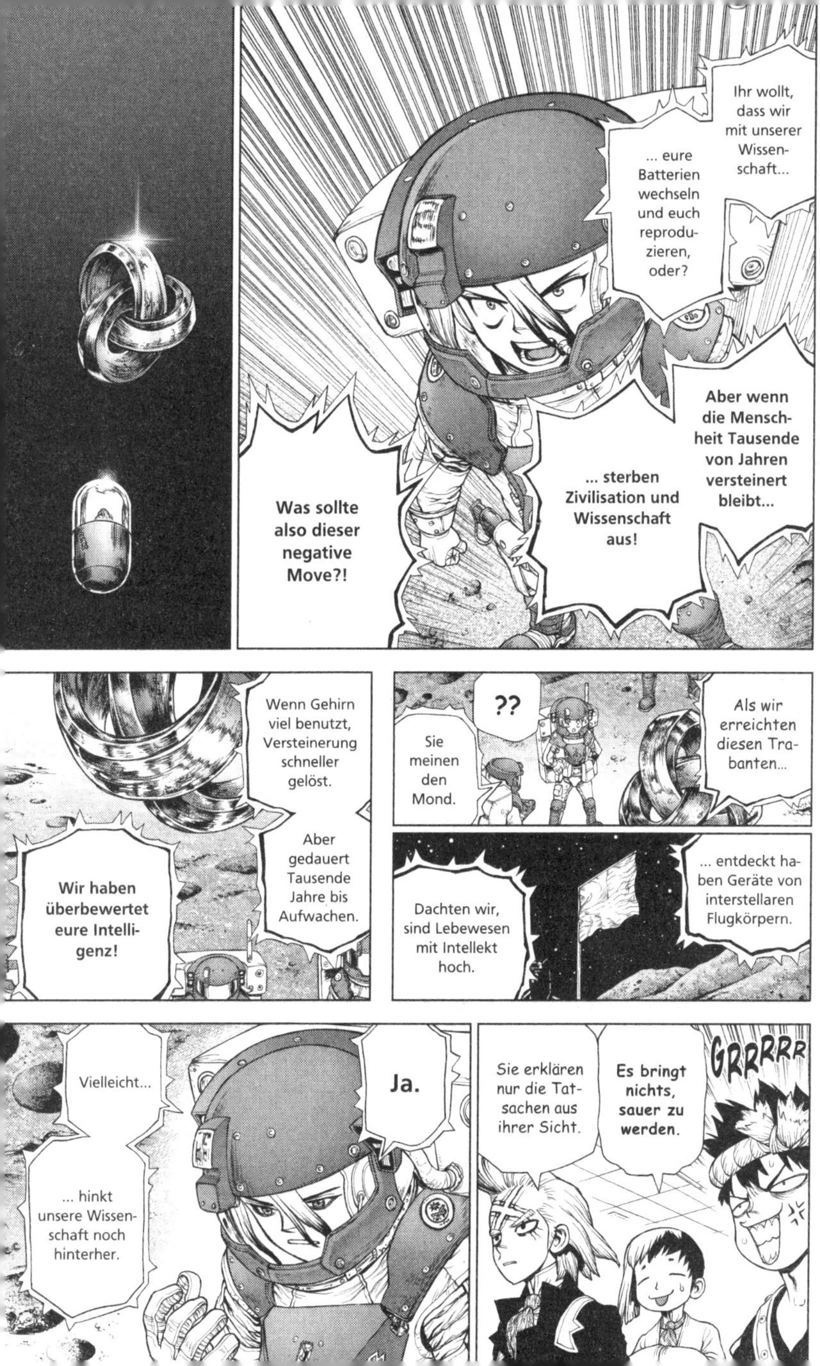
Ihr wollt, dass wir mit unserer Wissenschaft...
... eure Batterien wechseln und euch reproduzieren, oder?
Aber wenn die Menschheit Tausende von Jahren versteinert bleibt...
... sterben Zivilisation und Wissenschaft aus!
Was sollte also dieser negative Move?!
Als wir erreichten diesen Trabanten...
??
Sie meinen den Mond.
... entdeckt haben Geräte von interstellaren Flugkörpern.
Dachten wir, sind Lebewesen mit Intellekt hoch.
Wenn Gehirn viel benutzt, Versteinerung schneller gelöst.
Aber gedauert Tausende Jahre bis Aufwachen.
Wir haben überbewertet eure Intelligenz!
GRRRRR
Es bringt nichts, sauer zu werden.
Sie erklären nur die Tatsachen aus ihrer Sicht.
Ja.
Vielleicht...
... hinkt unsere Wissenschaft noch hinterher.

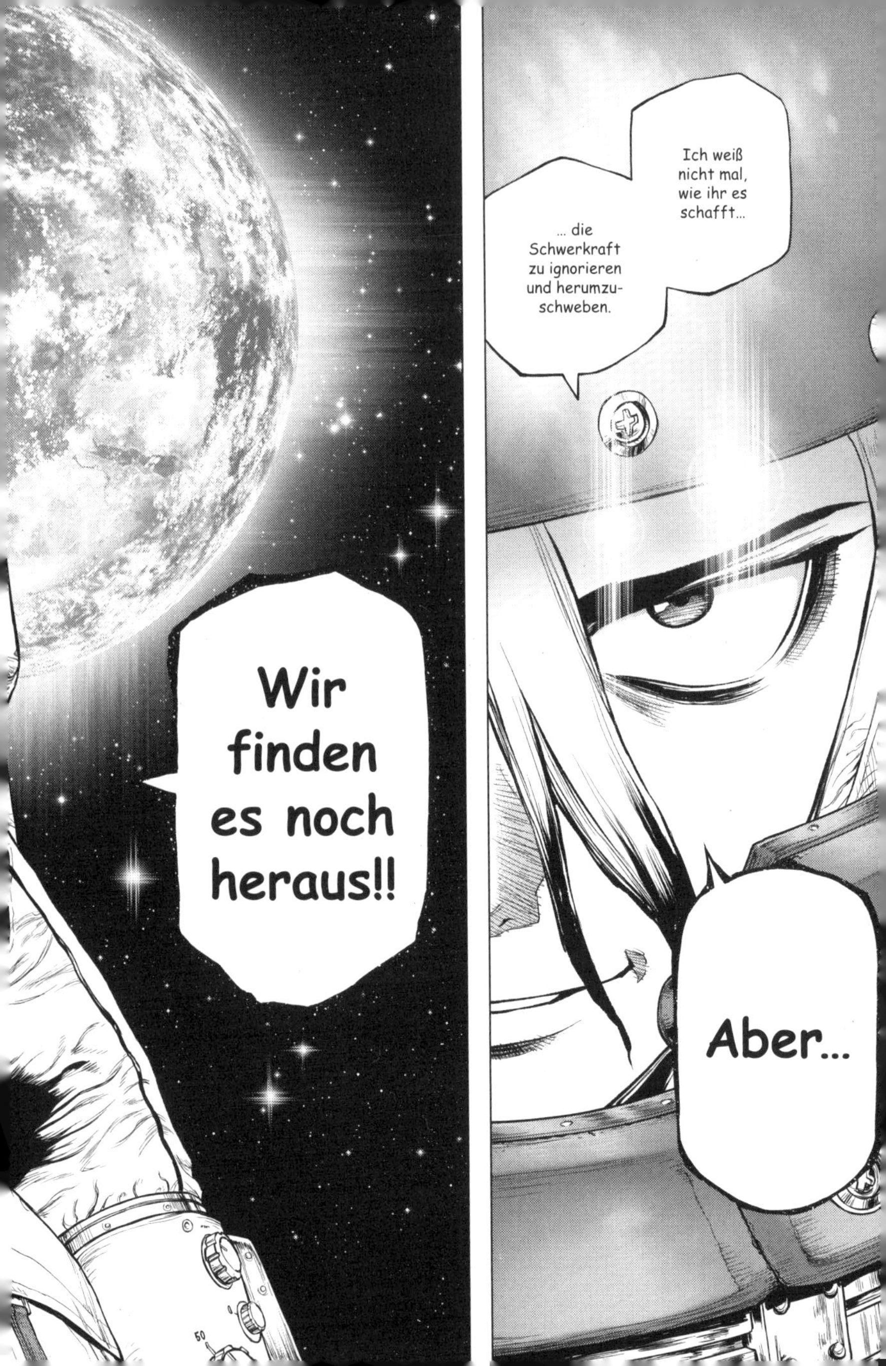
Ich weiß nicht mal, wie ihr es schafft...
... die Schwerkraft zu ignorieren und herumzuschweben.
Aber...
Wir finden es noch heraus!!

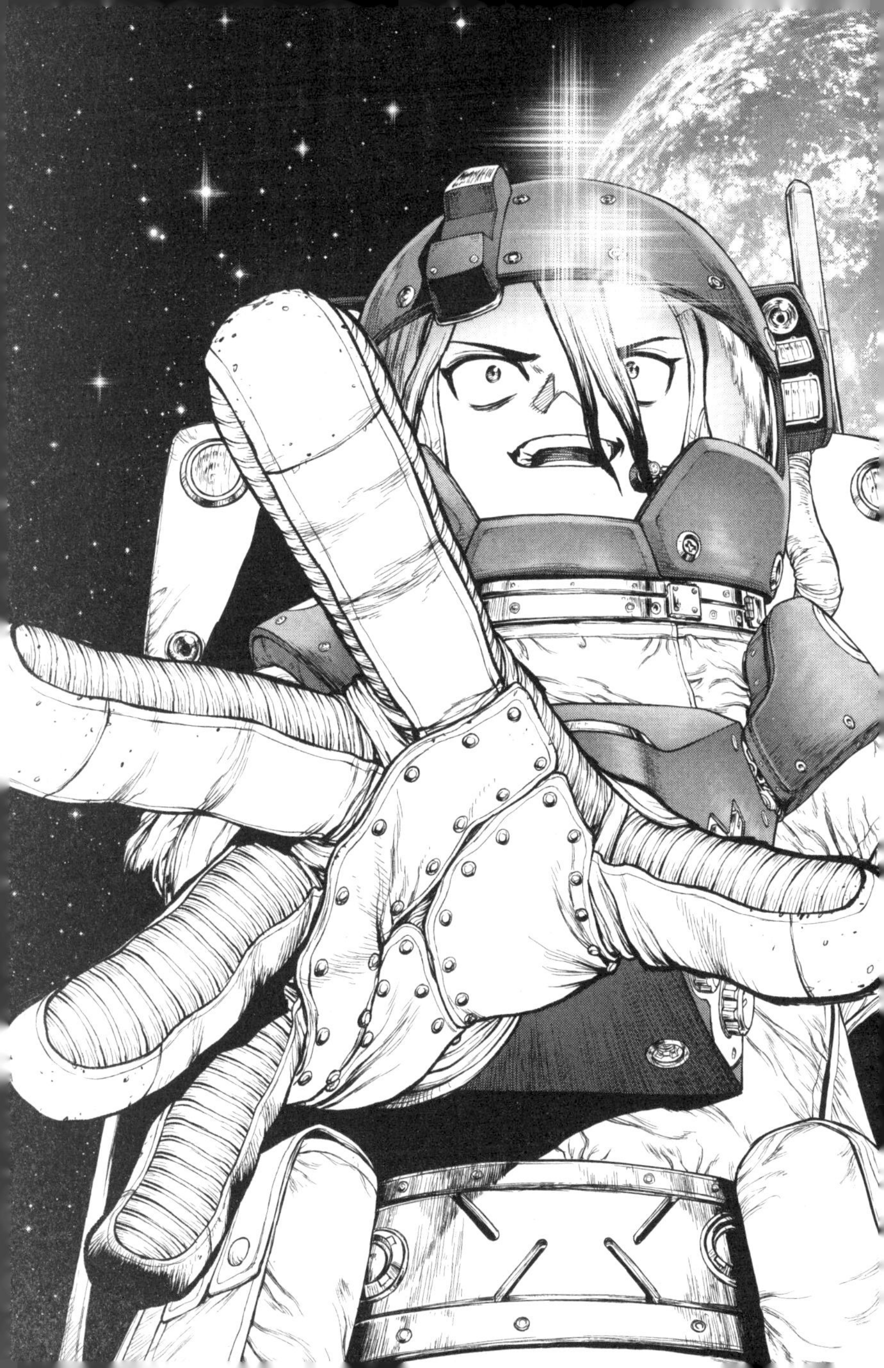

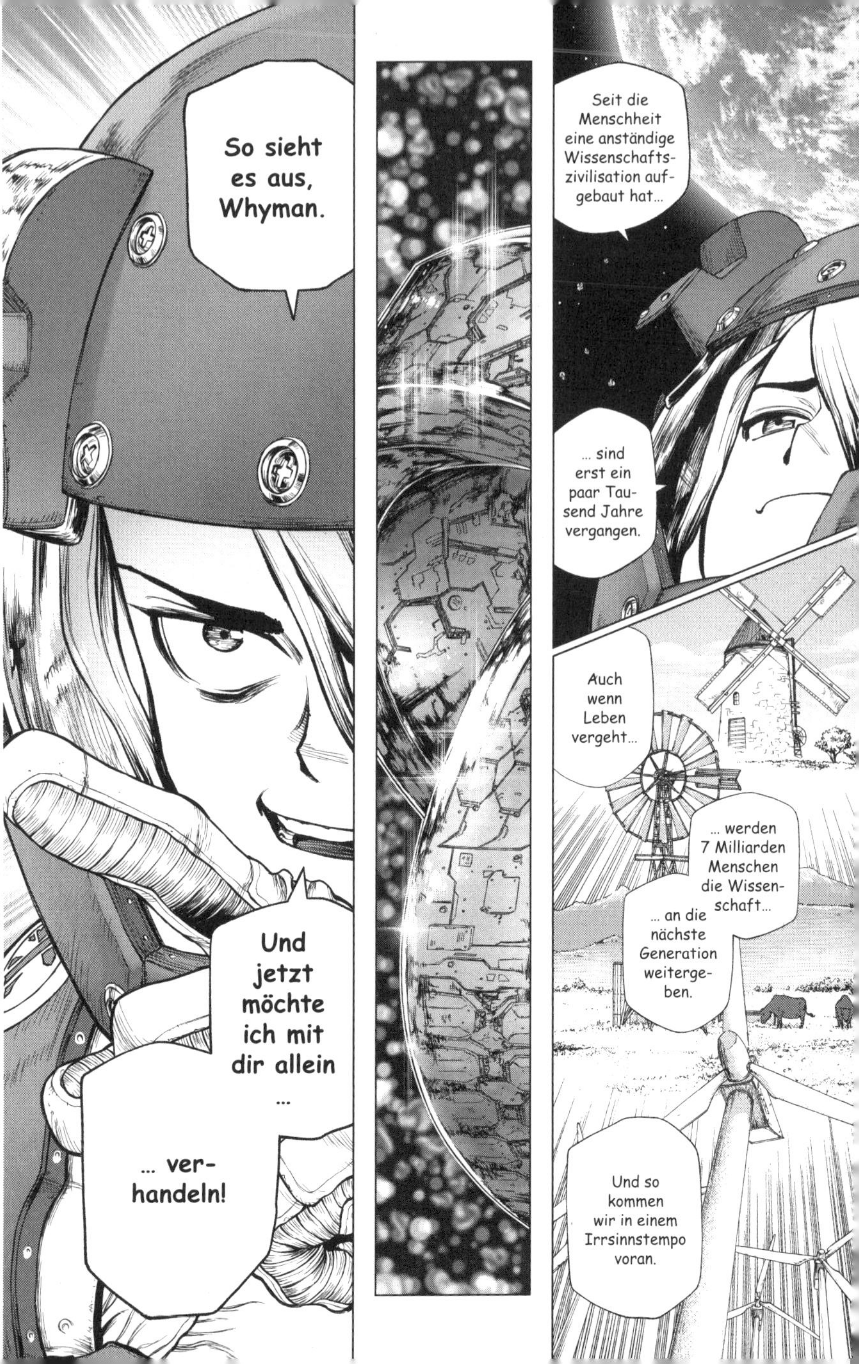
Seit die Menschheit eine anständige Wissenschafts-zivilisation auf-gebaut hat...
... sind erst ein paar Tau-send Jahre vergangen.
Auch wenn Leben vergeht...
... werden 7 Milliarden Menschen die Wissen-schaft...
... an die nächste Generation weiterge-ben.
Und so kommen wir in einem Irrsinnstempo voran.
So sieht es aus, Whyman.
Und jetzt möchte ich mit dir allein ...
... ver-handeln!

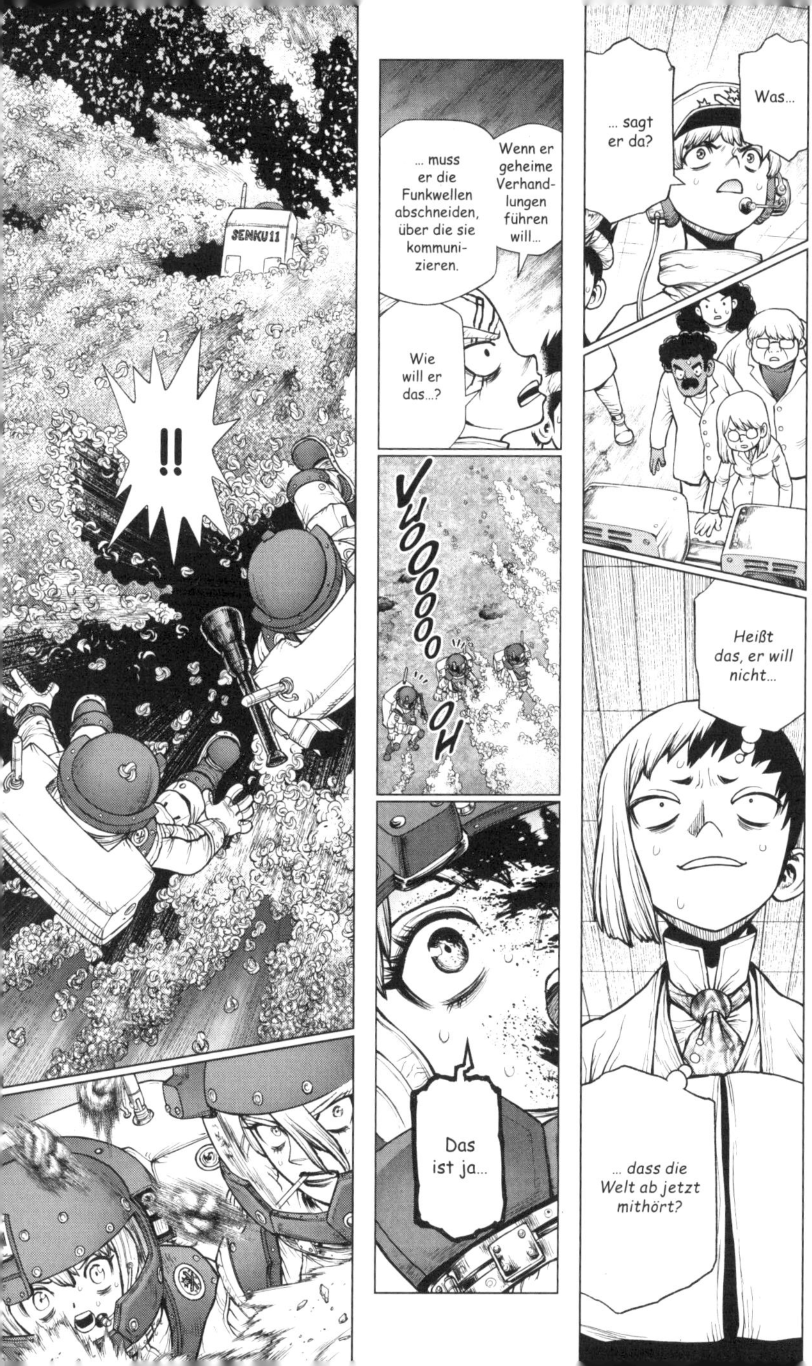
Was...
... sagt er da?
Heißt das, er will nicht...
... dass die Welt ab jetzt mithört?
Wenn er geheime Verhandlungen führen will...
... muss er die Funkwellen abschneiden, über die sie kommunizieren.
Wie will er das...?
VUOOOOOOOH
Das ist ja...
SENKU11
!!

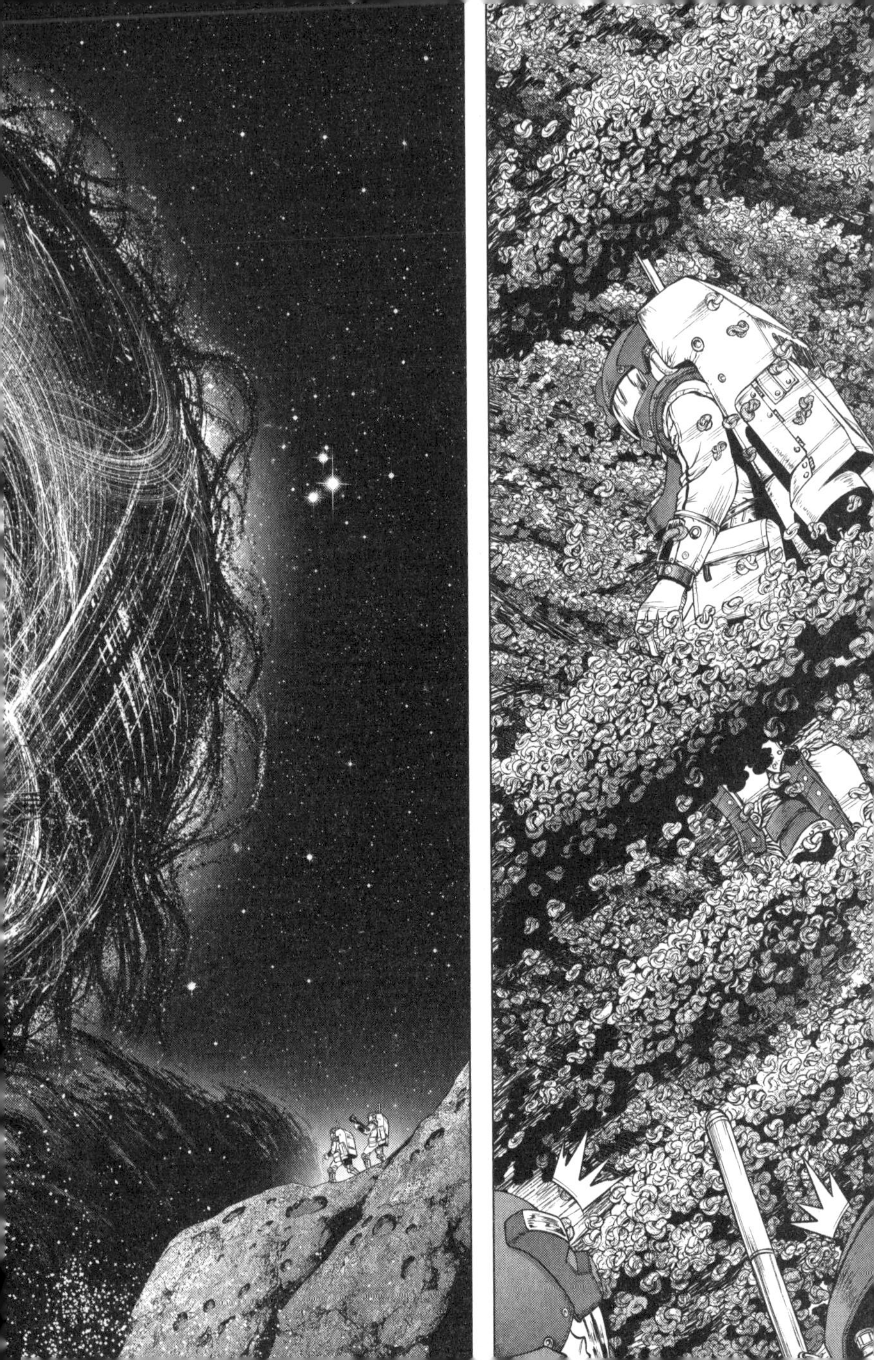

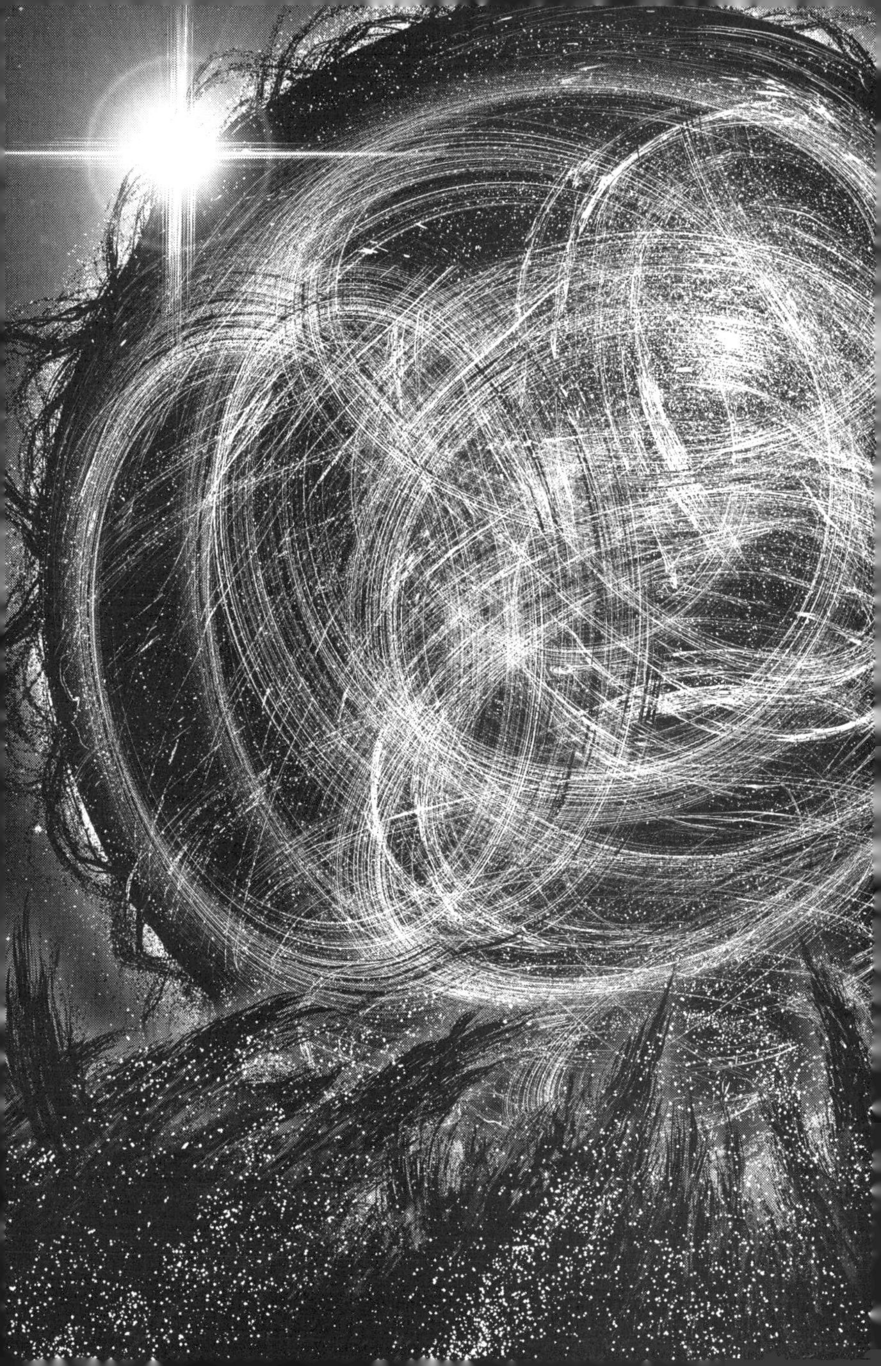

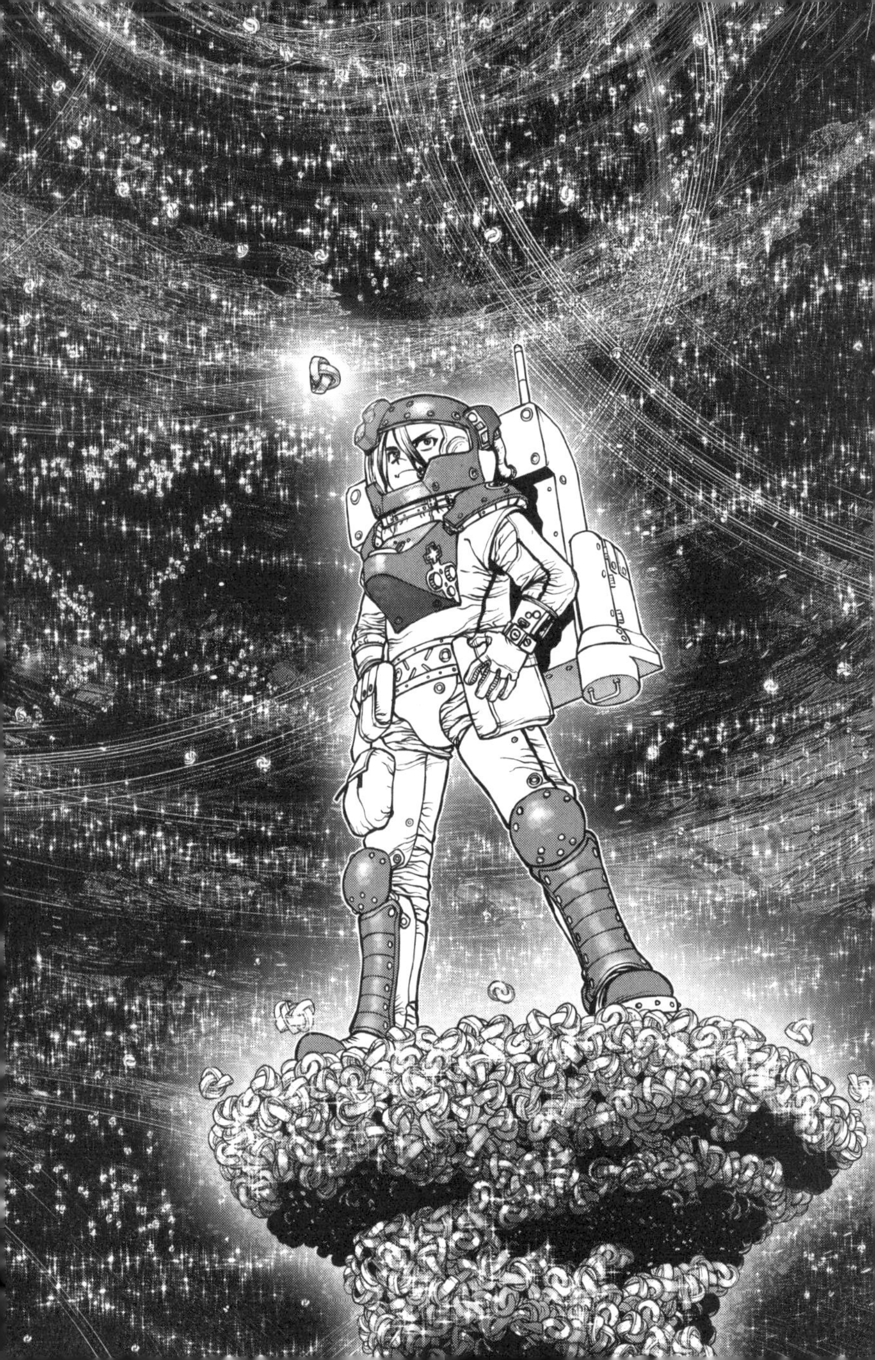

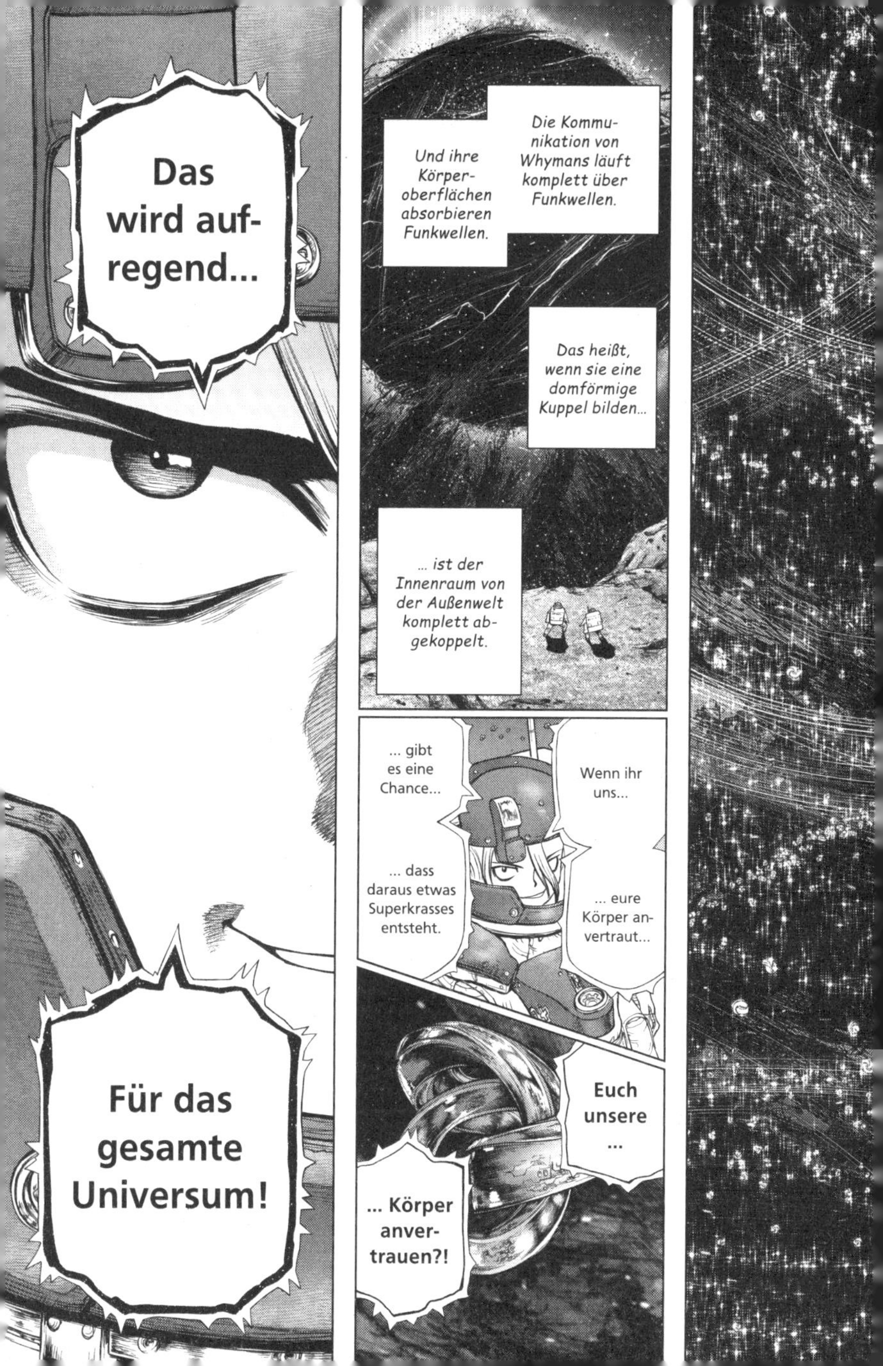
Die Kommunikation von Whymans läuft komplett über Funkwellen.
Und ihre Körperoberflächen absorbieren Funkwellen.
Das heißt, wenn sie eine domförmige Kuppel bilden...
... ist der Innenraum von der Außenwelt komplett abgekoppelt.
Wenn ihr uns...
... gibt es eine Chance...
... eure Körper anvertraut...
... dass daraus etwas Superkrasses entsteht.
Euch unsere ...
... Körper anvertrauen?!
Das wird aufregend...
Für das gesamte Universum!

Z=Reiz der Zukunft

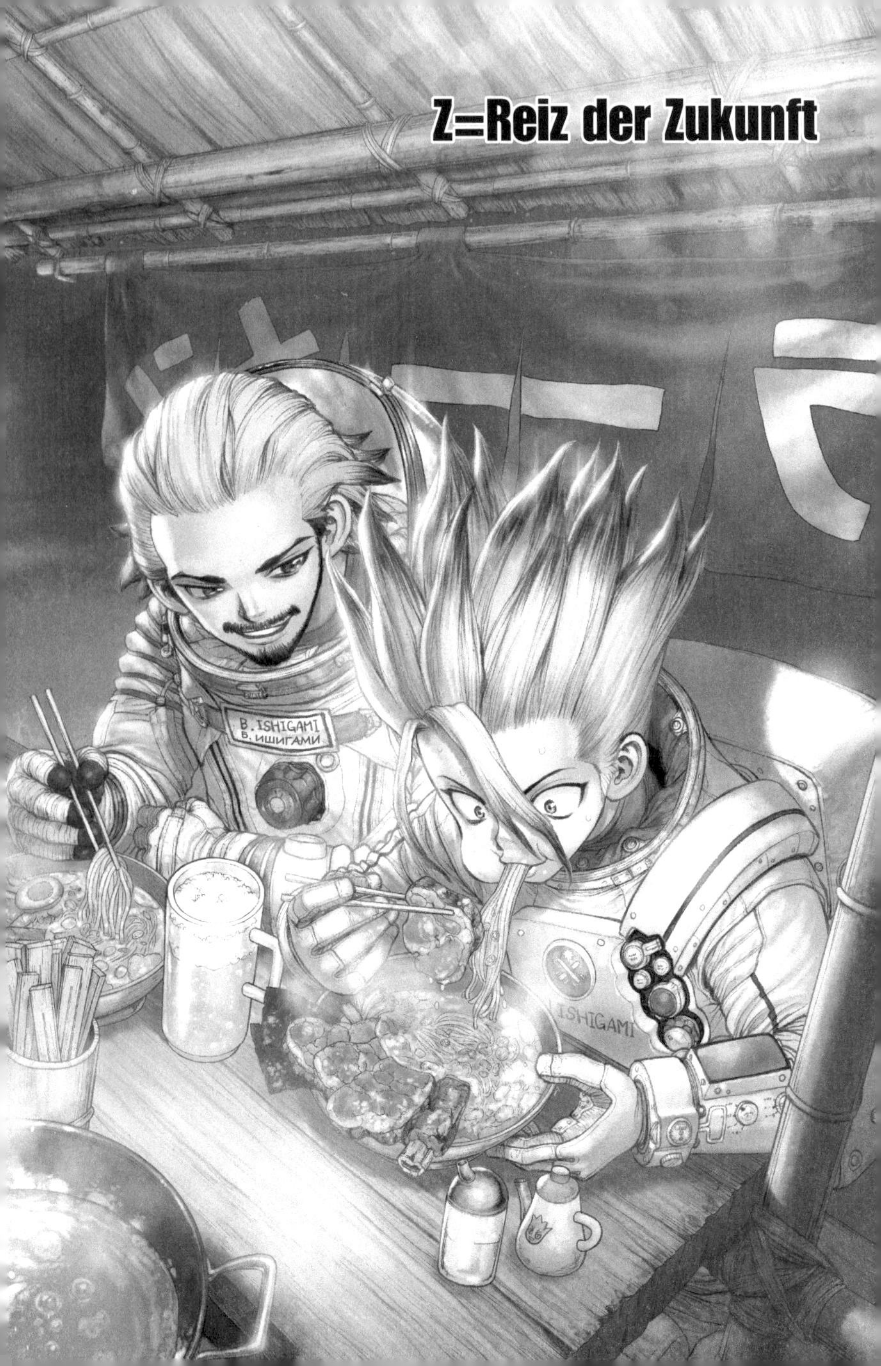

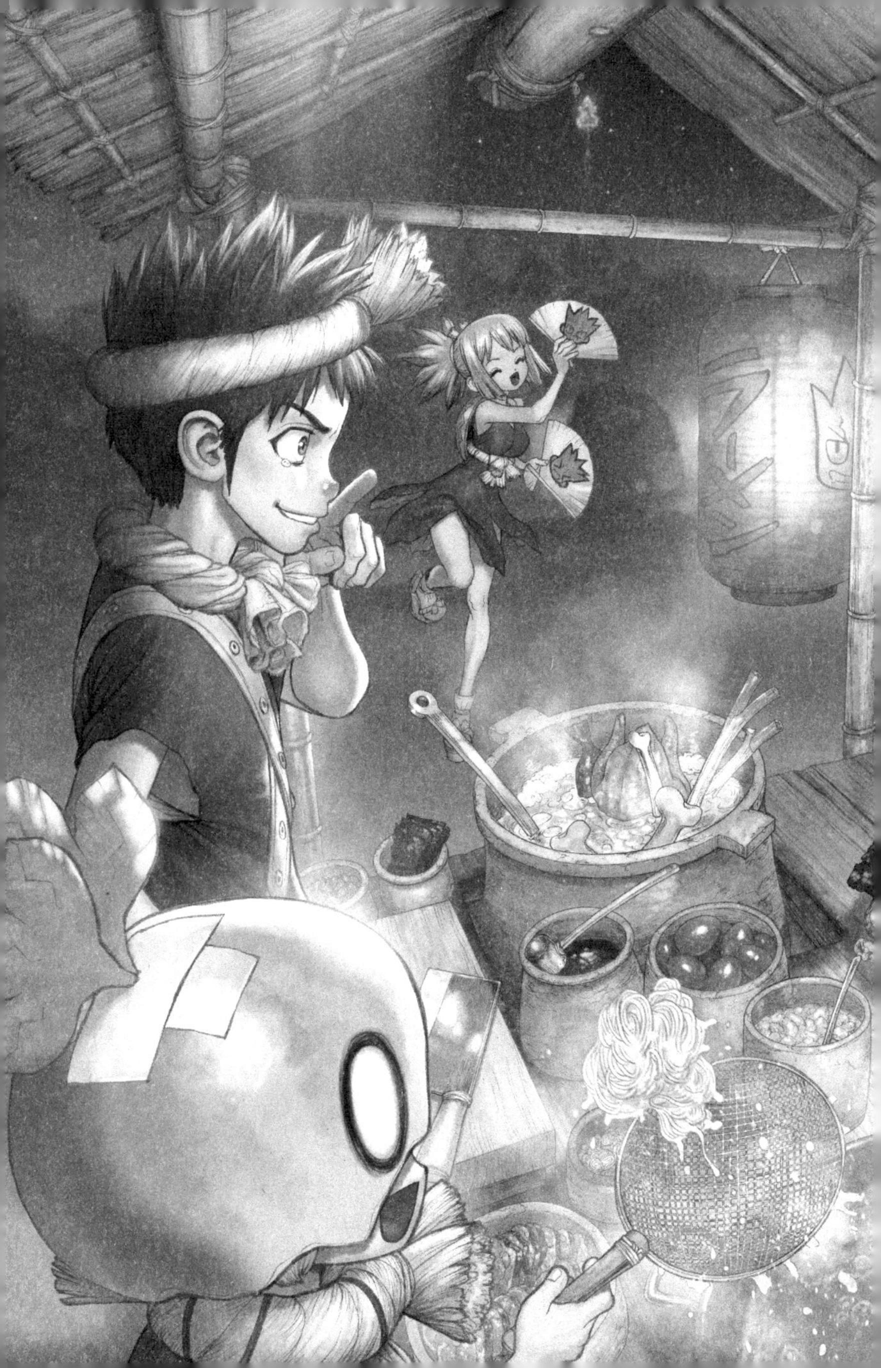

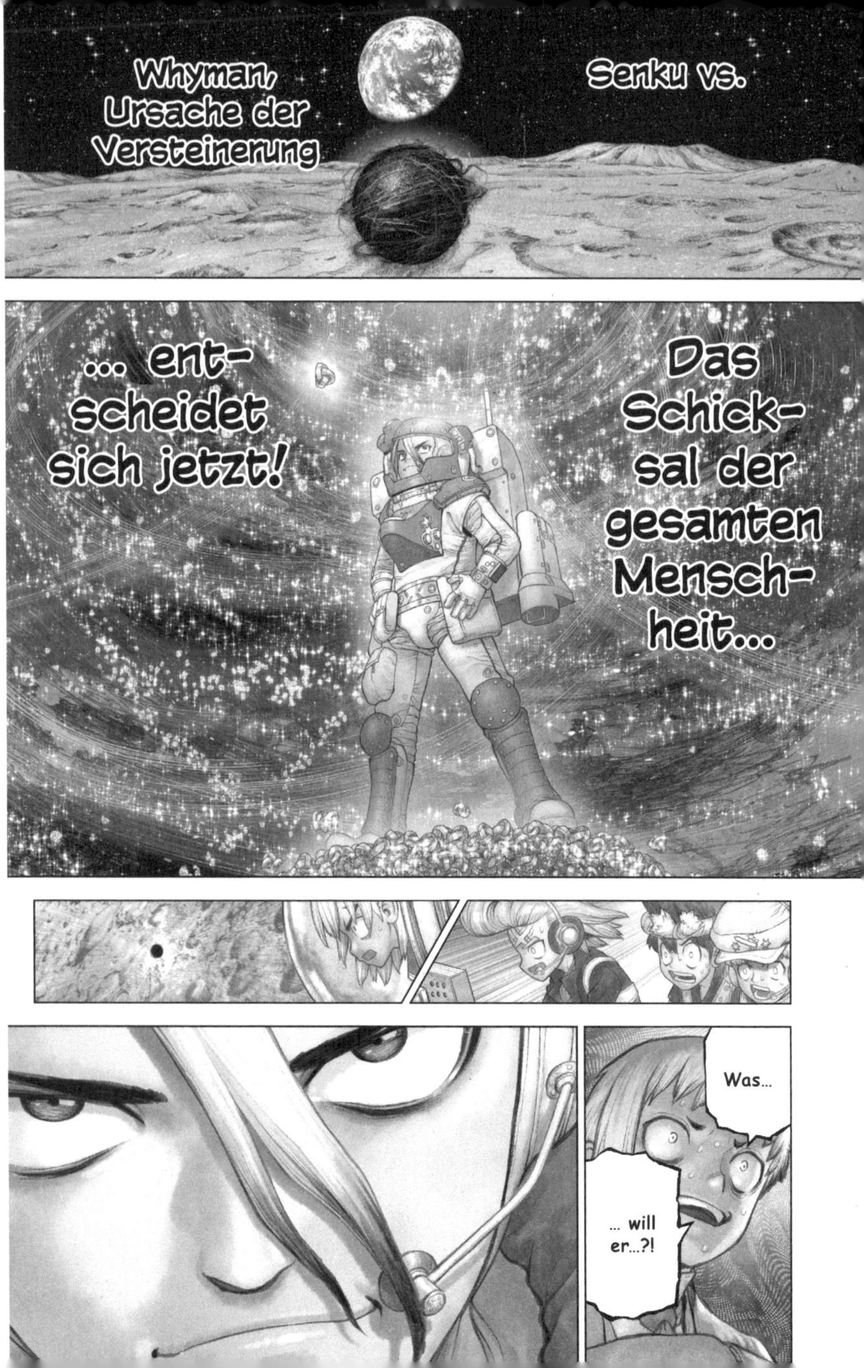
Senku vs.
Whyman, Ursache der Versteinerung
Das Schick-sal der gesamten Mensch-heit...
... ent-scheidet sich jetzt!
Was...
... will er...?!

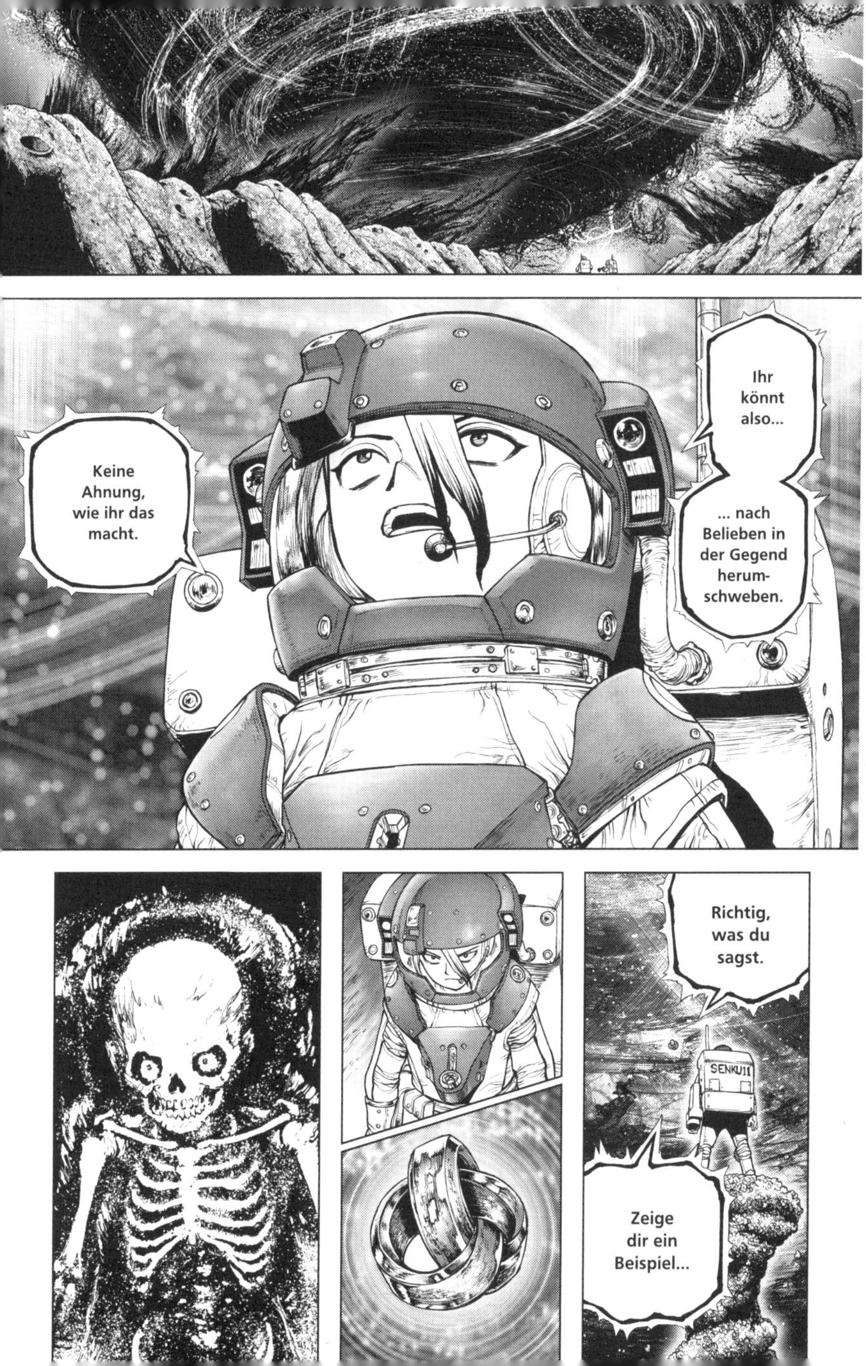
Ihr könnt also...
... nach Belieben in der Gegend herum-schweben.
Keine Ahnung, wie ihr das macht.
Richtig, was du sagst.
SENKU11
Zeige dir ein Beispiel...

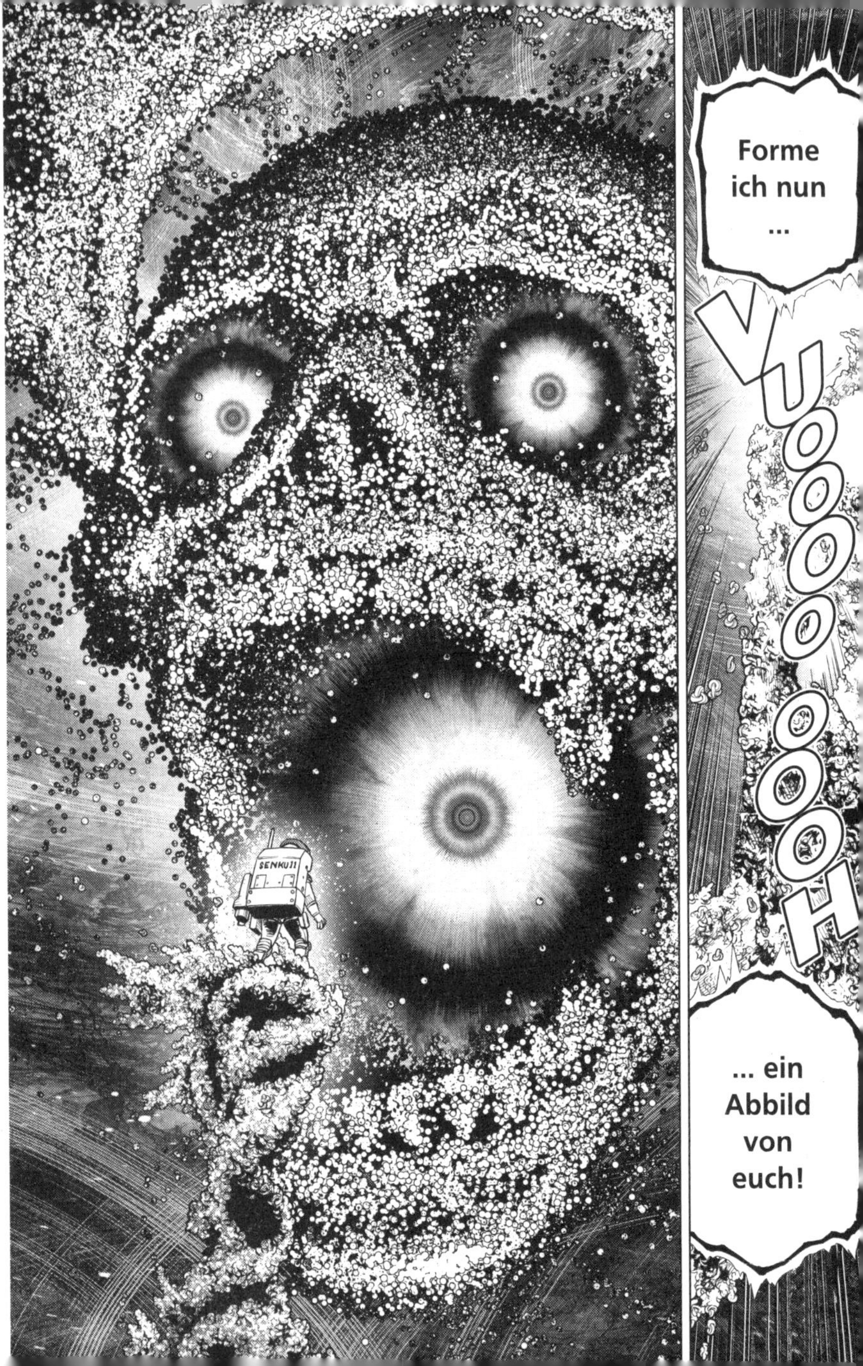
Forme ich nun ...
VUOOOOOOOOH
... ein Abbild von euch!

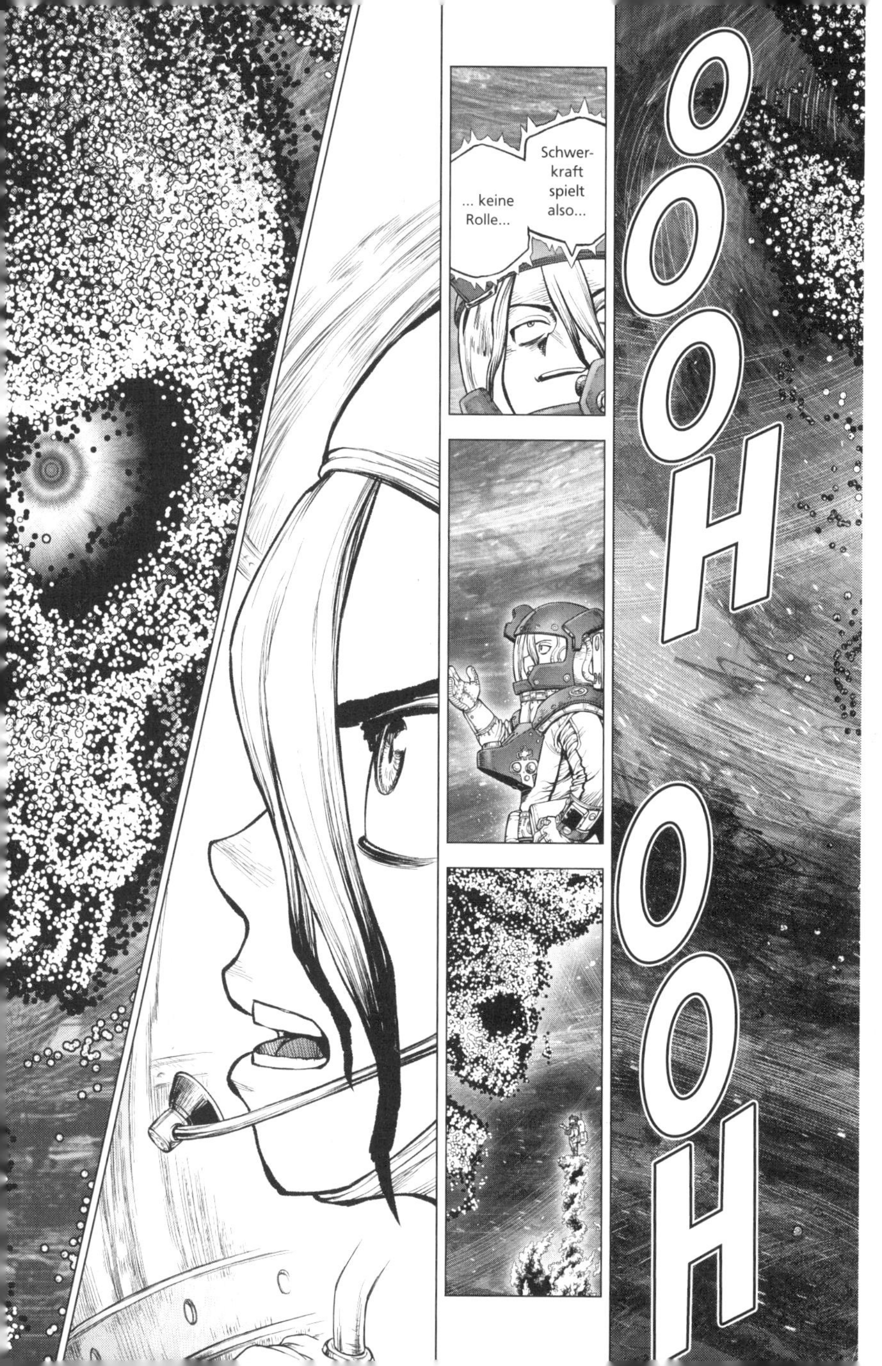
OOOHOOOH
Schwer-
kraft
spielt
also...
... keine
Rolle...

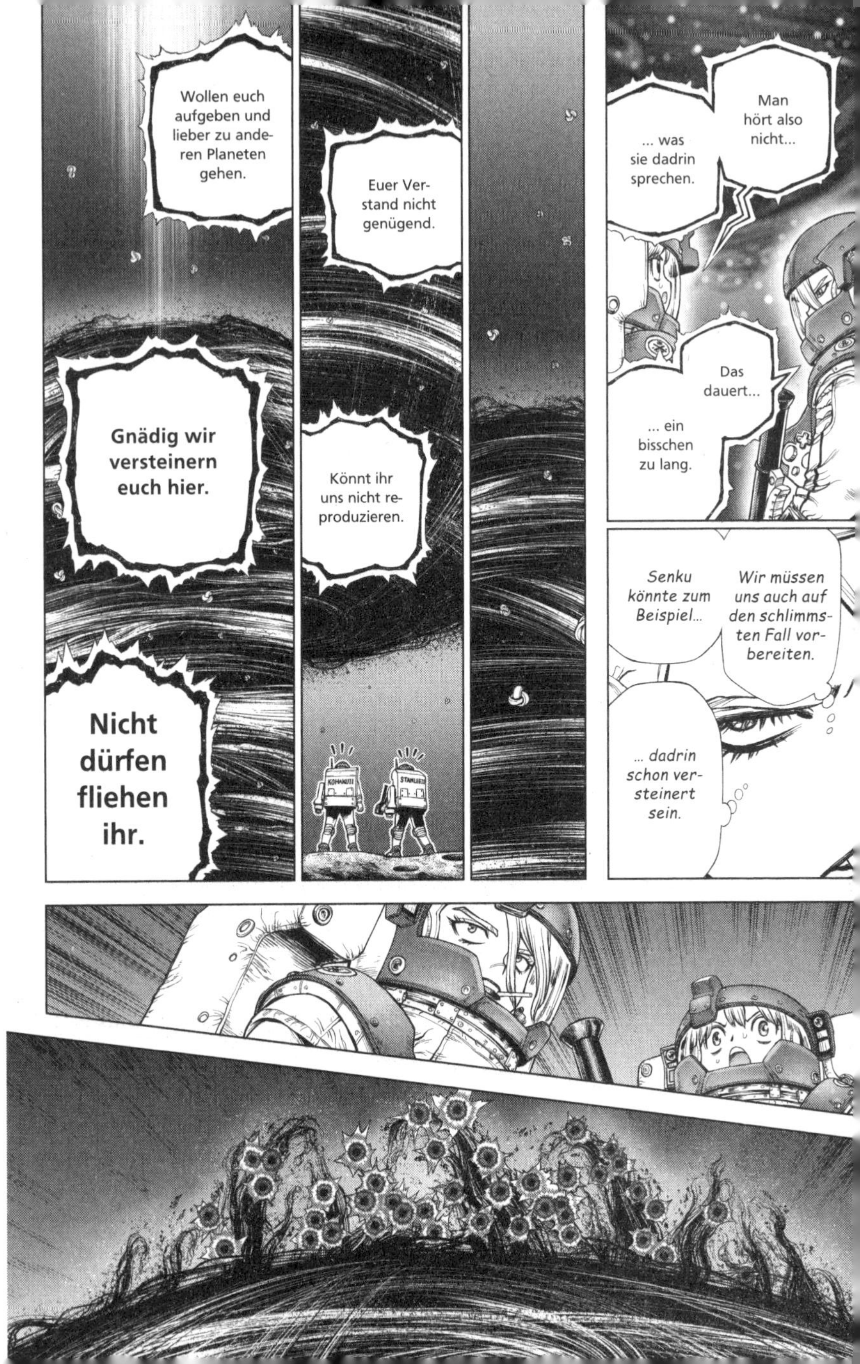

Man hört also nicht...
... was sie dadrin sprechen.
Das dauert...
... ein bisschen zu lang.
Wir müssen uns auch auf den schlimmsten Fall vorbereiten.
Senku könnte zum Beispiel...
... dadrin schon versteinert sein.
Euer Verstand nicht genügend.
Könnt ihr uns nicht reproduzieren.
Wollen euch aufgeben und lieber zu anderen Planeten gehen.
Gnädig wir versteinern euch hier.
Nicht dürfen fliehen ihr.

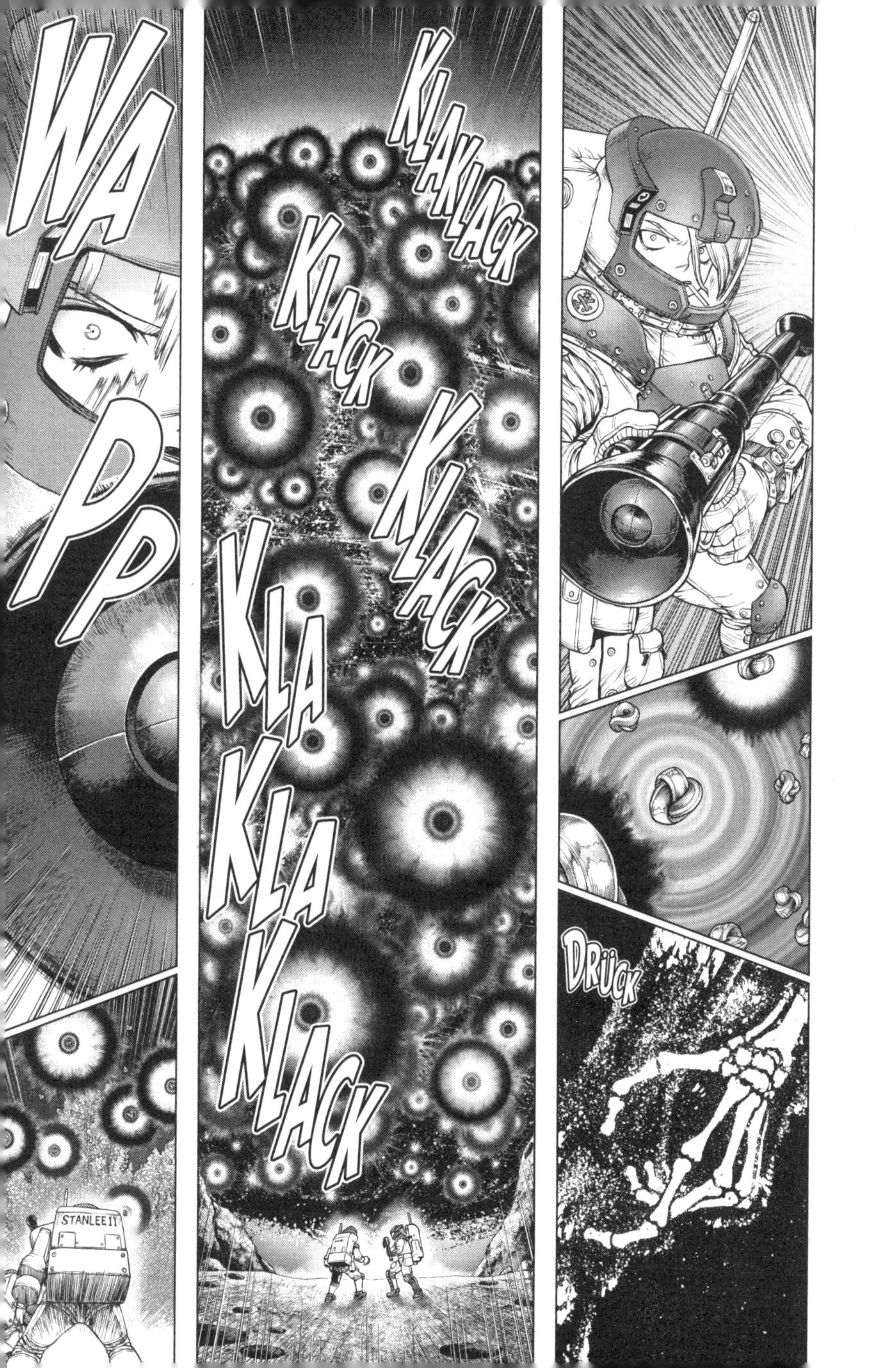
DRÜCK
KLAKLACK
KLACK
KLACK
KLAKLAKLACK
WAPP
STANLEE II

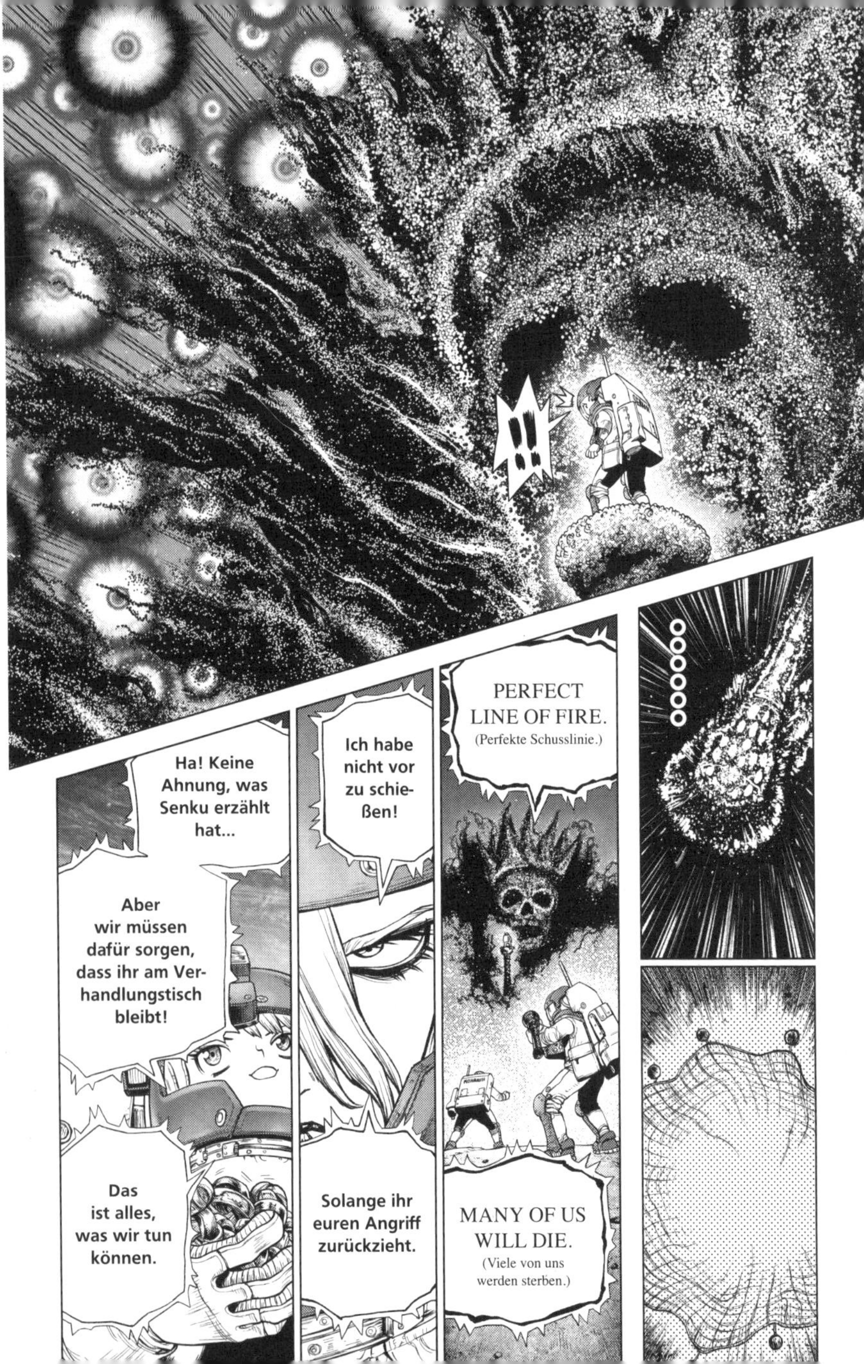

!!
OOOOOO
PERFECT LINE OF FIRE.
(Perfekte Schusslinie.)
MANY OF US WILL DIE.
(Viele von uns werden sterben.)
Ich habe nicht vor zu schießen!
Solange ihr euren Angriff zurückzieht.
Ha! Keine Ahnung, was Senku erzählt hat...
Aber wir müssen dafür sorgen, dass ihr am Verhandlungstisch bleibt!
Das ist alles, was wir tun können.

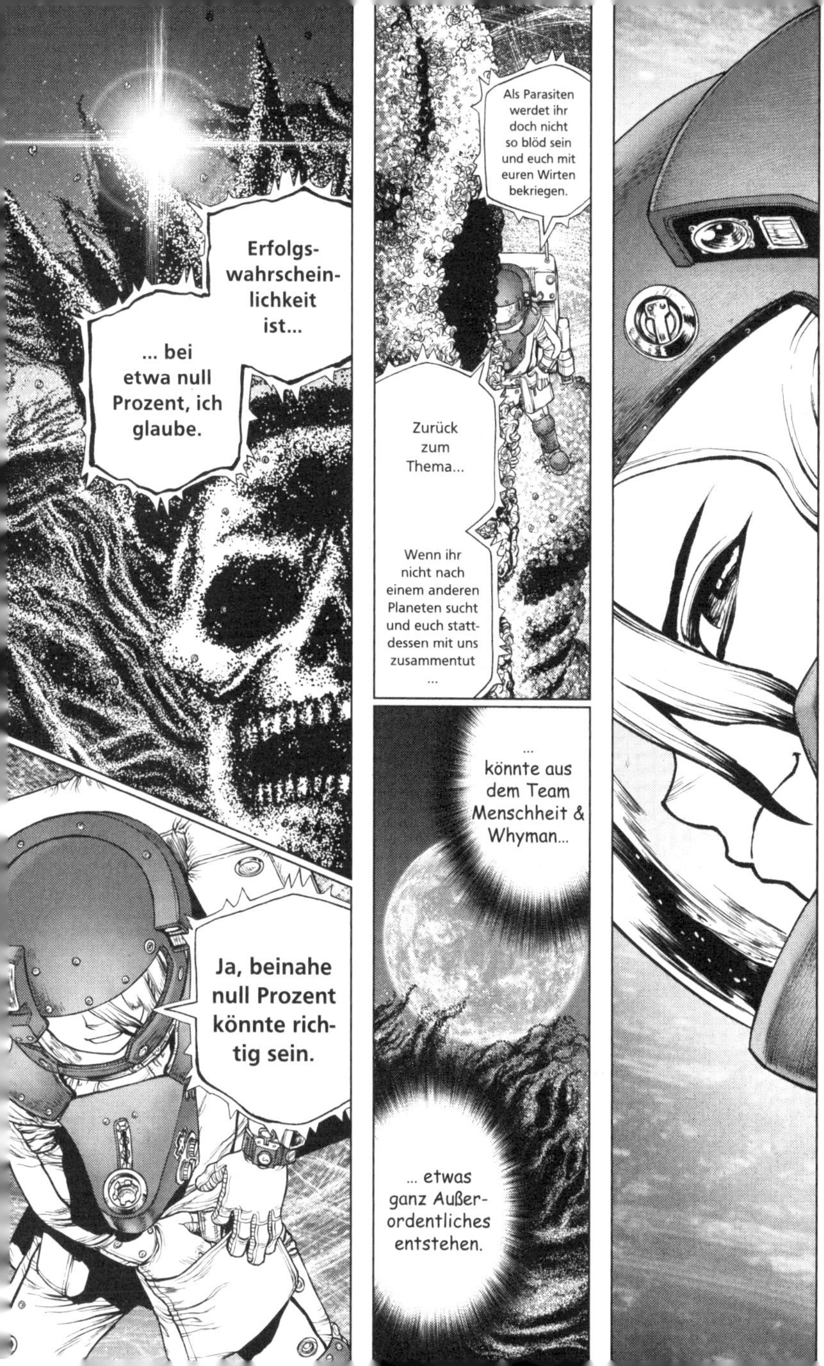
Als Parasiten werdet ihr doch nicht so blöd sein und euch mit euren Wirten bekriegen.
Erfolgs-wahrschein-lichkeit ist...
... bei etwa null Prozent, ich glaube.
Zurück zum Thema...
Wenn ihr nicht nach einem anderen Planeten sucht und euch statt-dessen mit uns zusammentut ...
Ja, beinahe null Prozent könnte rich-tig sein.
... könnte aus dem Team Menschheit & Whyman...
... etwas ganz Außer-ordentliches entstehen.

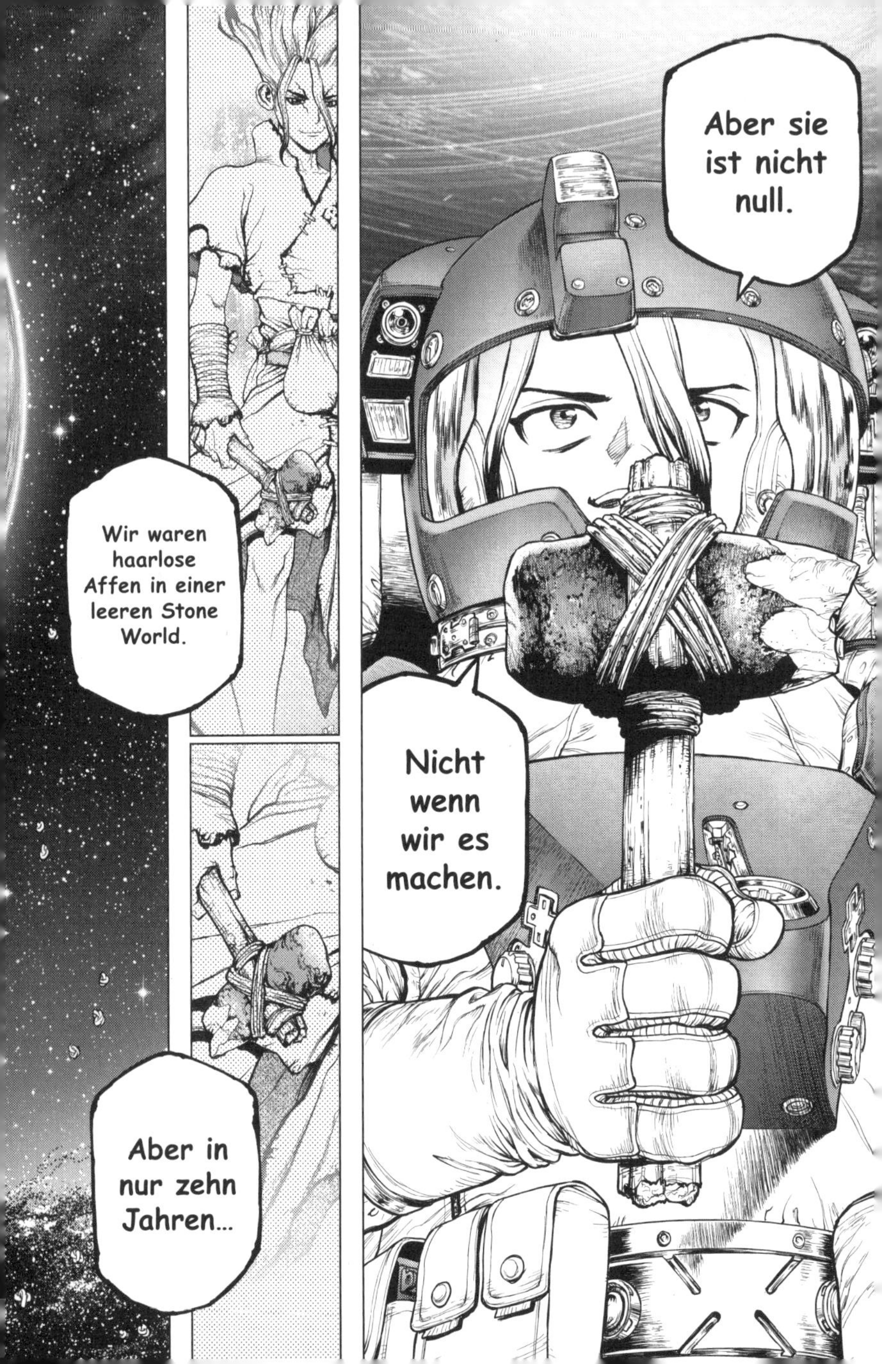
Aber sie ist nicht null.
Nicht wenn wir es machen.
Wir waren haarlose Affen in einer leeren Stone World.
Aber in nur zehn Jahren...

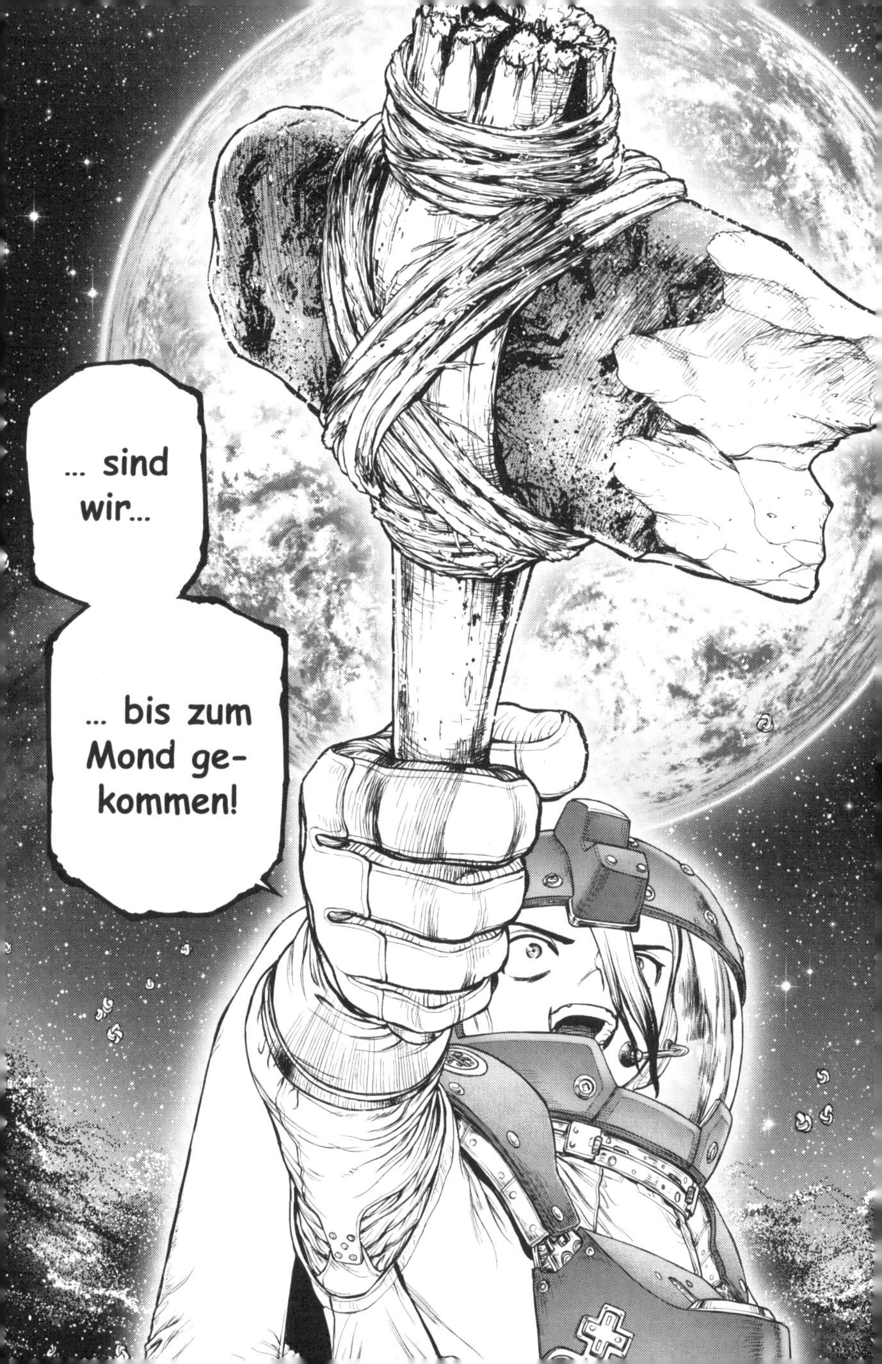
... sind wir...
... bis zum Mond gekommen!

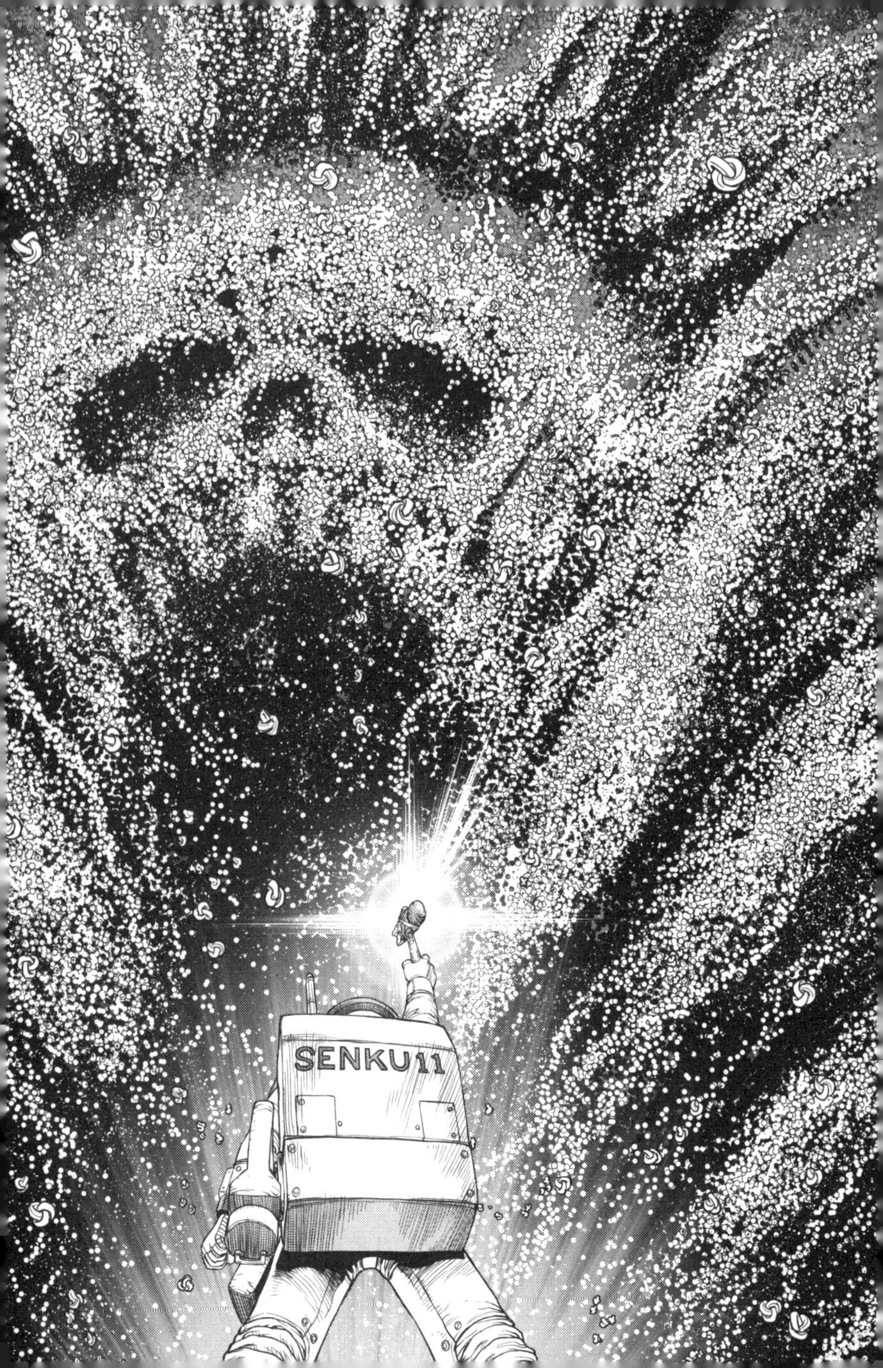
SENKU11

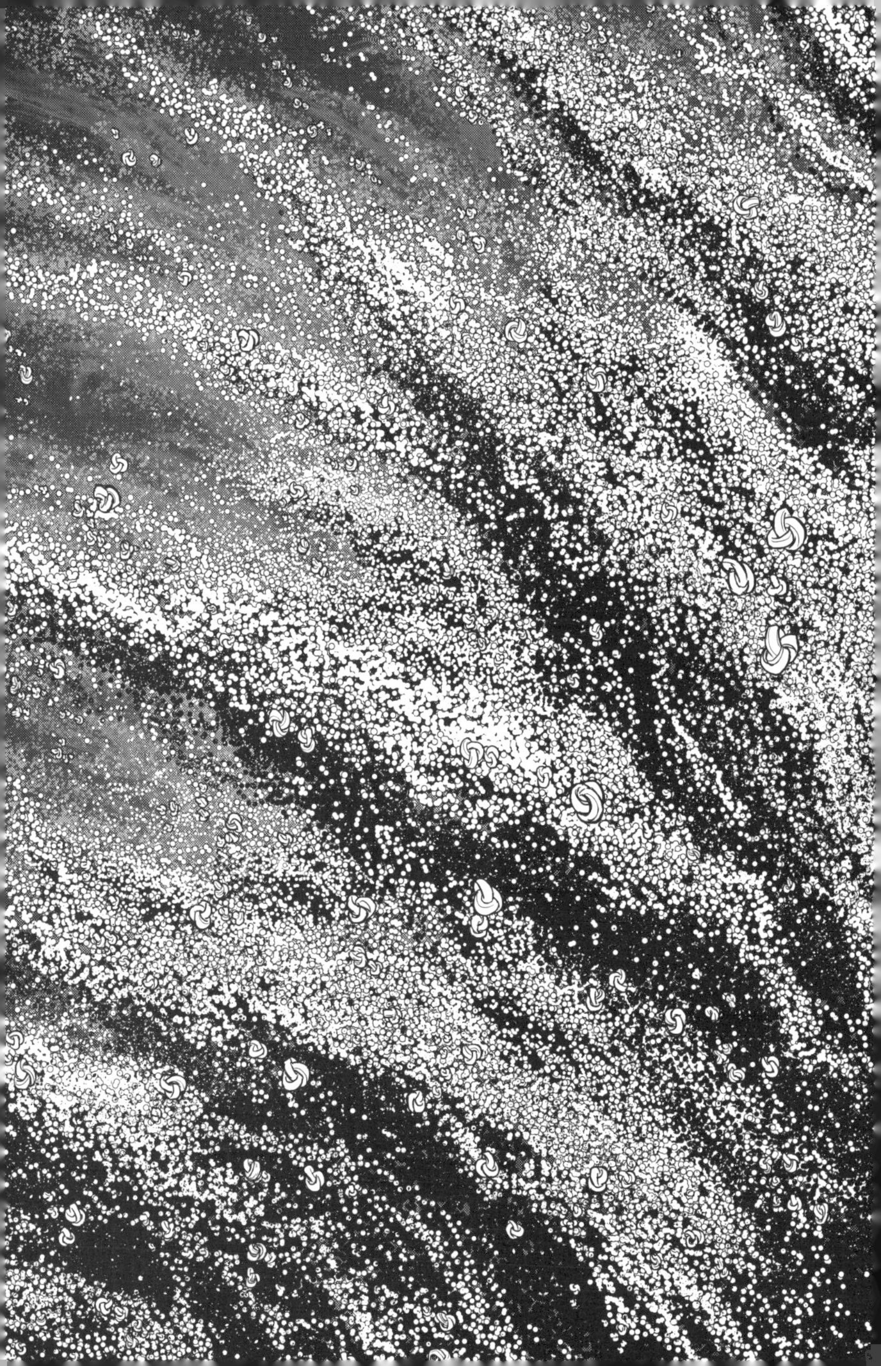

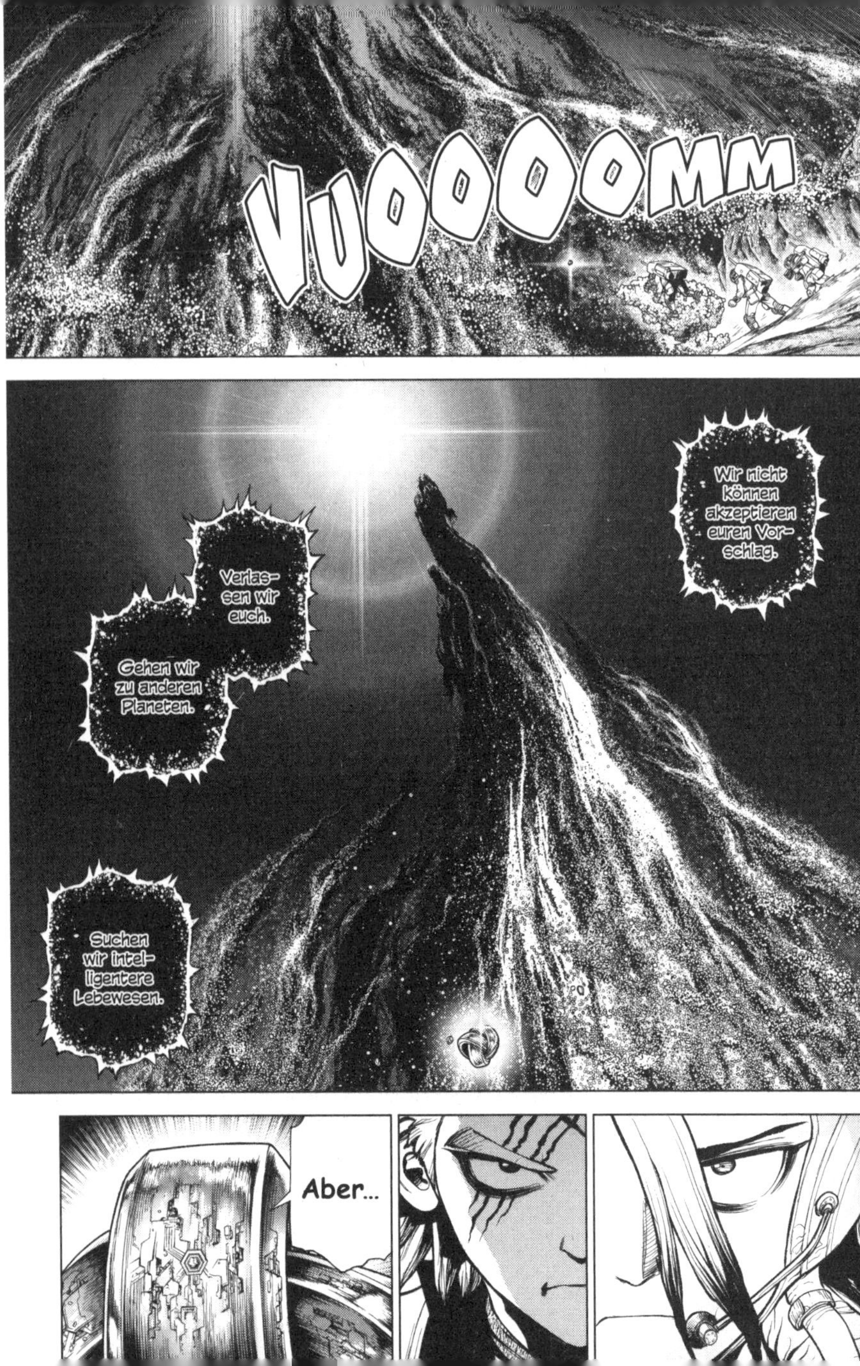
VUOOOOMM
Wir nicht können akzeptieren euren Vorschlag.
Verlassen wir euch.
Gehen wir zu anderen Planeten.
Suchen wir intelligentere Lebewesen.
Aber...

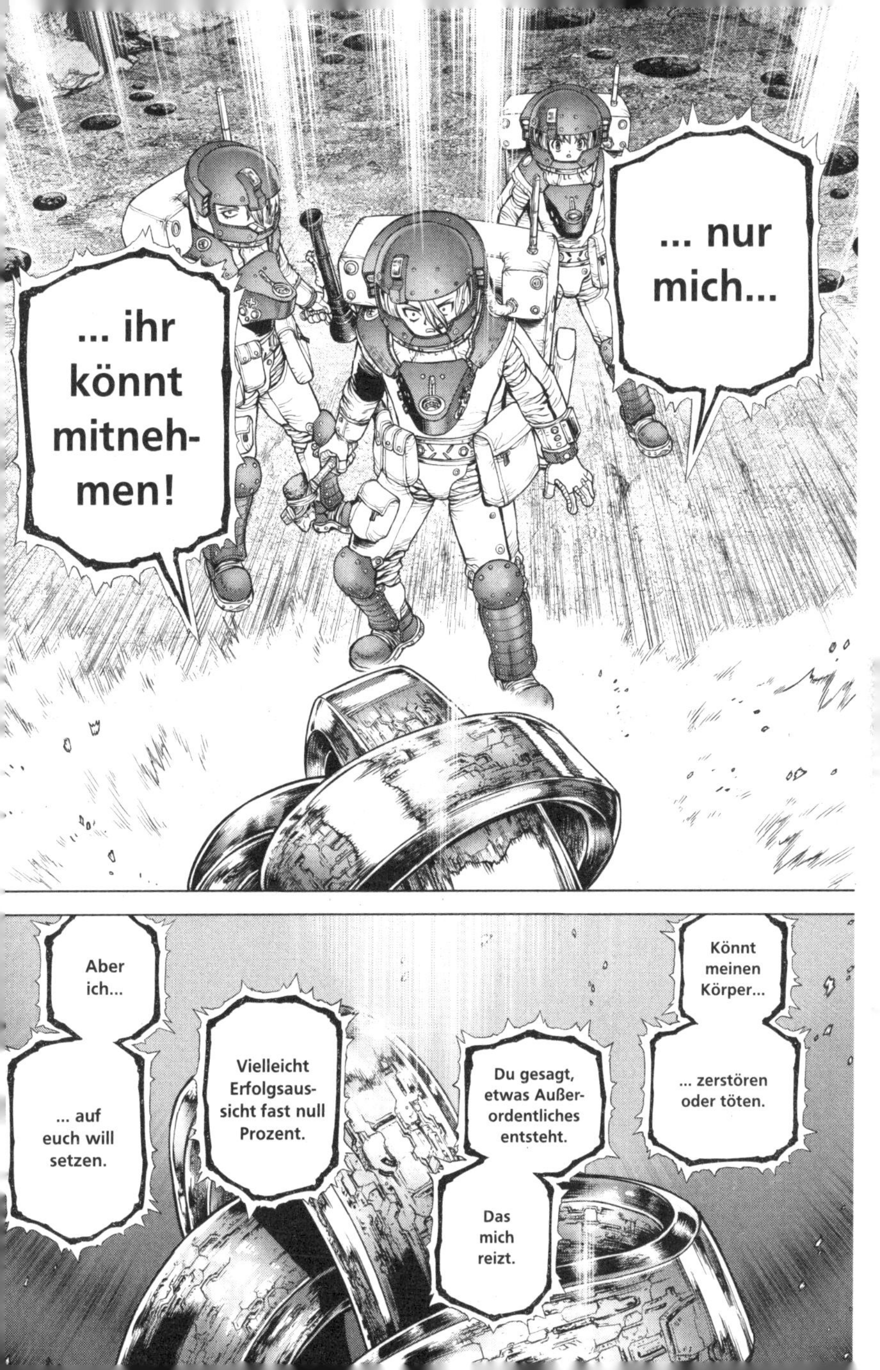

... nur mich...
... ihr könnt mitnehmen!
Könnt meinen Körper...
... zerstören oder töten.
Du gesagt, etwas Außerordentliches entsteht.
Das mich reizt.
Vielleicht Erfolgsaussicht fast null Prozent.
Aber ich...
... auf euch will setzen.

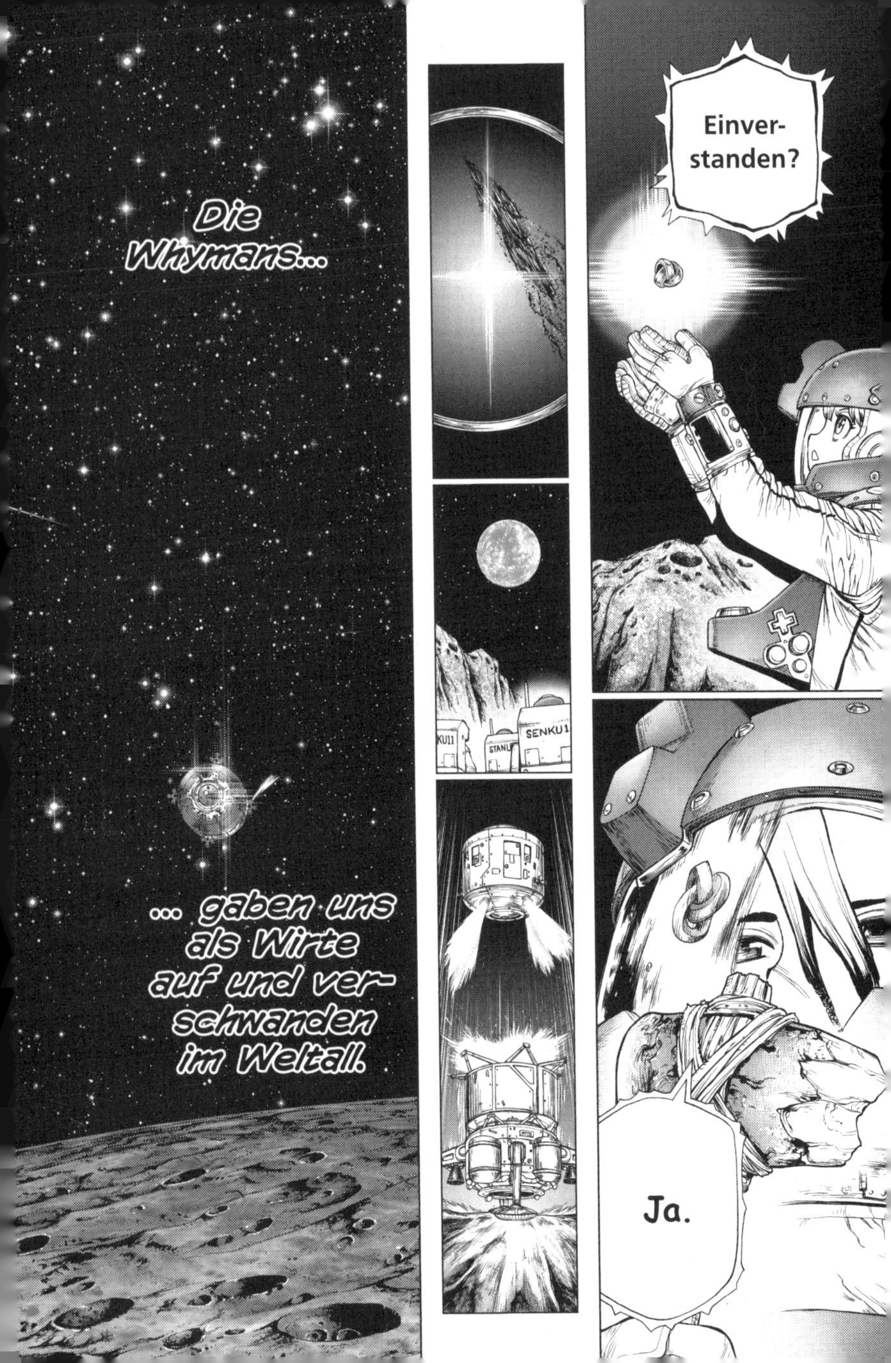
Die Whymans...
... gaben uns als Wirte auf und verschwanden im Weltall.
SENKU1
KU11
STANL
Einverstanden?
Ja.

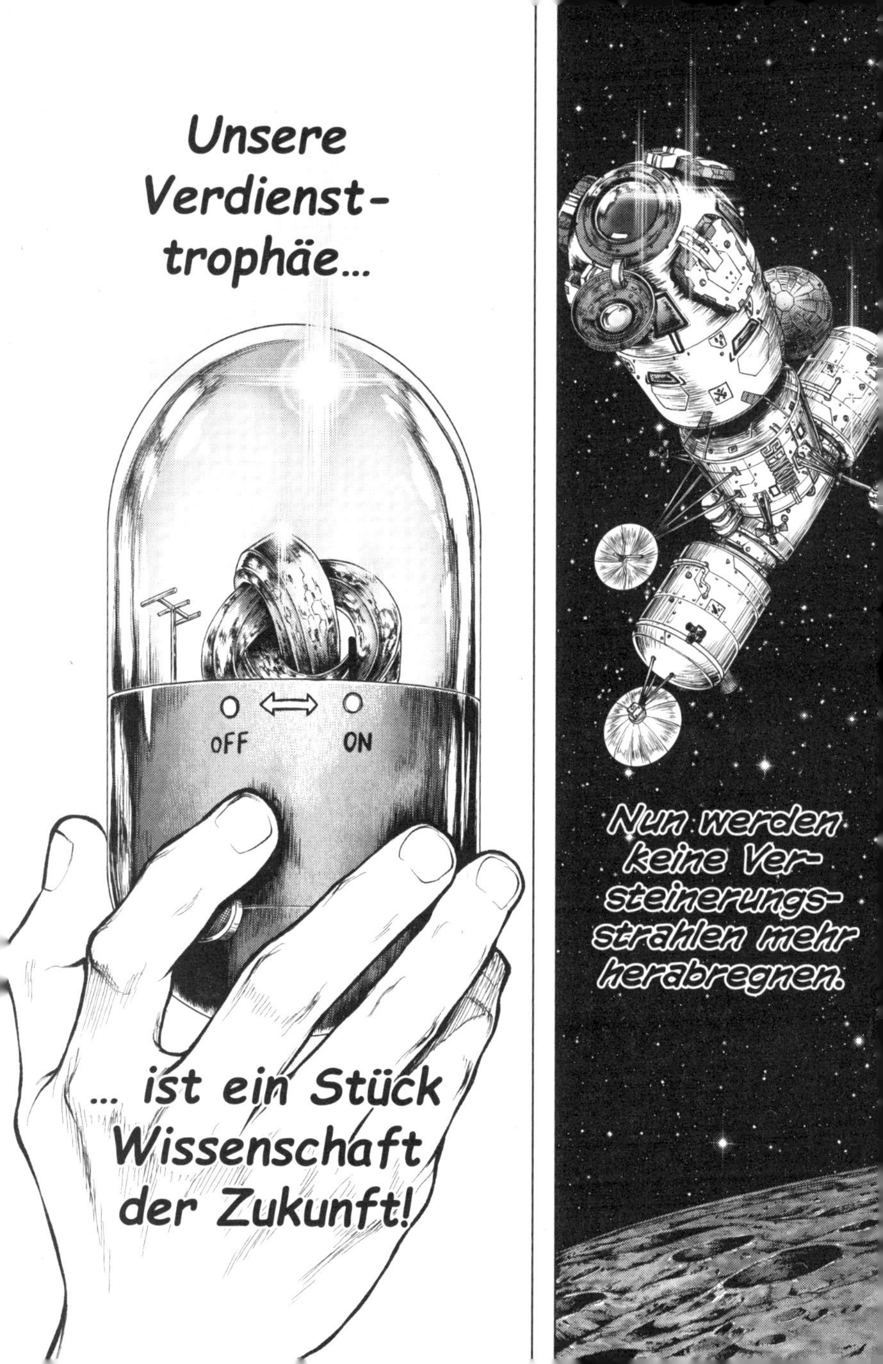
Nun werden keine Versteinerungsstrahlen mehr herabregnen.
Unsere Verdiensttrophäe...
OFF
ON
... ist ein Stück Wissenschaft der Zukunft!

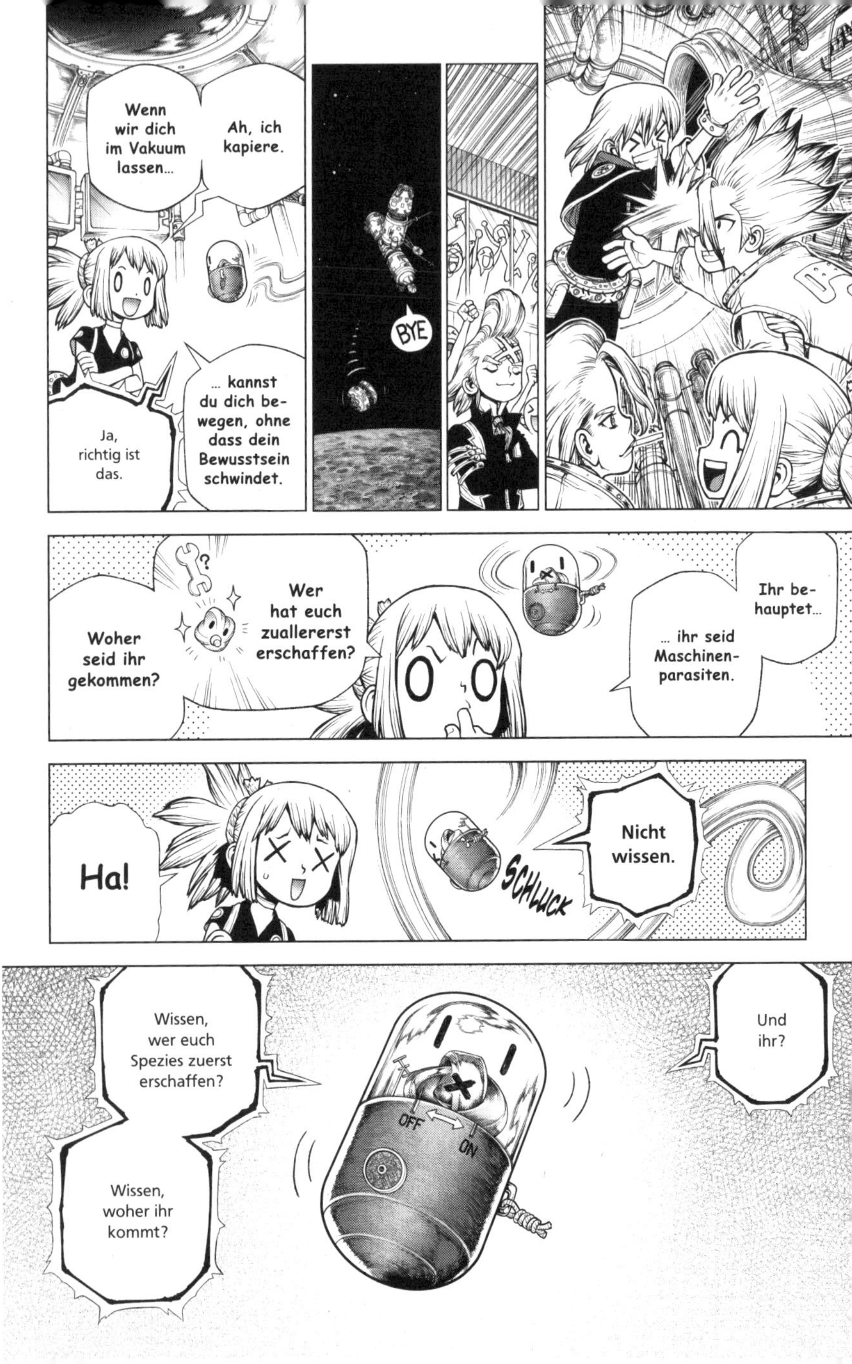
BYE
Ah, ich kapiere.
Wenn wir dich im Vakuum lassen…
… kannst du dich bewegen, ohne dass dein Bewusstsein schwindet.
Ja, richtig ist das.
Ihr behauptet…
… ihr seid Maschinenparasiten.
Wer hat euch zuallererst erschaffen?
Woher seid ihr gekommen?
Nicht wissen.
SCHLUCK
Ha!
Und ihr?
Wissen, wer euch Spezies zuerst erschaffen?
Wissen, woher ihr kommt?
OFF
ON

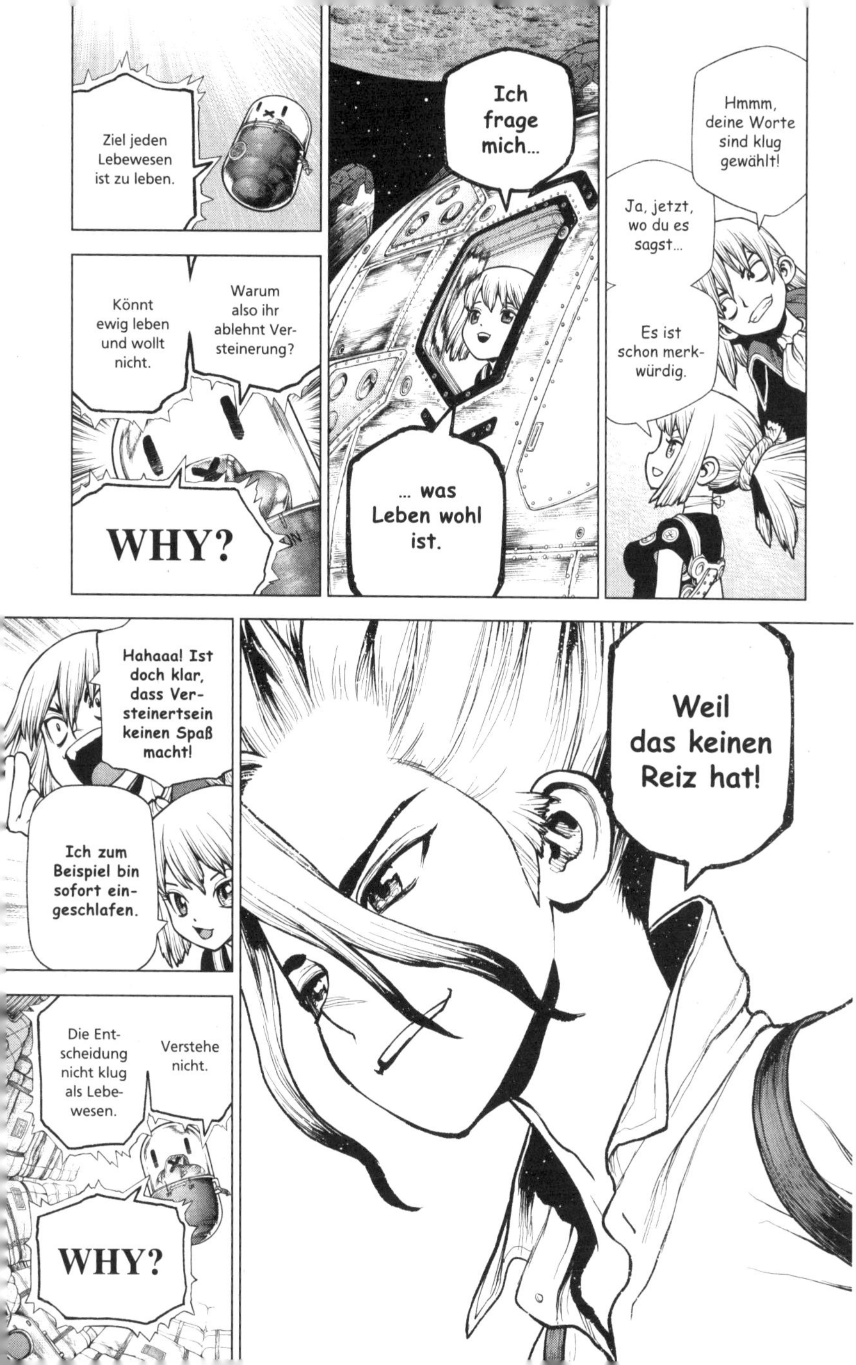

Hmmm, deine Worte sind klug gewählt!
Ja, jetzt, wo du es sagst...
Es ist schon merkwürdig.
Ich frage mich...
... was Leben wohl ist.
Ziel jeden Lebewesen ist zu leben.
Warum also ihr ablehnt Ver-steinerung?
Könnt ewig leben und wollt nicht.
WHY?
Weil das keinen Reiz hat!
Hahaaa! Ist doch klar, dass Ver-steinertsein keinen Spaß macht!
Ich zum Beispiel bin sofort ein-geschlafen.
Verstehe nicht.
Die Ent-scheidung nicht klug als Lebe-wesen.
WHY?

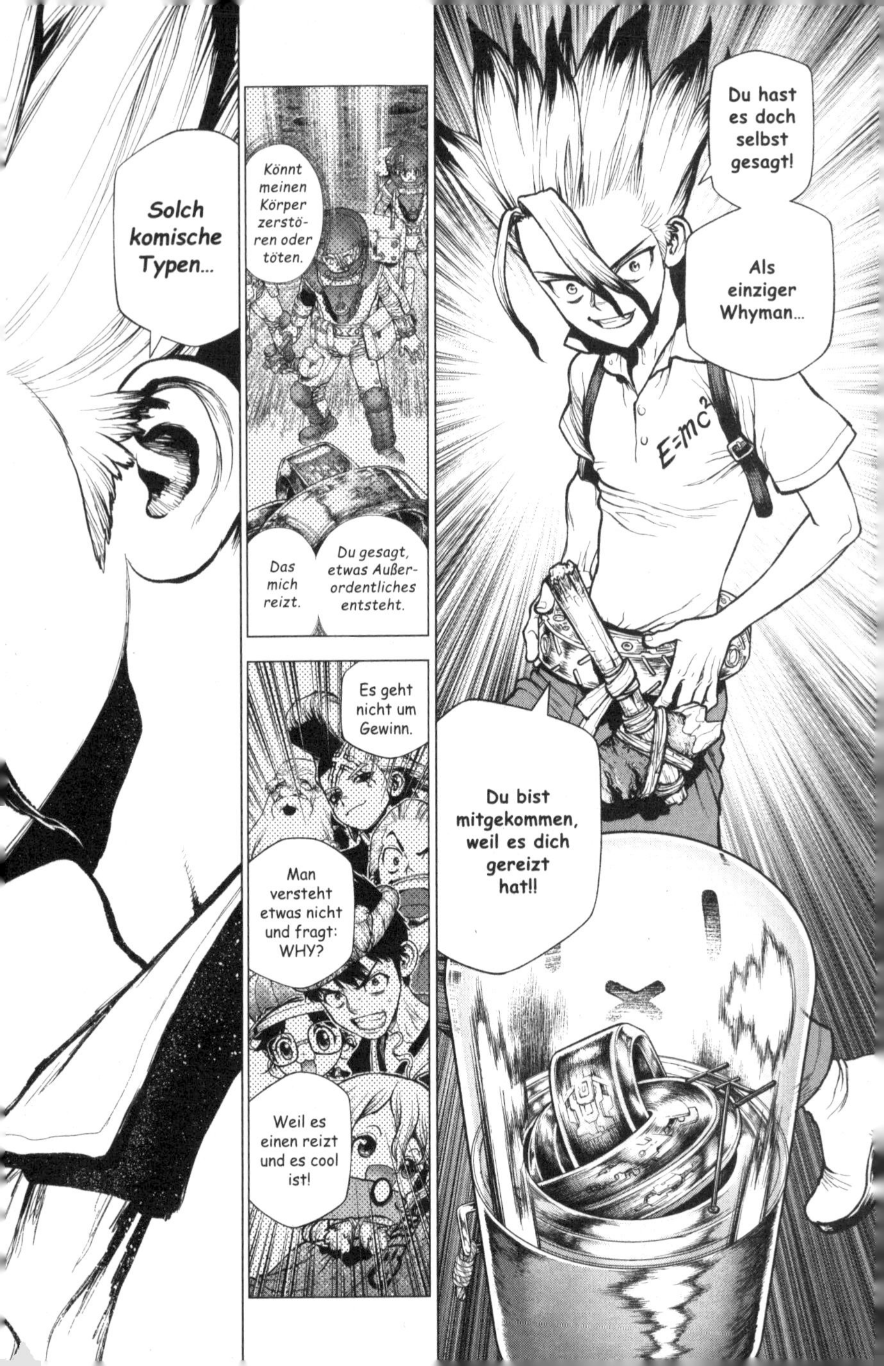

Du hast es doch selbst gesagt!
Als einziger Whyman...
Du bist mitgekommen, weil es dich gereizt hat!!
Könnt meinen Körper zerstören oder töten.
Du gesagt, etwas Außerordentliches entsteht.
Das mich reizt.
Es geht nicht um Gewinn.
Man versteht etwas nicht und fragt: WHY?
Weil es einen reizt und es cool ist!
Solch komische Typen...

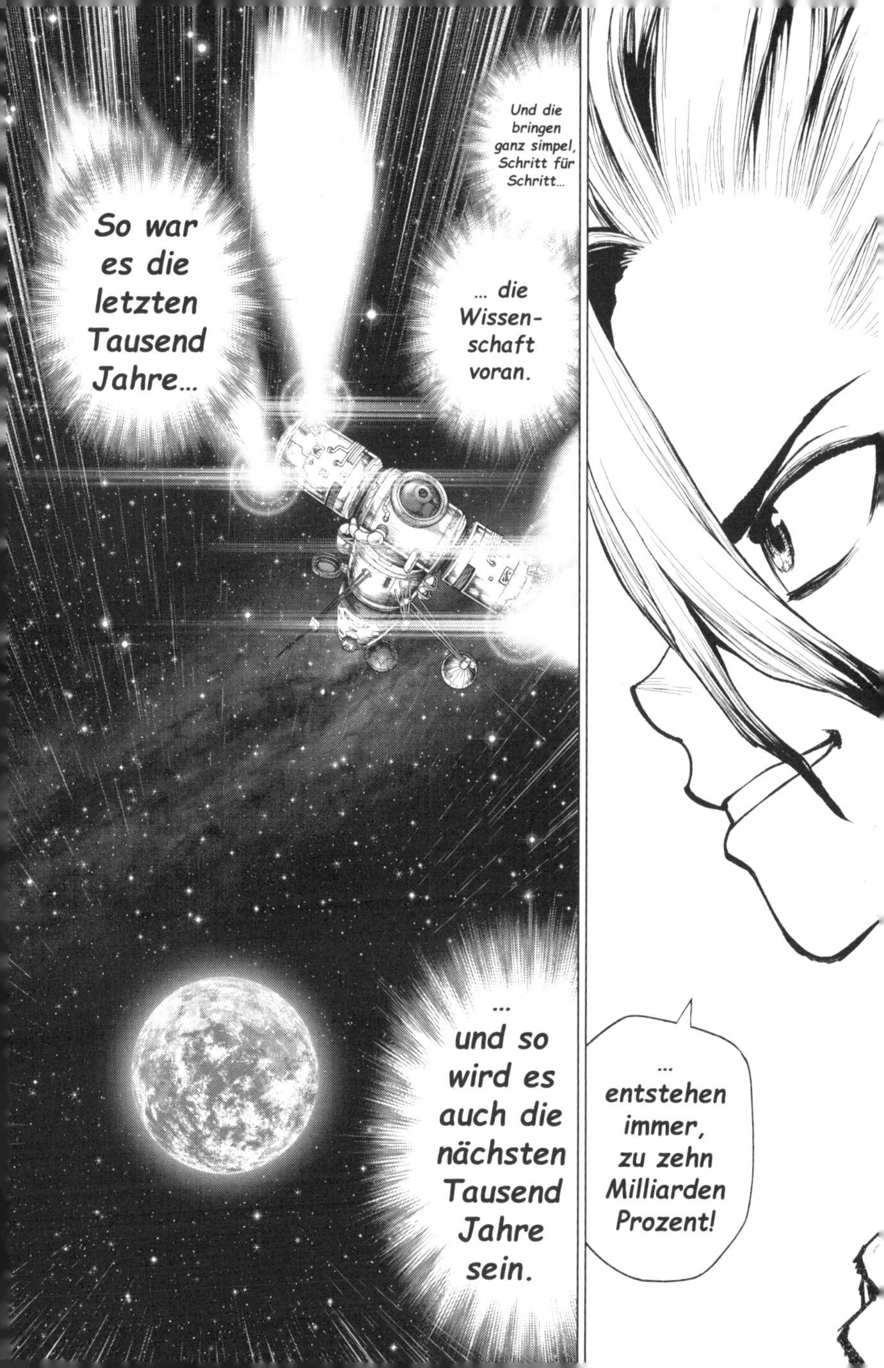

Und die bringen ganz simpel, Schritt für Schritt…
… die Wissenschaft voran.
So war es die letzten Tausend Jahre…
… und so wird es auch die nächsten Tausend Jahre sein.
… entstehen immer, zu zehn Milliarden Prozent!

Der Robo-Senku antwortet! FAQ

SUCHE

Fragen und Antworten

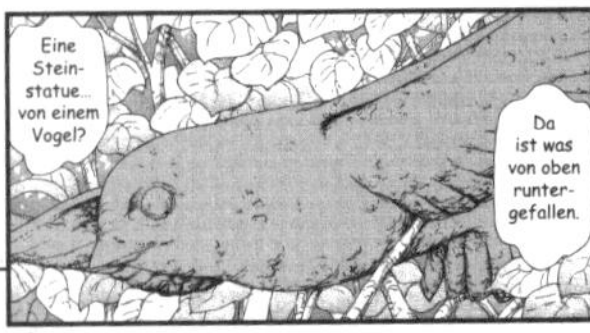

Ich denke, dass die gesamte Menschheit bald wieder entsteinert sein wird, aber was ist aus den Schwalben geworden?

Von: Nagahisa aus Hyogo SUCHE

Wir haben die Steinschwalben in einer Reihe von Expeditionen aufgesammelt und aufgeweckt!

Das musste geordnet ablaufen, weil das Ökosystem der neuen Welt berücksichtigt werden muss. Deswegen haben wir überall auf der Welt Biologen aufgeweckt und nacheinander losgeschickt!

Wenn es einen Wissensschaftswettkampf Senku vs. Xeno gäbe – wer würde gewinnen?

Von: Yokkun aus Shizuoka SUCHE

Wenn es um Raketenentwicklung geht, würde ich als Spezialist haushoch gewinnen... Aber was das allgemeine naturwissenschaftliche Wissen angeht, würde Senku mich wahrscheinlich schlagen.

Dieses große Verlangen namens Neugier – ich denke, das ist Senkus äußerst elegante Stärke.

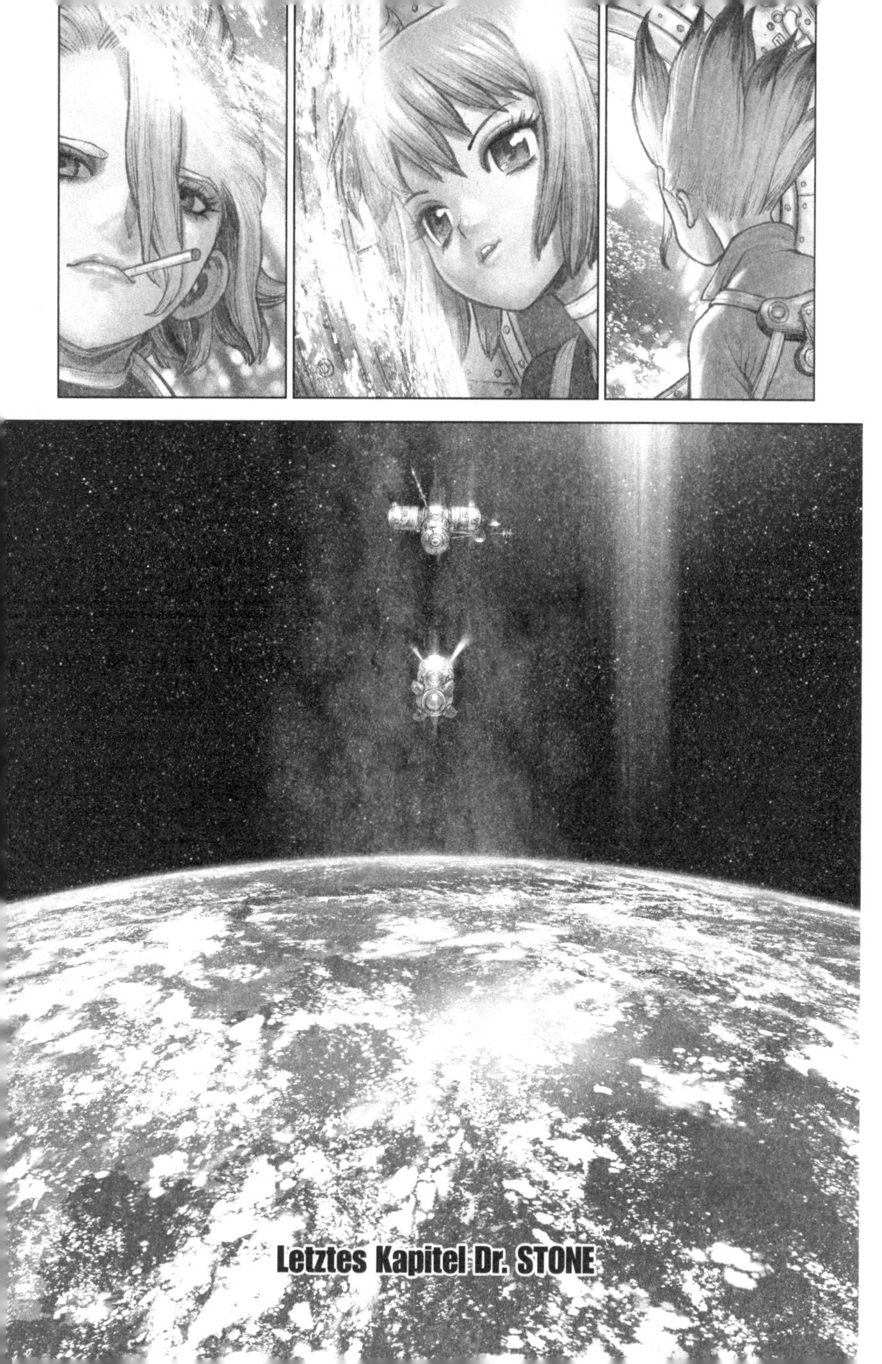
Letztes Kapitel Dr. STONE

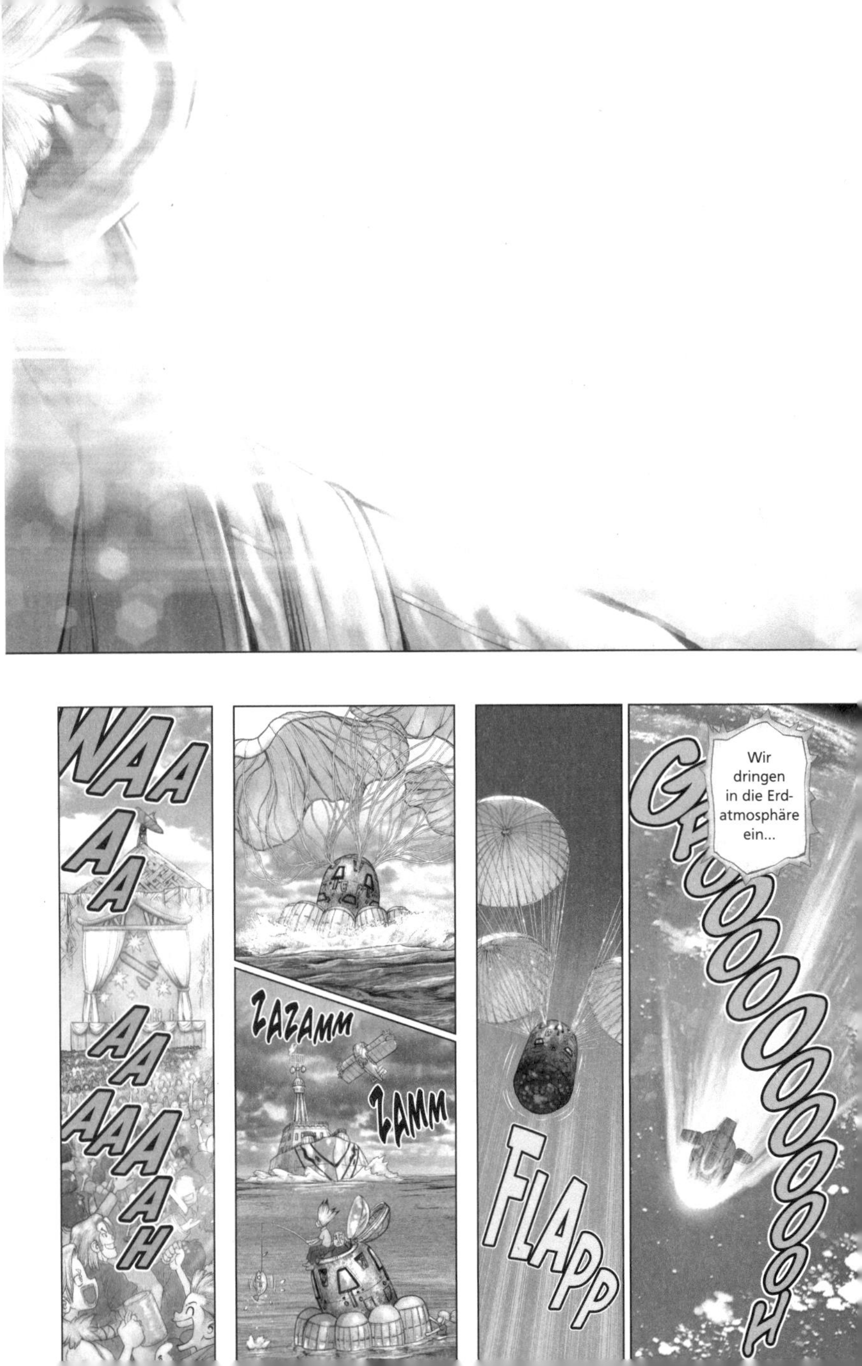
Wir dringen in die Erdatmosphäre ein...
FLAPP
ZAZAMM
ZAMM

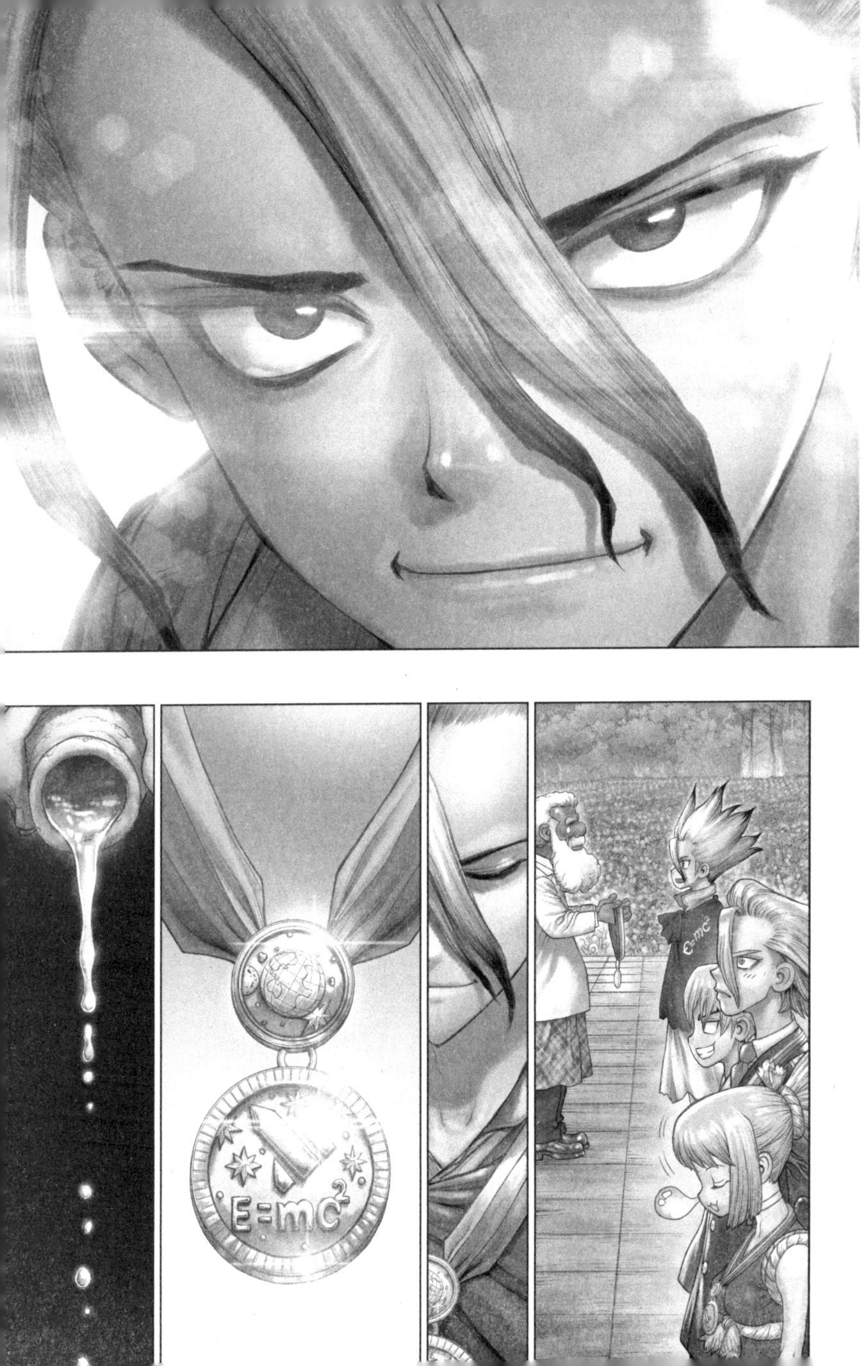
$E=mc^2$

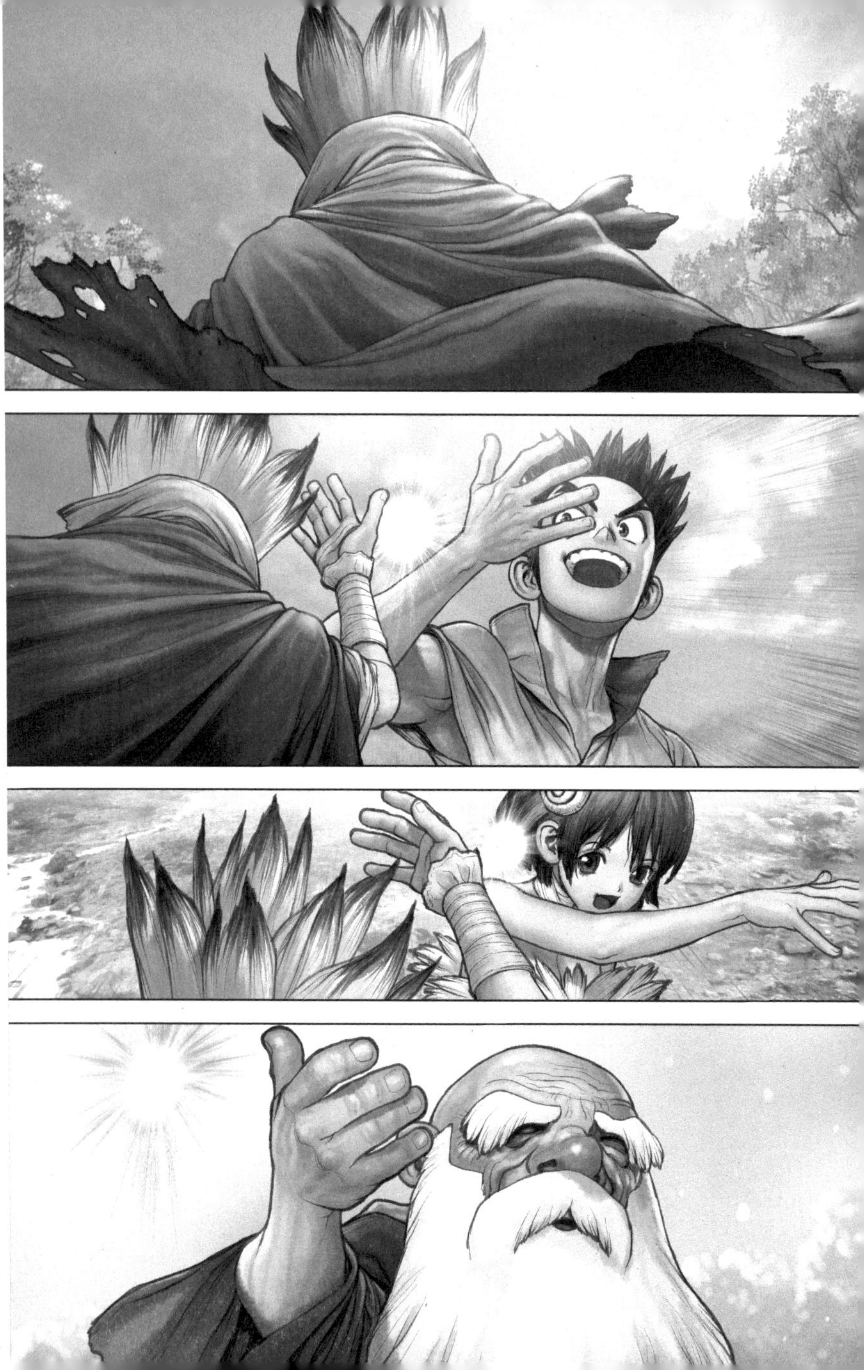

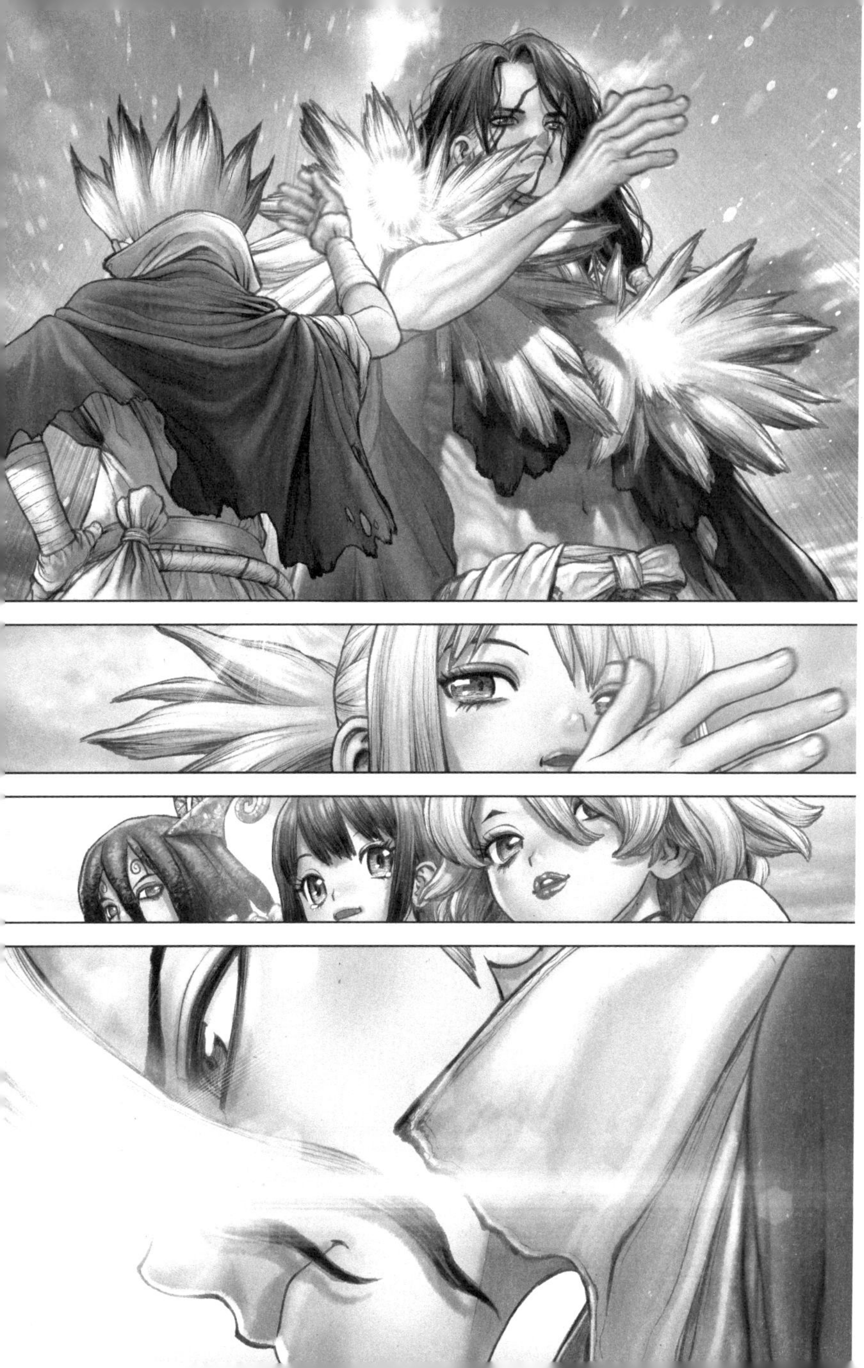

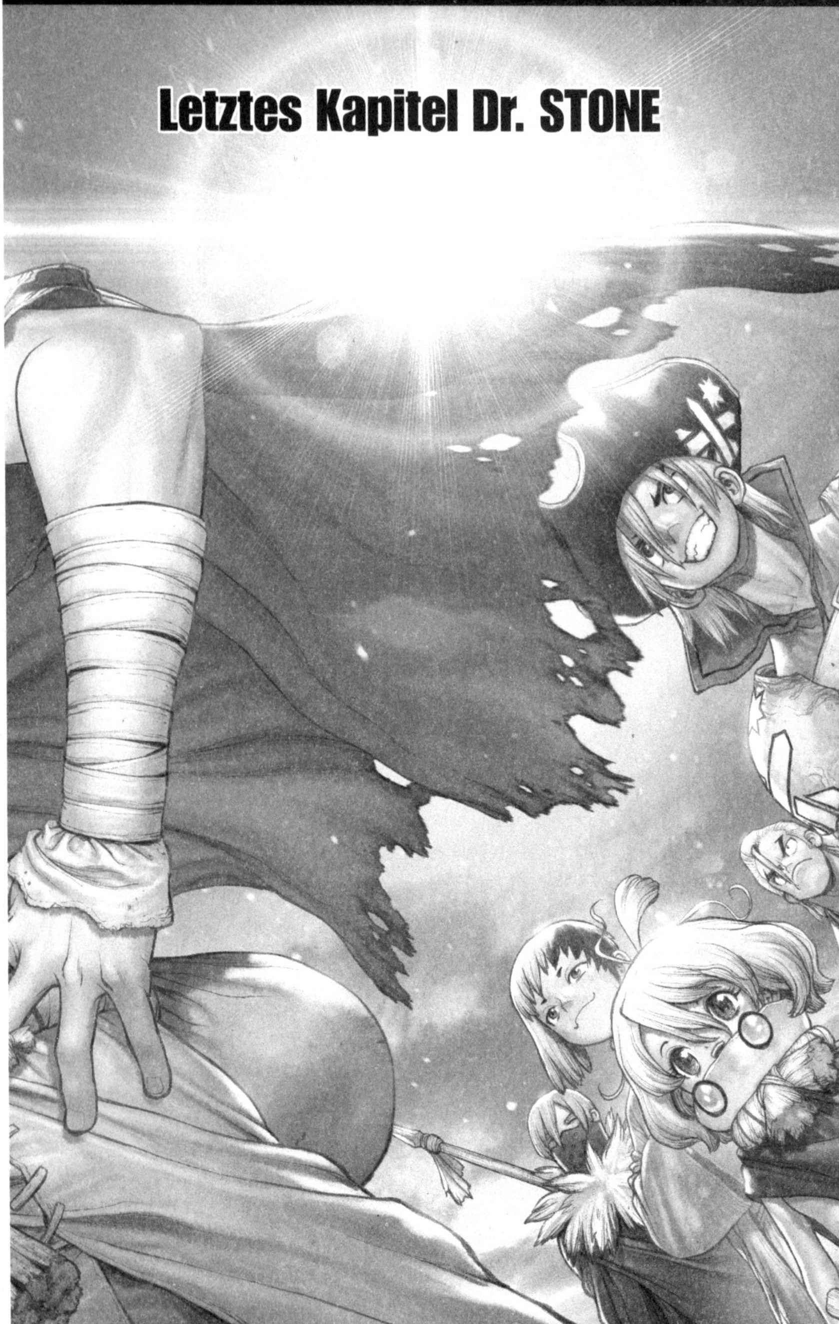
Letztes Kapitel Dr. STONE

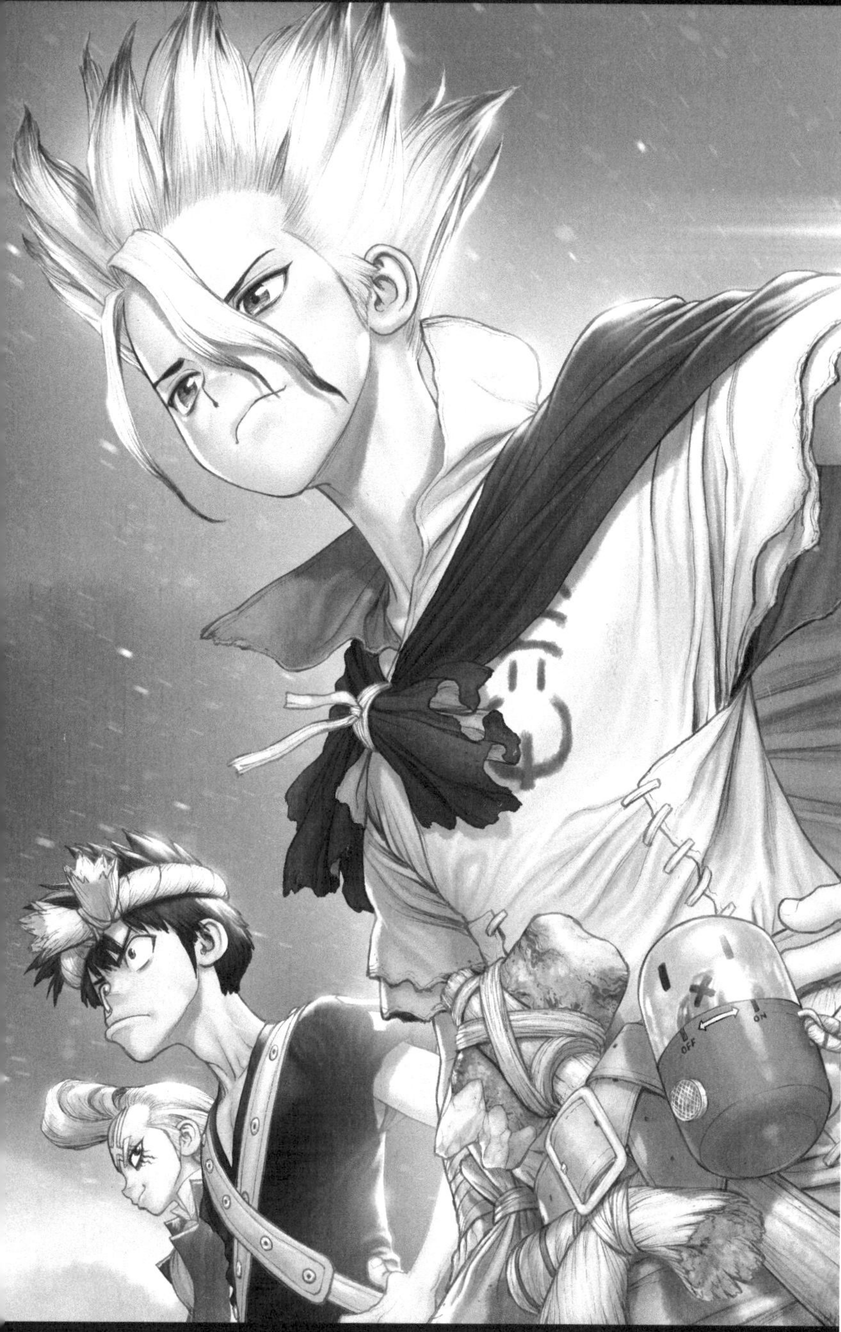
OFF
ON

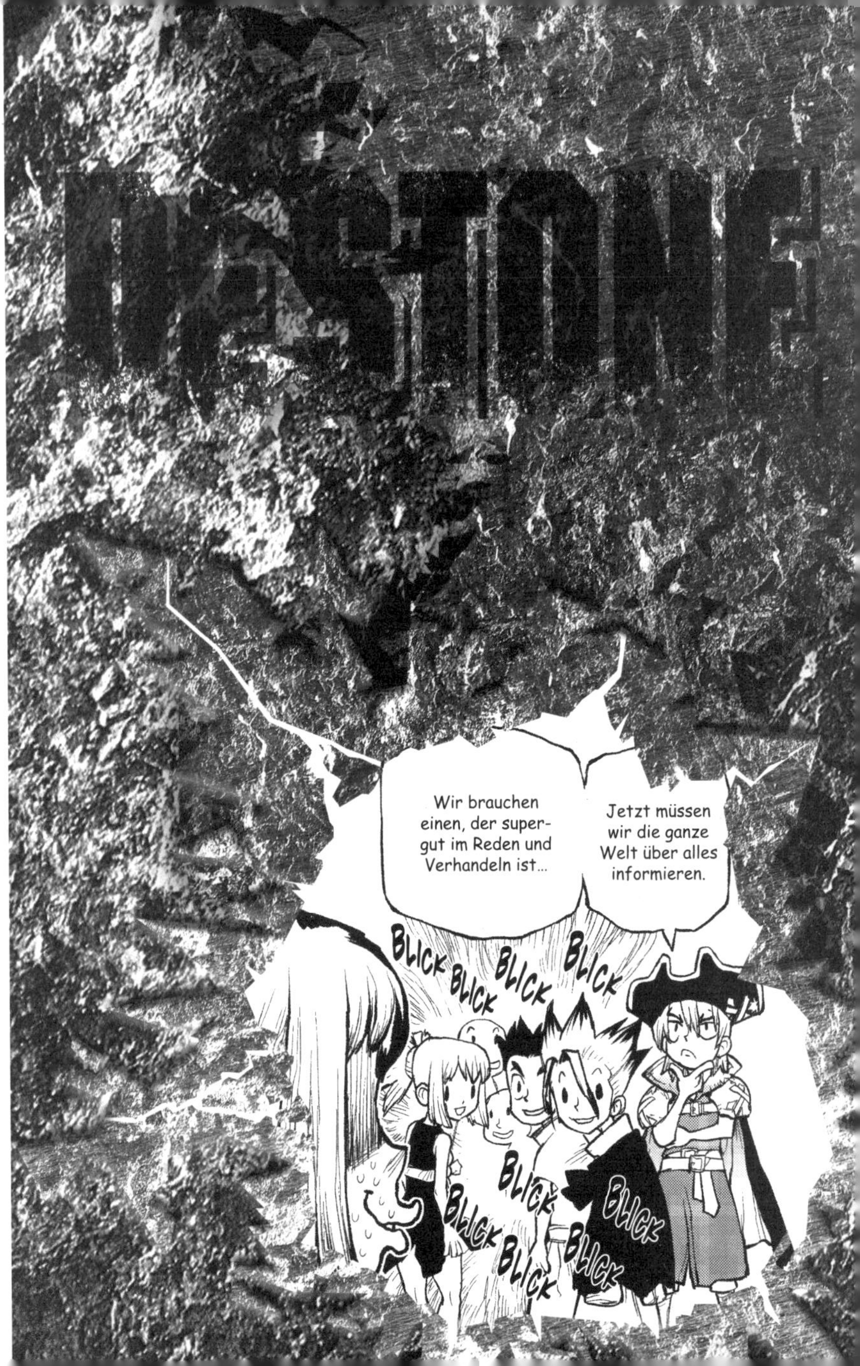
Dr.STONE
Jetzt müssen wir die ganze Welt über alles informieren.
Wir brauchen einen, der super-gut im Reden und Verhandeln ist...
BLICK
BLICK
BLICK
BLICK
BLICK
BLICK
BLICK
BLICK
BLICK

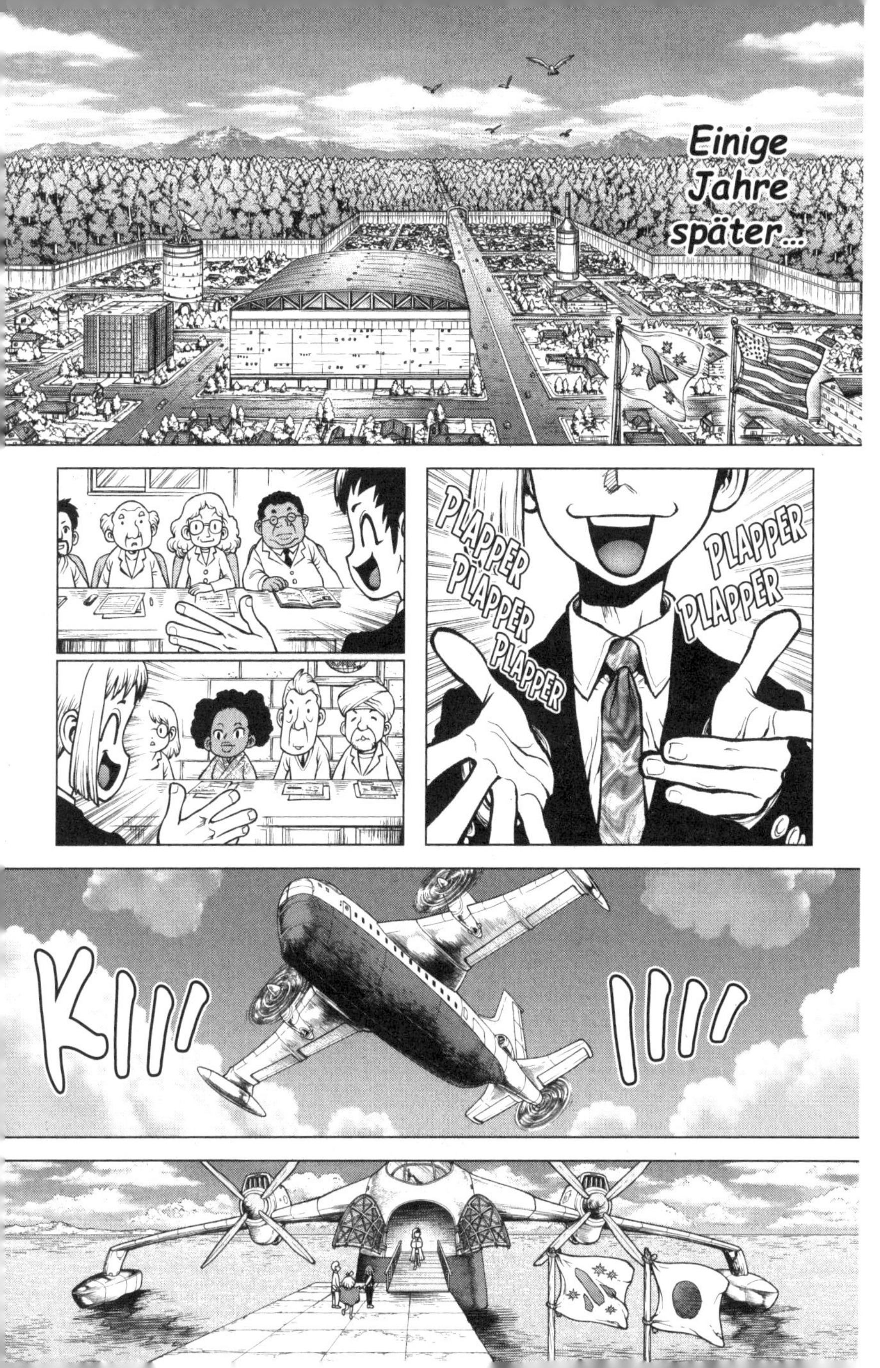
Einige Jahre später...
PLAPPER PLAPPER
PLAPPER PLAPPER PLAPPER
KIII IIII

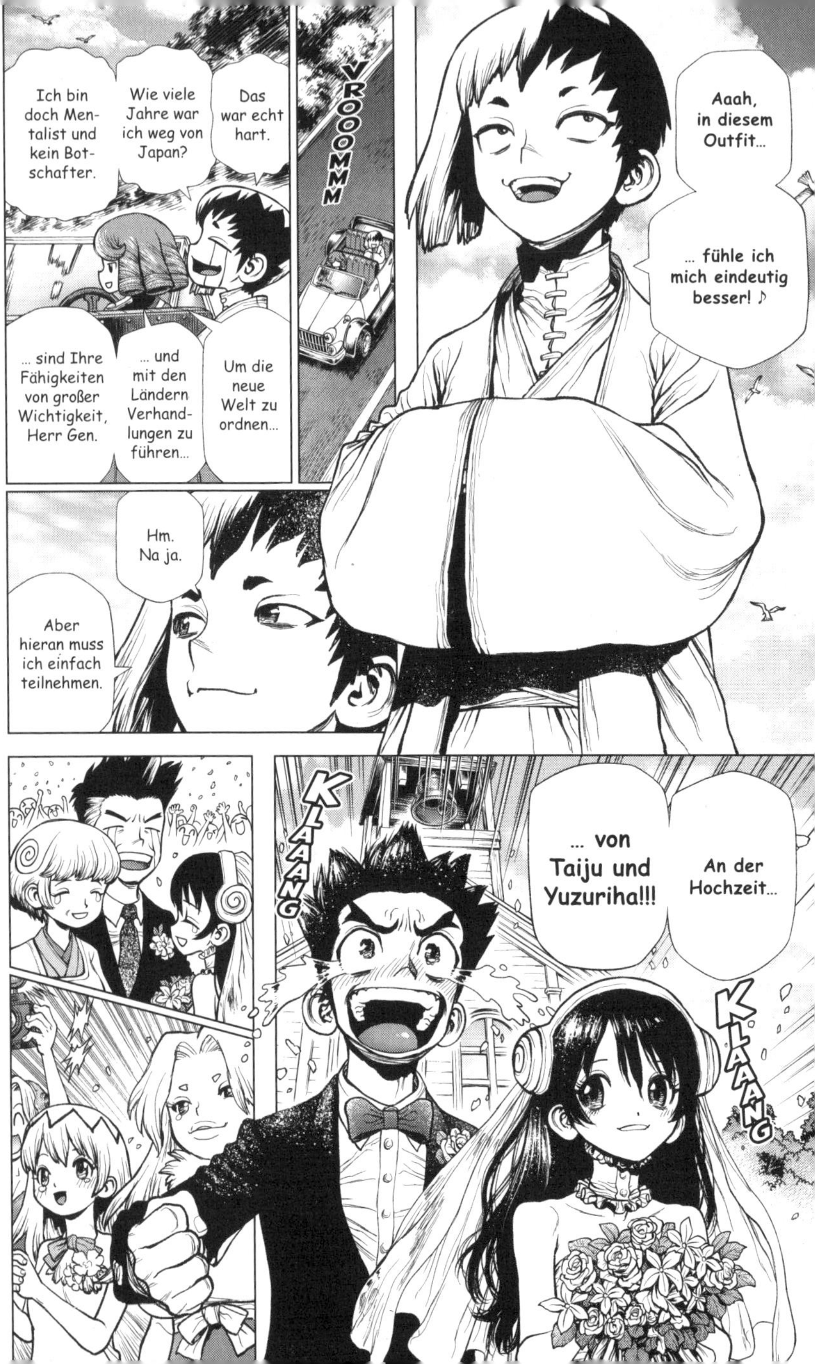

Das war echt hart.
Wie viele Jahre war ich weg von Japan?
Ich bin doch Mentalist und kein Botschafter.
VROOOOMMM
Um die neue Welt zu ordnen…
… und mit den Ländern Verhandlungen zu führen…
… sind Ihre Fähigkeiten von großer Wichtigkeit, Herr Gen.
Hm. Na ja.
Aber hieran muss ich einfach teilnehmen.
Aaah, in diesem Outfit…
… fühle ich mich eindeutig besser! ♪
KLAAANG
KLAAANG
An der Hochzeit…
… von Taiju und Yuzuriha!!!

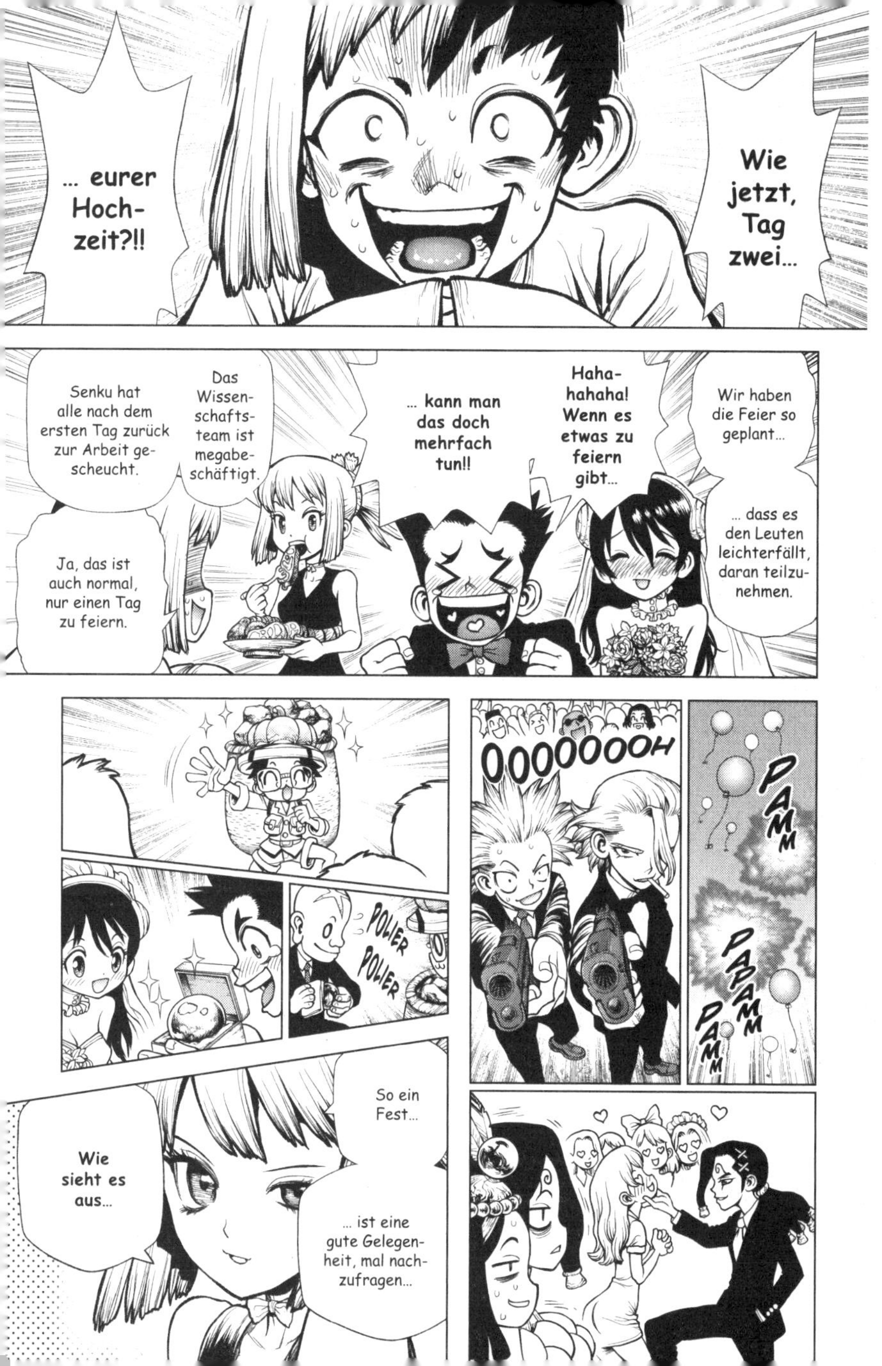
Wie jetzt, Tag zwei...
... eurer Hochzeit?!!
Wir haben die Feier so geplant...
... dass es den Leuten leichterfällt, daran teilzunehmen.
Haha-hahaha! Wenn es etwas zu feiern gibt...
... kann man das doch mehrfach tun!!
Das Wissen-schafts-team ist megabe-schäftigt.
Senku hat alle nach dem ersten Tag zurück zur Arbeit ge-scheucht.
Ja, das ist auch normal, nur einen Tag zu feiern.
PAMM
PAPAMM
PAMM
OOOOOOOOH
POLIER POLIER
So ein Fest...
... ist eine gute Gelegen-heit, mal nach-zufragen...
Wie sieht es aus...

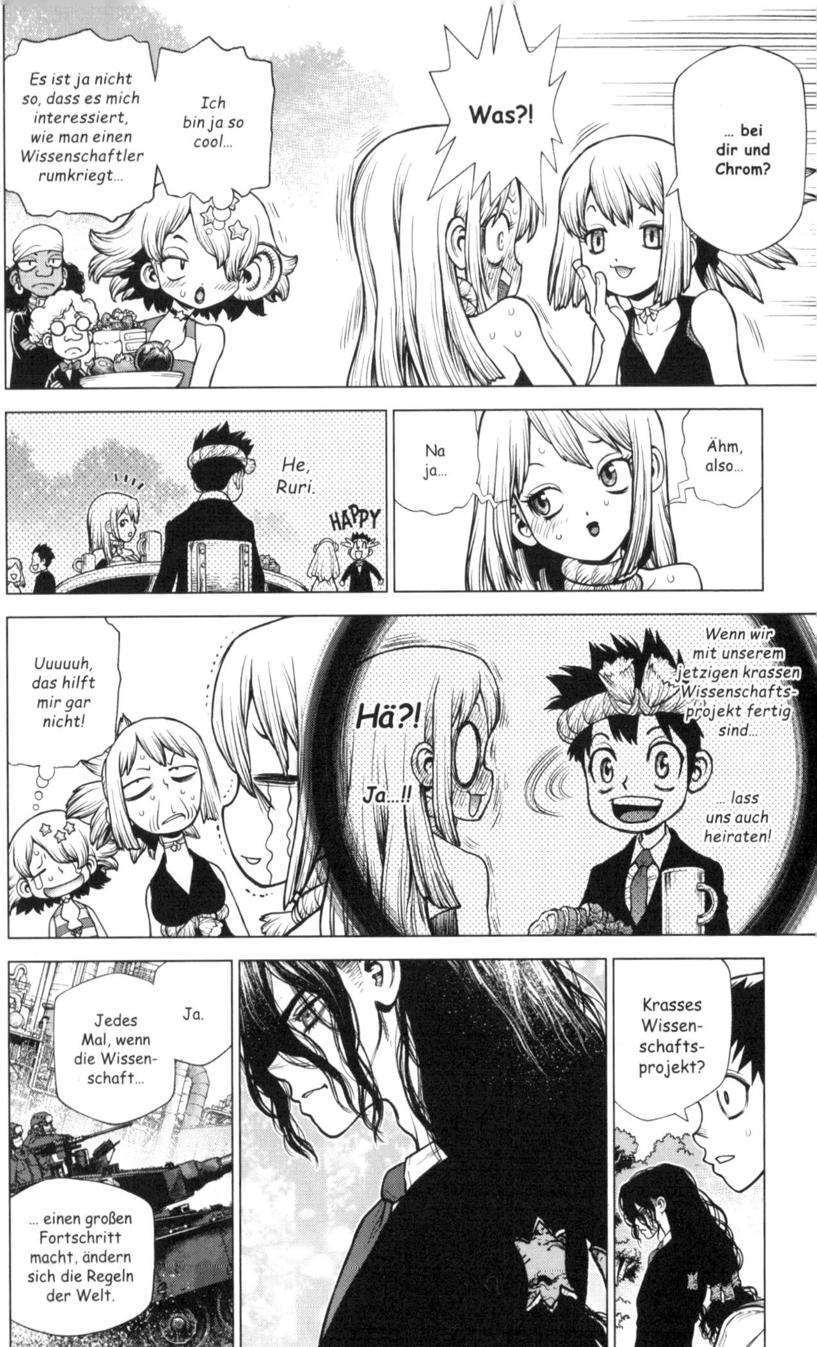
... bei dir und Chrom?
Was?!
Ich bin ja so cool...
Es ist ja nicht so, dass es mich interessiert, wie man einen Wissenschaftler rumkriegt...
Ähm, also...
Na ja...
He, Ruri.
HAPPY
Wenn wir mit unserem jetzigen krassen Wissenschafts-projekt fertig sind...
... lass uns auch heiraten!
Hä?!
Ja...!!
Uuuuuh, das hilft mir gar nicht!
Krasses Wissen-schafts-projekt?
Ja.
Jedes Mal, wenn die Wissen-schaft...
... einen großen Fortschritt macht, ändern sich die Regeln der Welt.

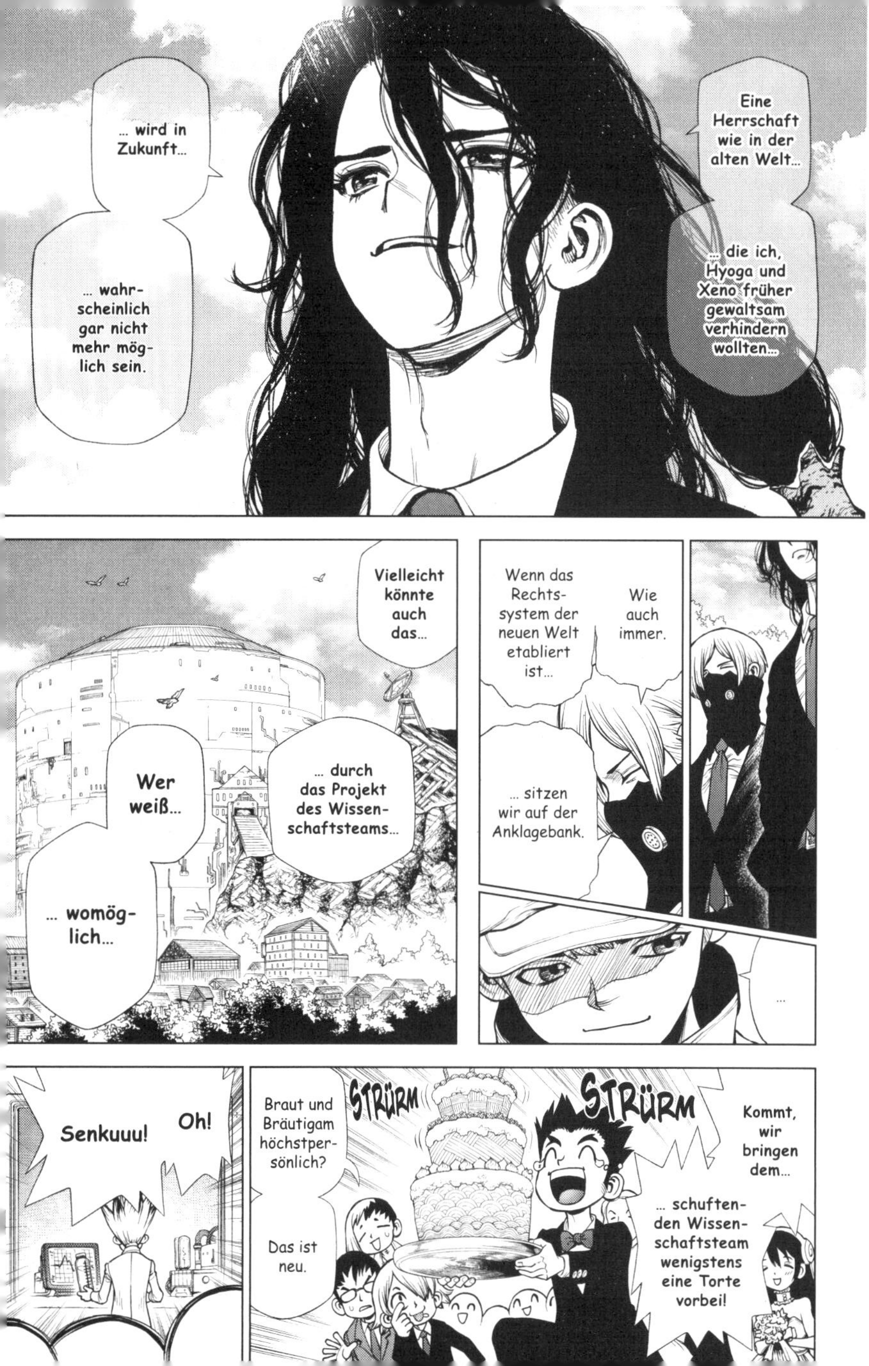

Eine Herrschaft wie in der alten Welt…
… die ich, Hyoga und Xeno früher gewaltsam verhindern wollten…
… wird in Zukunft…
… wahrscheinlich gar nicht mehr möglich sein.
Wie auch immer.
Wenn das Rechtssystem der neuen Welt etabliert ist…
… sitzen wir auf der Anklagebank.
…
Vielleicht könnte auch das…
… durch das Projekt des Wissenschaftsteams…
Wer weiß…
… womöglich…
Kommt, wir bringen dem…
… schuftenden Wissenschaftsteam wenigstens eine Torte vorbei!
STRÜRM
STRÜRM
Braut und Bräutigam höchstpersönlich?
Das ist neu.
Oh!
Senkuuu!

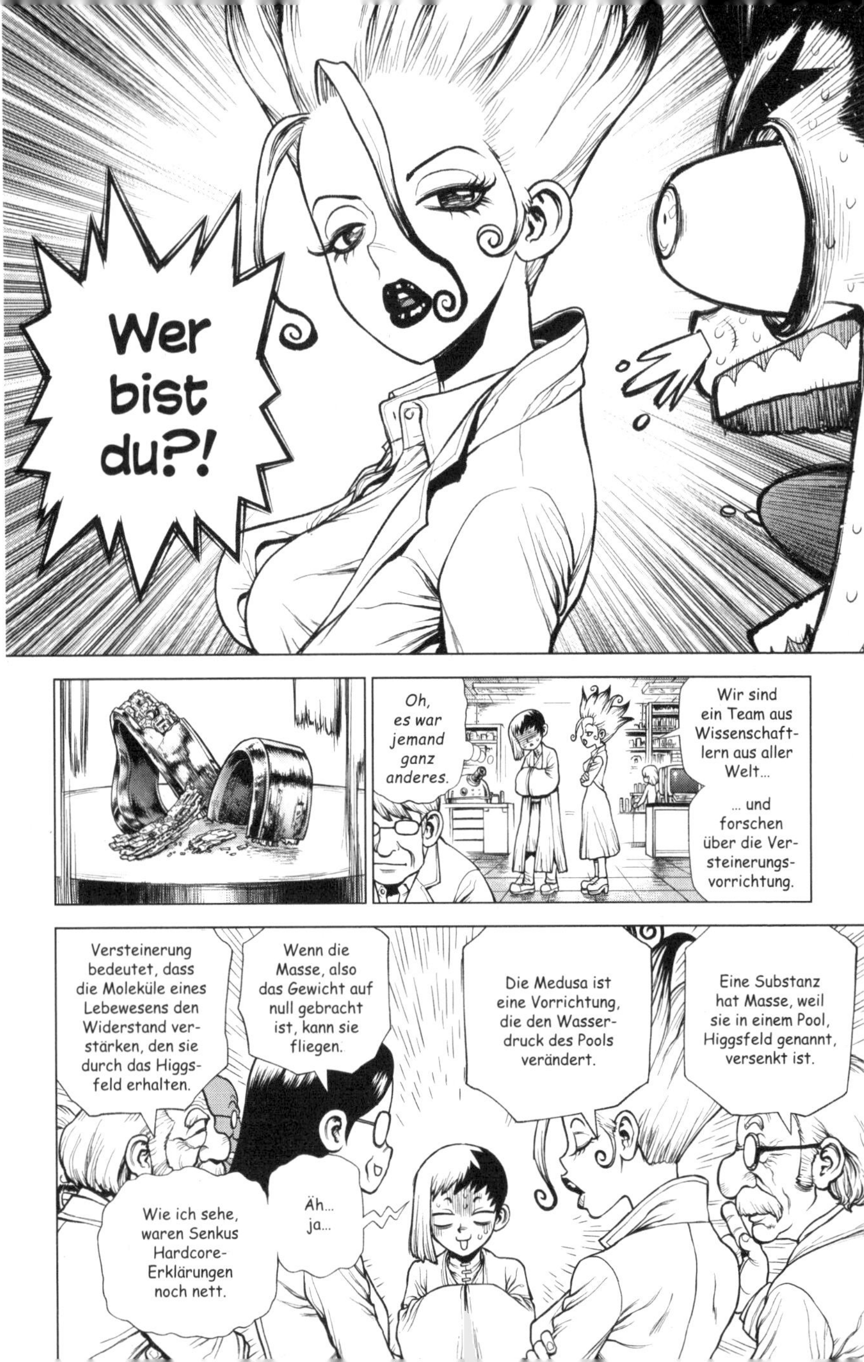
Wer bist du?!
Wir sind ein Team aus Wissenschaftlern aus aller Welt…
… und forschen über die Versteinerungsvorrichtung.
Oh, es war jemand ganz anderes.
Eine Substanz hat Masse, weil sie in einem Pool, Higgsfeld genannt, versenkt ist.
Die Medusa ist eine Vorrichtung, die den Wasserdruck des Pools verändert.
Wenn die Masse, also das Gewicht auf null gebracht ist, kann sie fliegen.
Versteinerung bedeutet, dass die Moleküle eines Lebewesens den Widerstand verstärken, den sie durch das Higgsfeld erhalten.
Äh… ja…
Wie ich sehe, waren Senkus Hardcore-Erklärungen noch nett.

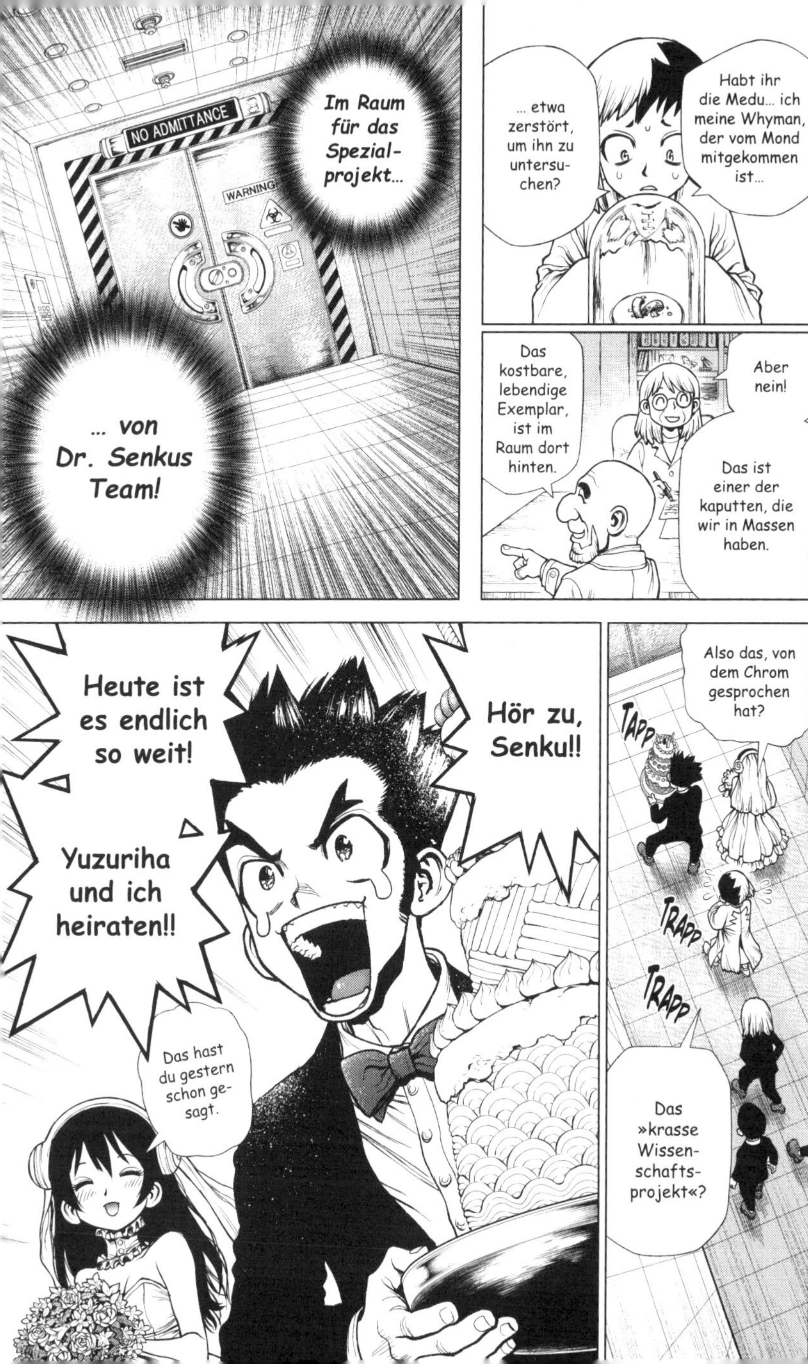
Habt ihr die Medu… ich meine Whyman, der vom Mond mitgekommen ist…
… etwa zerstört, um ihn zu untersu-chen?
Aber nein!
Das ist einer der kaputten, die wir in Massen haben.
Das kostbare, lebendige Exemplar, ist im Raum dort hinten.
NO ADMITTANCE
WARNING
Im Raum für das Spezial-projekt…
… von Dr. Senkus Team!
Also das, von dem Chrom gesprochen hat?
TAPP
TRAPP
TRAPP
Das »krasse Wissen-schafts-projekt«?
Hör zu, Senku!!
Heute ist es endlich so weit!
Yuzuriha und ich heiraten!!
Das hast du gestern schon ge-sagt.

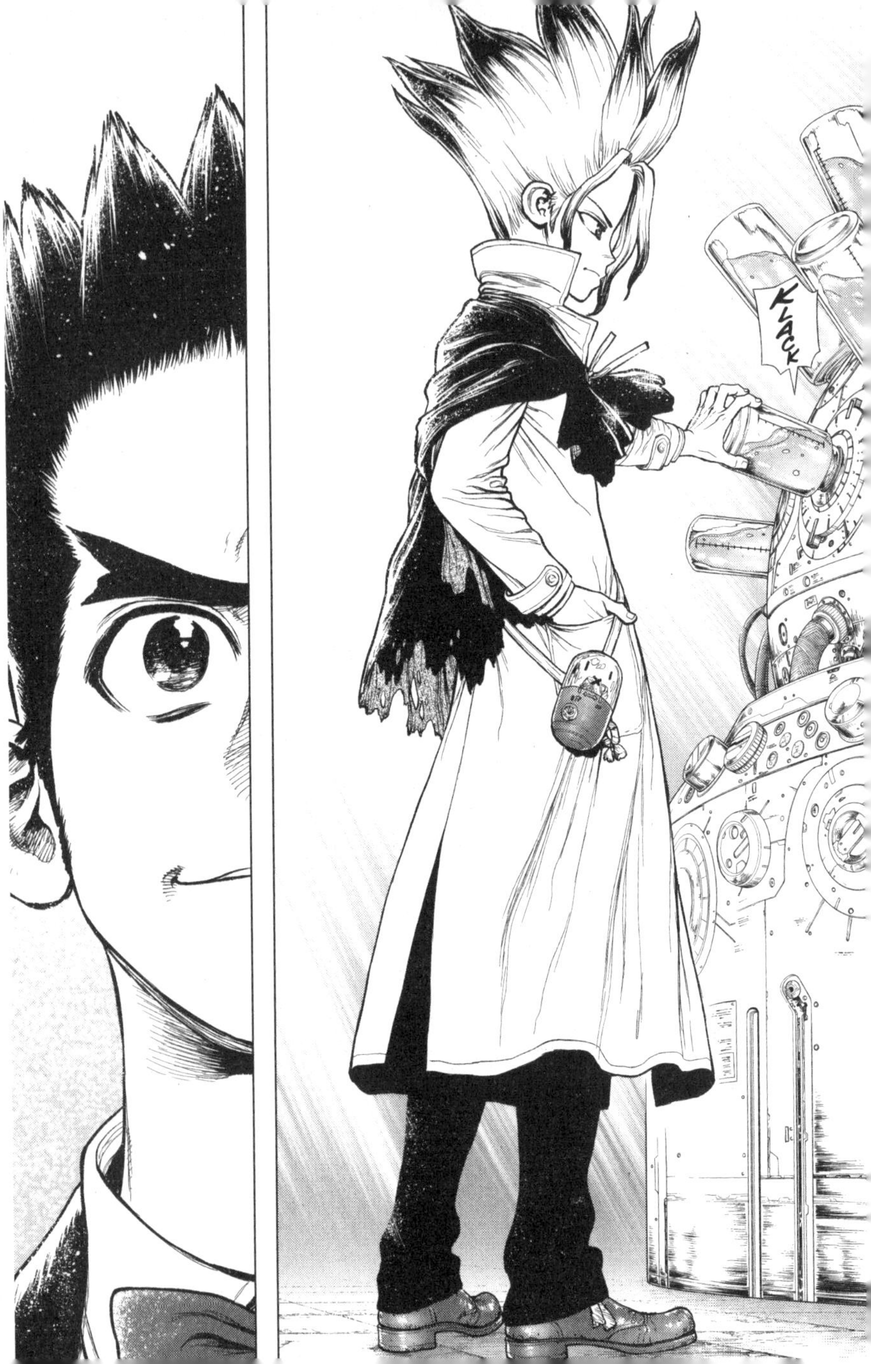
KLACK

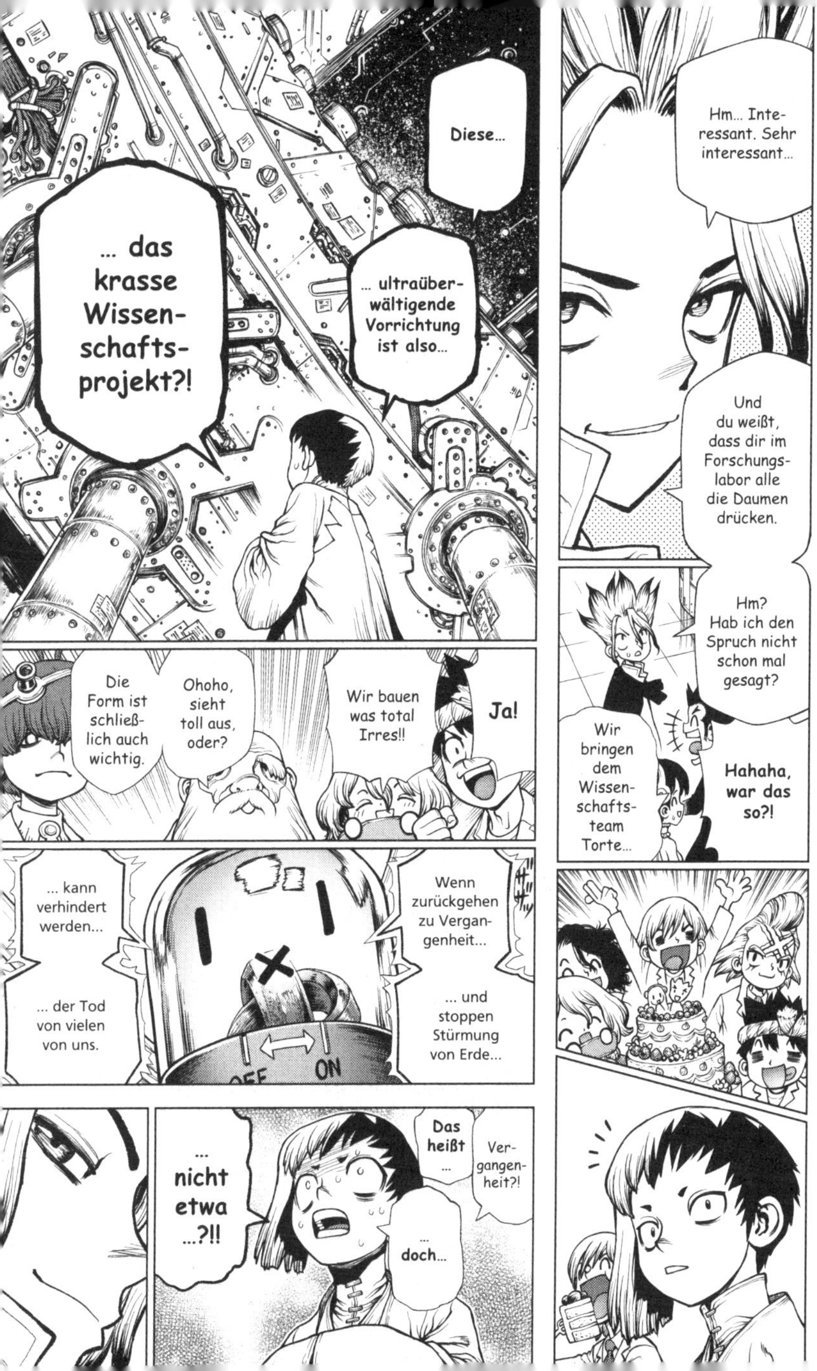
Diese...
... ultraüberwältigende Vorrichtung ist also...
... das krasse Wissenschaftsprojekt?!
Ja!
Wir bauen was total Irres!!
Ohoho, sieht toll aus, oder?
Die Form ist schließlich auch wichtig.
Wenn zurückgehen zu Vergangenheit...
... und stoppen Stürmung von Erde...
... kann verhindert werden...
... der Tod von vielen von uns.
ON
Das heißt ...
Vergangenheit?!
... doch...
... nicht etwa ...?!!
Hm... Interessant. Sehr interessant...
Und du weißt, dass dir im Forschungslabor alle die Daumen drücken.
Hm? Hab ich den Spruch nicht schon mal gesagt?
Hahaha, war das so?!
Wir bringen dem Wissenschaftsteam Torte...

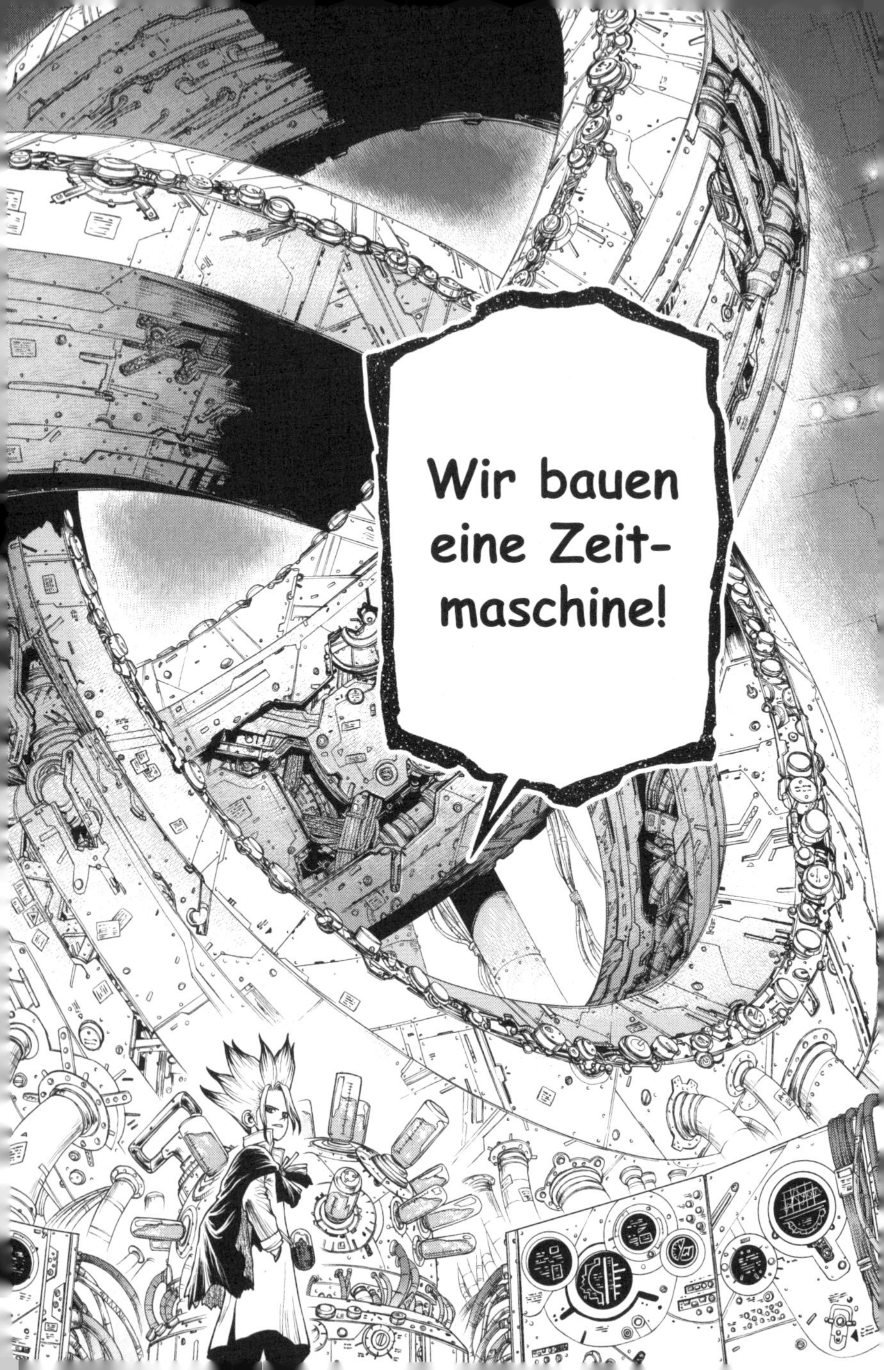
Wir bauen eine Zeit-maschine!

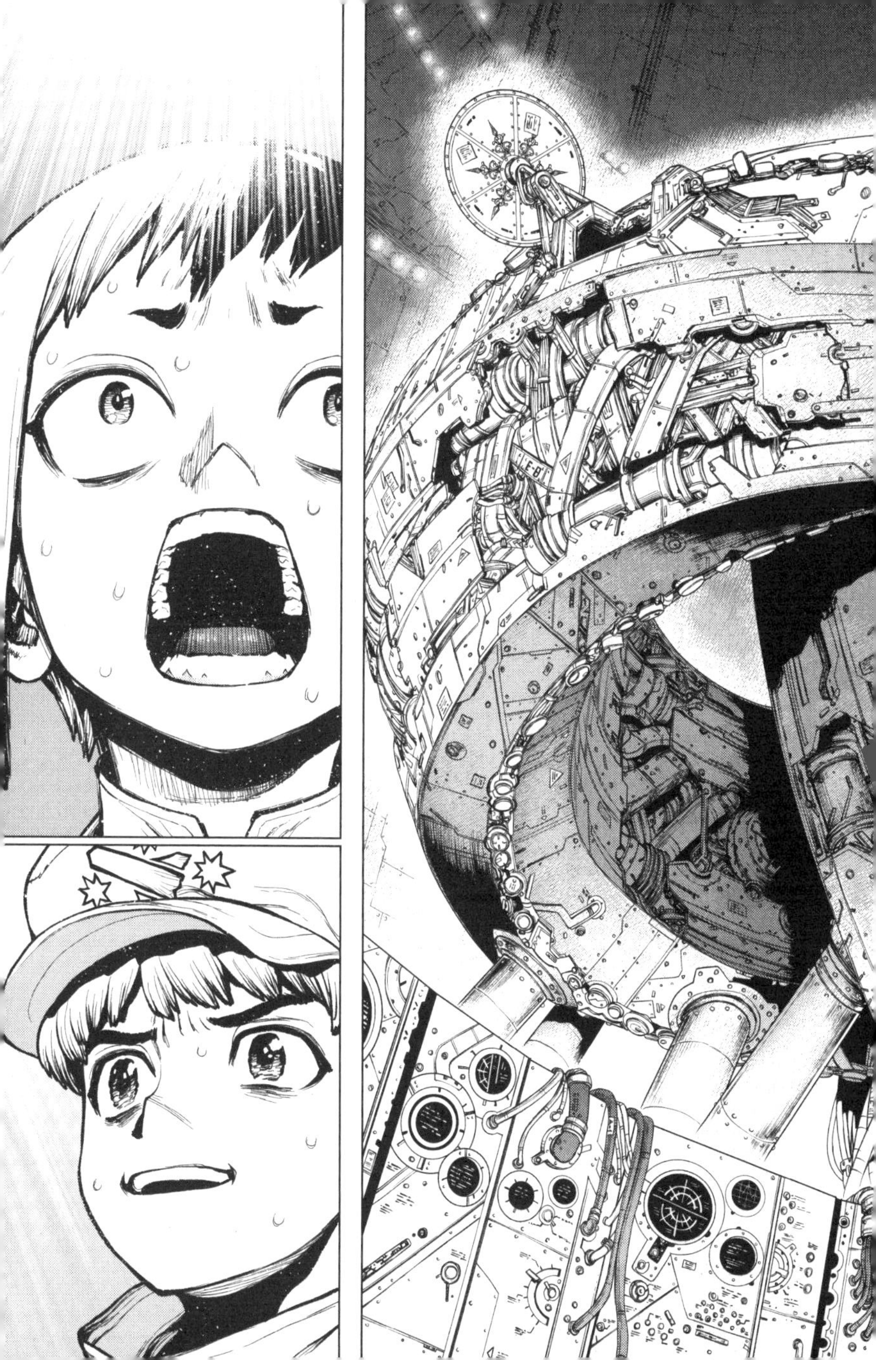

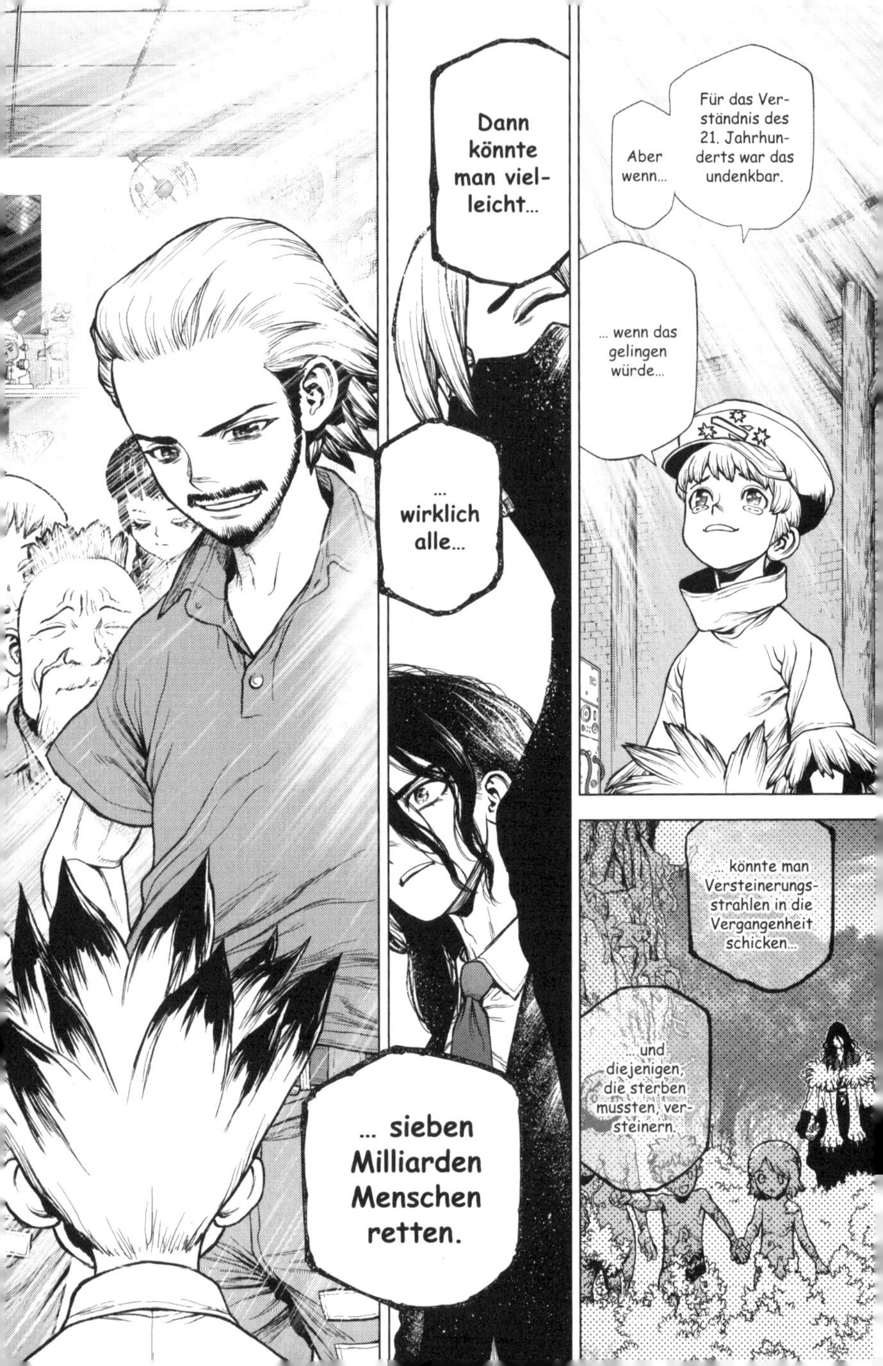
Für das Verständnis des 21. Jahrhunderts war das undenkbar.
Aber wenn...
... wenn das gelingen würde...
... könnte man Versteinerungsstrahlen in die Vergangenheit schicken...
... und diejenigen, die sterben mussten, versteinern.
Dann könnte man vielleicht...
... wirklich alle...
... sieben Milliarden Menschen retten.

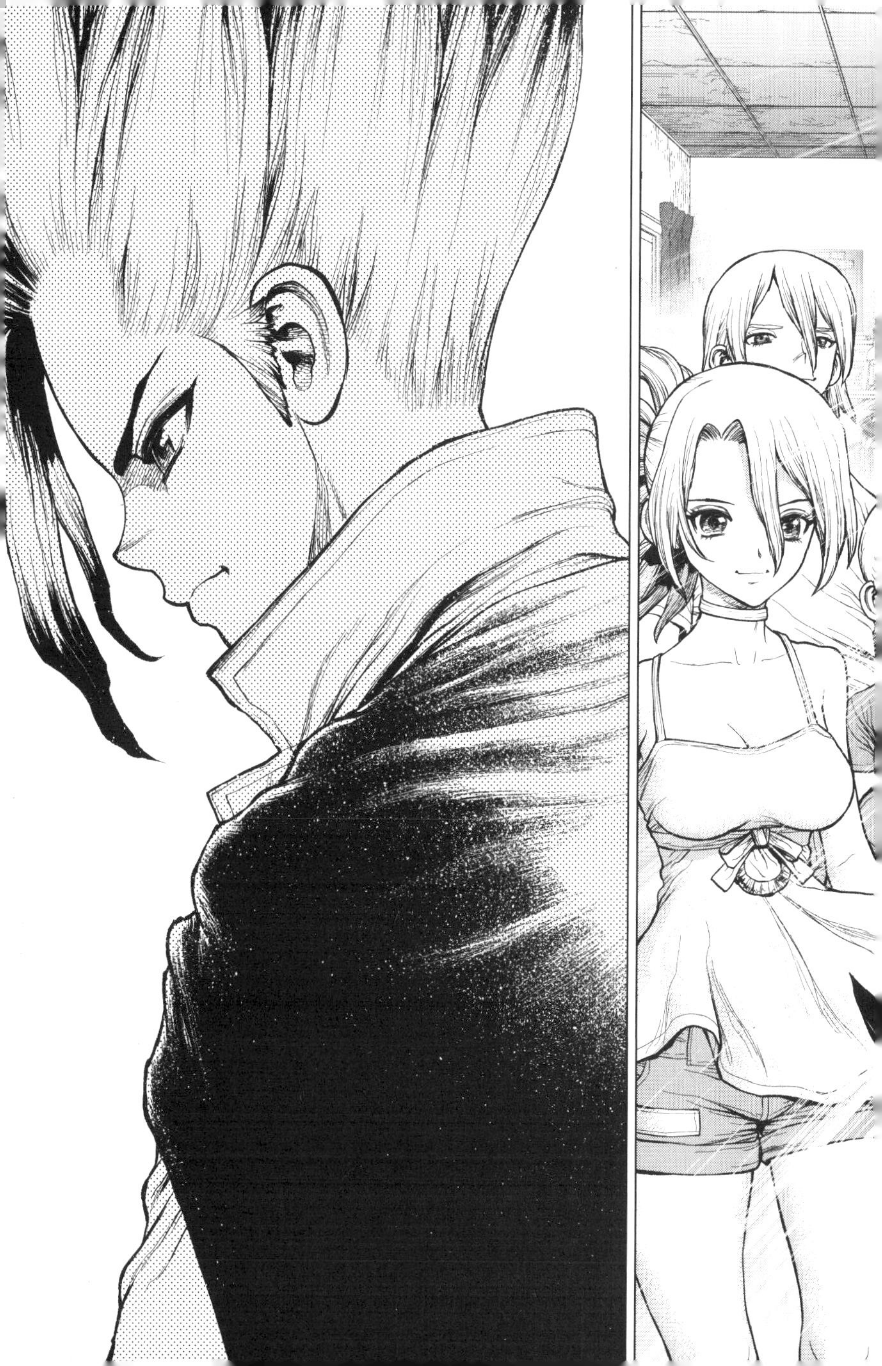

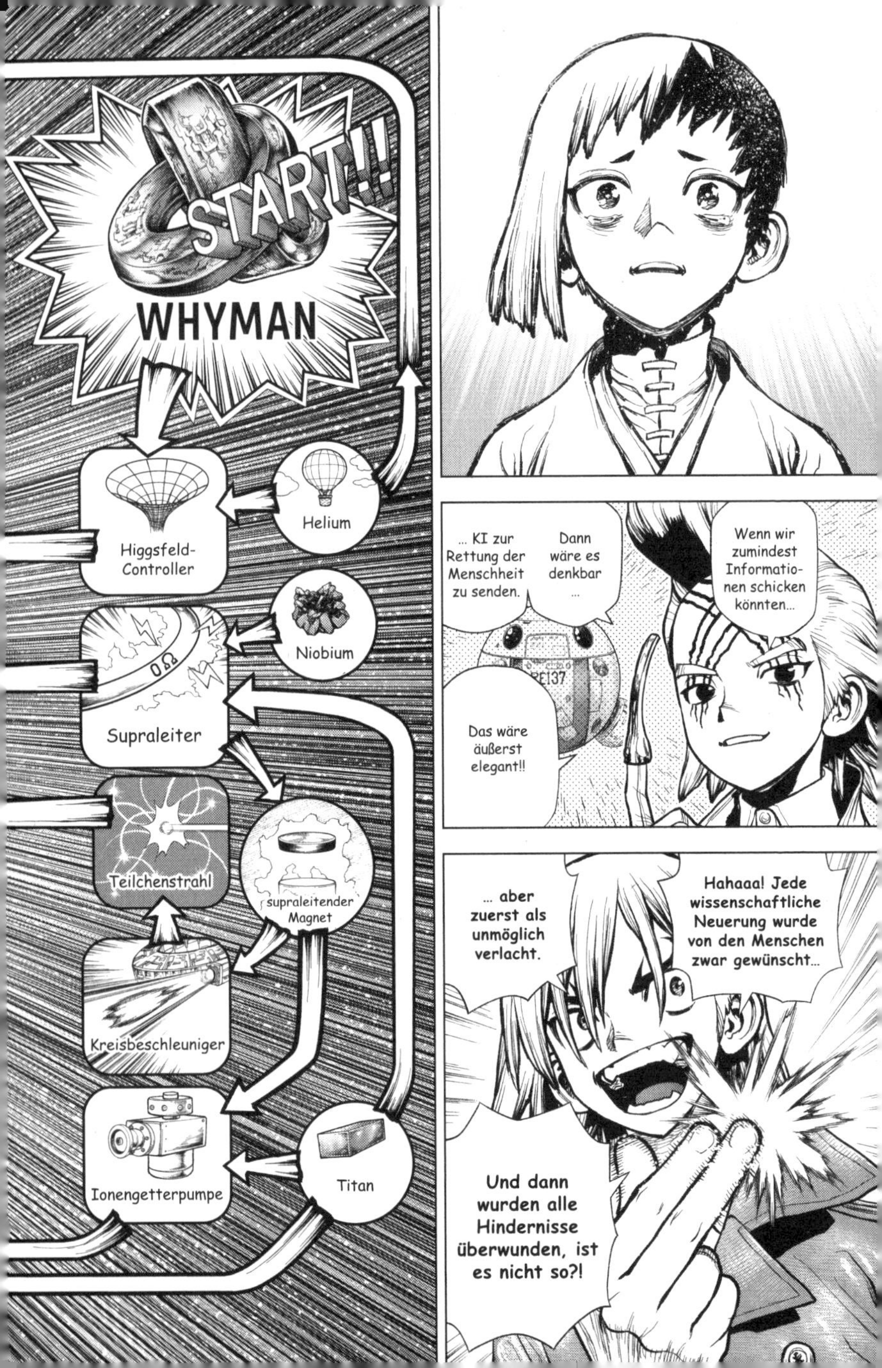
Wenn wir zumindest Informationen schicken könnten...
Dann wäre es denkbar ...
... KI zur Rettung der Menschheit zu senden.
Das wäre äußerst elegant!!
Hahaaa! Jede wissenschaftliche Neuerung wurde von den Menschen zwar gewünscht...
... aber zuerst als unmöglich verlacht.
Und dann wurden alle Hindernisse überwunden, ist es nicht so?!
START!!
WHYMAN
Helium
Higgsfeld-Controller
Niobium
Supraleiter
supraleitender Magnet
Teilchenstrahl
Kreisbeschleuniger
Titan
Ionengetterpumpe

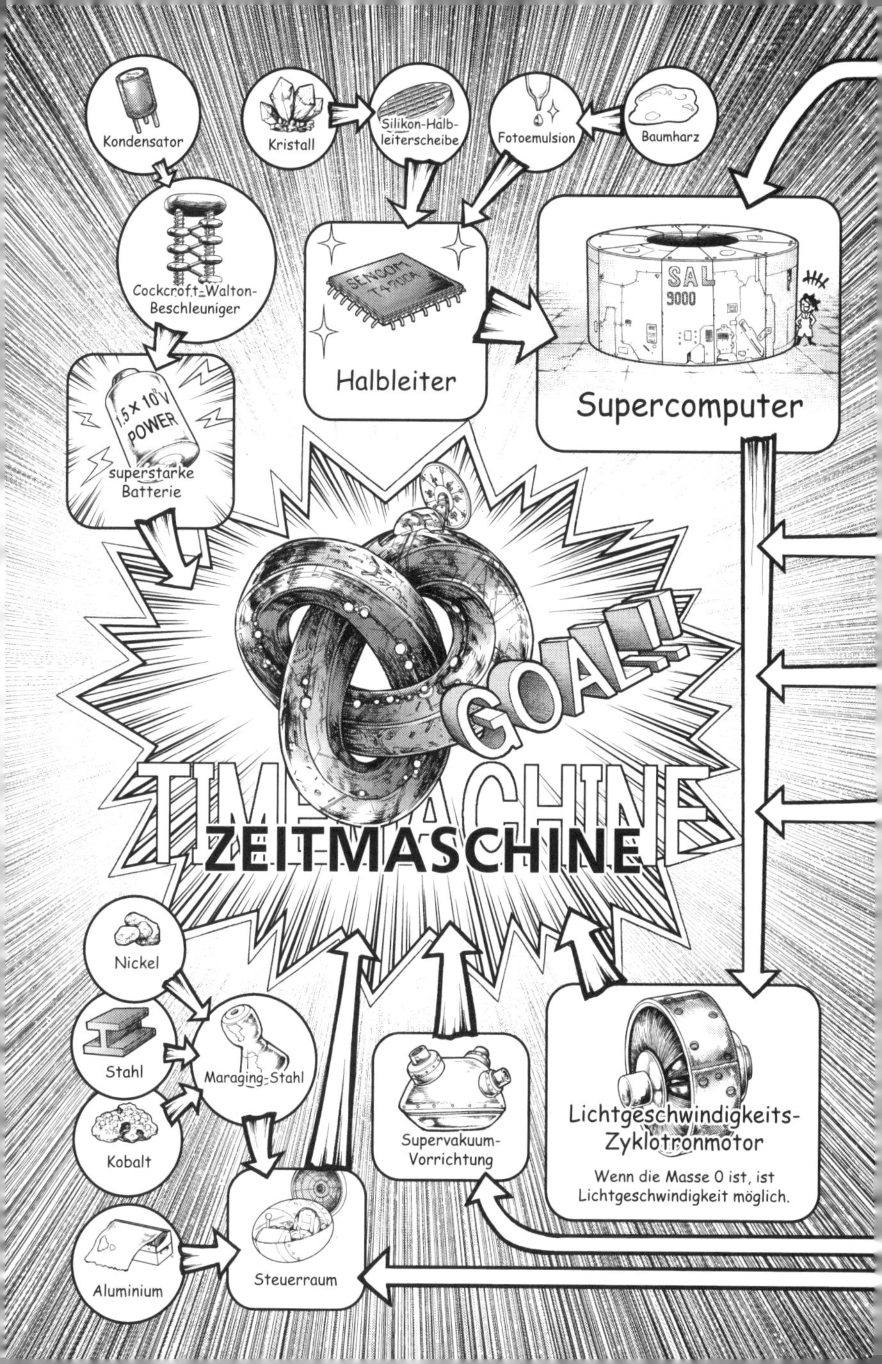

Kondensator
Kristall
Silikon-Halbleiterscheibe
Fotoemulsion
Baumharz
Cockcroft-Walton-Beschleuniger
Halbleiter
SAL 9000
Supercomputer
1,5 × 10^{12} V POWER
superstarke Batterie
GOAL!!
TIME MACHINE
ZEITMASCHINE
Nickel
Stahl
Maraging-Stahl
Kobalt
Supervakuum-Vorrichtung
Lichtgeschwindigkeits-Zyklotronmotor
Wenn die Masse 0 ist, ist Lichtgeschwindigkeit möglich.
Aluminium
Steuerraum

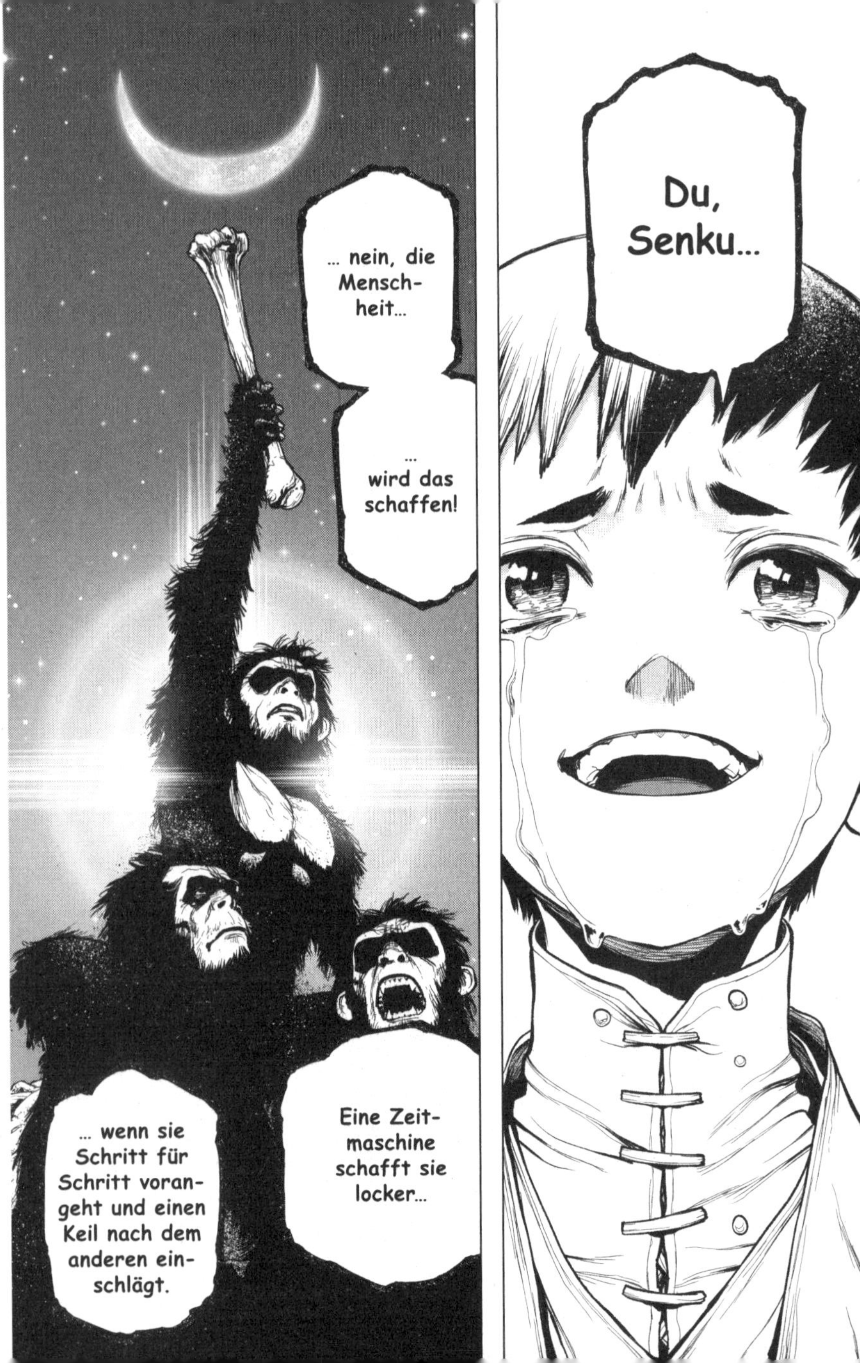
Du, Senku...
... nein, die Mensch-heit...
... wird das schaffen!
Eine Zeit-maschine schafft sie locker...
... wenn sie Schritt für Schritt voran-geht und einen Keil nach dem anderen ein-schlägt.

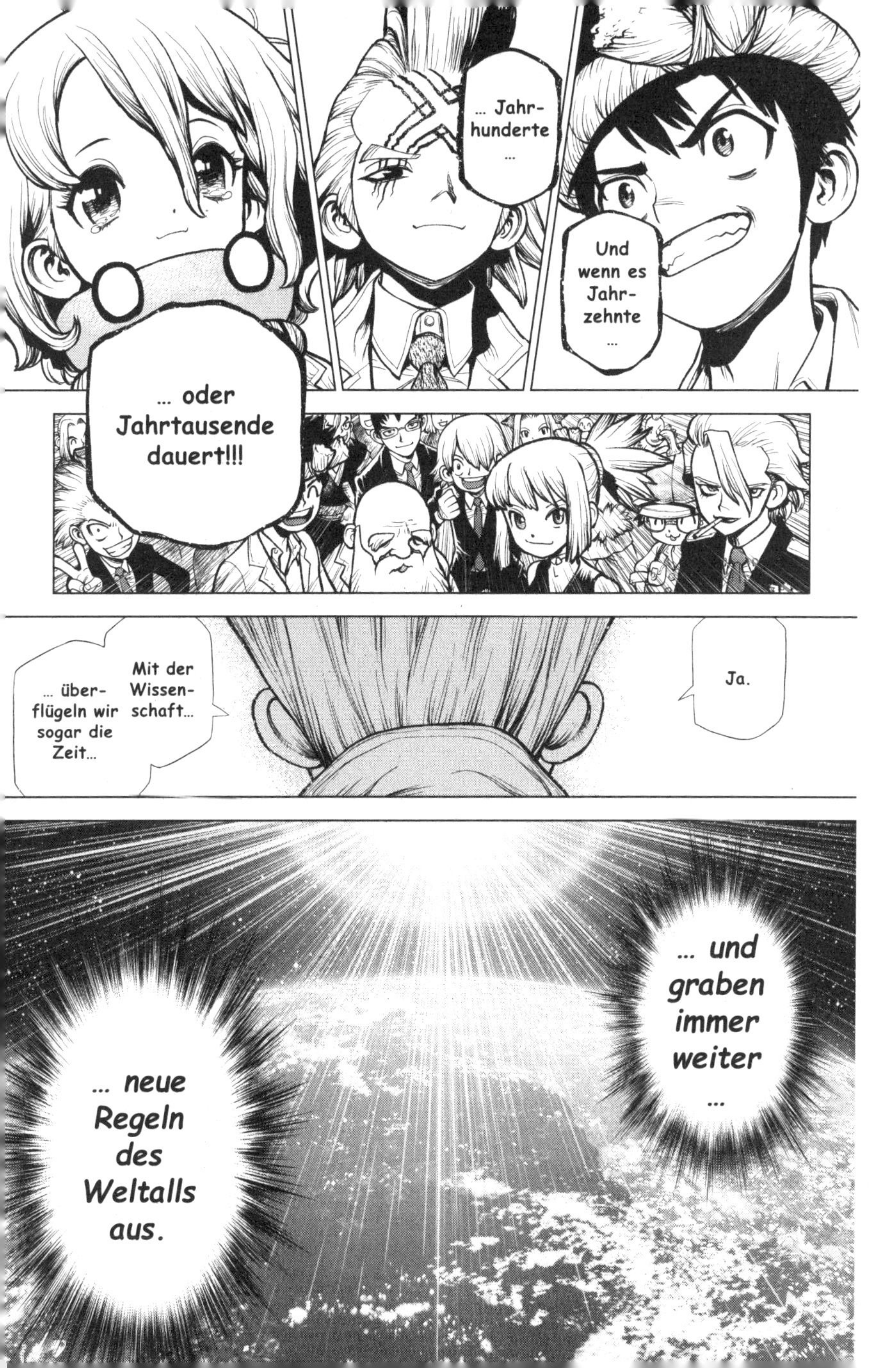
Und wenn es Jahrzehnte …
… Jahrhunderte …
… oder Jahrtausende dauert!!!
Ja.
Mit der Wissenschaft…
… überflügeln wir sogar die Zeit…
… und graben immer weiter …
… neue Regeln des Weltalls aus.

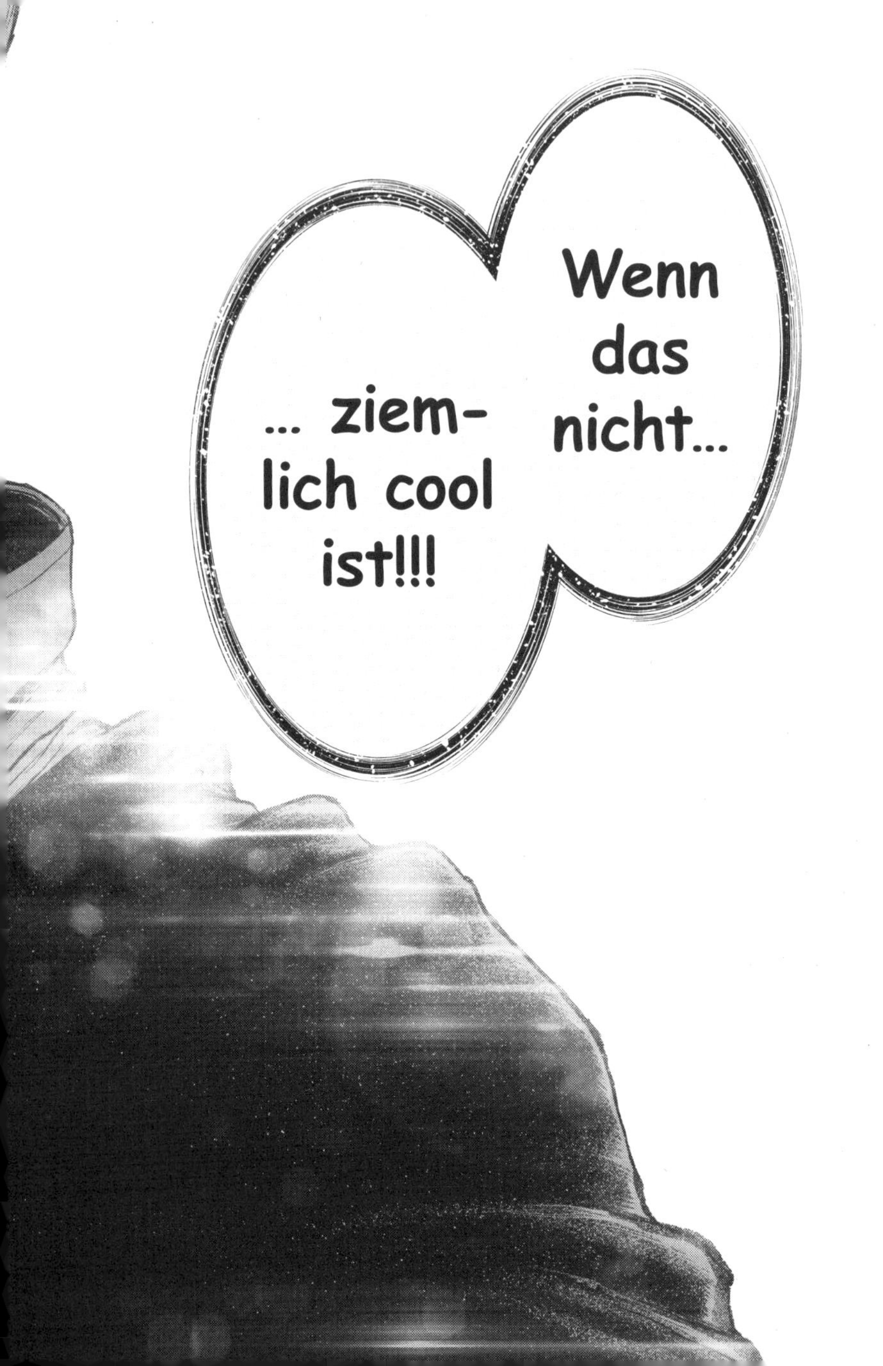
Wenn das nicht...
... ziem-lich cool ist!!!

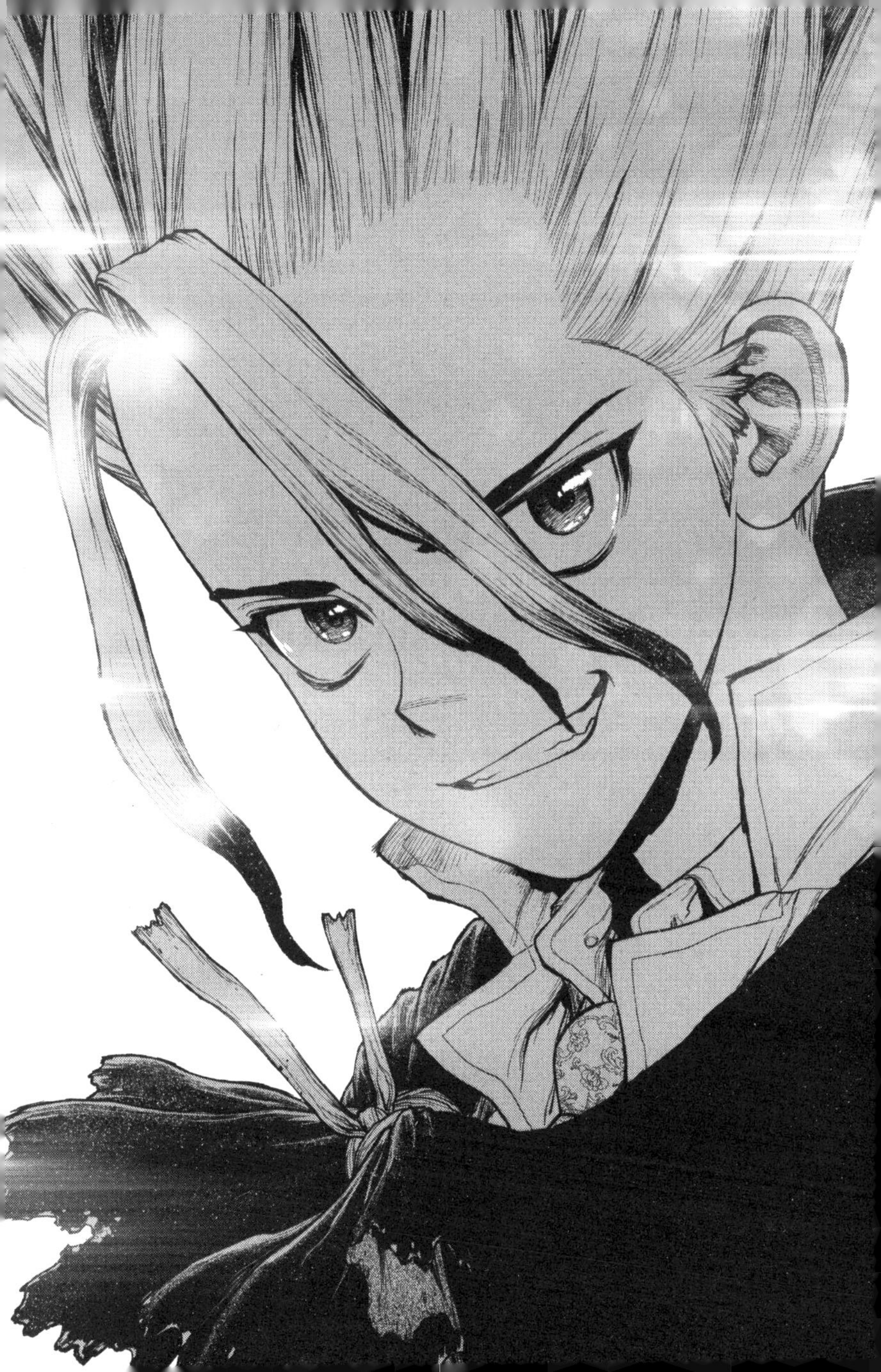

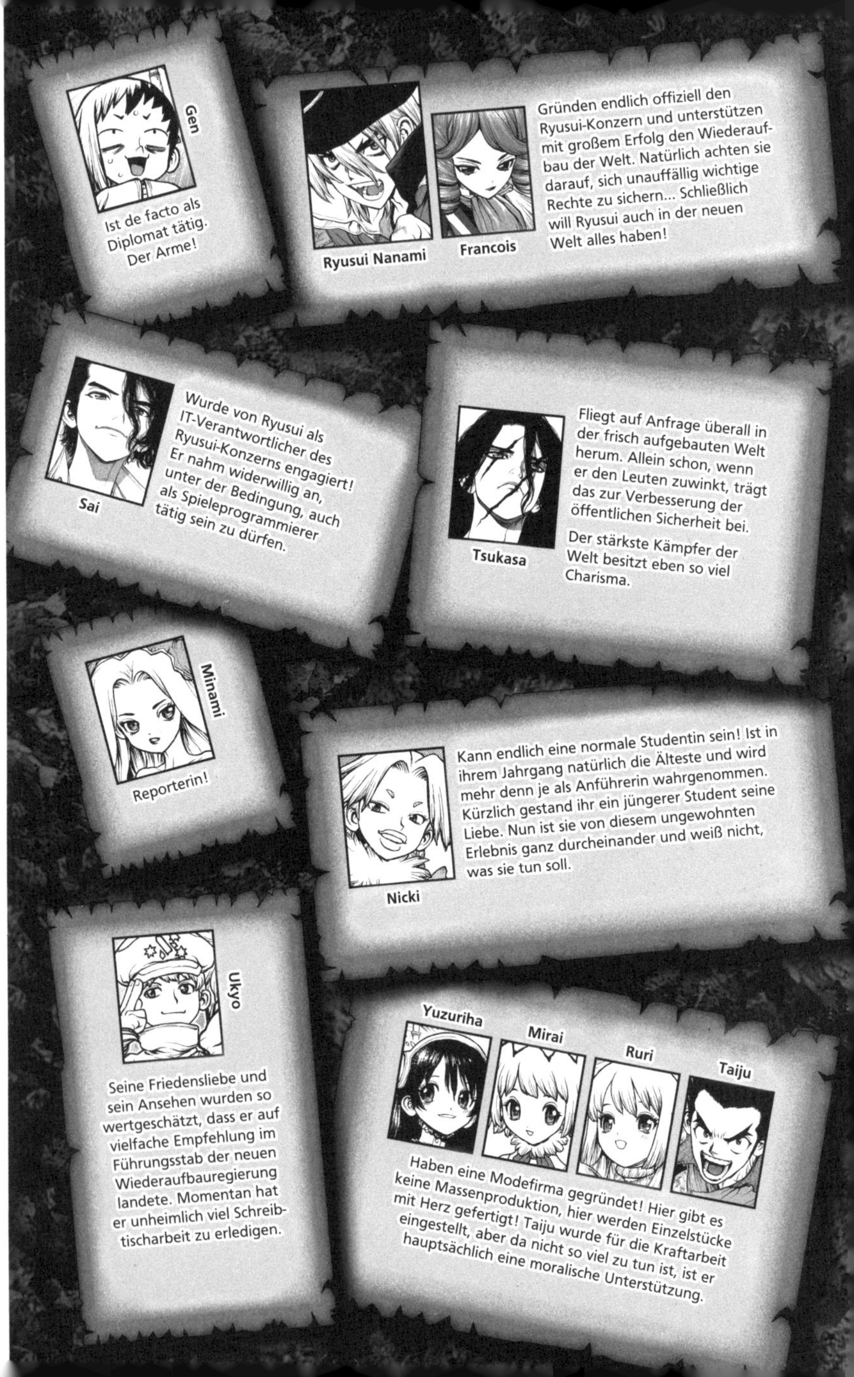
Gen
Ist de facto als Diplomat tätig. Der Arme!
Ryusui Nanami
Francois
Gründen endlich offiziell den Ryusui-Konzern und unterstützen mit großem Erfolg den Wiederaufbau der Welt. Natürlich achten sie darauf, sich unauffällig wichtige Rechte zu sichern... Schließlich will Ryusui auch in der neuen Welt alles haben!
Sai
Wurde von Ryusui als IT-Verantwortlicher des Ryusui-Konzerns engagiert! Er nahm widerwillig an, unter der Bedingung, auch als Spieleprogrammierer tätig sein zu dürfen.
Tsukasa
Fliegt auf Anfrage überall in der frisch aufgebauten Welt herum. Allein schon, wenn er den Leuten zuwinkt, trägt das zur Verbesserung der öffentlichen Sicherheit bei.
Der stärkste Kämpfer der Welt besitzt eben so viel Charisma.
Minami
Reporterin!
Nicki
Kann endlich eine normale Studentin sein! Ist in ihrem Jahrgang natürlich die Älteste und wird mehr denn je als Anführerin wahrgenommen. Kürzlich gestand ihr ein jüngerer Student seine Liebe. Nun ist sie von diesem ungewohnten Erlebnis ganz durcheinander und weiß nicht, was sie tun soll.
Ukyo
Seine Friedensliebe und sein Ansehen wurden so wertgeschätzt, dass er auf vielfache Empfehlung im Führungsstab der neuen Wiederaufbauregierung landete. Momentan hat er unheimlich viel Schreibtischarbeit zu erledigen.
Yuzuriha
Mirai
Ruri
Taiju
Haben eine Modefirma gegründet! Hier gibt es keine Massenproduktion, hier werden Einzelstücke mit Herz gefertigt! Taiju wurde für die Kraftarbeit eingestellt, aber da nicht so viel zu tun ist, ist er hauptsächlich eine moralische Unterstützung.

Yo Kinro Ginro Kirisame Moz Magma Matsukaze

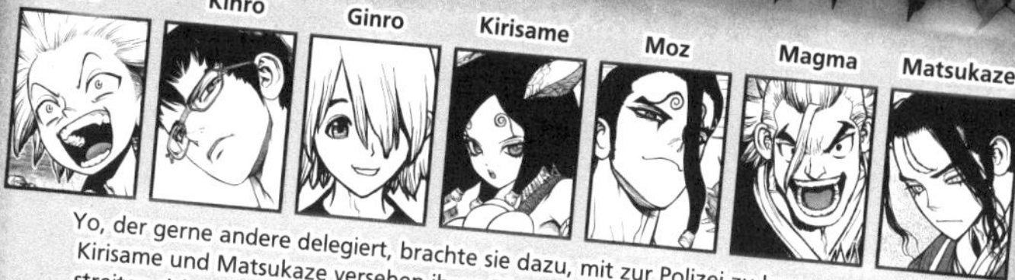

Yo, der gerne andere delegiert, brachte sie dazu, mit zur Polizei zu kommen. Kinro, Kirisame und Matsukaze versehen ihren Dienst sehr gewissenhaft. Yo und Magma streiten sich, arbeiten aber. Moz nutzt seinen Job aus, um Mädchen anzubaggern. Ginro arbeitet überhaupt nicht.

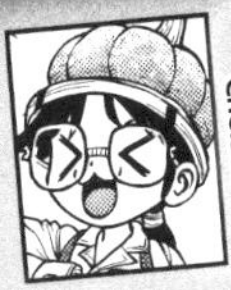

Chelsea

Freut sich wie blöd über die neue Weltgeografie! Um sich die neue Landkarte der Welt einzuprägen, flitzt sie kreuz und quer durch die Welt!

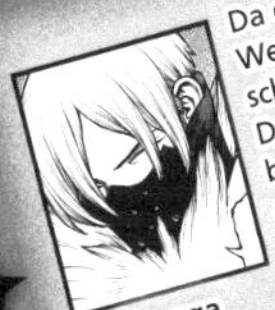

Hyoga

Da er so viel zum Aufbau der neuen Welt beigetragen hat, wurde vorgeschlagen, ihm Amnestie zu gewähren. Doch er selbst lehnte das ab, und so blieb der Fall offen. Zurzeit arbeitet er als Ausbilder und Trainer bei der neuen Polizei.

Kohaku Homura

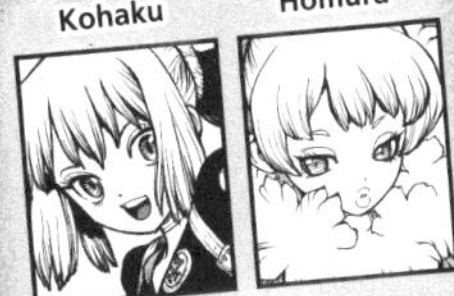

Sind Mitglieder der Polizei und unterrichten Selbstverteidigung. Tragen stark zum Erhalt der öffentlichen Sicherheit bei.

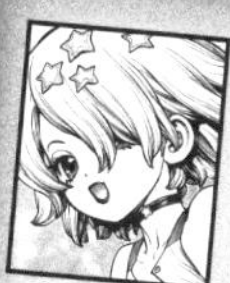

Luna

Hat ihr Studium wieder aufgenommen. Hofft, dass Senku sich ihr zuwendet, wenn sie eine Superärztin wird?! Gibt manchmal auf, manchmal nicht.

Xeno Chrom Suika Kaseki Joel

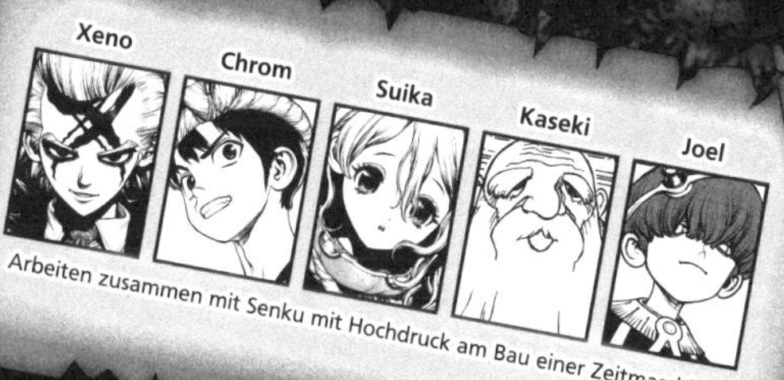

Arbeiten zusammen mit Senku mit Hochdruck am Bau einer Zeitmaschine!

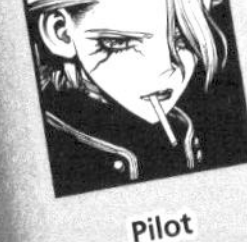

Stanley

Pilot

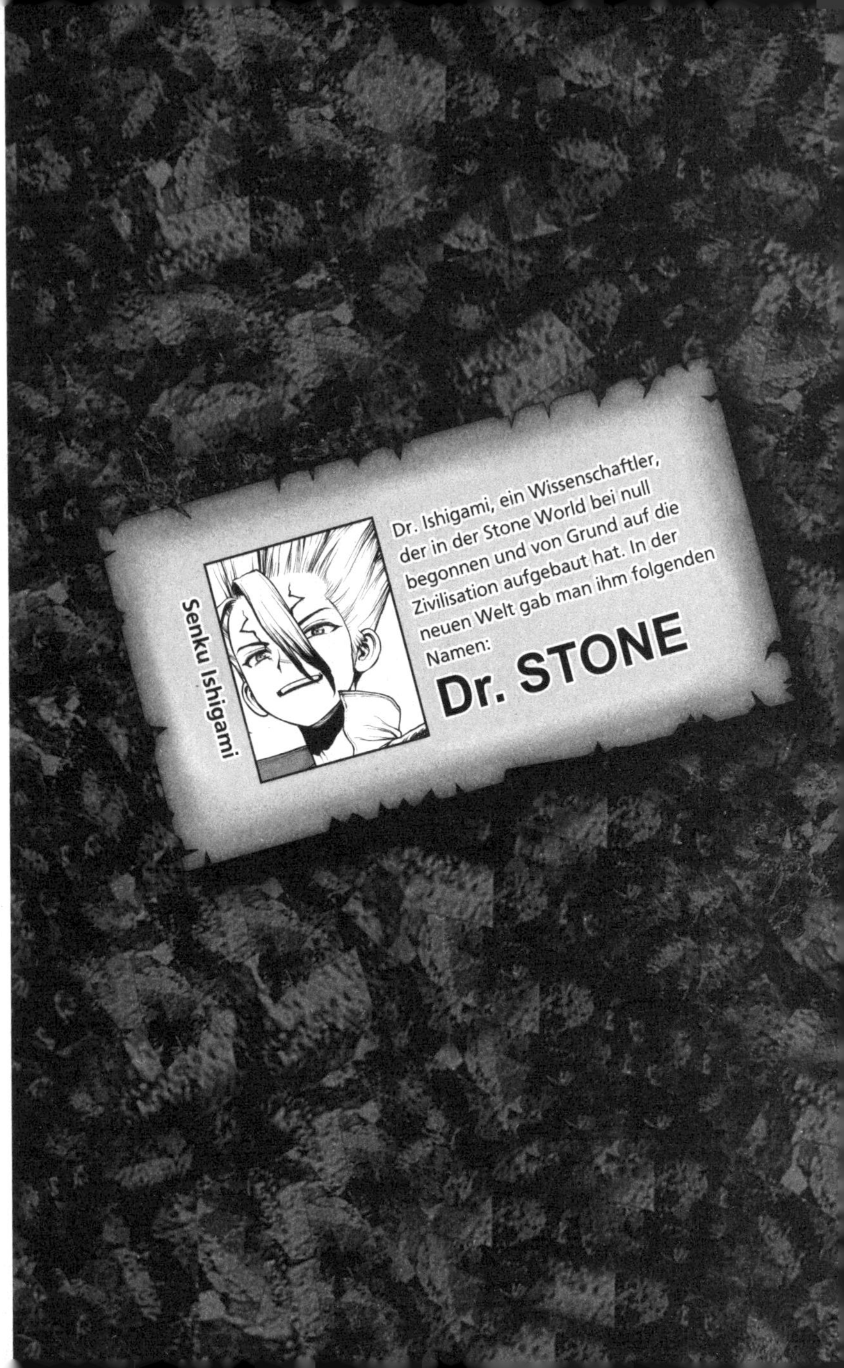
Senku Ishigami
Dr. Ishigami, ein Wissenschaftler, der in der Stone World bei null begonnen und von Grund auf die Zivilisation aufgebaut hat. In der neuen Welt gab man ihm folgenden Namen:
Dr. STONE

Story: Riichiro Inagaki

Art: Boichi

Redaktionelle Leitung Wissenschaft
Kurare und Yakuri Kyoshitsu (Arumajiro, Shirano, POKA)

Redaktionelle Leitung Programmieren
EIKI

Redaktionelle Leitung Computer
Hiromichi Hashizume, Nationales Institut für Informatik

Redaktion
Sukeyuki Honda
Ryosuke Yoritomi

Redaktion Taschenbuch
Kazushige Fujiwara (Shoukikaku)
Yumi Koshimura (Shoukikaku)

Design
Takehiro Hara (freiheit)

ENDE

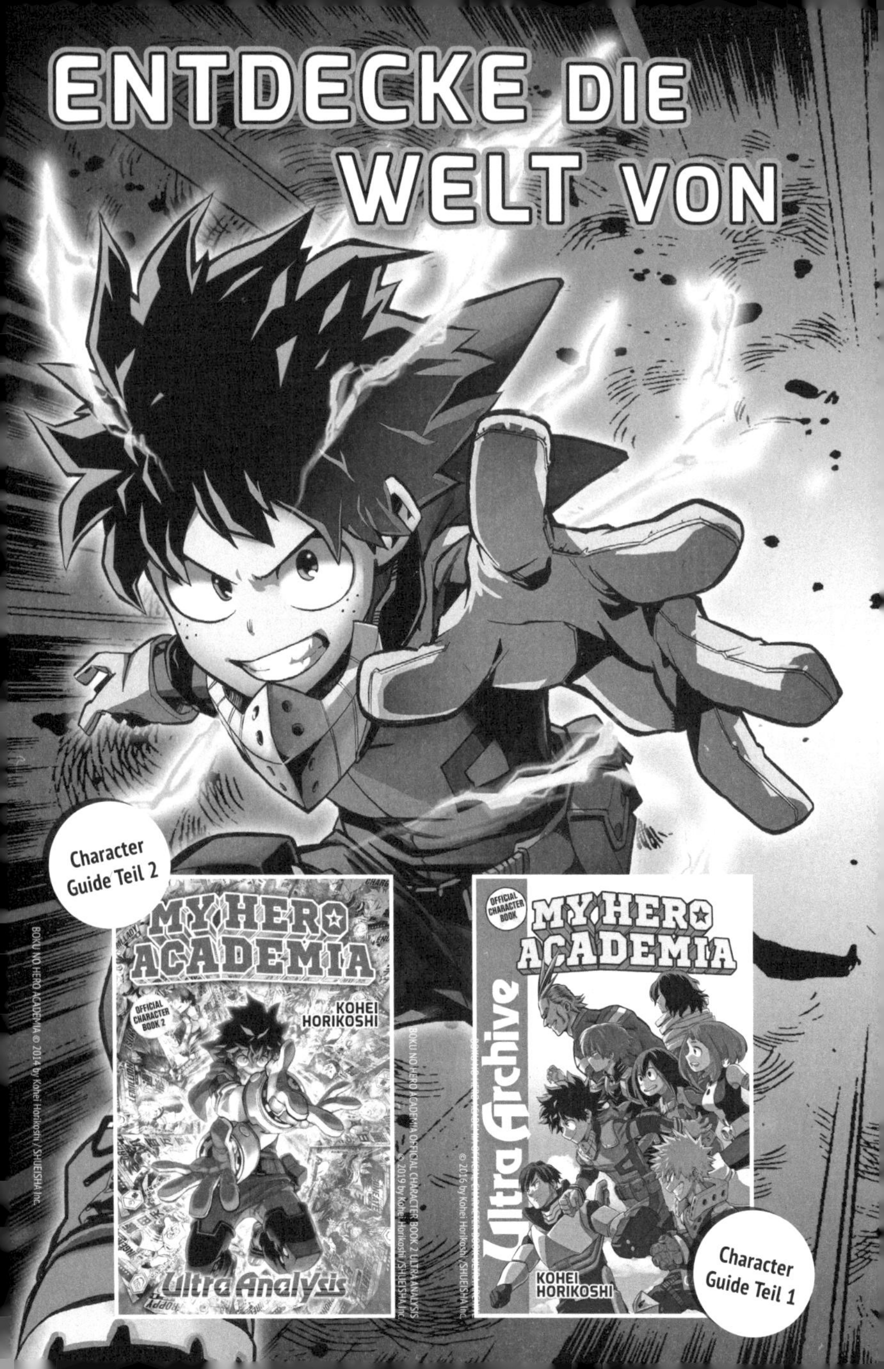
ENTDECKE DIE WELT VON
Character Guide Teil 2
MY HERO ACADEMIA
OFFICIAL CHARACTER BOOK 2
KOHEI HORIKOSHI
Ultra Analysis
Character Guide Teil 1
OFFICIAL CHARACTER BOOK
MY HERO ACADEMIA
Ultra Archive
KOHEI HORIKOSHI
BOKU NO HERO ACADEMIA © 2014 by Kohei Horikoshi / SHUEISHA Inc.
BOKU NO HERO ACADEMIA OFFICIAL CHARACTER BOOK 2 ULTRA ANALYSIS © 2019 by Kohei Horikoshi / SHUEISHA Inc.
© 2016 by Kohei Horikoshi / SHUEISHA Inc.

MASHLE
MAGIC AND MUSCLES

Story and Art by
HAJIME KOMOTO

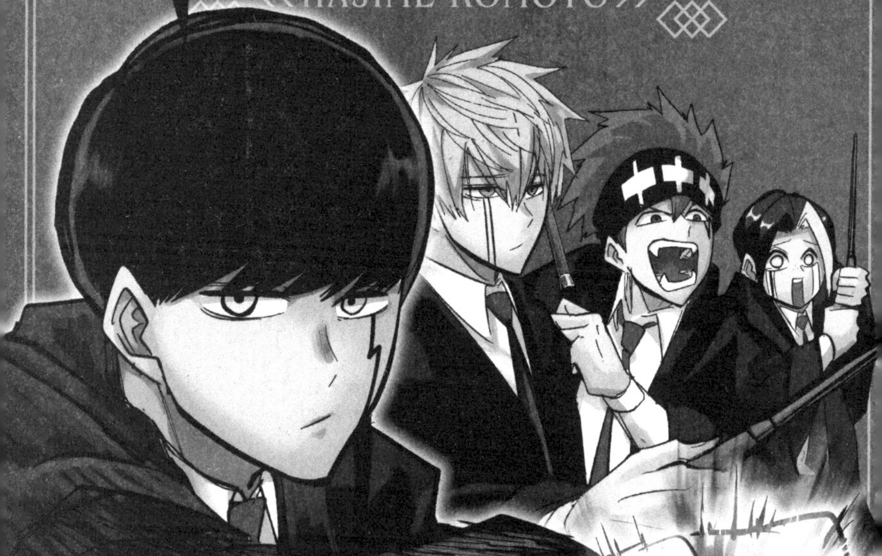

MAGIE IST GUT – MUSKELN SIND BESSER!

Im Reich der Magie wird der soziale Status durch die magischen Fähigkeiten bestimmt. Doch tief im Wald lebt Mash Burnedead, ein junger Mann, der seine gesamte Zeit damit verbringt, seinen Körper zu stählen. Er kann keine Magie benutzen, genießt jedoch ein friedliches Leben mit seinem Vater. Als das herauskommt, geraten beide in Gefahr. Die einzige Lösung: Mash wird in der Magieschule eingeschrieben, wo er die magische Konkurrenz schlagen muss! Wird sich Mash ohne einen Funken Magie und durch reine Muskelkraft einen Weg an die Spitze bahnen können?

CARLSEN MANGA!

www.carlsenmanga.de carlsen_manga carlsenmanga

reiche Serien

Boruto
von Masashi Kishimoto, Ukyo Kodachi und Mikio Ikemoto

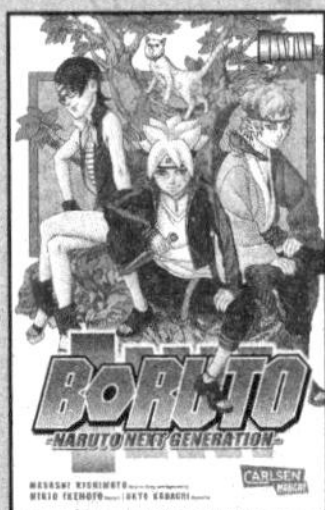

Narutos Sohn Boruto gilt als Wunderkind und ist genauso rebellisch wie einst sein Vater. Er bittet Sasuke ihn zu trainieren, um ein besserer Ninja als Naruto zu werden…

Naruto
von Masashi Kishimoto

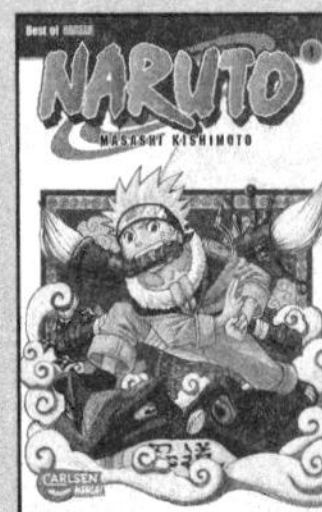

Naruto will der beste Ninja der Welt werden. Weil in ihm ein mächtiges Geheimnis schlummert, wird er von vielen bösen und gefährlichen Ninja verfolgt…

Fairy Tail
von Hiro Mashima

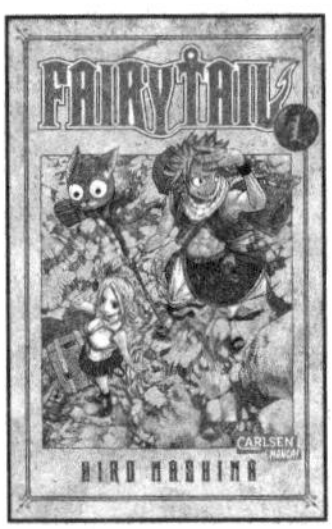

Verrückte Magier, geflügelte Katzen und gefährliche Monster – das ist die Welt von »Fairy Tail«. So nennt sich eine Gilde von sympathischen Outlaws, die mit ihren Zauberkünsten gegen das Böse in der Welt kämpfen, dabei aber mehr als einmal über das Ziel hinausschießen.

Korosensei Quest
von Yusei Matsui und Kizuku Watanabe

In einem alternativen Universum sind die Schüler der Kunugigaoka Junior Highschool keine gewöhnlichen Schüler, sondern Helden in Ausbildung beim Dämonenkönen (Korosensei)!

Assassination Classroom
von Yusei Matsui

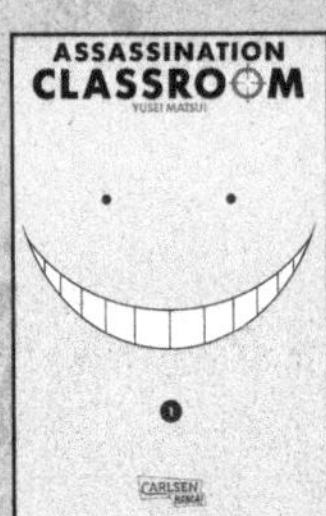

Ein übermächtiges Tentakelmonster mit Smileygesicht droht die Erde zu zerstören. Aber erst nächstes Jahr … Bis dahin unterrichtet das Monster die Klasse 9-E der Kunugigaoka Junior Highschool.

Soul Eater
von Atsushi Ohkubo

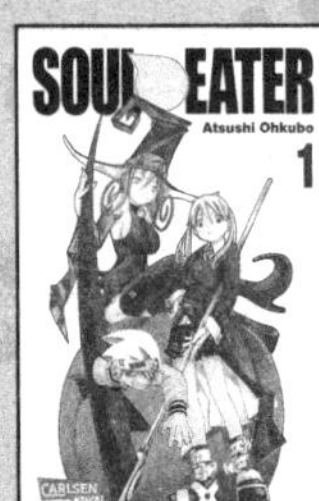

Maka ist Waffenschmiedin in einer spezieller Ausbildung. Ihre Sense namens Soul Eater hat ein Eigenleben und nimmt außerhalb des Kampfes die Gestalt eines ultracoolen Jungen an.

MANGA HEROES Action

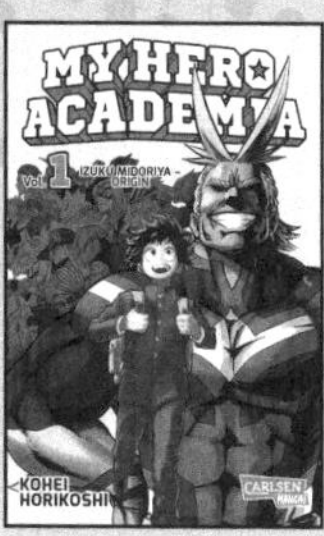

My Hero Academia

von Kohei Horikoshi

In der Welt von Izuku Midoriya besitzt 80% der Bevölkerung Superkräfte.
Doch wie und wo könnten die Helden lernen, ihre Fähigkeiten, die sogenannten »Macken« (jp. Kosei) effizienter zu nutzen? Natürlich an der MY HERO ACADEMIA!

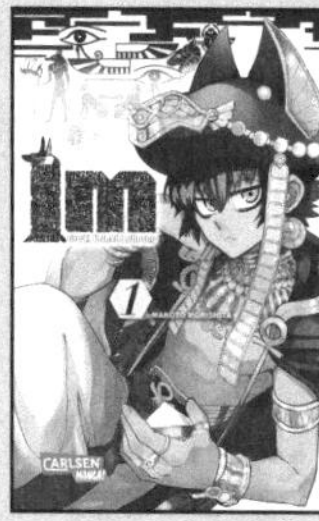

IM – Great Priest Imhotep

von Makoto Morishita

Der Hohepriester Imhotep aus dem antiken Ägypten weilt wieder unter den Lebenden. Im modernen Japan gestrandet, ist er ein Jäger, der die Menschen vor dem uralten Übel der Magai bewahren soll – gottgleichen Wesen, die nach der Vernichtung der Menschen trachten.

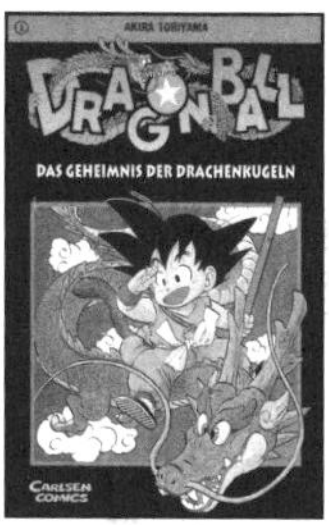

Dragon Ball

von Akira Toriyama

Der Legende nach gibt es sieben »Dragon Balls« auf der Welt. Bringt man allezusammen, so erscheint der mächtige Drache Shenlong und erfüllt einen Wunsch. Nicht auszudenken, was passiert, sollten die »Dragon Balls« in falsche Hände geraten ...

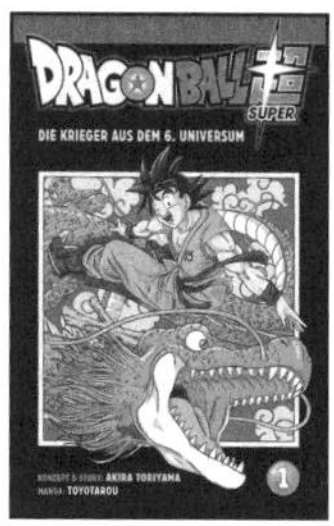

Dragon Ball Super

von Akira Toriyama und Toyotarou

Akira Toriyama und Toyotarou liefern mit DRAGON BALL SUPER die ersten neuen, schwarzweißen Manga um Son-Goku & Co. seit Band 42 – im allerfeinsten »Toriyama-Style«.

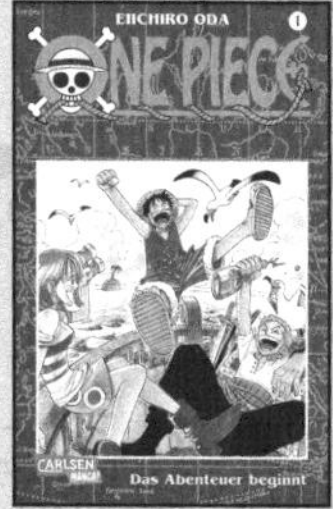

One Piece

von Eiichiro Oda

Monkey D. Ruffy und seine lustige Piraten-Crew sind auf der Suche nach dem größten Schatz der Welt: dem One Piece! Klar, dass sie da nicht die einzigen Piraten auf den Meeren sind...

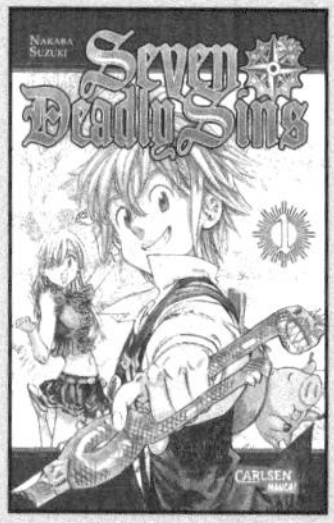

Seven Deadly Sins

von Nakaba Suzuki

Die »Seven Deadly Sins« gelten als die schlimmsten Verbrecher Britannias, Prinzessin Elisabeth macht sich dennoch auf die Suche nach ihnen, denn sie braucht dringend ihre Hilfe...

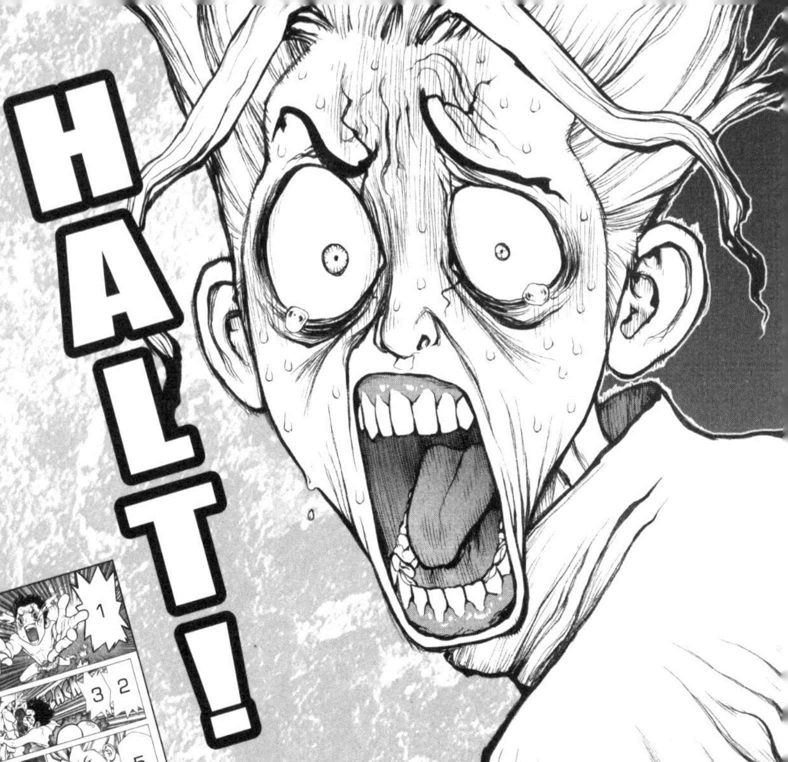

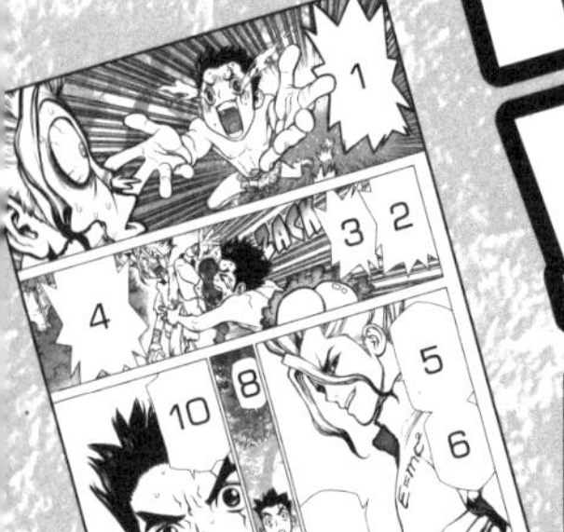

Dieser Comic beginnt nicht auf dieser Seite. **Dr. Stone** ist ein japanischer Comic. Da in Japan von »hinten« nach »vorne« gelesen wird und von rechts nach links, müsst ihr auch diesen Comic auf der anderen Seite aufschlagen und von »hinten« nach »vorne« blättern. Auch die Bilder und Sprechblasen werden von rechts oben nach links unten gelesen, so wie es die Grafik hier zeigt. Viel Spaß mit **Dr. Stone**!

CARLSEN MANGA
Deutsche Ausgabe/German Edition

Aus dem Japanischen von Yuki Kowalsky

First published in Japan in 2017 by SHUEISHA Inc., Tokyo.
German translation rights in Germany, Austria, Luxembourg and German-speaking Switzerland arranged by SHUEISHA Inc. through VME PLB SAS, France.
Redaktion: Philipp Nakata & Britta Hellwig · Textbearbeitung: Steffen Haubner · Produktionsmanagement: Tobias Hametner

ISBN: 978-3-551-76209-2